통일은 치유다

땅의 통일, 사람의 통일을 넘어
치유의 통일로

전우택

박영story

서문
-땅의 통일, 사람의 통일을 넘어 "치유의 통일"로-

2011년 9월 10일, 미국 북부 한 도시의 날씨는 맑았다. 그곳의 한 호텔에서 열렸던 의과대학 미주 동창회 연례모임은 무사히 끝났고, 학장단의 일원으로 그 모임에 참석하였던 필자는 한국으로 돌아가기 위하여 호텔 로비 직원에게 택시를 불러 달라고 부탁하였다. 잠시 후 택시가 도착하였다. 나는 트렁크에 가방을 싣고 뒷좌석에 앉았다. 그러자 흑인 택시기사가 나에게 말하였다. "안녕하세요." 정확한 한국어 발음이었다. "어! 한국말 하실 줄 아세요?" "예, 저, 한국에서 태어나 자랐습니다." 그러고 보니 택시 안에는 한국어로 하는 기독교 라디오 방송이 틀어져 있었다. 그렇게 하여 호텔에서 공항까지 가는 50분 동안, 그와의 대화가 시작되었다.

그는 1952년생이라 하였다. 인천상륙작전으로 들어온 미군 흑인 병사가 ㅇㅇ에서 ㅇㅇ으로 넘어가는 까치고개에서 당시 22세였던 한국인 처녀를 강간하였다. 그리고 처녀의 배는 불러오기 시작하였다. 까만 피부의 큼지막한 남자아이가 태어났다. "강간에 의한 임신 출산이었고, 피부색이 달랐음에도, 어머니는 나를 죽이거나 버리지 않았어요." 엄마와 외할머니는 8살이 될 때까지 그를 키웠다. 그러다가 마침내 엄마는 강원도

○○으로 결혼을 하며 떠나게 되었고, 그는 강원도 ○○에 있는 기독교 계통에서 하는 고아원으로 들어가게 되었다. 거기서 그는 고아원 아이들과 함께 "완벽한 한국 아이"로 자라나게 된다. 고아원에 보내졌어도 엄마가 너무 보고 싶었기에, 할머니와 같이 엄마를 몇 번 찾아가기도 하였다. 그러다가 14살이 되는 해, 그때는 엄마를 혼자서 찾아갔다고 하였다. 그런데 엄마는 자신을 어린 아기 대하듯이 하고 자기를 옆에 눕히고 하여서, (사춘기 아이 마음에) 그런 취급을 받는 것이 너무 싫어서 결국 뛰쳐나왔고, 그 이후에 다시는 어머니를 찾아가지 않았다고 하였다. 고아원에서든, 중학교에서든, 고등학교에서든, 자신은 항상 그 안에서 몸집도 가장 크고 주먹도 가장 셌기에, 어디서나 인정받고 군림하며 잘 살았었다고 하였다.

그렇게 고아원에서 10년의 세월을 보냈고 18살이 되자 규정에 따라 고아원을 나와야만 하였다. 그런데 같이 고아원에 있었던 동갑내기 남자 아이들은 모두 다 징집명령서를 받고 군대에 입대하게 되었는데, 혼혈아였던 자신에게는 그 입대영장이 나오지 않았다는 것이었다. 그것은 그에게 거대한 충격이었다. 자신은 한국에서 태어나 자라났고, 학교도 다 한국에서 다녔고, 말도 한국말밖에 할 줄 모르는, 그야말로 당연한 대한민국 국민이라고 생각하며 살아왔는데, 정작 그 대한민국의 군대는 자신을 받아주지 않았다는 것이었다.

그러면서 그는 미군 부대 주변 지역 등지를 여기저기 떠돌아다니며 살다가 우연히 용접하는 일을 배우게 되었고, 지방 어느 도시 병원의 용접공으로 취직을 하게 되었다. 그러다가 "자기보다 더 껄렁거리는" 한 남자 친구를 만났고, 결국 그 친구의 여동생을 임신시키게 되었다. 그 즈음, 자신과 같은 혼혈아 출신들을 미국이 이민으로 받아준다는 소식을 듣게 되었고, 그는 조금도 망설이지 않고 바로 행정 신청을 하였다고 하였다. 그런데 이 행정 절차에서 가장 중요하게 요구된 것은 '어머니의 증언'이었다. 그래서 그는 정말 십수 년 만에 어머니에게 연락을 하였고, 어머니는 관련 행정 기관에 나와서 자신이 수십 년 전에 겪었던 그 일을 서류에 쓰고 담당자와 면담을 하였다고 하였다. 하지만 정작 어머니를 불러다 놓은 자신은 그 어머니 얼굴이 보기 싫어서 임신한 자기 여자 친구를 대신 보내 어머니를 만나고 행정 처리를 하게 하였다고 하였다. 어머니가 증언하였던 당일 그 현장 지역에 정말로 미군 부대가 주둔하였다가 이동하였다는 사실이 확인되면서 절차는 한순간에 빠르게 진행되었고 그는 별 어려움 없이 미국 입국 허가증을 받을 수 있었다. 그러면서 출산을 한 여자와의 혼인신고를 마치고 아이까지 셋이서 함께 미국으로 들어왔다고 하였다.

그러나 문제는 자신이 겉모습만 흑인이었지, 영어는 그야말로 한마디도 할 줄 모른다는 것이었다. 거기에다가 흑인이라고 인종 차별도 받으면서 공부도, 취업도 모든 것이 너무도 힘들었다고 하였다. 그러다가 자식들이 8살, 6살이었을 때 그는 결국 아내와 이혼을 하였다. 그리고는 여기저기로 흘러 다니다가 어떤 백인 여자를 만나 같이 살기도 하였고, 그 여자와도 결국은 이혼하였다고 하였다. 자신은 한국식으로 엄한 아버지가 되는 것이 좋은 아버지가 되는 방법이라 생각하였고, 그래서 이혼 후에도 자신의 자녀들에게 무엇이든 엄하게 하려 하였는데, 그 결과로 점차 장성해 간 자녀들과의 관계도 다 깨졌다고 하였다. 그래서 이제는 36살이 된 딸과 아무런 연락도 나누지도 못하고 살아가고 있었다. 다만 그 딸이 결혼하여 아들 하나, 딸 하나를 두었다는 소식만 멀리서 들었다고 하였다.

> "이 도시에 와서 처음으로 신앙을 가지게 되었습니다. 그리고 이제는 한국 생각이 많이 나네요. 저는 하나님께 기도드리고 있습니다. 어머니를 위하여... 제가 철이 없어서 어머니에게 함부로 대하였던 것이 가장 후회가 됩니다. 나도 이제 나이가 육십이 되었습니다. 어머니는 이

제 여든두 살이 되셨지요. 미국 떠나고 30년 넘게 한국에는 한 번도 간 적이 없습니다."

그러면서 택시는 공항에 도착하였다. 나는 택시에서 내리며 그와 인사를 나누었다. 순간, 그에게 그래도 한 번은 한국에 가서 어머니를 만나 보면 어떠하겠냐는 말을, 내가 하여야 하나 말아야 하나 하는 생각에 망설였다. 이 깊은 심연과 같은 아픔의 삶들에 내가 무슨 말을 그리 쉽고도 간단하게 던질 수 있는 것인지에 대한 자신이 없었다.

✦✦✦

분단과 한국전쟁은 우리가 알고 모르는 수많은 아픔과 트라우마를 이 땅 곳곳에 너무도 다양한 모습으로 만들어 놓았다. 일제 강점기 동안 전 세계는 이미 공산진영과 민주진영으로 나뉘었고, 그것은 해방된 한반도에도 그대로 적용되고 말았다. 가장 이상주의적이면서도 가장 잔혹한 "사상 우월주의"가 인간이라는 존재 자체를 짓밟는 일들이 해방 후 적나라하게 나타났다. 분단의 아픔이었다. 북한에서 태어난 청년들은 어느 날 인민군으로 징집되었고, 남한에서 태어난 청년들은 국군으로 징집되어, 이름도 모르는 수많은 산과 골짜기에서 그들의 젊은 목숨을 끝내야 했다. 그리고 가족들은 그들의 생사조차 모르며 긴 세월을 보내거나 어느 날 그들의 전사 소식을 받아 들어야 했다. 분단의 아픔이었다.[1] 남한과 북한

1) 한국전쟁 당시 한국인들이 경험한 이야기들은 다양한 회고록, 소설, 연구물 등으로 남아 있다. 그중 한 가지는 다양한 한국전쟁 경험자들을 대상으로 한 직접 면담을 통하여 만든 구연자료집으로 신동흔 등이 쓴 총 10권으로 된 〈한국전쟁 이야기 집성〉(박이정, 2007)이 있다. 내용을 보면 1권은 특정 지역의 전쟁 경험을 여러 제보자가 다양한 각도로 이야기한 것 등이고, 2권은 다양한 참전 경험담을 모았다. 3권은 피난, 피난 수용소 이야기를 모았다. 4권은 이념의 틈바구니 속을 살았던 사람들의 이야기를, 5권은 억울한 죽음의 피해 등을, 6권은 특히 여성들의 전쟁기간 중

양쪽 후방에 있던 민간인들은 목숨을 건 피난과 그로 인한 가난으로 큰 고통을 겪었다. 수대에 걸쳐 함께 살아온 고향 마을 내에서의 아는 사람들끼리도 사상이나 또는 다양한 여러 이유 등으로 서로를 학살하는 일들이 마을마다 있었다. 분단이 만든 아픔이었다.2) 그 사이에, 남과 북 양쪽에 외국의 수많은 젊은이들이 군인들로 밀려 들어왔고, 그들의 피가 이 땅에 뿌려짐으로써, 한반도는 2차 세계대전 이후 처음이자 마지막의 강대국들과 많은 국가들이 직접 참전하여 싸운 국제전이 되어, 인류의 비극을 만들었다. 이 역시 분단이 만든 아픔이었다.3) 전 국토의 거의 모든 것이 파괴되었고, 극도의 가난 속에서 전 세계의 동정과 도움에 의존하여야 하는 나라가 되었다. 그리고 그런 아픔은 그 당사자들에게뿐만 아니라, 그

의 고난 이야기를, 7권은 여성 빨치산, 인민군으로 참전하였다가 포로된 자 등 특별한 상황을 바탕으로 한 경험, 8권은 전쟁의 와중에도 서로를 돕거나 살린 미담, 9권은 전쟁 중 겪은 놀랍고 기막힌 사연과 설화적 요소를, 10권은 전쟁에 대한 분석과 논평을 한 진술과 전쟁 후의 사연들을 모았다.

2) 이러한 내용을 잘 정리한 책으로는 박찬승의 〈마을로 간 한국전쟁 - 한국전쟁기 마을에서 벌어진 작은 전쟁들〉(2010, 돌베게)이 있다.

3) 저자의 아버님은 1931년생으로 19세인 대학교 1학년 때 6.25를 맞이하였다. 그는 홀로 부산으로 피난을 내려갔다가 거기서 유엔군 카츄사 모집에 응하여 1950년 8월 15일 유엔군 소속부대 카투사 이등병으로 입대하였다. 그리고 미국 7사단 31연대 중포대(Heavy Motor Co.) 통역병으로 배치된다. 일본으로 가서 2주간 훈련을 받은 후 미7사단 소속으로 인천상륙작전에 투입된다. 미7사단은 남하하면서 수원 비행장 탈환작전, 오산, 평택 전투 등을 치렀고 계속 남하하여 경상북도 영천에 주둔하다가 부산으로 내려가 부대를 재정비한 후 배를 타고 북한의 홍남에 상륙하게 된다. 미 해병 1사단과 함께 큰 어려움 없이 장진호 부근까지 진출하였다가 마침내 중공군을 만나면서, 중국의 영화 〈장진호〉로도 유명한 그 "장진호 전투"를 치르게 된다. 중공군에 의하여 포위를 당한 어려움 속에 사단 병력은 큰 피해를 당하였고 후퇴 명령에 따라 영하 30도의 추위를 뚫고 가까스로 탈출하는 데 성공한 소수의 무리 속에 아버님이 계셨다. 그 과정에서 그는 수많은 미군 병사들과 중공군 병사들의 죽음을 본다. 모두 외국의 젊은이들이었다. 부산으로 돌아온 미7사단은 다시 재정비를 한 후 영월에서 치열한 전투를 치렀고 그것은 다시 화천에서의 전투로 이어진다. 그 화천 전투에서 아버님은 중공군의 포탄 파편에 두개골 측두부 골절상을 입어 후송되었고 수술을 받아야 하였다. 그리고 1952년 5월 17일 그는 제대한다. (전의철, 김광신. 나의 갈 길 다가도록. 햇빛과 단비기획. 2013. pp.46-61)

다음 세대들에게도 전달되었다. 내가 미국의 한 도시에서 만났던 그 분은 출생 자체가, 그리고 살아온 삶 전체가 분단에 의한 아픔을 온몸으로 보여주고 있었다. 그리고 분단의 아픔은 전쟁을 직접 겪은 세대뿐만 아니라, 그 다음 세대, 그리고 다시 그 다음의 다음 세대에 이르기까지 이어짐을 보여주고 있었다.

사실, 분단의 아픔은 전쟁 시기만으로 끝나지 않았다. 천만 명이 넘는 이산가족들은, 아주 특별히 예외적으로 이산가족 상봉 기회를 가질 수 있었던 사람들을 제외하고는, 거의 모두가 남과 북으로 헤어진 가족들과 평생 한 번 만나기는커녕, 편지 한 장 주고받을 수도 없었고, 무엇보다도 죽었는지 살았는지 생사 자체도 모르는 가운데 수십 년씩을 살다가 한 분씩 다 죽어갔다. 우리는 그것을 어쩔 수 없었던 상황으로 체념하며 익숙하게 받아들이지만, 이런 사례는 그야말로 인류사에서 보기 힘든 그런 피눈물 나는 "절대 단절"의 아픔이었다. 전쟁 후 북한은 일인독재 국가가 되어 최악의 인권탄압이 이루어지는 나라가 되었다. 그 땅에서 태어나고 자라고 살다가 죽어간 사람들의 그 비참한 운명은 지금도 계속 이어지고 있다. 분단이 만든 아픔이다. 그러면서 1990년대 중반부터 있었던 소위 고난의 행군 시대를 거치고 수많은 아사자들이 발생하면서, 탈북의 행렬이 이어졌다. 그 과정에서 죽기도 하고, 중국을 헤매다가 중국 공안에 체포되어 다시 북한으로 송환된 사람들의 삶이 지금도 진행되고 있다. 천신만고 끝에 남한에 입국하였어도, 북에 두고 온 가족들로 인하여 눈물로 세월을 보내며 힘겹게 살아남으려 노력하는 삶들이 지금도 진행 중에 있다. 분단이 만든 아픔이다. 전쟁 후 남한에서도, 분단은 전쟁 시기 부역자 문제에서부터 시작하여 연좌제에 이르기까지 수많은 내부의 이념적 갈등을 만들어 냈고, 지속된 분단 및 북한과의 적대적 대립 상황은 남한의 민주화와 경제발전, 인권 개선에 가장 큰 장애물로 존재하였다. 분단이 만든 아픔이었다. 더 큰 어려움도 있다. 과거에 있었던 분단과 전쟁으로 인한 트라우마가 지금까지도 치유되지 못하여, 자신과 생각이 다른 사람들을 의심하고 증오하고, 그래서 말살하려 하는 그 무거운 의식의 굴레가 지금까지도 남과 북의 사람들 속에 그대로 지금도 강력하게 존재하고 있는 것이다. 이것이 남한 사람들과 북한 사람들의 내면 세계, 그 근본 바탕을 이루고 있다. 이 모든 것은 한반도에 분단이 지속되고, 그래서 분단에 의한 분단 트라우마가 아직도 "치유"되지 못하여 나타난 결과들이다.[4)]

자신의 오빠가 일시적 좌익 활동을 하다가 고통 속에 죽어가야 했고, 그 자신도 굴곡진 세월을 보내었기에 그 내용들을 그의 작품 속에 담아왔던 소설가 박완서는 전쟁이 끝나고 50년이 되던 즈음에 있었던 2002년 한일 월드컵 때 "붉은" 악마로서의 응원 경험을 가지고 그의 글에서 다음과 같이 썼었다.[5)]

> "... 한참 꽃다운 나이에 나라가 분단되고 그 후 우리는 공산주의를 신봉하는 북조선과, 남한에서도 좌익 이념을 가진 사람들을 한데 싸잡아 빨갱이라고 불렀다. 북조선에서 반동분자로 지목되는 게 치명적이었던 것처럼 이 땅에서는 빨갱이로 몰리는 게 가장 가혹한 따돌림이었다. 빨간 빛깔이 연상시키는 건 떠오르는 태양도, 젊은 피도, 노을도, 장미도, 봉숭아도 아니고 특정 이념이었다.
>
> ... 오랜 세월을 이렇게 빨간 빛깔에 가위눌려 살아온 우리 세대는 지구상에서 좌우의 이념대결이 무의미해지고 남북이 말을 트기 시작한

4) 이러한 내용을 깊이 있게 다룬 책들이 있어 소개한다. 감희. 〈북한 사람 이해하기〉. 한울. 2021; 감희. 〈북한 여자로 살기〉. 한울. 2023; 전순영. 〈한반도의 기억〉. 한울. 2025; 신보경. 〈집단 트라우마와 치유-상처와 회복의 통합적 탐구〉. 박영스토리. 2025.

5) 박완서. 〈구형 예찬〉 두부. 창비. 2002. pp.81-82.

후에도 빨간 빛깔에 대한 거의 미신적인 피해의식으로부터 놓여나지 못했다. 우리에게 빨강은 의식의 한 올을 가시처럼 찌르고 잡아당기는 이상한 빛깔이었다. 빛깔 속에 가시나 이념이 들어 있을 리 없건만 오랜 편 가르기와 눈치 보기가 없는 걸 있는 것처럼 헛보이게 했다. 붉은 악마들은 우리 세대의 이런 고질적이고도 황당한 빨간 빛깔과의 악연을 단숨에 날려버렸다. 그들은 아무의 눈치도 보지 않고, 아무런 선입관도 없이 곧이곧대로 빨간 빛깔을 다만 아름답고 정열적이고 눈에 잘 띄는 빛깔로 느꼈고 그 색채효과를 충분히 활용해 역동적인 축제 분위기를 만들고, 일체감을 뜨겁게 달구고, 기쁨을 만끽했다. 나는 그들이 눈부시게 신기하고 많이 부러웠지만 그들을 따라하기는 역시 버거웠다."

박완서의 이 "버거움"을 그는 다시 이렇게 표현하였었다.6)

"못이 녹슬고 썩고 삭아서 흙이 되고도 남을 세월이 지났건만 못자국의 통증은 자주 도진다."

이 못자국의 통증은 한국인으로 태어났기에 가지는 통증이었고, 지금도 가지고 있는 통증이며, 앞으로도 가지게 될 통증이다. 분단의 과거와 분단의 현재, 그리고 분단의 미래는 우리 민족에게 다양한 모습을 하면서 계속하여 큰 상처와 고통, 아픔과 절망으로 있을 것이기 때문이다.

그러기에 "통일은 치유다." 분단으로 인하여 만들어졌고, 지금도 만들어져 가고 있고, 앞으로도 만들어져갈 이 땅의 모든 상처와 아픔과 트라우마를 치유하고, 예방할 수 있는 유일한 길은 결국 한반도의 "통일"이기 때문이다. 북한의 누구는 앞으로 "영원히" 통일은 없다고 말하였다. 그

6) 박완서. 〈놓여나기 위해, 가벼워지기 위해〉 두부. 창비. 2002. p.201.

러나 저자는 이렇게 말하겠다. "결국 언젠가 통일은 반드시 되고야 말 것이다." 분단이 만들어낼 이익과 행복은 북의 극소수에게만 주어질 것이지만, 통일의 이익과 행복은 한반도의 모든 과거 세대, 지금의 세대, 그리고 앞으로 태어날 세대에게 절대적으로 크고도 깊을 것이기 때문이다. 그리고 동시에 한반도의 통일은 한반도의 평화와 번영을 넘어 동아시아 지역의 평화와 번영, 그리고 세계의 평화와 번영에 뚜렷한 기여를 할 것이기 때문이다. 그래서 이 책의 제목을 〈통일은 치유다〉라 하였다. 저자가 그동안 학술적으로나 사회적으로 활동하였던 모든 내용도 결국은 분단이라는 그 민족적 트라우마를 치유하기 위한 것이었고, 그래서 궁극적으로 통일을 이루기 위한 것이었고, 그래서 통일이 "치유"가 되도록 하는 일이었다고 생각한다. 그러나 통일이 정말로 "치유적 통일"이 되려면, 많은 준비과정과 노력이 필요로 된다. "어설픈 통일 시도"는 오히려 더 큰 갈등과 상처를 줄 것이 분명하고, 그래서 "궁극적 통일"을 이루는 데 오히려 큰 장애가 될 것이기 때문이다. 그래서 이 책은 "통일은 치유다"라는 하나의 "메시지"이기도 하고, 동시에 "통일이 치유가 되기 위하여 있어야 하는 조건과 준비"에 대한 책이기도 하다.

✦✦✦

이 책에서는 그동안 저자가 쓴 연구물들 중 먼저 출간하였던 책들에 들어가 있지 않았던 원고들을 묶었다. 1부에서는 개인과 집단의 트라우마와 그 치유의 개념을 정리해 보고, 한반도 역사 속에서 분단이 우리 민족에게 끼친 트라우마와 그 치유에 대한 것을 다루었다. 2부에서는 그 치유라는 것에 먼저 필요로 되는 생각과 대화를 위하여 이스라엘-팔레스타인의 사례와 기독교-이슬람 사이의 대화 사례를 다룬 글을 실었고, 이어서 치유를 위한 대화를 나눌 수 있도록 하는 "이념의 건강성"에 대한 글을 실었다. 3부에서는 한반도의 분단이 만든 트라우마와 갈등의 극복을 위한 현장 속에서의 노력들을 어떻게 시도하고 생각해 볼 수 있는지를 다루었다. 4부에서는 이런 치유에 있어 종교는 어떤 역할을 할 수 있는가에 대하여 생각하였던 글들을 묶었다. 이미 오래전인 2007년도에 저자는 탈북 대학생들 몇 명과 함께 성경 공부의 형식으로 10회에 걸쳐 만난 적이 있었다. 그리고 그때 그들과 종교와 종교 경험에 대한 이야기들을 나누었는데 그것을 토대로 쓴 글들이다. 부록 1은 통일, 북한, 탈북자, 트라우마 치유 등을 주제로 저자가 단독저자 또는 대표편저자로서 출간하였던 책들에 저자가 서문, 발간사, 저자 후기 등으로 썼던 글들을 묶은 것이다. 이 내용은 2000년 첫 단독저서로 출간한 〈사람의 통일을 위하여〉부터 2023년 대표편저자로 출간한 〈통일보건의료의 미래〉에 이르기까지 긴 세월 동안 이어서 나온 총 12권들이 책들이 어떤 생각들 속에서 만들어지며 변화해 왔는지를 볼 수 있는 자료이면서, 동시에 그 책들을 독자들에게 소개할 수 있는 기회도 될 수 있을 것 같아 여기에 싣는다. 부록 2는 저자가 공동저자로 참여하였던 5권의 책들에 실었던 저자 글들의 목록, 그리고 그동안 책들에 실리지 않았던 논문들의 목록을 실었다. 부록 1, 2의 내용들과 이 책은 그동안 저자가 어떤 문제의식을 가지고 어떤 연구들을 하여 왔는가의 흐름을 보여주고 있기에, 향후 이런 영역의 활동과 연구를 하여 나가실 분들에게 작은 참고사항이라도 되기를 바란다.

부록 속에 들어가 있는 많은 분들의 이름을 볼 수 있다. 통일을 향한 치유를 꿈꾸면서 함께 연구들을 하였고, 연구논문들을 썼었고, 책들을 만들었던 분들이다. 은사님들의 성함부터 선후배 동료, 대학원 학생들의 이름들까지, 한 분 한 분 너무도 소중한 분들이기에, 깊은 감사의 말씀을 올린다. 그리고 너무도 어두운 지금의 한반도 상황에서, 분단 트라우마의 치유라는 횃불을 이어받아 달리게 될 미래의 모든 분들에게 진심으로 큰 박수의 응원을 드린다. 그 분들에 의하여 통일의 그 밝은 날은 반드시 오고야 말 것이다. 그래서 그동안 분단으로 인하여 생겨나고 이어져 온 개인과 민족의 모든 아픔과 트라우마들이 비로소 역사적 의미와 가치를 가지게 될 것이다. 늘 급하게 출간을 요청드리는 가운데도 훌륭히 책을 만들어 주신 박영사스토리의 모든 분들께도 감사드린다.

"통일"은 한반도에서 어느 한 편의 힘의 우위에 의하여 이루어지는 "땅의 통일"만으로 규정되어서는 안 된다. 또한 긴 세월에 의하여 이질화되어 버린 남북한 사람들이 서로를 이해하고 포용하여 공존하도록 하는 "사람의 통일"에서 멈추어서도 안 된다. 통일 그 자체가 목표가 아니라, 통일을 통하여 궁극적으로 만들기 원하는 "한반도에 사는 사람들의 삶의 모습에 대한 꿈"이 진정한 통일이고 통일의 목표가 되어야 한다. 그렇게도 서로를 의심하고 증오하고 말살하려 하였던 사람들이 진정으로 서로를 존중하고, 평화를 이루며, 그것이 전 세계의 갈등 지역에 희망이 되는 그런 "치유의 통일"이 한반도에서 이루어지기를 바란다. 마지막으로, 긴 과정을 필자 옆에서 늘 함께하여 준 사랑하는 아내에게 감사의 마음을 전한다.

2025년 11월
반드시 어느 날 갑자기 오고야 말 통일의 그날을 기다리며
저자 전우택 올림

요약
차례

차례

PART 02 치유를 향한 성찰

PART 03 분단과 치유

PART 04 종교와 치유

통일은
치유다

땅의 통일, 사람의 통일을 넘어
치유의 통일로

PART 01

역사 속
집단 트라우마와 치유

01

개인과 집단의 트라우마 치유[1)]

Ⅰ. 시작하는 말 - 평화와 치유의 관계

평화(peace)를 국어사전에서는 "평온하고 화목한 상태"[2)]라고 정의하며, 일반적으로는 "인간집단(종족, 씨족, 국가, 국가군(群)) 상호간의 무력충돌이 일어나지 않은 상태"를 의미한다. 레몽 아론(Raymond Aron)은 평화를 "정치적 당위간의 대립적 폭력형태가 어느 정도 계속적으로 정지되고 있는 상태"라고 정의한 바 있다.[3)] 어느 쪽이 되었든, 일종의 "폭력"이 없는 상태를 평화라고 정의하였다는 점에서의 공통성을 가지고 있으며, 그것이 인간과 사회에서 보편적으로 받아들여지고 있는 평화의 정의라고

1) 이 글은 연세대학교 산학협력단이 서울연구원의 지원으로 수행한 2020년 세계평화회의 학술연구용역 보고서 "서울시의 보편평화 구현을 위한 이론 및 정책 방향 연구"(책임연구자: 박명림, 공동연구자: 전우택, 이성훈, 김웅빈, 장훈각, 표광민, 신보경, 강효인, 기민형)(2020년 9월 14일)에 실린 저자의 글 "치유와 평화"의 내용 중 일부분(pp.260－276)을 수정·보완한 것이다.

2) 국립국어원 표준국어대사전 누리집. 2025년 5월 30일 검색.

3) 두산백과. 네이버 검색(검색일: 2020년 5월 4일) https://terms.naver.com/entry.nhn?docId=1158135&cid=40942&categoryId=31614

할 수 있다. 그러나 평화학자 요한 갈퉁(Johan Galtung)은 그 폭력의 개념을 다르게 봄으로써, 그에 따른 평화의 개념을 확대시킨 바 있다. 요한 갈퉁은 폭력을 "인간의 기본적인 욕구를 모독하는 것"이라 정의하면서 폭력을 다음의 세 가지로 구분한다.[4] 첫째, 물리적 폭력이다. 이것은 전쟁을 포함하여 사람의 목숨을 빼앗거나 신체에 피해를 가하는 직접적인 행위를 말한다. 이것은 언어적 폭력과 신체적 폭력으로 나눌 수 있다. 둘째, 구조적 폭력이다. 물리적으로 직접적인 폭력을 쓰는 것이 아니더라도, 간접적으로 사회적 불평등, 차별, 억압 등을 구조적으로 하는 것이다. 이것은 다시 정치적, 억압적, 경제적, 착취적 폭력으로 구분될 수 있다. 셋째, 문화적 폭력이다. 이것은 종교, 법과 사상, 언어, 예술, 실증적 형식의 과학, 학문 등을 이용하여, 물리적, 구조적 폭력의 실체가 정당하거나, 최소한 잘못된 것은 아니라고 간주되도록 정당화, 합법화하는 것이다. 위와 같은 폭력 개념의 확대는 평화 개념의 확대와 조정을 이끌어내었다.

평화학에서는 평화를 크게 두 개로 나누어서 이야기한다. 첫째, 소극적 평화(negative peace)로서 전쟁을 포함한 직접적, 또는 물리적 폭력이 없는 상태를 말한다. 둘째, 적극적 평화(positive peace)로서, 이것은 간접적, 또는 구조적 폭력 및 문화적 폭력까지 없는 상태를 말한다. 그러면서 요한 갈퉁은 평화를 다음과 같은 대립된 두 개로 구분하여 정의한 바가 있다.[5] 첫째, 평화란 모든 종류의 폭력이 없거나 폭력이 감소된 상태이다. 둘째, 평화란 갈등을 비폭력적이고 창조적으로 변형(transformation)시키는 것이다. 그러면서 요한 갈퉁은 그 정의를 다시 이렇게 분석한다. 첫 번째 정의, 즉 모든 종류의 폭력이 없어지거나 폭력을 감소시키는 것을 평화라

---

4) ohan Galtung, Peace by Peaceful means(1996). 요한 갈퉁, 평화적 수단에 의한 평화(서울: 들녘, 2000) pp.8－9, p.84.

5) 위의 책 p.36.

고 할 경우, 그 평화를 만들기 위하여 또 다른 폭력이 사용되어야 할 가능성이 크다는 점에서, 그것은 폭력지향적이며 부정적 의미를 내포할 수 있다고 보는 것이다. 그에 비하여 두 번째 정의는 폭력을 없애 나가는 것에 있어 또 다른 폭력을 사용하지 않고, 갈등을 변형시켜 나가려는 개념을 의미한다는 점에서 갈등해소 지향적이며, 그래서 긍정적 의미를 가진다고 본 것이다. 즉 평화를 만들어 감에 있어 "창조적인 갈등의 변형"이 그 핵심임을 이야기한 것이다. 이러한 "창조적인 갈등 변형"은 단지 폭력이나 갈등이 발생하기 이전 상태로 되돌아가도록 하는 것을 넘어서서, 갈등 또는 외상, 폭력의 발생 당시보다 더 나은 상태로까지의 변화를 목적으로 하는 것을 추구할 수 있게 한다. 그것을 평화갈등이론에서는 갈등전환이론이라 한다. 이것은 갈등 자체를 관리·통제하거나 해소·해결하는 것을 넘어 오히려 이런 갈등을 통해 장차 갈등 집단들의 사회적 관계를 긍정적으로 재구성하는 것을 목표로 한다.[6] 실제로 어떤 거대한 외상 사건이 발생하면, 물리적으로든, 정신적으로든, 사회적으로든, 어떤 의미에서도, '완전한 복구'란 원칙적으로 불가능할 때가 많이 있다. 폭력으로 이미 죽은 사람이 다시 살아 돌아올 수도 없고, 폭력으로 인하여 잘린 다리가 다시 원상복구될 수도 없기 때문이다. 따라서 이미 발생한 폭력, 이미 발생한 트라우마의 처리는 일차적으로는 "원상 복구" 또는 "회복"을 목표로는 하지만, 그것은 불가능한 경우들이 많으므로, 그것을 "넘어서는" 다른 무언가를 추구해야 하는 측면을 가진다. 그것을 이 글에서는 "치유"라고 이야기한다.

실제로 폭력 앞에서 인간은 세 가지 영역의 상처를 가진다고 할 수

6) John Paul Lederach, Building Peace – Sustainable Reconciliation in Divided Societies(1997). 평화는 어떻게 만들어 지는가. 김동진 역(서울: 후마니타스, 2012) p.11.

있다. 신체적 상처, 심리적 상처, 관계적 상처가 그것이다.[7] 첫 번째 신체적 상처는 세월이 지나면 아물게 된다. 장기적, 영구적 후유증이 있다 할지라도 피해자들은 그 신체적 손상에 적응하며 나름대로의 삶을 영위해 가는 것이 보통이다. 그러나 두 번째 심리적 상처는 훨씬 더 깊고 긴 상처가 된다. 그리고 시간이 지나면서 그 심리적 상처가 삶의 중심부를 더 차지하지 못하도록 하는 스스로의 노력과 함께 다양한 외부의 도움을 필요로 할 때가 있다. 그러나 세 번째 관계적 상처는 다르다. 이것은 시간이 흘러간다고 해결되지도, 적응되지도 못하는 상처이며, 그래서 가장 깊은 성찰 및 주변의 적극적 도움과 지지, 행동이 필요로 되는 상처이다. 그런 의미에서 폭력에 대항하고, 폭력의 결과를 지워나가는 과정으로서의 평화는 폭력에 의한 상처를 치유하는 측면과 의미를 가진다. 인류의 역사와 인간의 정신사(精神史)는 인간에게 발생한 트라우마가 영원한 상처, 최종적 파괴만으로 존재하지 않을 수 있음을 보여준다. 예를 들어, 남아프리카공화국에서 있었던 '진실과 화해위원회' 활동은, 추후 많은 논란이 있었던 것은 사실이었다 하더라도, 인간이 트라우마를 어떻게 마주하고, 그것을 극복하며, 그것을 디딤돌로 하여 더 높은 정신세계로 나아갈 수 있는지를 보여준 바 있다.[8][9] 즉 평화를 만드는 일은 일종의 "치유"적 기능과 성격을 가진다는 것을 보여 준 것이다. 그리고 이런 치유를 통하여, 비로소 진정한 의미의 "지속가능한 평화"가 만들어질 수 있게 된다. 치유가 동반되지 않는 평화는 어느 정도의 시간이 흐르거나, 또는 새로운 갈등의

---

7) 전우택, 박명림 편. 트라우마와 사회치유(서울: 역사비평사, 2019) p.363. 이 내용은 미라슬로브 볼프의 기억의 종말(서울: IVP, 2006)의 p.120에서 나온 내용으로부터 아이디어를 얻었다.

8) 전우택, 남아프리카공화국에서 만난 용서와 화해: 진실화해위원회 활동을 중심으로. 전우택 편. 용서와 화해에 대한 성찰(서울: 명인문화사, 2018) pp.53-81.

9) Desmond Mplilo Tutu. No Future without Forgiveness(New York: Doubleday, 1999). 데즈먼드 투투 지음. 홍종락 역. 용서 없이 미래 없다(서울: 홍성사, 2009)

환경 조건이 발생할 경우, 쉽게 다시 반평화(反平和), 폭력의 상태로 돌아가게 될 가능성이 크기 때문이다. 따라서 본 글에서는 트라우마의 치유가 어떻게 평화와 연결될 수 있는지를 생각해 보기로 한다.

II. 개인과 집단의 트라우마와 그 치유

1. 개인과 집단의 트라우마

한 개인이 심각한 충격적 외상을 경험하게 되었을 때, 정신의학적으로는 '외상후 스트레스 장애(post traumatic stress disorder, PTSD)'가 발생하게 된다. 여기서 외상(trauma)이란 범죄, 전쟁, 폭행, 납치, 자연 재해 등과 같이, 심한 부상이나 죽음에 이를 위험에 노출되는 것, 혹은 성폭행과 같은 충격적인 경험을 하거나 이와 연관된 상황에 노출되는 것 등을 의미한다.[10] 그리고 그로 인하여 외상후 스트레스 장애가 발생하게 되면 그 증상으로서 반복적으로 그 사건을 회상하게 되면서 재경험을 반복하는 것, 발생하였던 그 사고와 관련된 자극을 회피하려고 애쓰는 것, 사고와 관련된 인지나 기분의 부정적인 변화(기억의 장애, 과장적이고 부정적인 생각, 공포, 죄책감, 주변 일들에 대한 흥미 감소, 타인과의 관계가 멀어짐, 행복감을 느끼지 못함 등), 과도한 각성과 교감신경의 항진 관련 증상(민감한 행동과 분노 폭발, 과장된 놀람 반응, 집중력 저하, 불면증 등)이 있게 된다.[11]

그런데 이러한 외상, 즉 트라우마는 한 개인에게 발생하는 것을 넘어서, 지진, 전쟁, 9.11 사건, 세월호 사건 등과 같이 수백, 수천, 또는 수백만 사람들에게 집단적으로 있을 수 있으며, 이런 트라우마를 '집단적 트

10) 대한신경정신의학회 편. 신경정신의학 3판(서울: 일조각, 2017) pp.357-358.
11) 위의 책 p.358.

라우마' 또는 '사회적 트라우마'라고 한다. 많은 경우, 사회적 트라우마는 사람들로 하여금, 그들이 서로 공존하고 있으며 한 사회의 구성원으로 생활하고 있다는 의식을 무너뜨린다.[12][13] 더 나아가 사회적 트라우마는 개인 및 사회의 보편적인 자기 통제력, 존재감, 대인관계에 영향을 미쳐 사회적인 문제를 야기한다.[14] 결국 사회적 트라우마는 충격적인 사건들로 인해 집단 구성원들의 의식에 지워지지 않는 상처를 남기고, 그 기억을 잊지 못하게 하여, 끝내 그들의 미래를 어둡게 만든다. 또한 사회적 트라우마를 직·간접적으로 경험한 개인 및 사회 구성원들은 혐오감·수치감과 같은 부정적인 감정의 포화상태, 집단 정체성에 극심한 혼란, 또는 사회 현상과 미래에 대한 과도한 편견적 태도 등을 일으키게 된다.

나아가 사회적 트라우마에 의하여 만들어진 병적인 집단의식은, 그것이 적절히 치유되지 않으면 계속 유지되면서 다음 세대로까지 연결될 수 있다.[15] 미국의 홀로코스트 연구자인 마리안 허시는 이것을 포스트 메모리(post memory)라는 개념으로 설명하였다. 즉 문화적 또는 집단적 트라우마를 경험한 사람들의 후세대가 이전 세대의 경험과 맺는 관계를 말하는 이 용어는 후세대가 자라면서 알게 된 이야기, 이미지, 행위 등을 통

12) Famula, Kristin. Healing Societal Traumas and Transforming Collective Consciousness: A Path to a Culture of Healing. M.A. Thesis to the European University Center for Peace Studies (2007)
http://epu.ac.at/fileadmin/downloads/research/Famula.pdf

13) Beth E. Cohen, Thomas C. Neylan, Kristine Yaffe, Kristin W. Samuelson, Yongmei Li, Deborah E. (2013): Posttraumatic Stress Disorder and Cognitive Function: Findings From the Mind Your Heart Study, J Clin Psychiatry 2013;74(11):1063-1070

14) Alexander, Jeffrey, Chapter 1: Toward a Theory of Cultural Trauma. In Cultural Trauma and Collective Identity (pp.1-30). Berkeley, CA : University of California Press. 2004.

15) Hilty, Anne. Jeju Olle and the Korean Psyche: Healing Minds and Hearts. The Jeju Weekly. 2011

하여 그것이 마치 그들이 직접 경험한 트라우마의 사건처럼 깊이, 정서적으로 그것을 기억한다는 것이다.[16] '집단적, 문화적 트라우마' 개념을 주창한 제프리 알렉산더도 한 집단이 경험하는 외상이 개인적 정체성뿐만 아니라 집단의 문화적 정체성도 변화시킬 수 있다고 설명한다.[17] 결국 개인적 트라우마에서뿐만 아니라, 사회적 트라우마는 과거의 문제로 흘러가 버리는 것이 아니라 "미래"에도 강력한 영향을 끼친다고 할 수 있다.

이러한 기억의 사회적, 집단적 기억을 '집단기억'(collective memory)이라고 하는데 이 개념은 프랑스 사회학자인 알박스(Halbwachs)[18]와 러시아의 심리학자인 비고츠키(Vygotsky)[19]의 연구로 그 기원을 거슬러 올라가게 된다. 알박스(Halbwachs)[20]는 집단기억을 "같은 집단 안에 속하여 있는 사람들에 의하여 공유되고 있는 이미지, 생각, 느낌"이라고 정의한 바 있다. 그리고 이 집단기억은 인간의 마음속에만 존재하는 것이 아니라 인간들의 행위, 기준, 사회 기전, 기록 등에도 있게 된다고 하였다. 알박스(Halbwachs)는 모든 인간의 기억은 집단적인 상황(collective context)에서 형성되고 조직화되며, 실제적으로 모든 사건, 경험, 인식은 개인이 타인과 가지는 상호작용(interactions)에 의하여 그 모양을 가지게 된다고 하였다. 비고츠키(Vygotsky) 역시 인간의 기억은 사회나 지역사회(community)에 의존적이라고 보았다. 또한 래들리(Radley)[21]은 사람들이 과거를 기억

---

16) Hirsch, Marianne 2008. "The Generation of Postmemory" Poetics Today 29/1:103-128; 전순영. 한반도의 기억. 한울, 2005. pp.50-51.

17) Alexander, jeffrey C. 2004. "Toward a Theory of Cultural Trauma" Cultural Trauma and Collective Identity 76/4: 620-639

18) Halbwachs M (1950) : Collective Memory. Paris. Presses Universiltaries de France

19) Vygotsky LS (1979) : The development of higher psychological processes. Barcelona, Critica. (Original work published 1930)

20) Halbwachs M (1992) : On collective memory. Chicago: University of Chicago Press.

하는 것 역시 인간이 그 지역사회와 맺고 있는 관계에 의존적이라고 하였다.

따라서 이러한 집단적, 사회적 그리고 역사적 트라우마[22]를 경험하고 그에 의한 영향을 받는 집단에 대하여는, 마치 외상을 입은 개인 환자들에게 치유가 필요한 것처럼, 그 사회 집단에 대한 치유가 필요하게 된다.[23]

2. 개인과 집단의 트라우마 치유

외상후 스트레스 장애를 가지고 있는 개인 환자들을 치유하는 과정에 대한 대표적 이론으로 주디스 허먼(Judice Herman)이 제시한 3단계 이론이 있다. 즉 1단계－안정화 단계, 2단계－기억과 재만남의 단계, 3단계－재연결 단계가 그것이다.[24] 본 글에서는 이 이론을 토대로 트라우마를 받은 개인의 치료에 대하여 검토해 보고, 그것에 이어 집단의 사회적 트라우마가 발생하였을 때, 그것이 집단, 사회, 국가 차원에서는 어떤 방식으로 이해되고 다루어져야 하는지에 대하여 생각해 보기로 한다.

---

21) Radley A (1990) : Artifacts, memory and a sense of the past. In Middleton D and Edwards D (Eds.), Collective remembering. London: Sage.

22) 미국의 역사학자 도미니크 라카프는 지연 재해뿐만 아니라 홀로코스트 같은 역사적 사건도 집단트라우마가 된다고 보았다. LaCapra, Dominick. 1999. "Trauma, Absence, Loss" Critical Inquiry 25?4 : 696－727. 전순영 "한반도의 기억" 한울, 2005. p.56에서 재인용

23) 전우택. 통일은 치유다: 분단과 통일에 대한 정신의학적 고찰. 신경정신의학(2015). 54(3)353－359.

24) Judice Herman,Trauma and Recovery (Basic Books, 1997). 주디스 허먼. 트라우마. 최현정 역. (서울: 열린책들, 2012) pp.225－354.

1단계: 안정화 단계 - 생존자의 안전회복 (통제회복)

1) 개인 차원의 트라우마 치유

개인적 차원에서 트라우마가 발생하였을 때, 그 개인에게 가장 먼저 취해야 할 조치는 그를 보호하고 안정시키는 것이다. 그 내용을 좀 더 세분화하여 보면 다음과 같다.

첫째, 응급적인 조치와 치료, 지원이 이루어져야 한다.

트라우마를 받는 과정에서 신체적인 손상이 발생하였을 경우, 그것에 대한 응급적인 조치와 치료가 이루어져야 하며, 피해자가 또 다른 트라우마를 받지 않도록 안전하게 보호하여야 한다. 그리고 가장 기본적인 필요, 즉 의식주 등이 안정되게 공급되는 것을 보장해 주어야 한다. 만일 필요한 경우, 피해자에게 의학적 조치, 즉 진통제나 신경안정제, 항우울제, 수면제 등이 정확하게 잘 공급되게 해 주어야 한다. 이런 것들을 통하여 피해자가 신체적으로, 그리고 심리적으로 보호되고 빨리 안정되게 도와주는 것이 핵심이다.

둘째, 혼란스러움을 극복할 수 있도록 도와야 한다.

트라우마의 피해자는 벌어진 상황에 압도되면서 도대체 자신에게 무슨 일이 일어났는지를 이해하고 파악하는 것에 혼란스러워 한다. 따라서 지금 벌어진 일이 무엇인지를 명확한 단어를 가지고 설명해 주어, 스스로 자신의 상황을 잘 이해하도록 돕는 것이 필요하다. 예를 들어 성폭행을 당한 피해자에게 "당신이 지금 당한 일은 성폭행이지만, 그 외 다른 신체적 손상은 지금으로서는 크게 없어 보인다. 이제부터는 우리가 당신을 옆에서 당신을 보호하고 도울 것이다"라고 명확히 말하여 주어서, 더 큰 공포와 혼란 속에 빠지는 것을 막아 주는 것이다.

셋째, 최소한의 사람들과의 우선적으로 신뢰 관계를 회복하도록 하여야 한다.

트라우마를 받는 순간부터 피해자는 극도로 혼란스러워 하면서 세상 전체가 다 두렵고, 세상에서 누구를 더 이상 믿어야 할지조차 모르겠는 상태가 된다. 누가 가해자이거나 그럴 가능성이 있는 사람인지도 모르겠기에, 당장 피해자 옆에서 자신을 보살피고 돕는 일을 하는 사람들에게조차 의심과 두려움을 가질 수 있다. 따라서 피해자가 자신을 돕는 사람들에 대한 신뢰와 애착을 가지도록 하는 것이 트라우마 치유를 위한 기본적인 필요가 된다. 그러기에 옆에서 돕는 사람들은 이를 위한 사려 깊고 조심스러운 접근과 노력이 필요하다.

넷째, 외부 세계 및 외부 자원과 연결되도록 도와야 한다.

피해자가 즉각적으로 필요한 도움을 받을 수 있도록 외부의 사회적 자원과 연결시켜주면서 사회적 고립에서 벗어나도록 돕는 것이 필요하다. 즉 당장 필요로 되는 법적인 측면(경찰에게 상황 설명하기, 관련 증거물 확보, 변호사의 도움을 받는 것 등), 정신건강적 측면(상담사나 정신건강전문의에게 도움을 받는 것 등), 사회복지적 측면(가족과의 연결, 혼자 집에 있을 아이들을 돌보는 일에 대한 도움을 받는 것 등)의 지원들을 받을 수 있도록 관련 기관이나 사람들과 피해자를 연결시켜 주고, 그런 영역에서의 도움들을 잘 받을 수 있도록 옆에서 지지해 주는 것이 필요한 것이다.

2) 집단 차원의 트라우마 치유

이상의 내용들은 한 개인이 트라우마를 받았을 때 이루어져야 하는 치유적 활동이다. 이러한 치유의 내용들을 집단적인 사회적 트라우마의 치유에 적용한다면 다음과 같이 생각할 수 있을 것이다.

첫째, 집단적이고 사회적인 트라우마에 대한 즉각적 대응 조치들이 있어야 한다.

국가나 사회 집단이 큰 트라우마를 받았을 경우, 가장 중요한 것은 그 트라우마로 인하여 발생한 수많은 고통들에 대한 즉각적인 대응을 취하여 주는 것이다. 예를 들어 9.11과 같은 사고가 한 사회집단에게 일어났으면, 정부와 사회의 각 기관들은 그 피해자들과 가족들, 그리고 다양한 차원과 측면에서 그 사고에 노출되었던 사람들의 신체적, 정신적, 사회적 고통들을 해결하기 위하여 효과적이고 효율적으로 대응하면서 문제를 해결해 나가야 한다. 동시에, 그런 사회적 트라우마의 재발을 방지하기 위한 적절한 대응이 이루어져야 한다. 만일 그것이 당장 현실적으로 충분히 가능하지 않을 경우에도, 이제부터는 사회적 역량을 다하여서 단계적으로라도 그 예방적 차원의 활동에 역량을 집중할 것임을 선포하고 보여주어야 한다. 우리나라의 경우, 일제 강점기 식민 지배 경험이나 한국전쟁과 같은 국가적 존망이나 극단적 안보의 위협을 겪은 후, 다시는 그런 일이 일어나지 않게 하겠다는 국가적, 사회적 의지 표명과 그에 대한 적극적 대처 노력이 모든 사람들에게 현실적으로 느껴지도록 하는 것은 중요한 의미를 가졌었다. 그래서 가난한 국가예산이었다 할지라도 국방예산을 크게 늘리고, 학교 교육에서 안보 의식을 강화시키며, 외국과의 군사 협약을 맺었던 것 등은 사회적 트라우마의 치유로서 중요한 의미를 가졌었다고 할 수 있다. 그러나 세월호 사고와 같이, 그 발생 원인이나, 특히 사고 후 정부 대처 과정과 노력 등이 명확하게 밝혀지지 않고, 그에 대한 책임자 처벌도 명확하게 하지 못하였던 가운데, 향후 또 있을 수 있는 해난 사고를 막을 수 있는 실효적인 방법을 국가가 제대로 마련해 내었는지를 보여주지 못한 상황이 벌어진다면, 그 사회적 트라우마의 치유는 제대로 이루어졌다고 볼 수 없는 것이다.

둘째, 발생한 일의 성격을 국가나 사회가 명확히 해 주어야 한다.

“전 국민이 이미 실제로 다 겪은 일인데, 그 일이 어떤 성격의 일이었는지를 꼭 다시 명확하게 설명해 주어야 하겠는가”라는 질문이 있을 수 있다. 그러나 역사의 사건을 현장에서 직접 경험하였다고, 그 사건의 본질과 핵심을 다 이해하는 것은 아닐 수 있다. 예를 들어 일제 강점기에 우리 민족이 겪은 트라우마의 본질적 성격과 여러 측면은 그것이 다시 분석되어 설명되지 않는 이상, 막연히는 느끼지만, 정확히는 그 실체의 전모를 알기 어려운 측면이 있는 것이다. 그러므로, 사회적, 국가적으로 겪은 트라우마는 그 성격과 의미를 명확히 정리하여, 피해자와 국민들에게도 알려야 하고, 학교 교육 등을 통하여도 전달되도록 하여야 한다. 그 일의 기억과 의미를 명확히 하지 않고, 그저 세월이 흘러가기만 기다리는 것은 매우 잘못된 대응 방법이다. 그런 의미에서 국가와 사회적 차원에서의 진실 규명이 필요로 되는 사건들은 그 활동 결과가 정확히 나올 수 있도록 국가적, 사회적 노력을 하여야 한다.

셋째, 피해자가 자신을 돕는 사람들을 신뢰하도록 하여야 한다.

사회적 트라우마를 입는 사회는 순간적으로 사회구성원들이 서로를 믿지 못하는 극심한 불신 상태로 들어가게 된다. 예를 들어 테러가 발생한 상태에서, 누가 또 다른 테러를 다시 일으킬지 모른다는 불신과 공포 때문에 서로를 신뢰하는 것에 큰 두려움을 가지게 된다. 세월호 사건이 터지자, 한동안 국민들은 모든 공공 교통수단을 사용하는 것에 대한 큰 불안감과 스트레스를 겪은 바 있다. 또한 해방 전후 시기와 한국전쟁 시기에, 사상의 차이로 인한 잔혹 행위들이 군인들만 아니라 민간인들을 대상으로도 있게 되면서, ‘만인의 만인에 대한 두려움과 의심’이 각 개인의 삶과 사회 전체를 피폐하게 만들었다. 따라서 사회적 신뢰를 만들어 가는 것은 매우 어려우면서도 본질적인 사회적 치유의 내용이 되어야 한다. 여기서 정치, 언론, 교육 등은 중요한 역할을 하게 된다.

넷째, 발생한 사회적 트라우마를 개인의 문제가 아닌, 사회 전체의 문제로 받아들여야 한다.

트라우마의 피해자들이 각자 개인적으로만 고통스러워하지 않도록, 사회가 그들의 상처와 고통을 인정하고 지지하는 시스템을 만들어 지원하는 것이 필요하다. 예를 들어 일제 강점기의 위안부 피해 할머니들이 계실 경우, 그 분들이 각자 개인적으로만 고통을 겪으며 살아가지 않도록 해 드리는 것이 필요하였다. 같이 모여 살 수 있는 분들은 같이 모여 살게 해 드리고, 그럴 여건이 아닌 경우에도 정기적 모임으로 그분들이 같이 모일 수 있도록 돕거나 사회경제적 지원을 해 가는 것은 집단적 차원에서 중요하였다는 것이다.

이상과 같은 1단계 치유를 통하여, 트라우마를 받은 개인이나 집단은 비로소 압도적인 경험과 혼란으로부터, 다시 자기 스스로 자신의 상황을 통제할 수 있다는 느낌을 회복해 나가기 시작한다. 이것이 1단계 치유의 핵심적 결과라고 할 수 있다.

2단계: 기억과의 재 만남 단계 – 기억과 애도

1) 개인 차원의 트라우마 치유

1단계의 치유는 실제적인 차원에서 가장 긴급하고도 중요한 치유이다. 그러나 1단계 치유만으로는 온전한 치유가 다 이루어지게 되는 것이 아니기에, 가능하다면 어느 시점에서부터는 2단계 치유를 시작할 수 있도록 노력할 필요가 있다. 1단계 치유가 트라우마 피해자를 감싸 안고 보호해 주는 것을 중심으로 하는 것이라면, 2단계는 피해자가 자신이 겪은 트라우마를 스스로 응시하고 생각할 수 있도록 돕는 것이라는 점에서 차이가 있다 하겠다. 그러나 미처 준비가 되지 못한 상태에서 너무 조급하게

2단계 치유로 들어가는 것은 위험한 일임을 주디스 허먼은 이야기한다.[25] 2단계 치유는 크게 세 가지 내용으로 구성된다고 할 수 있다.

첫째, 트라우마 사건의 진실을 다시 복원함으로 피해자 스스로 기억을 지배하게 한다.

트라우마는 그 사건 자체가 너무도 강렬하고 파괴적이기 때문에 인간의 뇌는 그것을 이성적이고 논리적으로 다 통합하여 인식하지 못한다. 따라서 모든 기억은 단편적으로 부서진 파편처럼 남고, 때로, 그 기억은 사실(fact)과 혼돈적 착각, 억압(suppression)과 부정(denial)이 서로 뒤섞여 있는 상태가 된다. 피해자들은 트라우마의 고통을 다시는 떠올리고 싶어하지 않기 때문에, "정말로 있었던 사건"들의 기억을 명확히 하는 것을 무의식적으로 회피하기도 한다. 그러다 보니, 겪은 트라우마는 '하나의 사실'로서 머릿속에 존재하는 것이 아니라, 피해자의 내면세계 안에서 일종의 또 다른 '오류가 있는 기억의 재구성 상태'로 있게 된다. 이런 오류가 있는 기억의 재구성이 다시 트라우마의 피해자를 더 큰 고통 속에 들어가게 한다. 실제 트라우마에 피해자 자신이 더하는 착각, 오해, 망상 등이 섞이면서 트라우마에 대한 기억은 더 모호하고, 더 기괴하고, 더 두렵고, 더 고통스러운 경험으로 변해간다. 따라서 트라우마를 해결하는 일에 있어 중요한 것은 그 트라우마의 사건을 사실 그대로 다시 피해자의 내면세계 속에서 복원하는 것이고, 그 기억을 다시 마주하게 하는 것이다. 이것이 2단계 치료의 중요한 과정이 된다. 트라우마 경험과 기억을 다시 명확히 해나감으로 인하여, 피해자가 기억에 지배를 받는 것이 아니라, 피해자가 기억을 지배할 수 있는 위치로 바꾸게 한다. 그런데 이런 기억의 복구는 일반적으로 피해자 혼자서 해 나가기가 매우 어렵다. 트라우마, 그리고 그 트라우마의 사실적 기억에 다시 마주 서는 것이 너무도 고통스럽

25) 주디스 허먼. 앞의 책. pp.290－291.

기 때문이다. 그래서 이것은 피해자와 지지자들, 또는 치료자들과의 공동 작업이어야 할 때가 많이 있다.

둘째, 트라우마 사건의 원인, 속성과 그 의미를 명확히 하도록 한다.

앞에서 이야기한 트라우마 사건에 대한 정확한 기억의 복원은 피해자, 또는 피해자 집단에게 새로운 과제를 준다. 즉 자신이 겪은 그 트라우마가 과연 어떤 본질적 속성과 의미를 가진 것인가에 대한 성찰을 하게 한다는 것이다. 예를 들어, 한 사람이 성폭행을 당한 트라우마를 겪었다고 하자. 처음에는 그 사건에 대한 혼란스러운 기억조차 다시 말로 꺼내기 싫어하면서 수치심, 두려움, 혼란감 속에 큰 고통을 느끼며 위축되어 있게 된다. 그러다가 점차 그 사건의 정확한 사건 내용을 기억에 떠올리면서 스스로 기억을 지배하게 되면, 그 피해자는 외상후 스트레스 장애의 증상 자체에서는 많이 벗어나게 된다. 그리고 만일 가능하다면, 그 다음 단계로 나아갈 필요가 있다. 즉 자신에게 그런 성폭행이 벌어졌던 배경과 이유에 대한 생각을 명확히 해 나가는 것이다. 그런 일이 벌어진 이유를 처음에는 자신이 그런 사고의 장소에 스스로 갔고, 그런 일이 벌어질 것을 전혀 예상도 못하고 있었고, 그에 따라 필요하였던 사전 주의도 기울이지 않고 있다가 당하였으니, 그 잘못은 전적으로 자신에게 있다는 식으로 생각할 수 있다. 그러나 그렇게 생각하는 것이 스스로 감당하기에 너무 힘들면, 이것은 다 우연한 불행이고 사건이고 운명이라는 식으로 자신의 직접적인 책임을 회피하는 방식의 생각으로 넘어갈 수도 있다. 그러나 그럼 왜 하필 나는 그런 운명을 가지고 태어났나 하는 식의 또 다른 어두운 생각 속에서 더 무거운 고통을 겪기 시작한다. 그러나 이런 생각들은 이 사건의 명확한 이유들이 아니다. 이 사건의 이유는 이런 것이다. 자신이 살고 있는 그 지역사회나 국가 전체에 만연해 있는 여성에 대한 무시, 여성들이 겪는 성폭력을 별것 아니라고 보는 시각, 성폭력으로 고통받는 여성들에 대한 사회적 무관심, 성폭행에 대한 처벌이 실제적으로는 거의 이루어지지 않는 법과 제도의 미비, 선정적인 언론과 미디어를 통하여 이루어지는 성에 대한 잘못된 인식 주입, 청소년 시기 학교에서의 성에 대한 교육의 오류, 종교가 사회적으로 담당하여야 할 가치 제시 역할을 제대로 다 하지 못하고 있는 것 등이 바로 그 이유인 것이다. 이것을 인식하게 되는 것은 매우 중요한 의미를 가진다. 자신에게 벌어졌던 비극적인 트라우마의 원인은, 겉으로 드러난 사건 자체라는 빙산의 일각이 아닌, 수면 아래에 잠겨있는 훨씬 더 거대한 본질을 가지고 있다는 것을 알아가게 되기 때문이다. 이러한 인식은 자신이 겪은 트라우마 경험을 더 통합적 시각에서 바라보고 더 주체적이고 강한 위치에서 해석할 수 있게 하는 힘을 가지게 한다. 한 개인으로서 자신의 잘못으로 무기력하게 당한 트라우마가 아니라, 훨씬 더 큰 사회적 차원의 이슈와 연관되어 있는 큰 그림을 볼 수 있게 되기 때문이다. 대부분의 트라우마는 피해자 개인의 잘못에 의하여 일어나는 것이 아니다. 그것은 가해자의 문제이고, 환경의 문제이며, 체제의 문제일 때가 훨씬 더 많다. 따라서 이런 성찰이 이루어질 때, 피해자가 과도하게 스스로 자책하며 가지는 수치심에서 벗어날 수 있게 된다. 위안부 피해 할머니들에게 자신들이 당하였던 일들이 어떤 역사적이고 맥락적인 성격을 가지고 있었던 것이라는 설명을 드리고, 그분들이 그런 인식을 가지게 될 때, 그 분들은 단순한 자신의 무지와 무기력에 의해 당했었다는 자책감에서 벗어나, 훨씬 더 강인한 입장으로 자신들이 겪었던 일들을 바라보고 해석하고 대응해 나갈 수 있게 되는 것이다. 그리고 이런 진전이 그 다음 단계인 3단계 치유로 넘어갈 수 있게 하는 힘이 된다. 그런 의미에서 트라우마는 한 개인을 신학자, 철학자, 법학자로 만든다는 주디스 허만의 이야기는 중요한 의미를 가진다.[26)]

---

26) 위의 책. p.294.

셋째, 트라우마에 대한 대응에서 있을 수 있는 환상을 극복하게 한다.

트라우마를 겪은 개인들이 그것을 극복하려고 노력하면서 가지는 몇 가지 환상(fantasy)이 있을 수 있다.[27] 첫째, 복수환상이다. 피해자는 자신이 가해자에게 보복을 하는 환상을 반복적으로 함으로써 자신의 고통을 경감시키려 하는 경우들이 있다. 그러다가 일부 경우에서는 실제로 어떤 방식으로든 가해자에게 보복을 감행하기도 한다. 그러나 일반적으로 그런 보복은 불가능할 때가 많으며, 설혹 피해자가 가해자에게 직접 보복을 하였다고 해도, 그것이 실제적으로 피해자의 상처를 치유하고 고통은 경감시키지는 못한다. 가해자가 제대로 된 법적 처벌을 받는 모습을 보는 것이 피해자에게 큰 위로와 안정감을 줄 수도 있으나, 그것만으로 피해자의 모든 고통이 없어지지는 않는다는 것도 알아야 한다. 둘째, 용서환상도 있다. 피해자가 가해자를 용서하는 환상을 반복적으로 함으로써 그 고통에서 벗어나려는 것이다. 그러나 환상 속에서 하는 용서는 실제적으로는 효과를 가지기 어렵다. 용서는 실제적 용서가 되어야 비로소 힘을 가지게 되는데, 그런 실제적 용서는 일반적으로는 매우 어려우며, 높은 차원의 종교적 힘과 연결되어야 비로소 가능한 상태가 되는 것이라 할 수 있다.[28] 셋째, 보상환상을 가지기도 한다. 피해자가 트라우마로 인한 고통과 손해를 받았으니, 그 보상을 가해자로부터 받아내는 것이 당연하다는 식의 강박적 생각에 사로잡히는 것이다. 그래서 피해자가 가해자에게 다양한 보상을 요구하는 끊임없는 무익한 싸움을 벌려 나갈 수 있다. 그러나 이런 환상과 그에 따른 보상 요구들은 가해자들의 부정적인 반응에 따라 피해자에게 새로운 트라우마가 더 추가로 발생할 수 있고, 무엇보다도 피해자의 인생을 가해자에게 계속해서 묶이게 한다는 점에서 심각한 문제를

27) 위의 책 pp.314−316.

28) 전우택, 남아프리카공화국에서 만난 용서와 화해 : 진실과 화해위원회 활동을 중심으로. 전우택 편. 용서와 화해에 대한 성찰(서울: 명인문화사. 2018) pp.53−81.

일으킬 수도 있다. 어느 것이든 트라우마는 이런 "환상"들로는 치유되지 않는다. 환상은 환상일 뿐이고, 현실을 정확히 직시하고, 현실 속에서 하나씩 문제를 해결해 나가는 것이 실제로 트라우마의 치유 방법이 된다.

2) 집단 차원의 트라우마 치유

이상의 내용의 개인적 트라우마에 대한 2단계 치유였다면, 집단 사회적 트라우마에 대한 2단계 치유는 다음과 같이 생각할 수 있을 것이다.

첫째, 피해자 집단이나 사회 전체의 내면세계 속에서 트라우마 사건의 진실을 다시 복원함으로 피해자 스스로 자신들의 기억을 지배하도록 한다.

집단 단위로 받은 트라우마 조차도 그 기억이 왜곡되고 파편화되고 부정되는 경우가 많다. 집단 트라우마는 일반적으로 집단적 수치로 인식되기 때문이다. 그에 따라, 시간이 지나면서, 마치 그런 트라우마 사건이 없었던 것처럼 공동의 기억에서 아예 인정되지 않거나(부정, denial), 그런 기억이 대중의 말과 글, 영화 등에서 있었던 그대로 등장하는 것을 서로 터부시하거나(억제, suppression), 또는 그런 트라우마 속에 내재되어 있는 고통은 별도로 하고, 그때 자신들이 가졌었던 일상성, 저항 등만을 집중적으로 이야기하여, 트라우마의 사건과 기간이 수치와 고통의 기간이 아니라 일상적 삶이 유지되었던 기간, 또는 위대한 투쟁의 기간이었다고만 주장하여 결국 그 상황에 대한 통합적 인식과 이해를 하지 못하는 분리적 태도(해리, dissociation)들이 있게 된다. 이런 대응들은 사회나 집단이 집단 트라우마 초기에 대응해 나가는 방법이 될 수는 있지만, 그것이 최종적이고 건강한 방법은 되지 못한다. 집단 트라우마 전체의 사실과 실체 앞에 서지 못하고 있는 모습이기 때문이다. 따라서 트라우마를 받은 한 개인에 대한 치료에서와 마찬가지로, 집단에서도 트라우마의 실체를 복원하고, 그것을 정확히 응시함으로써, 기억의 지배를 받는 것이 아니라, 기억을 지배할 수 있게 되는 과정을 가져 나가는 것이 중요하다. 주디스 허먼은 부정(denial), 억압(suppression), 해리(dissociation)는 개인의 내적 수준뿐만 아니라 사회적 수준에서도 작동하며, 억압된 생각, 느낌, 기억 등이 의식의 표면 위로 떠오르는 통찰의 순간이 개인의 역사에서 뿐만 아니라, 사회의 역사 안에서도 일어난다고 하였다.[29] 실제로 이러한 일들은 일차적으로 학술적인 작업들로 시작하여, 소설, 시, 영화, 연극, 미술, 음악 등의 문화적 활동을 통하여 이루어져 나가야 하고, 궁극적으로는 사회의 가치, 철학, 대중 의식의 변화로까지 이어져 나가야 할 것이다. 트라우마를 겪은 집단의 기억 복원은 그것을 통하여 역사적 진실과의 직면, 그리고 더 이상 막연한 허구 속의 기억에 의한 공포나 착각으로부터의 해방, 그리고 그로 인한 치유와 더 큰 발전으로의 기반을 만든다는 점에서 중요한 의미를 가진다.

둘째, 집단적이고 사회적인 트라우마 사건의 속성과 의미를 명확히 한다.

일제 강점기의 식민지 경험은 우리 민족에게 거대한 집단 트라우마였다. 그런데 이것을 단지 조선 왕조의 무능함과 우리 민족의 지정학적 불운에 의하여 발생한 사건으로만 생각하게 된다면, 민족의 트라우마 경험은 매우 수치스러운 사건만으로 우리에게 있게 된다. 우리는 제대로 된 전쟁을 치르면서 나라가 망한 것도 아니었고, 초창기를 제외하고는 식민지 통치 기간 내내 제대로 된 거족적 투쟁을 하지도 못하였으며, 최종적으로 식민지에서 해방될 때도 우리의 힘으로 해방되지 못하였다는 자격지심에서 벗어나기가 어려운 구조를 가지게 되는 것이다. 역사 속에서 벌

29) Judice Herman, Trauma and Recovery. (Basic Books, 1997). 주디스 허먼. 트라우마. 최현정 역. (서울: 열린책들, 2012) p.18.

어졌던 사건 자체만을, 즉 빙산의 일각만을 바라본다면, 일제 식민지 기간은 우리 민족에게 매우 부끄러운 역사의 한 페이지일 뿐이다. 그래서 그런 기간은 마치 없었던 것처럼 의식 속에서 지워 버리거나(부정), 말은 하더라도 정확한 언급을 터부시하거나(억제), 당시도 지속되었던 보통 사람들의 삶의 일상성의 지속, 또는 일부 있었던 독립 투쟁만을 과도하게 확대하고 상징화시키는 일에 집중하는 행동(해리)들을 하게 된다. 그러나 그 역사를 통합적으로 직시하고, 그 사건 전체, 즉 빙산 전체를 볼 수 있게 되면 그 일제 식민지 기간은 다르게 볼 수 있게 된다. 예를 들어 그 시기가 인류사적으로 어떤 흐름 속에 있었던 기간이었는지, 산업화에 먼저 성공한 국가들이 제국주의적 이데올로기를 가지고 왜 식민지 선점에 사활을 걸었는지, 조선은 그 당시 왜 세계의 발전 대열에 끼지 못하고 낙후되어 갔었는지, 일본은 아시아 국가로서 어떻게 빠른 발전을 그 시기에 이루고 어떤 논리로 아시아 대륙 진출을 노렸는지, 우리 민족뿐만 아니라, 우리 민족을 포함하여 전 세계의 수많은 약소민족들이 그때 어떤 고통을 겪었고 어떤 투쟁을 하였었는지 등을 연계시켜 보게 되면, 거대한 세계사 현상의 한 일부로서 우리가 겪은 일을 이해하게 된다. 또한 어느 민족, 국가들에게도, 그 나라의 융성기가 있고 쇠퇴기가 있는데, 우리에게는 그 시기가 쇠퇴기의 최저점을 지나가고 있었다는 해석도 할 수 있게 된다. 이러한 사실들에 대한 생각은 민족으로 하여금 역사, 사상, 이념, 철학, 종교 등에 대하여 훨씬 더 깊은 성찰을 하게 만든다. 사실 우리 민족은 일제 강점기의 경험들을 속에서 이런 성찰들을 하였고, 독립과 새로운 국가 건설을 어떻게 하여야 하겠다는 강렬한 의식들이 있었기에, 그것이 해방 이후 강렬한 이데올로기 충돌로 나타나게 된 측면이 있다. 그것은 다시 분단과 한국전쟁이라는 새로운 민족적 트라우마로 이어졌지만, 우리 민족과 국가는 그런 과정들을 통하여 다시 또 새로운 성찰의 힘을 키워 나간 측면이 있다. 그리고 그런 성찰은 분단이 지속되고 있는 지금도 계속되고 있다. 이런 성찰을 제대로 성숙하게 할 수 있는 사회, 국가, 민족만이 그 다음의 역사 발전을 만들어 갈 수 있을 것이다.

셋째, 집단 트라우마에 대한 대응에서 있을 수 있는 환상을 극복한다.

집단이나 민족이 겪은 트라우마는 환상만으로 해결하고 극복할 수 없다. 역사적 트라우마를 야기한 일본이나, 중공(중국), 소련(러시아) 등에 대한 보복환상만을 반복하면서, 실제 민족과 국가의 힘을 키우지 않고 있는 것은 아무런 의미도 가지지 못한다. 용서환상은 그나마 개인 차원에서는 작동될 수도 있지만, 집단, 민족 차원에서 의미 있게 작동되는 것은 쉬운 일이 아니다. 그리고 그것이 환상 차원이 아닌, 실제 용서로 이어지려면, 그것은 민족의식과 역사의식의 큰 발전이 있어야 가능한 측면이 있다. 보상환상 역시, 그것이 비현실적인 차원에서 주장만 된다면, 실제 문제 해결에는 도움을 줄 수 없다. 보상에 집착하는 것보다, 스스로의 힘을 더 키우고, 더 발전하여 과거에 있었던 역사적 트라우마를 무언가 더 큰 대의로 승화시키는 것이 트라우마를 극복하는 더 현실적인 방법이 될 때도 많이 있다. 그런 과정에서 국제 사회에도 바람직한 모델로서의 한반도 사례가 이야기 될 수 있을 것이다.

3단계: 재연결 단계 – 연결의 복구

1) 개인 차원의 트라우마 치유

1단계와 2단계 치유 과정을 잘 이루어 내면, 마지막으로 3단계 치유의 과정을 시작할 수 있다. 바로 주변 세상과의 재연결이다. 일반적으로 개인적 차원에서 트라우마 치료의 마지막 단계는 사회로의 복귀이다. 피해자가 과거 자신이 살고 있었던 인간관계 속으로, 그리고 지역사회 속으로 복귀하여 잘 살아가도록 하는 것이다. 주디스 허먼은 심리적 외상 결과의 핵심은 무력감과 고립이라고 이야기한다. 그래서 내면적인 힘을 회복하고 다른 사람과 다시 연결되는 것이 회복의 핵심이라고 하였다. 그리고 외상경험에 담긴 의미를 삶에 통합시킬 준비가 되어야 한다고 하였다.[30] 이러한 치유가 이루어지도록 하기 위하여 일반적으로 두 가지의 방법을 사용한다.

첫째, 무력감을 극복하고 문제 해결을 하는 방법, 즉 싸우는 법을 배우는 것이다.

일반적으로 트라우마를 겪은 피해자들은 극심한 무력감에 휩싸여 있다. 트라우마를 겪는 동안, 자신은 너무도 무기력하게 당하기만 하였으며, 결국 자신은 이 세상의 어떤 문제들도 앞으로 해결해 나갈 수 있는 힘을 가지지 못할 존재라는 의식을 강하게 가지게 된다. 이런 의식은 트라우마를 겪은 삶의 특정 영역뿐만 아니라, 삶의 전 영역을 향하여 있게 되는 것이 문제가 된다. 따라서 이런 무력감에서 벗어나도록 하는 것이 중요하다. 일반적으로 이런 무력감으로부터 벗어나는 것은, 경험된 트라우마와 직접적 상관이 없어 보이는 작은 일에서 자신의 힘으로 무언가를 해결해 본 실제 경험 등을 통하여 이루어진다.[31] 예를 들어 성폭력 피해자들이 개인 또는 집단으로 캠핑을 가는 것이다. 그래서 무거운 짐을 스스로 지고 야영지까지 걸어가고, 텐트를 치기 위하여 적당한 장소를 스스로 정하고, 그 자리에 텐트를 치는 전체 과정을 스스로 해 나가고, 어디론가 찾아가서 스스로 물을 구해 오고, 힘들게 불도 피워보고, 음식을 준비하고, 벌레를 쫒아내고, 미처 가지고 오지 못한 필요한 물건들을 대신할 대용물을

30) 주디스 허먼, 위의 책. p.326.

31) 베셀 반 데어 콜크는 그의 책 〈몸은 기억한다〉(을유문화사, 2016)에서 다음과 같이 말하였다. "감당할 수 없는 힘에 강제로 굴복해야 하는 사람들은 체념하고 순응하면서 생존하는 경우가 많다. 이처럼 뿌리 깊게 자리한 습관적 굴복에서 벗어날 수 있는 가장 효과적인 방법은 상황에 참여하고 방어하는 신체적 능력을 회복하는 것이다." (p.344)

스스로 만들어 내고 등등, 캠핑의 경험을 통하여 아주 다양한 "문제"들을 스스로 판단하고, 스스로 해결해 나가면서 자신이 문제를 유능하게 해결할 수 있음을 체험하고 확인하게 해 주는 것이다. 이런 작은 경험들의 축적이 점차 뜻밖의 힘을 만들어 낼 수 있다. 이제는 나도 무언가 할 수 있다는 그런 생각과 느낌을 가지게 되면서, 삶 전체를 향하여 가지고 있던 무기력감에서 점차 벗어나기 시작하는 것이다. 그리고 점차 삶의 여러 영역에서 해결하여야 하는 문제들을 직면하고, 그것들을 하나씩 주체적으로 풀어나가려는 시도를 하게 된다. 때로는 실패도 하지만, 때로는 성공을 하면서 점차 무력감에서 벗어나, 자신의 능력에 대한 자신감을 회복하게 되는 것이 이 단계에서 지속적으로 격려되고 평가 되는 것이 중요하다.

둘째, 고립과 단절의 극복이다.

트라우마를 겪은 개인은 그 순간부터 외부 세계와의 창과 문을 닫아버린다. 수치심, 두려움, 혼란감 등이 그 중요한 원인이다. 그에 따라 피해자는 트라우마 이전과는 전혀 다른 인생을 살게 된다. 그런데 시간이 지나면 트라우마 그 자체보다도, 이런 장기적인 고립과 단절이 피해자를 더 병적 상태로 만들어 간다. 결국 고립과 단절은 트라우마의 가장 큰 후유증이자, 새로운 트라우마 발생의 토대가 되는 것이다. 그런 의미에서 이런 고립과 단절을 해결해 나가는 것이 치료에서 매우 중요하다. 일반적으로 이런 고립에서 나오는 것은 피해자 스스로의 힘과 의지만을 가지고는 어렵다. 1단계와 2단계의 치유 과정을 성공적으로 거쳤다 할지라도, 3단계 역시, 주변의 도움은 매우 중요한 의미를 가진다. 그런데 이때 고립에서 벗어나 다시 만날 수 있는 사람들은 과거부터 관계를 맺어 온 가족, 친지, 지역 공동체 사람들이기도 하지만, 어떤 경우에는 그와는 다른, 전혀 새로운 사람들, 새로운 집단들일 수 있다. 바로 자신과 같은 트라우마를 겪은 피해자들이 그들이다. 그들이 어떤 어려움을 겪었고, 지금 어떤 마음과 사정에 있는지를 가장 잘 아는 것이 바로 피해자들이다. 그것이 이들 피해자들이 다른 피해자들에게 갈 수 있는 좋은 통로가 된다. 예를 들어 우리나라의 위안부 피해 할머니들이 나비기금[32)]을 통하여 콩고, 우간다, 베트남 등의 전시(戰時)성폭력 피해 여성들과 아동들을 돕는 일을 하는 것은 중요한 치유적 의미가 있었다. 그것은 콩고, 우간다, 베트남 전시성폭력 피해자들에게만 치유적 의미가 있었던 것이 아니라, 한국인 위안부 할머니 자신들에게도, 같은 고통을 겪은 사람들을 돕기 위한 활동을 통하여 스스로의 고립으로부터 벗어났다는 점에서, 커다란 치유적 의미와 효과가 있었던 것이다. 이것은 자신들과 같은 트라우마의 피해자를 넘어서, 인간이 가질 수 있는 모든 트라우마의 피해자들을 만나 그들을 위로하고 격려하는 역할을 하는 만남을 가질 수 있는 가능성을 보여준다. 결국 이런 만남의 활동들이 트라우마의 피해자들을 더 건강하고 높은 단계로 나아가게 한다. 물론 모든 트라우마 피해자에게 이것이 다 가능한 것도, 꼭 다 필요한 것도 아니다. 어떤 트라우마 피해자들은 성격적인 특성으로 인해 다른 고통 받는 사람들을 만나기를 버거워 할 수도 있다. 그런 분들은 자신의 가족, 친지, 익숙한 지역 사회 사람들을 만나는 것을 조금씩 해나가는 것만으로도 아주 훌륭한 성취를 한 것이 된다. 그러나 만일 가능하다면, 새로운 만남을 시도하고, 그를 통하여 더 큰 발전과 성숙의 체험이 있을 수 있도록 하는 것이 필요하다. 그러나 아직 1단계, 2단계의 치유 과정이 온전히 이루어지지 않았거나, 3단계 활동을 위하여 필요로 되는, 증상으로서의 무력감을 아직 충분히 극복하지 못하였을 때는 이런

---

32) 나비기금이란 2010년 3월 8일 세계 여성의 날, 위안부 피해자인 김복동, 길원옥 할머니가 일본 정부로부터 법적 배상을 받으면서 자신들과 같이 고통받고 있는 전시성폭력피해 여성들을 위한 지원활동을 기부의사에 따라, 정의기억연대가 제정한 기금이다. 이를 통하여 콩고, 우간다, 베트남 등의 전시성폭력 피해여성 및 아동들을 지원하고 있다. 출처: 정의기억연대 홈페이지 http://womenandwar.net/kr/activity/#activity_06

새로운 시도들이 어려울 수 있다. 그러므로 모든 치료의 단계와 내용은 지극히 조심스럽고 신중하게, 그리고 피해자의 상태와 의견에 맞추어서 진행하는 것이 중요하다.

2) 집단 차원의 트라우마 치유

이러한 개인의 치유 과정과 원칙을 집단의 사회적 트라우마에 적용한다면 다음과 같이 말할 수 있다.

첫째, 집단적으로 무력감을 극복하고 문제 해결을 하는 방법, 즉 싸우는 법을 배우는 것이다.

큰 집단적 트라우마를 겪은 후, 그 집단은 일반적으로는 큰 무력감과 스스로를 멸시하는 의식을 가지게 된다. 우리 민족의 경우, 일제 식민지 기간을 거치면서 소위 "엽전의식", 즉 "조선 사람은 그 어떤 것도 제대로 잘 할 수 없다"는 의식이 팽배하게 된다. 그것은 사회와 국가의 발전을 가로막는 큰 장애가 되었다. 따라서 이 문제를 해결해 나가는 데 있어 중요한 것은 아주 사소한 것에서라도 어떤 영역에서 집단적으로 작은 성공을 하고 성취감을 가지기 시작하면서, 그것이 사회 전 영역으로 퍼져 나가도록 하는 것이다. 예를 들어 운동 영역에서 국가대표 팀이 어떤 국제운동경기에서 승리하거나 메달을 따는 일은 뜻밖에도 거대한 국가적, 민족적 의미를 가질 수 있다. 그 자체로는 지극히 개인적인 작은 일일 수 있지만, 그것이 국가 전체의 무기력감을 극복하고 우리 집단 전체가 무언가 할 수 있다는 의식을 줄 수 있기 때문이다. 더 나아가, 우리나라의 경우, 경제발전의 경험은 이런 면에서 매우 중요한 치유적 성격을 가진 것이었다. 한국전쟁 이후, 가장 가난하였던 국가에서 아주 힘겹지만 한 단계씩 경제를 발전시켜 결국은 기적적인 경제적 성장을 이룬 경험은 일제 강점기의 식민지 트라우마, 분단과 한국전쟁의 트라우마에 의한 민족적인 무기력감, 자조적인 태도를 극복하는 데 결정적인 역할을 한 측면이 있다. 이런 자신감은 그 이후 민주화를 추진하는 것에서도 중요한 토대가 되었고, 나아가서 한류와 같은 문화적 측면의 세계적 발전을 이루는 데도 자신감의 토대가 된다. 작은 성공의 체험과 그것에 대한 의미 부여는 개인이나 집단 모두에게 중요한 치유적 기능을 가진다. 이것은 차세대 교육에도 중요한 요소가 된다. 먼저, 과거 있었던 수치스러운 트라우마를 그대로 사실대로 교육하는 것이 필요하다. 그래야 진실을 알고 교훈을 얻게 된다. 그러나 동시에, 그런 트라우마로 인한 상처를 극복하기 위하여 어떤 노력들을 어떻게 하였었고, 그 결과로 어떤 성취를 이루었는가를 명확히 가르치는 것이 중요하다. 그것이 차세대를 더욱 건강하고 유능하며, 의미와 가치를 추구하는 존재들로 만들 것이기 때문이다.

둘째, 고립과 단절의 극복이다.

어떤 집단, 민족, 국가가 트라우마를 겪었다는 것은 비극적인 일임에 틀림없다. 그러나 동시에 그것은 트라우마를 겪은 그 주체가 독특한 "위상과 역할"을 가지게 되는 일이 되기도 한다. 예를 들어 우리 민족은 일제 식민지 체험을 하였던 민족이 되었다. 그 자체로는 매우 비극적인 일이었지만, 식민지 국민이 되어 보았기에, 전 세계에 있는 수많은 식민지 억압을 받았거나 지금 받고 있는 민족과 국가들의 고통, 그들의 감정을 잘 이해할 수 있는 조건을 갖추게 되었다. 또한 한국전쟁을 겪었고 수많은 죽음과 파괴를 경험하였었기에, 그런 전쟁과 죽음, 파괴를 경험하고 있는 수많은 다른 국가들과 민족들의 상황과 입장을 이해할 수 있게 되었다. 이데올로기 갈등으로 인한 증오와 대립을 경험하고 있기에, 전 세계에서 벌어지고 있는 이데올로기, 종교, 민족, 종족 간 갈등과 대립의 감정과 그 비극적인 고통스러운 입장들을 이해할 수 있게 되었다. 따라서 트라우마의 경험은 집단적, 민족적, 국가적으로 중요한 의미를 가진다. 그를 통하여 고통 받고 있는 자들을 더 이해하고 공감하며, 더 잘 도울 수 있는 위치와 위상을 가진다는 것이다. 그래서 집단과 민족과 국가가 트라우마와 고통에 사로잡혀 계속 단절과 고립 속에서 점점 더 병적 상태로 들어가는 것이 아니라, 오히려 전 세계의 고통 받는 집단, 민족, 국가에 대한 관심을 보이고, 규모와 상관없이 무언가 돕는 행위를 함으로써, 일제 강점기와 전쟁, 분단을 겪은 우리의 민족과 국가는 치유를 받으며, 더 성장할 수 있게 된다. 그야말로 외상후 스트레스 장애(post traumaic stress disorder)가 아닌, 외상후 스트레스 성장(post traumatic stress growth)을 이룰 수 있는 것이다. 그것이 진정한 의미에서의 집단적 트라우마의 극복이 될 것이다. 우리나라는 현재 해외원조 활동을 매우 활발히 하고 있는 국가 중 하나가 되었다.[33] 이것은 과거부터 잘 살고 있던 선진국들이 외국을 원조해 주는 것과는 전혀 다른 의미를 가지는 원조이다. 우리 자신이 얼마 전까지 그런 원조를 받아야만 겨우 생존할 수 있었던 나라였기 때문이다. 우리나라가 지금 다양한 국제원조를 하는 것은 그런 의미에서 우리에게 스스로 치유를 하는 의미를 가진다.

III. 마치는 말

트라우마 피해자가 최종적으로 추구하여야 할 단계는 결국 자신에게

33) 외교부 홈페이지의 '우리나라 ODA' 부분에 따르면, 우리나라의 2024년 ODA 지원 규모(순지출 기준)는 39억 4천만 달러로 이것은 전 세계의 13위 규모이다. 총국민소득 대비 ODA 비율(ODA/GNI) 0.21%로서 세계 26위이다. 현재 한국 정부는 2030년까지 ODA 규모를 100억 달러까지 확대하고, ODA/GNI 비율을 0.3%까지 높이는 것을 목표로 하고 있다
출처: http://www.odakorea.go.kr/ODAPage_2018/cate02/L03_S02.jsp(2025년 5월 30일 검색)

벌어진 트라우마의 사건을 자신의 삶의 한 부분으로 인정하고 받아들이며, 그것까지를 토대로 하여 자신의 삶을 계속 더 높은 차원에서 이어나가는 상태가 되는 것이다. 그러기에 트라우마를 극복한다는 것은 트라우마로 인한 아픔과 기억이 다 사라지는 것을 의미하는 것이 아니다. 그 아픔과 기억은 여전히 그 개인과 집단 안에 강렬하게 존재하고는 있지만, 그럼에도 불구하고, 그것들과 함께 인생을 더욱 강인하게 계속 살아가며, 또는 집단이 계속 유지되어 나아가며, 그리고 혹시 기회가 된다면, 고통을 이미 아는 사람 및 집단으로서 다른 고통 받는 사람들과 집단들을 이해하고 도울 수 있는 힘을 가진 사람 및 집단, 또는 국가로 존재하는 상태가 되는 것을 우리는 트라우마로부터 치유되었다고 할 수 있을 것이다. 그것이 우리 사회와 국가의 방향이 되어야 할 것이다. 그리고 그런 치유가 온전히 이루어질 때 우리는 가장 큰 상처의 고통을 가지고 있는 북한과의 통일에 대하여도 논의할 수 있는 준비가 될 것이다.

02

한반도 분단 트라우마와 치유[1]

– 분단과 통일에 대한 사회정신의학적 고찰

Ⅰ. 시작하는 말: 사회적 트라우마로서의 민족 분단

해방 후 발생한 한반도의 분단은 우리 민족에게 큰 트라우마였다. 수천 년을 공동의 언어, 문화, 역사를 가지고 살아왔고, 상대적으로 짧은 기간들만을 예외로 하고는 단일 국가 체제하에서 살아왔던 민족이었기 때문이다. 민족의 다수가 원했던 것이 아니었음에도 외부 세력에 휩쓸려 이루어진 분단이었고, 연이어 있었던 한국전쟁이라는 최악의 사태까지 벌어지면서 남북 분단은 역사상 비교할 대상이 없을 만큼의 거대한 민족적 트라우마가 되었다. 그러하였던 분단이 그 분단 상태를 그대로 유지하면서 이제 80년의 세월을 넘어가고 있다. 이 분단이 우리 민족에게 끼쳐온 영향은 무엇이었을까? 여기서는 그 중에서도 남한지역의 우리 민족에게 분단이 끼친 영향을 먼저 정리해 보기로 한다.

---

1) 이 글은 신경정신의학 (2015) 54(4) pp.353–359에 실렸던 필자의 논문 "통일은 치유다 – 분단과 통일에 대한 정신의학적 고찰"을 수정·보완한 것이다.

1. '민족(民族)공동체'의 붕괴를 가져왔다

일제 강점기 동안 우리 민족이 당한 고통과 수난은 일본민족이라는 "타민족"에게 당한 일이었다. 그래서 그 과정을 거치며 우리 민족은 오히려 강력한 민족의식과 민족의 일원으로서의 연대감을 형성하게 되었다. 그러나 해방과 함께 시작된 동족 내에서의 이데올로기에 의한 극단적 갈등, 그리고 그로 인한 잔혹한 상호 적대적 행위들은 일제 강점기에 민족 단위로 겪은 고통을 훨씬 더 넘어서는 일들이 되었다. 그렇게 되면서 "민족보다도 사상이 더 중요하다"는 인식의 변화를 가지게 되었다. 즉 우리 민족 안에 있어 왔던 '민족공동체'라는 의식이 붕괴되는 일이 발생한 것이었다.2)

2. 함께 살던 사람들과 만들어 간 '관계(關係)공동체'의 붕괴를 가져 왔다

한반도 분단의 아픔은 38도 선, 그리고 휴전선이라고 하는 전선에서 남과 북의 "땅"이 나누어진 것으로만 구성된 것이 아니었다. 남과 북의 수많은 마을공동체, 수많은 가족과 친인척들이 함께 구성하여 왔던 모든

---

2) 그럼에도 불구하고, 남한과 북한은 양쪽의 구성원을 같은 민족으로 생각하였고, 그것을 바탕으로 남북대화와 남북 정상회담을 하면서, 서로 최종적 통일을 지향한다는 이야기를 하여 왔었다. 그러나 2023년 12월 30일, 김정은은 노동당 전원회의 5일차에 남북 관계를 '동족 관계'가 아닌, '적대적 두 국가관계'로 규정하였다. 남한과의 경계인 군사분계선을 '국경선'으로 칭하고 명목상 한반도 전역이던 자국의 영토를 군사분계선 이북으로 한정하였으며, 남한을 가리키는 용어도 종전의 '남조선'에서 '괴뢰한국'으로 바꾸었으며, 통일 관련 시설물을 철거하고 '삼천리 강산', '8천만 겨레' 등 남한과의 동질성을 함유하는 용어까지 모조리 금지시키는 등 남한과 영원히 단절하려는 행보를 보이기 시작했다. 이것은 민족 공동체 붕괴가 새로운 단계로 들어서는 것을 의미할 수도 있고, 또는 김정은의 일시적인 전술적 행동일 수도 있다. 향후 이와 연관된 많은 분석과 논의가 필요로 될 것이다.

삶의 공간 속에서의 "관계"에서도 "분단"이 이루어졌다. 조상 대대로 함께 살아왔던 한 마을의 사람들, 친인척들이 해방 후 좌·우익으로 나누어졌고, 6.25를 전후로, 한 마을 안에서도 수많은 갈등과 충돌, 살상이 있었다. 이 상처는 지금도 남한의 수많은 마을과 친척들 안에 "숨은 이야기"로 남아 있고, 그로 인하여 지역 공동체, 혈연 공동체, 학연 공동체를 붕괴시켰다.[3] 태어나서 살아가면서 가장 친밀히 의존하였던 관계 속 인간들이 의심과 두려움, 증오의 직, 간접적 대상자로 변한 것이었다. 이것은 한국인에게 살아온 삶의 '관계(關係)공동체'를 붕괴시킨 일이 되었다.

3. '이성(理性)공동체'의 붕괴를 가져왔다

해방 이후 6.25를 거치면서 한국인들은 이데올로기 갈등 속에서 좌냐 우냐 하는 극단적인 사상적 선택의 요구를 강제적으로 받아야 하는 격랑 속에 휩쓸려야만 하였다. 여기서 무언가를 신중하고 진지하게 "생각"하며 중간적 입장을 취하거나, 즉각적 대답을 미루고 머뭇거리는 사람들은 양쪽 모두로부터 "회색분자", "기회주의자"라는 비난과 함께, 비난보다 더 무서운 "의심"을 받아야 하였고, 그러면서 보복과 죽임의 대상이 되었다. 이러한 과정은 사물에 대한 객관적이고 합리적인 성찰, 그에 대한 토론, 그리고 상호 이해와 더 나은 제3의 길을 모색하는 시도 등을 불가능하게 만들었다. 성찰과 사유보다는 성급하더라도 "확신", 또는 "확신하는

3) 박찬승의 〈마을로 간 한국전쟁〉(돌베개, 2010)에서는 이에 대한 내용을 다양한 각도에서 자세히 분석하였다. 전쟁 중 1~3개월 정도 인민군의 점령하에 놓였던 남한의 많은 지역 마을들 안에서 과거 양반, 천민 간의 신분적 갈등, 지주와 소작인, 부농과 빈농 사이의 계급적 갈등, 같은 씨족 간에도 내부경쟁적인 갈등, 마을 간의 전통적 갈등, 종교 차이에 의한 갈등 등에 의한 폭력과 그 이후 인민군이 불러가고 국군이 들어 왔을 때의 보복적 행위 등으로 소위 "톱질전쟁"이 있게 되면서 많은 비극들이 발생하였음을 서술하였다.

것처럼 겉으로 보임"이 더 중요하였고, 그 "확신에 따른 편 나누기"가 생존을 보장해 주는 현실적 조건이 되었다. 그러면서 나와 다른 생각을 가진 상대방을 "박멸"해 버려야 한다는 논리가 사회 전체를 주도하게 된다. 즉 '이성(理性) 공동체'가 붕괴된 것이었다.

II. 공동체 붕괴가 만든 한국인 삶의 모습

이러한 분단에 따른 민족, 관계, 이성 공동체의 붕괴는 한국인의 삶을 다음과 같이 만들었다.

1. 공동체 의식이 없는 사회 속에서 살게 되었다

분단과 한국전쟁으로 인한 민족, 관계, 이성 공동체의 붕괴는 결국 한국인들로 하여금 이 땅위에서 함께 사는 사람들로 구성되는 사회와 국가라는 공동체, 그리고 그 공동체가 가진 보편적인 인간으로서의 가치, 도리, 법과 제도 등을 불신하고 부정하게 만들었다. 즉 결국 위급한 상황이 벌어지면 사회와 국가가 자신을 지켜주는 것이 아니라, '무슨 수를 쓰더라도 악착같이 나 혼자 살아남는 것'이 사회의 생존방식이 된 것이다. 그러면서 생존을 위해서라면 수단 방법을 가리지 않고, 공공의 이익이나 법질서, 정의 등은 얼마든지 뒤로 미루어 둘 수 있다는 생각들을 하게 되었다.[4)] 즉 '확장된 공동체'를 구성하고 그 안의 규칙을 지키며, 그것에 의

4) 강준만은 그의 책 〈한국인 코드〉(인물과 사상. 2006. p.135)에서 "개화기에서부터 개발독재체제에 이르기까지 모든 지배층이 한국인으로 하여금 모든 공적(共的) 체제 자체에 불신을 갖게끔 만들고 생존을 위해 사적(私的)인 연고와 정실에 의존하지 않으면 안 되게끔 만들었던 시절이 너무 길었기 때문이다"라고 이 내용을 표현한 바 있다.

하여 보호를 받는 가운데 조화롭게 함께 사는 것보다는 협소한 각자의 개인, 가족, 그리고 어떤 형태로든 연고가 닿는 사람들만이 자신을 지켜준다는 의식을 가지게 된 것이다. 이에 따라 공동체라 할지라도 진정한 의미의 '확장된 공적 공동체'가 아닌, '개인의 이익을 보장해 주는 소집단으로서의 협소한 사적 공동체'가 중요하여 그에 따른 혈연, 지연, 학연에 대한 과도한 집착으로 나타나게 되었다. 그리고 한국인들의 이러한 '나 혼자 살기'가 삶 속에서 좌절하게 되면 그것은 '나 혼자 죽어버리기'의 반응으로 변화하여 한국은 OECD 국가 중 자살률 1위를 계속 유지하고 있는 국가가 되었다.[5)]

2. 극단적 이념주의에 집착하게 되었다

분단의 과정을 통하여 한국 사회가 가지게 된 문제 중 하나는, 발생하는 모든 사회적 문제를 그 문제 자체로 보고 해결해 나가는 것이 아니라, 그것을 거대담론적 이념문제로 "전환"시킨 후, 그것을 가지고 정치적 진영 논리 안에서만 해석하고 처리하면서, 문제 해결과는 전혀 다른 방향으로 상황을 이끌어 가는 것이 패턴화 되었다는 것이다.[6)] 이것은 소위 탈

5) WHO World Suicide Statistics, 2024

6) 정용택은 그의 글 "세월호를 해석하는 네 가지 프레임" (김명희 외. 〈세월호 이후의 사회과학〉 그린비. 2016. pp.166－199)에서 세월호에 대한 해석을 첫째, 뜻밖에 일어난 불행한 "사고"로서의 세월호, 둘째, 정부가 제대로 된 구조 작업을 즉각 수행하지 못하여 배 안의 어린 학생들을 포함한 많은 사람들이 그대로 죽어간 "사건"으로서의 세월호, 셋째, 그런 사고가 일어난 것을 정부와 대통령에게 책임을 묻는 것에 대하여, 그런 것은 반국가적인 의도를 가지고 국가를 비판하는 불순한 세력이 하는 것이라 해석하면서, 정권을 지지하는 편은 국가의 편이고, 정권을 공격하는 적은 곧 국가의 적이라는 진영 논리를 가지고 대응하는 "사태"로서의 세월호, 넷째, 사태로서의 세월호에 대응하여 정부에 책임을 묻는 유가족들이나 사회단체들을 대상으로 하는 억압적이고 공격적 행동을 보이는 "사화"(士禍)로서의 세월호를 구분하여 이야기한 바 있다. 이것은 한국 사회에서 하나의 사고, 사건이 어떻게 해석되

(脫) 이데올로기화 되어 있는 전 세계적 흐름에 비추어 볼 때, 분단 체제가 만들어 놓은, 매우 특수한 한국적 현상 중 하나라고 할 수 있다. 즉 모든 것은 순간적으로 "이념의 문제"로 바뀌고, 이념은 곧 내 편인가 아닌가를 "가르는 기준"이므로, 무슨 문제, 무슨 이슈이든지, 그것을 이념의 시각으로 해석하고 처리하는 일에 몰두해 온 것이다. 이것은 잘못된 과잉 이데올로기적 현상이며, 사회의 발전을 억압하는 현상이 되었다.

3. 갈등 해결 능력을 심각하게 감소시켰다

공동체 의식이 사라진 가운데 극단적 이념주의에 갇혀온 한국인들은 근현대사 속에서 발생하여 온 사회적 트라우마를 해결하지는 못하고 계속 누적만 시켜왔기에, 한국인들의 정신세계는 황폐화되고 사회는 더욱 분열된 모습을 가지게 되었다. 그리고 그런 황폐함과 분열의 결과로서 한국 사회의 사회 갈등을 해결하는 능력은 현저히 감소하게 되었다. OECD 국가를 대상으로 하는 국가갈등지수 평가에서, 2016년 한국은 30개국 중 3위로 나타나, 세계적으로 가장 갈등이 높은 국가 중 하나로 나타났다.[7)] 박준[8)]은 그의 연구에서, 분석모형별로 차이가 있지만 한국의 사회갈등지수가 OECD 평균수준으로만 개선되더라도 1인당 국내총생산(GDP)가 7~21% 증가하는 효과를 가져 올 수 있으며, 사회 갈등에 따른 경제적 비

고 처리되어 가는가를 보여주는 하나의 예이다.

7) 정영호, 고숙자의 연구에서도 한국 사회는 OECD 국가 중 사회갈등지수가 2009년 3위, 2010년 4위, 2011년 5위인 것으로 나타난 바 있다. Jeong YH, Ko SJ, Social Conflict Index and Economic Growth: Evidence from a Cross–section of 7 Countries. Korea Institute for Health and Social Affairs; 2014. pp.1–138.

8) Park J, Kim YG, Lee DW, Kim SB. Social Conflicts and Economic Cost. CEO Information 2009; 710: p.1–21.; Park J. Current State of Social Conflicts in Republic of Korea. The Second National Cohesion Symposium 2013 Aug 21; Seoul, ROK. Committee of National Cohesion Report; 2013: pp.3–14.

용이 연간 82~246조 원에 이른다고 분석한 바 있었다. 즉 사회적 갈등을 해소하는 사회 능력이 떨어져, 사회적 갈등을 해소할 때마다 과다한 비용이 필요하며, 그만큼 사회는 비효율적으로 운영되고 있음을 보인 다는 것이었다.

III. 분단과 치유

이상과 같이 한국 사회는 분단으로 인한 사회적 정신병리를 분명히 가지고 있다. 따라서 이제부터는 그 치유에 대한 생각을 해 보도록 한다. 이것은 치유의 대상 및 치유의 내용으로 구분하여 논의할 수 있다.

1. 치유의 대상

대한민국의 한국인이 받은 분단에 의한 상처와 트라우마를 치유해 나가는 데 있어 먼저 고려할 사항은 누구를 그 치유의 대상으로 할 것인가 하는 것이다. 그런데 이것을 논의하고 결정하는 그 자체가 한국에서는 이념적, 사회적, 정치적으로 매우 민감한 사안이 된다. 그러나 민족의 분단에 의한 상처를 치유하기 위하여는 반드시 검토하고 결정해 나가야 할 사항이다. 필자는 여기서 그 치유 대상을 크게 4개 집단으로 나누어 생각해 본다.

제1집단: 해방 전후와 한국전쟁, 그리고 그 이후 북한과의 군사적, 체제적 대치 속에서 군인, 경찰, 공무원 등으로 1선에서 활동하다가 돌아가셨거나 부상을 당하셨던 분들, 납북된 분들과 그 가족들이다. 여기에는 연평해전이나 천안함 폭침사건 등으로 인한 사상자들도 포함된다. 이들은 대한민국의 건국과 수호, 발전을 위하여 가장 직접적인 희생을 하신 분들로 국가와 사회가 가장 우선적으로 지원과 치유의 대상으로 삼아야 할 분들이다.

제2집단: 해방 전후와 6.25 등의 과정 속에서 확고한 좌, 우의 사상을 가지고 활동을 한 것도 아니었으면서도, 역사의 회오리 속에 떠밀려 다니다가 죽어갔던 사람들과 그 가족들이다. 예를 들어 제주 4.3에서 죽은 사람들 중 소수를 뺀 다수의 사람들은 소위 공산주의자가 아니었음에도, 사상과는 무관하게 좌우 대결 구도 속에서 죽어갔다. 국가는 이에 대하여 진상조사를 실시하여 보고서를 채택하였으며,[9] 그렇게 죽어갔던 사람들과 그 유가족 등을 향하여 노무현 대통령은 2003년 10월 31일, 공식 사과를 한 바 있었다. 이와 같이, 세계적으로 공산주의 사상과 반공사상이 극렬하게 충돌하던 시대의 흐름 속에서, 분단은 한국 사회에 엄청난 이름 없는 희생과 상처들을 만들어 내었으며, 이들에 대한 치유는 한국 사회 전체 치유에 중요한 영역이며 의미를 가진다.

제3집단: 한국전쟁 이후, 급격한 산업화와 개발독재 시대에, 노동자의 인권이나 민주화, 그리고 사회적 모순 해결을 위하여 나섰다가, 정부 등에 의하여 그것이 이념적인 좌파, 종북 활동으로 해석되면서 그로 인하여 고통과 상처를 받은 사람들이 있다. 일반적으로 한국 사회에서 이념이란 다음과 같은 4가지 축을 가지고 해석되었다.[10] 첫째, 경제적 가치와 배분에 대한 좌우 이념 축, 둘째, 권위에 의한 안정과 자유에 의한 인권에 대한 권위주의와 자유주의 축, 셋째, 개발 성장과 환경 보존에 대한 근대적 가치와 탈근대적 가치 축, 넷째, 대북정책이나 대미관계, 국가 안보에 대한 공산주의와 반공주의 축이 그것이다. 분단 이후, 한국에서는 어떤 사회적

9) 제주4.3사건진상규명및희생자명예회복위원회 (2003). 제주4.3사건 진상조사보고서.

10) Kang WT. Diagnosis and Resolution of South−South Conflicts in Korea. Fareast Research Center, Gyeongnam Univ.; 2004. p.61.

활동을 하게 되든지, 자의나 타의에 의하여 거의 자동적으로 이념과 연관된 위의 네 가지 축으로 해석되었다. 예를 들어 순수하게 자유주의적 차원에서 민주화 운동에 참여하였다 할지라도 그것은 친북적 운동으로 해석되고 정부의 탄압 대상이 되었던 일들도 있었고, 반대로 공산주의 운동이면서도 그것을 탈근대적 가치운동이나 자유주의적 운동으로 포장되는 경우도 있을 수 있었다. 이 모든 것들이 현장 속에서는 혼합되면서 각 운동의 성격에 대한 분명한 구분이 어렵게 되는 경우들도 있었기에, 그것이 더 복잡한 혼란을 만들었고, 그에 따라 고통을 받아야 하였던 사람들이 있었던 것이다. 이들에 대한 해석과 이들을 치유 대상으로 선정하는 그 과정 자체가 사회적 치료 활동이 되며, 사회의 발전을 이룰 수 있게 할 수 있다.

제4집단: 현대 한국 사회 속에서 살고 있는 모든 한국인들이다. 특정한 사회적 트라우마에 의하여 직접적인 개인적, 가족적인 상처를 받지 않았다 할지라도, 그동안 발생하였던 모든 사회적 트라우마는 민족 전체 사회구성원에 직, 간접적으로 큰 정신적 충격을 주었고, 결국 각 개인의 의식과 삶에 부정적 영향을 끼쳤다는 점에서 한국인 전체를 대상으로 하는 치유적 활동이 필요하다고 할 수 있다.

2. 사회적 트라우마에 대한 일반적 치유 내용

이러한 사회적 트라우마에 대한 치유는 크게 두 가지로 구분될 수 있다.

1) 개인치유

이것은 사회적 트라우마에 의하여 개인이 받은 직접적인 신체적, 정신적 상처와 충격을 의료적 차원에서 개인적으로 치료해 나가는 것을 의미한다. 일반적으로는 병원에서 관련 과목의 진료를 받고, 그것을 국가가 의료보험이나 기타 재원으로 지원하는 것으로 이루어진다. 이러한 개인치료는 한 개인의 구체적 고통에 관심을 가지고 그에 대한 조치를 취한다는 점에서 가장 직접적인 치유 활동이 된다. 그러나 사회적 트라우마에 대한 치유를 이런 "개인치료"로만 국한하게 된다면 이것은 몇 가지 한계점을 가지게 된다. 첫째, 모든 사회적 트라우마는 강력한 사회적 원인을 가지고 있는 것임에도 불구하고 그 치료에 있어서는 사회적 측면을 고려하지 않을 수 있다. 예를 들어 5.18 때 군인에 의하여 받은 총상에 따른 치료가, 교통사고에 의한 상처 치료와 아무런 차이가 없는 것처럼 병원에서 다루어지게 되면, 환자들은 사회적, 심리적으로 큰 어려움을 가지게 된다. 둘째, 이런 개인치료에서는 일반적 의학치료모델이 적용되기 때문에, 희생자에게 통증이나 증상이 없는 상태까지를 목표로 하고, 사고 이후의 온전한 사회복귀에 대한 지원에는 소극적일 수 있다는 것이다.[11] 셋째, 일반적으로 피해 당사자들에게만 관심을 두어 그 가족과 중요한 주변 사람들에 대한 관심과 그들에 대한 치유적 활동에는 무관심할 수 있다는 것이다. 즉 "개인치료" 만으로는 사회적 트라우마에 의하여 야기된 인간고통에 대한 통합적 치유가 이루어지지 않는 문제가 있을 수 있는 것이다.[12] 이러한 문제들을 해결하기 위하여 때로는 특정한 사건과 연관된 피해자들을 위한 특별 진료기관을 만들어 그들만을 위한 진료와 포괄적 지원을 하는 체제를 갖추기도 하였다.[13][14]

11) Brandon H. Chapter 6: Healing. In Reconciliation after Violent Conflict: a Handbook. Stockholm: International Institute for Democracy and Electoral Assistance; 2003: pp.77–88.

12) Woodside D, Barbara JS, Benner DG. I: Psychological trauma and social healing in Croatia. Med Confl Surviv 1999; 15(4): 355–367.

13) 광주5.18트라우마센터는 2012년 10월 국내 최초로 5.18 민주화운동 이후 심각한 정신적 고통을 겪는 피해자들 지원하기 위하여 설립되었다. 2024년 7월 1일, 국립트라우마치유센터로 광주 본원으로 전환되었다.

2) 사회적 치유

사회적 트라우마에 대한 치유로 “개인치유”와 별개로 이루어질 수 있는 “사회적 치유”가 있다. 일반적으로 사회적 치유란 사회적 트라우마에 대한 진상규명, 가해자 처벌, 배상과 보상, 추모와 기억 활동 등을 의미한다. 여기서 기억에 대한 내용은 그 사회적 트라우마를 주제로 다루는 인문학적 예술 활동들(문학, 미술, 음악, 연극, 영화 등)을 포함하기도 한다.[15] 이러한 “사회적 치유”은 사회적 트라우마의 사회적 원인에 대한 관심, 그리고 희생자들의 사회적 고통에 대한 관심을 갖는다는 점에서 매우 중요하다. 그러나 이러한 “사회적 치료”도 다음과 같은 한계점을 가질 수 있다. 첫째, 사회적 트라우마에 대한 사회적 측면에만 집중하여 희생자 개개인의 실제적 통증과 고통 자체에는 오히려 둔감할 수 있다는 것이다. 둘째, 사회적 치료를 이루면, 그것으로 국가와 사회가 하여야 할 책임은 다 했다는 생각을 하게 되어 환자의 이전 상태로의 회복에 무관심할 수 있다는 것이다. 셋째, 사회적 트라우마를 주제로 다루는 인문학적 예술적 활동이 벌어졌던 사실을 알리는 것, 피해자의 고통, 가해자에 대한 적개심 표현 등에만 집중하는데서 멈출 수 있다는 것이다.[16]

---

14) 제주4.3트라우마센터는 2020년 5월, 제주 4.3 평화재단이 운영하기 시작하였다. 그리고 2024년 7월 1일, 국립제주트라우마치유센터로 전환되었다.

15) Kang SI, Kim KY, Kim KY, Kim HY, Song SY. New Challenge of Humanity in 21th Century – Healing. Chuncheon: Sanckeck; 2011.; Kang KS, Kim IJ, Yoon IS, Yoon HR, Jung RK, Art and Healing of Humanity, Chuncheon: Kangwon Univ.; 2013.

16) Reddemann L. Imagination als heilsame Kraft, Stuttgart: Klett–Cotta; 2001.

Ⅳ. 분단 치유를 위한 미래 과제 – 사람의 통일을 위하여

그동안 한국 사회는 분단에 의한 사회적 트라우마에 대하여 나름대로 그 치유를 위하여 노력을 하여 왔었다. 제1집단의 개인치료를 위하여 정부의 국가보훈처[17]와 국립보훈병원, 국립보훈요양원들이 활동하여 왔다. 그리고 국립트라우마치유센터가 광주와 제주에 설립되기도 하였다. 또한 사회적 치유의 일환으로 대응으로서 다양한 국가 법률들을 제정하고 국가 기념일과 추모일을 제정하여 지켜 왔으며, 관련 재단[18][19]과 기념관 등이 만들어져 홍보 및 교육을 위하여 노력하여 왔다. 또한 관련 주제들을 가지고 많은 소설과 영화들이 만들어지기도 하였다. 그러나 그럼에도 불구하고, 여전히 한국 사회는 분단에 의한 사회적 트라우마와 그로 인한 결과에서 충분히 치유되었다고 볼 수 없는 부분을 많이 가지고 있다. 이를 위하여 앞으로 우리 사회는 어떤 치유적 활동을 더 하여야 하는 것일까? 이를 위하여 다음의 내용들을 제안한다.

---

17) 1962년 원호처로 활동을 시작하였고, 1984년 국가보훈처로 개편되어 지금에 이르고 있다.

18) 제주4.3평화재단은 2008년 10월 16일, 제주4.3사건 진상규명 및 명예회복에 관한 특별법에 의거하여 제주특별자치도의 조례에 의하여 설립되어 법적 지위를 가지고 있다. 2025년의 경우, 총예산은 116억 원이고, 이 중 정부 지원이 30억 원, 제주특별자치도 지원이 86억 원이다. 산하에 4.3평화기념관과 4,3평화공원을 두고 있다.

19) 5.18 기념재단은 1994년 8월 30일, 광주시민, 해외동포, 국민들의 기금과 5.18 관련 피해자들이 정부로 부터 받은 보상금을 출연하여 설립되었고, 그 이후 많은 활동들을 하고 있다. 이것은 민법상 비영리 민간 재단법인으로, 국가가 직접 설립한 법정 재단은 아니다.

1. 사회적 트라우마에 대한 창의적이고 본질적 치유를 위한 더 포괄적이고 통합적인 시도들이 있어야 한다

개인치유적 활동이나 사회치유적 활동의 어느 하나에만 집중하든지, 또는 그 두 개가 각각 독립적으로 이루어지면서 개인과 사회 집단 전체의 고통에 대한 제한적인 접근만이 이루어지고 있다면, 온전한 통합적 치유는 이루어지지 못한 것이 된다. 이런 상황에서, 우리가 우리의 분단 문제만을 쳐다보고 있으면, 점차 우리의 시각은 매우 제한되고 경직되어져서, 어느 시점, 어느 위치에서 부터는 한 발도 더 앞으로 내딛지 못하는 상태가 될 수 있다. 그런 의미에서 해외에서 있었던 집단 트라우마를 극복하기 위하여 취한 사회적 노력들을 분석하는 것은 한반도의 분단에 의한 트라우마를 이해하고 치유하는 데 새로운 창의적이고 본질적인 아이디어를 줄 수 있다. 예를 들어 북아일랜드의 신교도, 구교도 간의 폭력적 갈등과 평화협정, 남아공의 인종차별정책과 진실과 화해위원회, 캄보디아의 킬링필드, 아르헨티나의 군사독재 기간의 소위 "더러운 전쟁"(dirty war), 인도네시아의 동티모르와의 갈등에 의한 상처, 르완다의 투치족과 후치족 사이의 내전과 대량 살육 및 그 이후의 화해 등은 모두 사회적 트라우마와 그 치유에 있어 본질적으로 어떤 것들을 생각하여야 할지 풍부한 자료를 주는 사례들이다.[20][21] 또한 동서독으로 분단되었다가 통일 이후 통일에

20) 본 논문이 쓰여진 이후, 저자와 연구팀은 북아일랜드와 캄보디아의 사례를 연구하였고, 그 결과는 다음과 같은 책으로 발간되었다. 전우택, 박명림 외. 트라우마와 사회치유. 역사비평사. 2019.

21) 이와 연관되어 국가적, 지역사회적 치유에 대한 시도들을 정리한 자료들로는 다음과 같은 내용들을 참고할 수 있다. Webster Zambara(ed)(2015). Community Healing - A training manual for Zimbabwe.Institute of Justice and Reconciliation / Peacebuilding Network of Zibabwe; Republic of Rwanda National Unity and Reconciliation Commission(2020) Rwanda Reconciliation Barometer 2020. UN rwanda, UNDP Rwanda; Elnari Potgieter (2019). SA (Republic of South Africa)

의한 사회적 충격을 해결하기 위하여 노력한 독일의 사례도 분단과 통일에 의한 사회적 트라우마 치유 연구를 위해 중요한 해외 사례이다.[22)]

2. 대상 집단별 상처와 치유에 대한 분석이 이루어져야 한다

치유대상이 되는 각 집단별로 그들이 가지고 있는 어려움과 고통, 치유정도 및 향후 치유의 필요 내용들을 분석하고, 개인치유와 사회적 치유, 그리고 기존의 틀을 넘어서는 다른 맞춤형 치유 프로그램을 제공하는 노력이 이루어져야 할 것이다. 그 각각을 보면 다음과 같다.

제1집단에 대한 개인치유와 사회적 치유 노력은 그 동안 정부를 중심으로 한국 사회가 분단 이후 추진해 온 가장 중요한 사업 중 하나였다. 그러나 그 내용이 정말 충분하였는지, 그 결과는 어떠한지, 그들은 자신들의 희생에 대하여 어떤 자긍심을 가지고 있는지, 그것이 지금의 일반 젊은 세대들에게 어떻게 인식되고 있는지 등에 대한 더 포괄적인 분석이 이루어지고, 그에 대한 조치들을 지속적으로 수행해 나가야 하는 과제를 가지고 있다 하겠다.

제2집단에 대한 치유적 활동은 많은 경우, 그 직접적 희생자들이 이미 다 사망한 경우들이 많아, 그들에 대한 개인치유 활동은 현재 이루어지기 어려운 면이 많다. 그러나 그 유가족들은 그 사건 이후에도 연좌제

Reconciliation Barometer 2019. Institute for Justice and Reconciliation. 이와는 별도로 다음의 자료는 통합적 접근에 대한 아이디어를 준다. International Bank for Reconstruction and Development. (2018) Pathways for Peace - inclusive approach to prevent conflict. World Bank, United Nation

22) 저자는 이에 대한 독일 통일 관련 연구로 "통일에서 심리적 통합으로 : 통일의 경험과 한반도의 과제"를 쓴 바 있다. 이 내용은 윤영관 편. 〈독일 통합과 한국〉 (사회평론아카데미, 2019) pp.276-316에 실려 있다.

등의 다양한 사회적 제약 속에서 긴 기간 정신적 고통을 받았고, 그로 인한 상처가 지금도 그대로 남아 있는 부분들이 있다. 또한 사회적 치유 부분에서도 진상규명, 관련 법규와 추념일 제정, 기념행사의 운영과 그 내용적인 측면 등에서 어떤 상황이며 그 치유적 효과는 어떠한지, 향후 그 의미를 더 높이기 위하여는 어떤 노력을 더 하여야 하는지를 분석하고 대응해 나가야 하는 과제가 있다. 그리고 무엇보다도, 이들의 존재와 이들의 고통을 한국 사회 전체가 알고 그에 대한 분명한 인식을 가지도록 하는 활동이 이루어져, 가장 근본적인 사회적 치유가 이루어지도록 노력하여야 하는 과제가 있다 하겠다.

제3집단에 대한 논의는 한국 사회가 향후 분단에 대한 치유 부분에 있어 가장 논쟁적이고도 어려운 과제로 존재할 수 있다. 좌우 이념에 따라 민주화 운동 관련자, 광주 5.18 희생자, 노동운동 활동에 의해 고통을 받은 사람 등에 대한 해석에서 상반된 의견들이 충돌할 수 있기 때문이다. 사회주의 계열의 독립운동가들을 우리 사회가 어떻게 받아들일지도 향후 한국의 주요 과제이다. 따라서 이에 대한 적극적 논의와 사회적 합의 노력을 해 나가는 과정 자체가 한국 사회의 치유에 중요한 의미를 가지게 될 것이다.

제4집단에 대한 치유 논의는 미래 한국 사회가 과연 사람이 살 만한 사회로 발전해 나갈 수 있을 것인가 하는 것과 연관이 된다. 이를 위하여 사회의 정치, 경제, 사회, 복지, 문화, 의료 등 다양한 영역에서 이를 위한 융합적 노력이 이루어져야 할 것이다. 이에 대하여는 다음 내용에서 더 구체적으로 논의한다.

3. 분단으로 붕괴된 민족, 관계, 이성 공동체를 복구하여야 한다

첫째, '이성 공동체'의 복구이다. 다음에 나올 관계 공동체, 민족 공동체의 복원은 이성공동체의 복원이 먼저 있어야 가능하다. 자신과 이념, 경제수준, 사회계층, 종교, 성별, 연령 등이 다른 사람들이 가지고 있는 다른 의견의 이야기들을 끝까지 듣고, 존중하며, 이해하려 노력하고, 타협하며 공동의 합의를 만들어 갈 수 있는 '이성 공동체'가 될 수 있어야만, 비로소 관계 공동체, 민족 공동체가 만들어져 갈 수 있기 때문이다. 이러한 이성공동체의 복원은 교육과 매우 밀접한 관계를 가진다. 어릴 때부터 자신과 다른 사람들과의 존중, 대화, 공존을 교육받고 훈련되어야 하기 때문이다. 교육에서 시작되어 정치, 종교, 사회, 문화, 언론 등 사회 각 영역이 공동의 적극적인 노력을 통하여 비로소 이성 공동체가 만들어져 나갈 것이다.

둘째, '관계 공동체'의 복구이다. 여기서 '관계 공동체'란 배타적 이익집단으로서의 혈연, 지연, 학연 등으로 묶인 공동체를 의미하는 것이 아니다. 이것은 같은 생활공간, 같은 지역 사회 속에서 사는 사람들이, 이념, 경제수준, 사회계층, 종교, 성별, 연령 등의 차이를 넘어서서, 서로를 공동체의 일원으로 인정하고, 서로와의 네트워크를 의미 있는 것으로 받아들이며 살아가는 것을 의미한다. 한국 사회와 같이 어떤 형태로든 파편화되어 있는 현실 속에서, 이것은 먼저 다양한 형식과 내용을 가진 '기존보다 조금 더 확장된 관계공동체 운동' 으로 시작되어, 공동체의 의미를 체험하면서, 점차 그 범위를 넓혀 '더 확장된 관계 공동체 운동'으로 나아가는 과정으로 구성되어야 할 것이다. 그리고 이러한 문화와 경험이 진정한 의미의 지방자치제도의 정착과 연관이 될 것이다.

셋째, '민족 공동체'의 복구이다. 이것은 "이념이 민족을 앞선다"는 생각을 가지고 있는 남북한 사람들 모두의 생각을 바꾸는 것을 의미한다. 그것은 이미 세계적으로 그 구분의 효용 가치가 없어진 "좌우 이념의 분단"이 아닌, 인간의 생명과 인권을 보장하기 위해서는 남과 북이 굳이 두 개로 나누어져야 할 이유가 없으며, 더 큰 안전과 더 큰 번영을 이루기 위하여는 당연히 통일이 필요한데, 그 통일을 하는 중요한 근거는 역사, 언어, 문화가 동일한 "하나의 민족"이기 때문이라는 것에 아무런 문제도 모순도 없다는 생각, 즉 "이제는 민족이 이념을 앞선다"라고 생각하게 만드는 것이다. 이것은 추상적이고 개념적인 것이 아니다. 이것은 아주 실제적이고 구체적인 상호 안전과 번영을 위한 협력이 단계적으로 이루어져 가면서, 서로의 적대감과 의심이 풀려 나가야 하고, 그래서 우리 세대이든, 다음 세대이든, 언젠가 자발적으로 남북통일에 양측 국민, 인민이 동의하는 그런 날이 올 때까지 함께 노력하여야 하는 과정을 필요로 한다. 그런 의미에서 자원 개발 영역, 보건의료 영역, 국토 개발 영역, 특정 분야 기술 개발 분야 등, 남과 북이 함께할 수 있는 영역을 개발하여 민족 공동체 의식을 만들어 가는 것이 필요할 것이다. 이것은 통일을 단지 "정치적, 영토적인 통일"로 생각하는 것을 넘어서, 긴 분단 및 적대적 대치 기간을 통하여 심화된 남북한 사람들의 상호 이질성을 넘어서는, "사람의 통일"을 의미한다. 저자는 이 "사람의 통일"에 대하여 2000년 발간된 〈사람의 통일을 위하여〉(오름, 2000, p.8)에서 다음과 같이 언급한 바 있었다.

> 한반도에서의 통일은 크게 두 가지 종류가 있다고 생각한다. 하나는 "땅의 통일"이다. 그것은 갈라진 국토, 정치, 경제, 외교, 군사적 측면에서의 통일이다. 그것은 지금 우리에게 좀 더 가까이 다가오고 있는 듯하다. 그러나 그것이 통일의 전부가 아니다. 50년 이상(저자 주- 이제는 80년 이상이 되어 간다) 철저한 냉전적 대립 속에서의 분단은 남북한 사

람들을 매우 다른 이질적 사람들로 만들었다. 설령 땅의 통일이 이루어진다 하더라도 이러한 이질적 갈등을 조화롭게 극복하지 못하는 한 우리의 "땅의 통일"은 완성되는 것도 아니며, 실은 지속될 수도 없을 가능성이 있는 것이다. 그런 의미에서 남북한 사람들이 다시 하나가 되어 조화를 이루며 살아갈 수 있게 하는 것이 민족의 새로운 과제로 등장하고 있다. 이것을 이 책에서는 "사람의 통일"이라 불렀다.

4. 분단의 상처를 승화시키는 예술 작품들이 만들어져야 한다

사회적 트라우마를 받은 사람들은 그 상처와 고통에 집착할 수밖에 없는 측면이 있기 때문에, 그 트라우마의 실체와 의미의 이해를 하고, 그 고통을 더 높은 정신 상태로 승화시키기 어려울 수 있다, 그것을 도울 수 있는 의미 있는 도구가 바로 예술일 수 있다. 따라서 사회적 트라우마를 깊이 응시하고 그것을 성찰하는 시, 소설, 영화, 연극, 미술, 음악, 무용 등 다양한 장르의 예술은 사회적 트라우마 치유에 있어 매우 중요한 의미를 가진다. 그러나 외국의 사례들에서도 보면, 일반적으로 사회적 트라우마를 예술의 소재로 다루는 그 자체가 아직 안전하지 못한 사회에서는 진정한 의미의 극복을 위한 승화를 다루는 작품들은 나오기가 힘들고, 사실에 대한 고발, 그에 대한 분노, 희생자들의 결집, 선동 등을 목적으로 한 단편적인 내용에 그치기 쉬웠음을 보여 준다.[23] 한국에서는 향후 사회적 트라우마에 대한 깊은 성찰과 예술적 승화가 이루어지는 좋은 작품들이 나올 수 있는 사회적 환경을 만들어 가는 것이 중요하다.[24]

23) 전우택 〈사람의 통일, 땅의 통일〉 (연세대학교출판부, 2007) pp.3－36. 1장. 집단기억 현상을 통하여 본 북한 사회 이해.

24) 그동안 우리나라 문학계에서는 이러한 극복을 위하여 많은 노력들이 있어 왔다. 저

5. 고통을 승화시켜 더 높은 정신세계에 도달하는 개인과 사회를 만드는 것에 도전하여야 한다

진정한 치유는 그 사회적 트라우마를 해결하고 극복하려는 개인과 사회의 노력을 통하여 그런 사회적 트라우마가 발생하기 전보다 더 높고 성숙한 정신을 가진 개인과 그러한 제도를 가진 사회로 성장하는 것이다.[25] 그러한 성장이 이루어지는 개인과 사회의 영향력은 그 자체 단위를 넘어서서 전 인류에게 영향을 끼치게 된다. 예를 들어 인도에서의 간디에 의한 비폭력 무저항 운동은 인도가 영국 식민지로부터 해방되는 정치운동적 성격을 가진 것이었으나, 그것을 통하여 인류는 평화사상과 비폭력운동에 거대한 가르침을 받는다. 미국에서의 인종차별에 대항하였던 마틴 루터 킹의 노력과 도전 역시 전 인류에게 평화적 비폭력 운동과 그 정신에 대한 큰 울림을 주는 교훈이 된다. 남아공의 '진실과 화해 위원회' 활동은 잔혹한 인종차별정책의 결과를 사회적으로 처리하려는 남아공의 정치적 노력이었으나, 이것은 용서와 화해의 정신을 보편적 인류의 정신적 가치로 만드는 데 거대한 진전을 이루게 하였다.[26] 한반도에서 발생한

자는 관련 대학원 수업을 통하여 문학작품들을 다루어 왔었다. 수업 시간에 다루었던 소설들로는 다음과 같은 것들이 있다. 최인훈의 〈광장〉, 김원일의 〈불의 제전〉, 조정래의 〈태백산맥〉, 박원서의 〈그 많던 싱아는 누가 다 먹었을까?〉, 〈그 산이 정말 거기 있었을까?〉 윤흥길의 〈장마〉, 황석영의 〈손님〉, 정지아의 〈아버지의 해방일지〉, 전상국의 〈지뢰밭〉 한강의 〈소년이 온다〉), 〈작별하지 않는다〉

25) Muller–Fahrenholz G. The art of forgiveness (V. O. Lembeck, Trans.). English Version ed. Geneva: World Council of Churches Publications; 1997 ; Ackermann, D. On hearing and lamenting: Faith and truth–telling. To Remember and to Heal: Theological and Psychological Reflections on Truth and Reconciliation 1996: 47–56.; Botman HR, Petersen RM. To remember and to heal: Theological and psychological reflections on truth and reconciliation. Capetown: Human and Rousseau; 1996: pp.47–56.

26) 저자가 이와 관련하여 작업한 결과들은 다음의 두 권의 책에 들어가 있다. 전우택 편. 〈용서와 화해에 대한 성찰〉(명인문화사, 2018) pp.53–81. 2장. "남아프라카공

분단이라는 상처의 해결과 극복을 위한 노력들은 한반도의 문제이지만, 동시에 이것은 전 인류에게도 매우 중요한 하나의 사례가 된다. 한반도에서의 통일은 지구상에 마지막으로 남은 이데올로기에 의해 분단되고 대립하고 있는 두 개 사회의 통합인 동시에, 인류 역사상 가장 큰 경제적 격차를 가지고 있는 두 개 사회의 통합을 보여 주는 거대한 사회적 실험이 될 것이기 때문이다.

V. 마치는 말 - 통일은 치유다

분단은 남북한 우리 민족 모두에게 거대한 상처를 준 사회적 트라우마이다. 분명히 이것은 매우 부정적인 고통이어 왔지만, 우리는 그것을 부정적으로만 바라보는 시각을 이제는 넘어설 필요가 있다. 그런 아픔이 있어왔지만, 그 회복과 치유를 위한 노력을 하는 과정을 통하여, 우리는 더 나은 사회와 국가를 향한 열망을 가질 수 있었고, 고통을 극복할 수 있는 더 높은 정신적 승화를 지향하려 하였고, 그를 통하여 더 본질적이고 보편적인 가치를 주목하려 할 수 있었기 때문이다. 이런 노력들이 일차적으로는 남한 사람들을 치유하여 왔다. 그러나 이어서 이차적으로는 북한 사람들을 치유하는 과정이 될 수 있다. 남한에서 먼저 그 치유의 과정을 어떻게 이루어 갔는가를 보여주는 것이, 북한에 있는 사람들, 우리 민족의 한 부분인 그 사람들을 변화시킬 수 있는 가장 큰 토대가 될 것이기 때문이다. 그것이 의미 있는 통일 준비 활동이고 통일 과정이다. 이 글에

화국에서 만난 용서와 화해 : 진실화해위원회 활동을 중심으로"; 전우택 〈평화와 반평화〉 (개정증보판) (박영사, 2021) pp.401－442. "평화를 만드는 사람들의 일곱 가지 특징". 이 글에서는 마하트마 간디, 마틴 루터 킹, 넬슨 만델라 3인을 자세히 다루었다.

서는 분단에 의한 트라우마와 상처, 그로 인한 영향들을 주로 남한과 남한 사람들 위주로 서술하였다.[27] 그래서 북한 사람들이 받은 상처와 고통, 그리고 그것을 그들 식으로 극복하려 하였던 노력들은 서술하지 않았다.[28] 이러한 내용을 다루는 학자들이 점차 늘어가고 있다는 것은 매우 희망적인 현상이다. 우리 민족의 고통 경험이 우리 민족의 정신적 힘의 자산이 되고, 전진하여 나아갈 수 있도록 하는 원동력이 되도록 만들어야 하는 책임을 현 시점의 우리들은 가지고 있다. 그리고 이것을 통하여 우리 민족은 인류의 정신사에 큰 기여를 할 수 있게 될 것이다.[29] 그러한 시각과 의미 부여를 가지고 "치유로서의 통일"을 이루기 위한 노력이 체계적이고 지속적으로 이루어질 때 통일은 비로소 성공적이고도 의미 있게 이루어 질 것이다. 그러기에 "통일은 치유다."

27) 전순영 〈한반도의 기억〉(한울, 2025)은 분단과 전쟁이 만들어낸 트라우마를 매우 포괄적이면서도 깊이 있게 정리한 중요한 자료이다.

28) 분단과 전쟁에 의하여 북한 사람들이 받은 트라우마와 그에 의한 사회적 결과들을 정리한 것으로는 감희 〈북한 사람 이해하기〉(한울, 2021)와 감희 〈북한녀자로 살기〉(한울, 2023)가 있다. 저자 감희는 탈북자 출신 학자로서, 중요한 자료를 만들었다.

29) 소설가 한강의 2024년 노벨문학상 수상은 그 하나의 사례이다. 우리 민족의 역사에 있었던 제주 4.3의 아픔, 광주 5.18의 아픔이 있었기에 〈작별하지 않는다〉, 〈소년이 온다〉와 같은 작품이 만들어질 수 있었다. 그리고 그 작품은 우리 민족의 이야기가 아닌, 인류의 보편적인 고통과 그 극복을 위한 도전의 메시지가 되었다.

참고문헌

Ackermann, D. (1996). On hearing and lamenting: Faith and truth-telling. In *To remember and to heal: Theological and psychological reflections on truth and reconciliation* (pp. 47–56).

Botman, H. R., & Petersen, R. M. (1996). *To remember and to heal: Theological and psychological reflections on truth and reconciliation* (pp. 47–56). Capetown: Human and Rousseau.

Brandon, H. (2003). Chapter 6: Healing. In *Reconciliation after violent conflict: A handbook* (pp. 77–88). Stockholm: International Institute for Democracy and Electoral Assistance.

Cohen, B. E., Neylan, T. C., Yaffe, K., Samuelson, K. W., Li, Y., & Deborah, E. (2013). Posttraumatic stress disorder and cognitive function: Findings from the Mind Your Heart study. *Journal of Clinical Psychiatry*, *74*(11), 1063–1070.

Famula, K. (2007). *Healing societal traumas and transforming collective consciousness: A path to a culture of healing* (Master's thesis). European University Center for Peace Studies, Austria.

Hilty, A. (2011, November 12). Jeju Olle and the Korean psyche: Healing minds and hearts. *The Jeju Weekly*. Retrieved from http://www.jejuweekly.com/news/articleView.html?idxno=2161

Jeffrey, A. (2004). Chapter 1: Toward a theory of cultural trauma. In *Cultural trauma and collective identity* (pp. 1–30). Berkeley, CA:

University of California Press.

Jeon, W. T. (2000). Collective memory and understanding of North Korean society. *Journal of Korean Association of Social Psychiatry, 5*(2), 179-196.

Jeong, Y. H., & Ko, S. J. (2014). *Social conflict index and economic growth: Evidence from a cross-section of 7 countries* (pp. 1-138). Korea Institute for Health and Social Affairs.

Kang, J. M. (2006). *Code of Korean.* Seoul: Character and Thought.

Kang, K. S., Kim, I. J., Yoon, I. S., Yoon, H. R., & Jung, R. K. (2013). *Art and healing of humanity.* Chuncheon: Kangwon Univ.

Kang, S. I., Kim, K. Y., Kim, K. Y., Kim, H. Y., & Song, S. Y. (2011). *New challenge of humanity in 21th century - Healing.* Chuncheon: Sanckeck.

Kang, W. T. (2004). *Diagnosis and resolution of South–South conflicts in Korea* (p. 61). Fareast Research Center, Gyeongnam Univ.

Korean Traffic Database Center. (2010-2014).

Muller–Fahrenholz, G. (1997). *The art of forgiveness* (V. O. Lembeck, Trans.; English Version ed.). Geneva: World Council of Churches Publications.

National Committee for Investigation of the Truth about the Jeju April 3 Incident. (2003). *Investigation report of the Jeju 4.3 Incident.* Seoul: SunIn.

National Committee for Investigation of the Truth about the Jeju April 3 Incident. (2008). *White book of National Committee for Investigation of Jeju 4.3 Incident* (p. 113). Seoul.

Park, J. (2013, August 21). Current state of social conflicts in Republic of Korea. In *The Second National Cohesion Symposium* (pp. 3-14). Committee of National Cohesion Report, Seoul, ROK.

Park, J., Kim, Y. G., Lee, D. W., & Kim, S. B. (2009). Social conflicts and economic cost. CEO Information, 710, 1-21.

Park, M. L. (2015). Politics of the Sewol sinking: Social, institutional reform as/with a human healing. *Social Review of History, 110*(2), 8-36.

Reddemann, L. (2001). *Imagination als heilsame Kraft*. Stuttgart: Klett-Cotta.

Woodside, D., Barbara, J. S., & Benner, D. G. (1999). Psychological trauma and social healing in Croatia. *Medicine, Conflict and Survival, 15*(4), 355-367.

World Health Organization. (2014). *World suicide statistics.*

PART 02

치유를 향한 성찰

03

이스라엘의 트라우마 현상과 치유
- 야드 베셈의 눈물

Ⅰ. 시작하는 말 - 야드 바셈의 모순

2023년 1월 17일. 이스라엘 여행 중 계속 사용하여 왔던 여행 가이드 해설용 이어폰이 수거되었다. 사진 촬영도 엄격히 금지되었다. 그렇게 예루살렘에 위치한 홀로코스트 기념관인 "야드 바셈"[1)]에 들어가는 것은 다른 관람자들의 관람 시 엄숙함을 방해할 만한 행동들을 미리 철저히 막는 조치에서부터 시작되었다.[2)] 600만 명의 유대인, 그 중 어린 아이들이

1) "야드 바셈"은 히브리어로 '이름을 기억하라'는 뜻이다. 1953년 홀로코스트의 "순교자들과 영웅들을 기념하는 공식 기관"인 야드 바셈의 건설이 계획되었고, 1954년부터 공사에 들어가 1957년 1차 공사를 마친 상태에서 개관하였다. 1957년 기록보존소 겸 도서관 건물과 행정동이 완공되었고, 1961년에는 기억의 전당이 세워졌으며, 1962년에는 '의인의 길'이 조성되었다. 1973년에는 기억의 전당과 역사박물관이 문을 열었다. 이후에도 곳곳에 여러 기념불과 기념 공간들이 들어섰으며, 2005년에는 10년에 걸친 공사 끝에 신역사박물관이 문을 열었다. 최호근 〈홀로코스트 기억의 중심, 야드 바셈〉. (세계의 역사기념시설, 민주화운동기념사업회, 2007. pp.43－66); 허버트 허시. 제노사이드와 기억의 정치. 강성현 역. 책세상. 2008. p.68.

2) 이 글은 저자가 2023년 1월 이스라엘 방문 후, 2023년 4월경에 썼다. 그리고 여행 9개월 뒤인, 2023년 10월 7일, 가자지구 통치세력인 하마스가 이스라엘 남부 지역의 군사 기지, 정착촌, 그리고 노바 음악 축제 현장 등이 공격하였다. 공격 당일에

150만 명 이상이 죽어간 그런 인류 최악의 비극이라 일컬어지는 사건을 기억하는 공간은, 그 입구에서부터 숙연함을 주었다. 역사의 아픔을 압도적 구성으로 꾸민 박물관이었다. 고통을 받았던 '개인'들 하나하나에 초점을 주면서도 그 거대했던 '사건'과 '유대인 집단'을 표현해내는 데 충실하였다. 어떻게 인간이 인간에게 이럴 수 있는가를 엄숙하게 질문하였고, 인간이 존중받는 세상, 이러한 학살과 증오가 더 이상 존재하지 않는 세상을 만들어야 한다는 장엄한 선언을 인류에게 하는 깊은 울림의 공간이었다. 기념관 관람을 마치고 밖으로 나오자 길은 다시 웃시엘(Uziel)이라는 이름을 가진 희생자 어린 아이의 천진난만한 얼굴이 부조로 걸려있는 곳을 지나 독립된 건물 안으로 이어지고 있었다. 그 안에는 홀로코스트 기간 동안 죽어갔던 수많은 아이들의 사진들이 걸려 있었다. 그리고 어둠 속에서 그 아이들의 이름, 나이, 출신 국가가 하나씩 불릴 때마다 작은 불빛들이 하나씩 점멸하고 있었다.

관람을 마치고 눈부신 햇빛 속으로 나와 버스를 타고 팔레스타인 자치 지역으로 들어갔다. 이스라엘 영토이지만, 팔레스타인 사람들이 살고 있는 자치 지역 안으로 들어가는 것은 위압적인 높은 담으로 둘러쳐져 있었고, 출입관리 초소의 엄격한 통제를 받아야 하였다. 자치지역 거리는 유대인들이 살고 있는 지역들에 비하여 극도로 낙후되어 있었다. 그리고 거리 여기저기에는 젊은 남자들의 큰 얼굴 사진들이 걸려 있었다. 이스라엘과 정부군과의 충돌 속에서 죽은 팔레스타인 사람들의 얼굴 사진들이

만, 이스라엘 측에서 1,195명이 사망하였고 4,600여 명이 부상을 당하였으며, 200명 이상이 인질로 가자 지구로 납치되었다. 그로 인하여 이스라엘-하마스 전쟁이 시작되었다. 그 후 2025년 10월 9일 휴전 및 인질-죄수 교환 협정이 이루어졌다. 그러나 상황은 유동적이다. 이 글은 2023년 이스라엘-하마스 전쟁이 일어나기 전의 상황을 배경으로 작성되었으나 이스라엘-팔레스타인 간의 갈등 양상은 전쟁 전이나 후나 본질적 측면에서는 아직 차이가 없다고도 할 수 있다.

었다. 어떤 사진들은 손에 총을 들고 서서 결연한 표정으로 찍은 사진들도 있었다. 아마도 무장 투쟁들을 하다가 죽은 청년들이었을 것이었다.

이스라엘이 팔레스타인 땅에 건국을 하던 시기인 1947년부터 1949년 사이, 72만 명 이상의 팔레스타인 사람들이 그들이 살던 지역에서부터 쫓겨나 레바논, 시리아, 요르단 등의 난민으로 떠나야 했다. 그리고 그런 나라들로 가지 않은 사람들은 이스라엘 내 다른 팔레스타인 땅으로 이주하여야 했다. 그 과정에서부터 저항이 있었으나 이스라엘이 여러 차례의 중동전쟁을 승리로 장식하면서 그들의 목소리는 국제적으로나 국내적으로 어디에도 반영되기 어려웠다. 그러면서 세월이 지나감에 따라 그 후손들까지 더해지면서 팔레스타인 난민들 숫자는 더 증가하여 2002년에는 400만 명에 육박하게 되었고,[3] 2020년 말에는 유엔난민기구 글로벌 동향 보고서에 따르면 570만 명이 되었다.[4] 이스라엘 건국으로 인하여 발생한 팔레스타인 난민 숫자가 이제는 홀로코스트를 통하여 죽은 유대인 숫자 600만 명에 근접해 가고 있는 것이었다.

1948년 5월 14일 이스라엘이 건국되자 UN 총회는 결의안을 통하여 이들 팔레스타인 난민들의 고향으로의 "귀환 권리"을 인정하였다. 그러나 이스라엘 정부는 즉각 그것을 절대로 허용하지 않을 것이라 천명하였다. 그리고는 계속하여 더 많은 팔레스타인 사람들이 그들의 땅으로부터 추방되었다. 동유럽과 소련 등, 세계 각지에서 새로이 이스라엘로 귀환하여 돌아오는 유대인 숫자가 급증하면서 이들이 정착하여 살아갈 수 있도록 할 새로운 땅들이 필요하게 되었고, 이스라엘 정부는 그들을 이미 팔레스타인 사람들이 살고 있는 지역에 터를 잡게 하였다. 바로 "정착촌"이라

3) 로이터 통신 지음. 우리는 평화를 원하지 않는다. 미래의 창. 2002. pp.22－23.

4) file:///C:/Users/wtjeon/Downloads/UNHCR%20Global%20Trends%202020_Press%20Release.pdf

불리는 문제의 시작이었다. 수많은 정착촌들이 만들어지면서, 그 지역들은 물론이고 그 주변 지역에 사는 팔레스타인 사람들까지도 또다시 살던 곳으로부터 추방되는 일들이 반복되어 갔다. 이것이 1987년에서 1993년까지 있었던 팔레스타인 1차 인티파다 봉기의 원인이 된다. 그러나 결국 해결되는 것은 아무 것도 없었다. 그리고는 2000년 9월부터의 2차 안티파다 봉기가 있게 되었다. 저항은 철저히 무력에 의하여 진압되었고, 그러면서 이때부터는 팔레스타인 사람들의 자살폭탄 테러가 있게 되었다. 그로 인해 수많은 이스라엘 시민들과 군인들도 죽게 되었다. 그럴수록 진압은 더 강경해졌다. 이 과정의 분위기를 한 글은 이렇게 기록하였다.

> "...분쟁을 영구화시키는 악의 순환이 탄생했다. 팔레스타인 사람이 한 명 죽을 때마다 대규모의 장례식이 뒤따르며 더 많은 복수와 폭력을 불러일으키는 불이 붙었고, 이는 또다시 더 많은 죽음과 더 많은 장례식을 가져왔고, 또다시 더 많은 폭력을 야기 했다. 팔레스타인 사람들이 죽을 때마다 그 죽음과 장례식은 위성 TV를 통해 아랍권 전체에 방영됐고, 더 큰 분노를 일으켰다. 이스라엘 사람이 죽을 때마다 이스라엘 주민들의 분노는 더 깊어졌고 더 강경한 무력 대응에 대한 압력이 커졌으며 또 많은 경우 이는 실제로 이어졌다."5)

그 충돌과 갈등은 지금도 팔레스타인의 땅을 여전히 피로 물들이고 있었다. 필자가 이스라엘을 방문하고 있던 2023년 1월 기간 중에도 팔레스타인 자치지역에서 팔레스타인 사람들과 이스라엘 군인들과의 충돌은 계속되었고, 필자가 이스라엘을 출국하던 1월 25일에도 9명의 팔레스타인 사람들이 죽었고, 그 다음날에는 7명의 사람이 죽었다는 보도가 나왔다.

---

5) 티머시 헤리티지. 2차 팔레스타인 봉기 : 평화의 문전에서 다시 증오의 늪으로. 위의 책. p.63.

거리 곳곳에 걸려 있는 팔레스타인 청년들의 사진 속 얼굴들이 메마른 바람과 따가운 햇볕 아래에서 흔들렸다. 그리고 긴 세월 속에서 그 사진들은 점차 낡아져 가고 있었다. 2000년 넘게 살아왔던 자기 선조들의 땅에서 쫓겨난 팔레스타인 난민들로서의 삶은 3대, 4대째로 이어져 70년의 세월을 넘어서고 있었다. 강력한 이스라엘의 군대가 그들의 고향 복귀를 막고 있었으며, 그들의 저항은 다시 총을 맞고 죽거나 구금되어 감옥으로 보내지는 것으로 대응되고 있었다. 유대인들은 야드 바셈을 만들었고, 그런 큰 기념관과 추모시설을 만들 정치력, 경제력이 없는 팔레스타인 사람들은 팔레스타인 자치지구 거리 곳곳에 이스라엘 군인들에 의하여 죽임을 당한 팔레스타인 사람들의 얼굴 사진들을 붙여 놓고 있었다. 그 모든 거리가 "그들의 야드 바셈"이었다.

홀로코스트는 분명 끝났다. 가해자였던 독일인들은 이제 더 이상 유대인을 그렇게 압살하지 않는다. 그러나 홀로코스트는 아직도 끝나지 않았다. 그리고 이번에도 군사적으로 더 강한 사람들이 더 약한 사람들을 그들이 살던 땅에서 강제로 추방하고 있었고, 그들의 땅과 재산을 너무도 간단히 "처분"하고 있었고, 그것에 저항하는 사람들을 총으로 사살하고 있었다. 또 다른 홀로코스트는 그대로 다시 재연되고 있었다. 다만 한 가지 다른 점은, 지금의 가해자가 바로 과거에 그 피눈물 흘리던 피해자, 즉 이스라엘 사람들이라는 것이었다.

이것은 분명 모순이었다. 그리고 혼란이었다. 이것은 무엇을 의미하는 현상인가? 이것은 인간이 홀로코스트를 통하여 아무런 교훈도 얻지 못하였다는 증거인가? 그 교훈을 가장 강하게 온 몸으로, 온 생명으로 배웠고, 그래서 전 인류에게 그 홀로코스트의 비극을 알리고, 그 교훈을 알리는데 진력하고 있는 이 이스라엘 사람들이 어떻게 이런 비극을, 힘을 앞세워 스스로 다시 저지르고 있는 것일까? 결국 홀로코스트는 독일인, 그것도 나치의 문제가 아닌, "어쩔 수 없는 인간의 보편적인 문제"였음을 보여주는 것인가? 결국은 힘을 가진 존재들은 언제나 약한 존재들에게 이럴 수 있는, 아니, 이러고야 마는 그런 존재임을 보여 주는 것인가? 유대인 개개인의 슬픔이 편지로, 서류로, 사진으로, 그림으로 기록되어 지금의 야드 바셈 기념관을 구성하고 있는 것처럼, 지난 70년 간 팔레스타인 사람들이 겪은 고통의 기록들이 언젠가 "팔레스타인 박물관"으로 만들어질 것이라는 것을 유대인들은 생각하지 못하고 있는 것일까? 이 글은 그 모순에 대한 질문의 답으로 시도한 것이다.

II. 이스라엘 사람들은 무슨 생각을 하고 있는 것일까?

> "... 홀로코스트의 교훈은 이것입니다. 그 유일한 교훈은 바로 유대인의 생존은 이스라엘의 주권과 유대교 신앙의 힘에 의지한 이스라엘 군에 달려 있다는 것입니다."[6)]

이것은 1998년 4월 23일. 아우슈비츠 강제수용소의 시설들 중 가장 큰 규모 시설이었고 대부분의 학살이 이루어졌던 비르케나우를 방문하였던 극우 이스라엘 정치인 네탄야후(그는 후에 수상이 되었고, 지금 이 글을 쓰고 있는 2023년 시점에도 이스라엘의 수상이다)가 현장에서 하였던 발언이었다. 결국 그의 말이 가진 핵심은 "주권", 그리고 "무력"이었다. 자신들이 나치에게 당한 이유는 그 주권과 무력이 없어서였고, 그래서 자신들의 생존을 위하여 필요로 되는 것도 바로 주관과 무력이라는 것이었다. 그 주권과 무력만이 그들이 안전하게 살 수 있는 땅을 보장한다는 것이었다.

---

6) 로이터 통신. p.16.

그러나 만일 이 말을 팔레스타인 사람들에게 적용한다면, 팔레스타인 사람들도 이렇게 말 할 수 있을 것이다.

> "팔레스타인 영토의 상실과 난민의 삶이 주는 교훈은 이것입니다. 그 유일한 교훈은 팔레스타인인의 생존은 팔레스타인의 주권과 이슬람 신앙에 의지한 팔레스타인군에 달려 있다는 것입니다."

실제로 네탄야후의 발언과 그 이후 있었던 이스라엘인들의 힘과 무력을 앞세운 행동들은 팔레스타인 사람들도 똑같은 생각을 하도록 만들었고, 그것은 자살테러 등의 행동으로 나타났다. 결국, 네탄야후와 같은 사고를 하고 그에 따른 행동을 하면, 그것은 다시 그 피해자들에게도 똑같은 생각과 행동을 유발하여, 이 문제는 양쪽이 모두 죽을 때까지 악순환 속에서 더 파괴적이 된다는 것이었다. 이런 갈등의 악순환을 감수하면서도 끝까지 이 갈등을 더 지속시켜 나가는 이스라엘 사람들의 땅과 난민, 정착촌에 대한 생각은 과연 무엇일까? 저자는 그것을 그들의 입장에서 다음과 같은 세 가지로 생각해 보았다.

1. "땅은 신앙의 문제이고 본질의 문제이고 생존의 문제이다. 땅은 우리의 생명이고 나의 자녀와 그 이후의 영원히 이어질 나의 자손들의 미래이다. 이 땅은 하나님이 아브라함에게 주신 신성한 것이다. 그래서 이 신성한 땅에 유대인이 아닌, 다른 이교도가 거주하는 것은 이 신성한 땅에 대한 모독이다."

이스라엘 사람들에게 있어 민족의 정체성은 곧 여호와 하나님에 대한 신앙을 의미하고, 그 신앙은 여호와 하나님이 자신들의 민족에게 주신 땅을 의미한다는 점에서, 민족—신앙—땅의 연결은 절대적인 것이라 받아들인다. 자신들이 2000년 간 그리도 큰 박해 속에서 살아야 했던 것은 자신들이 온전한 신앙을 지키지 못하여 하나님이 그 땅을 민족으로부터 걷어 간 것이었고, 이제 다시 그 땅이 자신들에게 주어졌기에, 이 땅은 자기 민족과 신앙의 상징이자 실체라는 것이다. 그러나 그렇게 생각한다면, 팔레스타인 사람들도 똑같은 이야기를 할 수 있을 것이다. 그리고 독일인도 2차 세계대전 당시 자신들이 가지고 있던 땅에 대하여 그런 사고를 하였었다. 그들 역시 그 어느 민족보다도 더 '땅의 순결성'을 강조하였다. '이 땅에는 가장 우수한 인종인 아리아인들만이 살아야 하고, 그 어떤 불순물 (특히 유대인)도 들어와 있으면 안 된다'라고 주장하였다. 팔레스타인 지역은 아브라함이 하나님으로부터 약속받은 땅인 것은 성경에 기록되어 있다. 그러나 그들은 지난 2000년 동안 그 땅에서 살지 못하였고, 실제적으로는 아예 접근조차 할 수 없었다. 그 기간 동안, 그들은 유럽과 중동을 비롯한 전 세계에 흩어져 살아야 했고, 가는 곳마다 극단적인 차별과 편견 속에서 잔인한 박해를 당하여야만 하였다. 그래서 그들은 그 차별과 편견, 그리고 박해의 고통과 아픔을 그 누구보다도 잘 안다. 그러나 그들은 지금 그 차별과 편견, 박해를 타인들을 향하여 하고 있었다. 요르단 서안에 있는 비르 자이트(Bir Zeit) 팔레스타인 대학의 인류학 교수인 샤리프 카나아나(Sharif Kana'ana)는 그것을 다음과 같이 말한 바 있다.

> "...나는 이스라엘 사람들과 군인들이 근본적으로 팔레스타인 사람들을 죽이고 싶어 하는 것은 아니라고 믿습니다... 팔레스타인 사람들이 존재한다는 사실 그 자체를 제외하고는 정말 어떤 반감이 있다고 생각하지 않습니다. 그냥 없어져 줬으면 하는 거지요."[7)]

7) 로이터 통신. p.22.

2. "원래 땅이라는 것은 평화롭게 얻어지는 것이 아니다. 과거 모세와 여호수아도 이 팔레스타인 땅을 전쟁을 통하여 점령하였다. 우리 역시 건국 후 그동안 전쟁의 피로 이 땅을 점령하여 왔다. 원래 땅이란 그렇게 얻어지고 그렇게 지켜지는 것이 아닌가?"

이것은 전형적으로 힘과 무력에 대한 숭배를 나타내는 생각이다. 힘이 더 강한 존재가 땅을 차지하는 것이 "당연한 일"이고 "정의"라면, 힘이 더 있어서 유대인들을 죽였던 나치 독일도 "당연하고 정의로운 일"을 한 것이 되고, 앞으로 언젠가 팔레스타인 사람들, 또는 주변 아랍국들의 힘이 더 강해져서 이스라엘을 침공하여 유대인들을 다 추방하고 그 땅을 다시 차지하는 것도 "당연한 일"이고 "정의"라고 받아들일 것인가? 힘을 가진 자가 약한 자에게 "함께 살자"고 이야기하고, 평화를 만들어낼 수 있는 것이 진정한 "정의"이고 "힘"이라는 것을 거대한 고통을 겪은 유대인들에게 요구하는 것은 잘못된 것일까? 그러나 정말 인류의 역사 속에서 인류는 그런 경우를 얼마나 경험하였던가? 유대인들에게 우리는 과도한 요구를 하는 것일까?[8)]

8) 2024년 작 다큐멘터리 영화 〈No Other Land〉(바젤 아드라, 함단 발랄, 유발 아브라함, 레이첼 소르가 4인 감독)는 2019년부터 2023년 까지 요단강 서안 지구의 마사페르 야타 지역에 이스라엘 정부가 군인과 민간 업자 등을 동원하여 새로이 이스라엘 정착촌을 만들려 하면서 그 지역에서 대대로 살아왔던 팔레스타인 사람들의 마을을 부수고 사람들을 추방하는 과정을 보여주었다. 베를린 국제영화제와 미국 아카데미 시상식에서 장편 다큐멘터리상을 수상하였다.

3. "우리는 홀로코스트를 통하여 이미 거대한 희생을 치렀다. 우리의 후손들이 다시 또 그런 희생을 당하도록 할 수는 절대로 없다. 우리와 같은 희생을 겪어보지 않은 모든 사람들, 모든 국가, 모든 민족은 우리 앞에서 입을 다물라. 우리는 우리의 희생을 딛고 이 땅을 소유할 당당한 권리가 있다."

그들이 거대한 희생을 당한 것은 맞다. 그러나 그 사실 자체가, 그들이 다른 이들을 희생시킬 수 있는 정당한 이유, 근거가 될 수는 없다. 그것을 이스라엘 사람들은 생각해 낼 수 있을까? 더구나 그들에게 가해한 존재들(과거 독일인들)에게 보복처럼 하는 것도 아닌, 그들에게 전혀 가해한 일이 없었던 팔레스타인 사람들을 추방하고 땅과 재산이 몰수하고, 저항하는 사람들을 죽이고 감옥에 넣는 것은 어떤 정당한 이유와 근거를 가질 수 있는 것일까? 거대한 고통과 아픔을 겪은 사람들이 그 고통과 아픔에 묶이지 않고, 한 차원 높은 용서와 화해, 평화와 상생의 길로 나아가는 "기적"은 유대 민족뿐만 아니라, 전 인류의 정신을 변화시킬 수 있다는 것을 이스라엘 사람들은 어떻게 생각할까? 그렇게 될 때, 비로소 그들이 겪은 고난과 고통은 진정한 의미를 가질 수 있다는 것을 그들은 생각할 수 있는 것일까?

III. 왜 이스라엘 사람들은 이런 생각에 사로잡혀 있는 것일까?

그렇다면 이스라엘 사람들은 왜 이리도 무모해 보이기까지 하는 팔레스타인 사람들에 대한 정책을 세우고 그것을 절박하게 수행해 나가는 것일까? 그들이 팔레스타인 땅에서 2000년간 살아온 팔레스타인 사람들과 좀 더 합리적으로, 그리고 평화롭게 살아가는 방법을 만들어 내고 선택하지 못하고 있는 이유는 무엇일까? 저자는 그것을 다음과 같은 세 가지로 보았다.

1. 그들은 아직도 홀로코스트의 강제수용소 속에 그대로 있기 때문이다

그 자신이 유대인으로서 홀로코스트와 제노사이드에 대하여 연구를 하였던 정치학자 허버트 허시는 그의 책에서 다음과 같이 이야기한다.[9)]

> "...수많은 이스라엘 사람들은 스스로를 대학살 직전에 있는 또 다른 유대인 세대로 인식하며, 스스로를 이전 홀로코스트 희생자 및 생존자와 동일시하게 된다. 이러한 관점은 제임스 영이 시사하였듯이, 이스라엘 사람들이 스스로를 희생자로 인식하는 상황, 두 번째 대학살을 미리 막기 위한 성찰적인, 폭력 외의 다른 긍정적인 행위를 차단하는 상황을 만든다.[10)]... 이런 경우 기억은 멍에가 되어 왔다. 과거의 기억을 토대로 미래를 세우는 대신에 과거는 미래를 위한 모델로 옹호되어 왔다 ... 이스라엘인들은 타협할 힘을 가지고 있다는 사실을 깨닫는 대신에, 그리고 미래를 바라보는 대신에, 과거에 사로잡혀 있다."

즉, 이스라엘 사람들은 자신들을 지금도 아우슈비츠 강제수용소에 들어가 있는 존재들로서 인식하고 있으며, 자신들의 생존에 위협이 되는 사람들로서 팔레스타인 사람들을 마치 수용소의 나치 독일인들처럼 보고

9) 허버트 허시. 제노사이드와 기억의 정치. 강성현 역. 책세상. 2008. p.68.

10) Young, James E. Writing and Rewriting the Holocaust : Narrative and the Consequences of Interpretation (Bloomington : Indiana Univ. Press. 1988. pp.136–137.

있다는 것이다. 그러다 보니, 이미 홀로코스트는 지나갔고, 지금 여기는 아우슈비츠가 아니라는 것을 아무리 이야기해도, 그들의 귀에는 그것이 들리지 않으며, 지금 곧 다시 일어날 것만 같은 제2의 홀로코스를 막기 위하여 온 신경을 곤두세우고 모든 몸부림을 치고 있다는 것이다. 그래서 그들은 합리적인 사고를 할 수 없고, 지금 당장 이 강제수용소에서 빠져나갈 수 있는 방법만을 정신없이 추구하고 있다는 것이다. 그들에게는 "과거"가 여전히 "현재"인 것이다. 그리고 그 과거 속에 계속 존재하고 있다는 것이다. 이러한 유대인들의 상황을 허시는 프리드먼의 말을 인용하여 다음과 같이 쓴다.[11)]

> "... 홀로코스트는 이스라엘 사회를 정의하는 특징으로 더할 나위 없는 것이었다.[12)] ... 이는 이스라엘인들로 하여금 자신들의 강함을 알지 못하는 '약한 희생자'로 보게 했고, 대안적 선택을 계속 모르게 하거나 고려하지 않게 했다.[13)] .... 스스로를 화산의 가상사리에서, 혹은 '야드 바셈'의 무시무시한 복도 안에서 살고 있다고 보는 나라는 미래를 계획하지 않고 대담한 진취 정신을 생각하지 않는다. 그 나라는 오직 소중한 생명을 붙잡고 있을 뿐이다."

자신들을 야드 바셈의 복도에 서 있는, 즉 아우슈비츠 강제수용소 안에 있는 존재로 느끼고 있기에, 이들에게는 지금 자신들의 선택에 의한 행동이 미래에 미칠 영향을 생각하지 못한다는 것이다. 오직 지금 이 순간 내가 생존해서 살아남느냐 아니면 죽느냐의 문제만으로 생각하고 있다는 것이다. 즉 그들은 지금 "현재"만 있지, "미래"는 없는 존재들로 살

11) 허시. pp.67-68.

12) Feidman, Thomas L., From Beirut to Jerusalem (New York : Anchor Books, 1990, p.281.

13) Freidman, p.283.

고 있다는 것이다. 어쩌면 이것은 나치 독일인들에게도 적용될 수 있었던 이야기일 수도 있다. 그들 역시, 1차 세계대전에서 패배하고, 살인적인 인플레이션과 경제적 궁핍을 겪으면서, 오직 "현재"를 살아남는 것만이 유일한 목표가 되었고, 그 생존의 길을 보여주는 존재라고 착각한 나치에게 그들의 손을 내밀었던 것이다. 만일 진정한 민족과 인류의 "미래"를 "바라 볼 수" 있었다면, 그들도 그런 결정을 하고 행동을 하지 않았을지도 모른다. "과거"에 사로잡혀서 "미래"를 보지 못하고, 오직 "현실" 그 자체에만 집중하는 것이 만들어낸 비극은 계속 반복되고 있는 것이었다.

2. 더 이상 희생당하지 않는 당당하고 강력한 국가를 이루겠다는 민족국가적 욕망이 있기 때문이다

이탈리아계 유대인으로서 아우슈비츠 강제수용소에 들어갔다가 기적적으로 생존해 나왔던 프리모 레비는 그 후 그의 강제수용소에서의 경험을 〈이것이 인간인가〉[14]라는 제목의 책으로 출간하였고, 강제수용소에서 석방되어 이탈리아의 집으로 돌아오던 그 과정에 대한 이야기를 〈휴전〉[15]이라는 책에 기록하여 놓았다. 〈휴전〉이라는 책에서, 그는 열차를 타고 이탈리아로 돌아가면서 보았던 한 장면을 이야기한다. 그것은 동유럽 여러 나라 출신인 유대인 청년들이 이스라엘 건국을 위하여 팔레스타인 땅을 향해 이동해 가고 있는 모습이었다.

> "...열차의 꼬리에, 동유럽 온갖 나라들에서 온 소년, 소녀들, 유대인 젊은이들로 가득한 새로운 객차가 우리와 함께 이탈리아를 향해 여행하고 있었다. 그들 중 누구도 스무 살을 넘어 보이지 않았지만, 지극히

14) 프리모 레비. 이것이 인간인가. 돌베개. 파주. 2007.
15) 프리모 레비. 휴전. 돌베개. 파주. 2010.

> 확신에 차 있고 단호했다. 그들은 젊은 시오니스트들로, 지날 수 있는 곳이면 어디든 지나면서, 할 수 있는 대로 길을 터가면서 이스라엘로 가고 있었다. 배 한 척이 '바리'(항구도시)에서 그들을 기다리고 있었다. 그들은 객차 한 량을 구입했다. 그것을 우리 열차에 연결하기 위한 방법은 세상에서 가장 간단한 것이었다. 그들은 아무에게도 허가를 요청하지 않았다. 그냥 객차를 연결했고 그뿐이었다. 나는 그것에 대해 놀랐지만 그들은 내가 놀라는 것을 보고 웃었다. "혹시 히틀러가 안 죽었나요?" 매처럼 강렬한 눈빛을 한 그들의 대장이 내게 말했다. 그들은 스스로를 한없이 자유롭고 강인하며 세상과 자기 운명의 주인이라고 느끼고 있었다.[16]

이스라엘의 건국을 위하여 유대인 열혈청년들은 남쪽을 향하여 가고 있는 열차 가장 뒤에 자신들이 구한 열차를 그냥 연결한 것이었다. 지극히 관료적인 국가들로 구성되어 있던 유럽에서, 열차 맨 뒤에 다른 열차칸을 연결하기 위하여는 그 허가서를 받기 위하여 수없이 많은 행정적 절차를 밟아야만 한다고 생각하던 프리모 레비에게, 그런 모든 행정적 과정을 과감히 무시하고, 그냥 자기들이 스스로 그 열차의 뒤에 자신들의 열차 칸을 붙이는 것은 놀라운 일이었다. 그것은 어쩌면 매우 창의적이고 도전적이며 효과적인 방법일 수 있었다. 그러나 동시에 기존 체계를 무시하는 매우 무모하고 거칠고 위험한 방법일 수도 있었다. 그러나 그 유대청년들의 의견은 단호하였다는 것이다. 이것은 마치 이렇게 이야기하는 것 같았다.

"이제부터 우리들의 운명과 역사는 우리가 결정하고 우리가 개척한다. 다시는 그 어떤 것에도 억눌리고 짓밟히지 않을 것이다. 이제 히틀러는 죽었다. 그래서 우리는 우리의 길을 간다. 우리는 이제 4000년 전 우리

16) 프리모 레비. 휴전 p.324.

조상 아브라함이 하나님으로부터 받았던 그 '우리의 땅'을 다시 회복할 것이고, 나의 조부모와 부모, 그리고 나의 자식, 그 자식의 자식들이 그곳에서 안전하게 살 수 있게 만들어 놓고야 말 것이다. 이 과정에서 우리가 허가를 받으려 요청할 대상은 없다. 그것은 영국도 미국도 아니다. 그리고 물론 그동안 팔레스타인 땅에서 살아온 팔레스타인 사람들도 아니다."

이것은 이스라엘 건국 당시의 분위기를 보여 주는 한 장면이었다. 누군가가 팔레스타인 사람들의 억울함과 고통을 이야기하면 아마도 그들은 아마도 이렇게 다시 대답하였을 것 같았다. "우리는 600만 명이 죽었다. 너희는 얼마나 죽었냐?" 허시는 프리드먼의 이야기를 다음과 같이 쓴다.

> "...프리드먼은, 이스라엘이 항상 기억의 함정에만 빠져 있는 것은 아니었고 미래에 대한 희망의 전망에서 세워졌다고 주장한다. 그런데 프리드먼에 따르면, 이러한 희망적인 자세는 아랍인을 적대적으로 바라보는 시각으로 대체되었는데, 이는 홀로코스트를 발생시킨 것과 같은 유형을 따르는 또 다른 반유대주의의 예라 할 수 있다."[17)]

즉 이스라엘 사람들은 자신들의 미래 개척과 창조의 열정을 아랍인들, 그리고 팔레스타인 사람들을 적대적으로 보고 대하는 열정으로 대체하였다는 것이다. 그런 의미에서 이스라엘 사람들은 팔레스타인 땅에서 진정으로 평화롭게 번영하는 미래를 만들지 못하는 딜레마에 들어가게 된다. 유대인의 안전을 추구하면 할수록 주변에 더 큰 반유대주의를 만들어 내면서 유대인들을 안전에서부터 멀어지게 하는 일이 발생한 것이다. 그러면서 허시는 프리드먼의 글을 다음과 같이 인용한다.

---

17) 허시 p.67.

> "...이스라엘의 모토는 헤르츨(Theodor Herzl)[18]의 '당신이 그걸 바란다면 그것은 꿈이 아니다'에서 '그것은 현재의 사태이고, 우리는 무엇을 할 수 있는가?'로 바뀌었다. 다시 말해서 미래는 적대적인 세계에 대항하여 생존을 위해 계속 투쟁하는 것으로 고정 된다."[19]

수천 년 동안 유대인의 국가를 다시 만들기 원했던 그 꿈은 마침내 꿈이 아닌 현실로 바뀌었는데, 그 현실을 유지하기 위하여는 더 크고 계속되는 투쟁의 연속이 필요하게 되는 상황 속으로 들어가게 된 것이었다.

3. 멸시 당하였던 사람들이 타인을 멸시하고자 하는 무의식적 욕망이 있기 때문이다

프리모 레비는 자신의 아우슈비츠 강제수용소에서의 경험을 그의 또 다른 책 〈가라앉은 자와 구조된 자〉에서 다음과 같이 이야기한다.

> "...다른 모든 편협함과 마찬가지로 추강(Zugang. 수용소에 들어온 신입자)을 향한 (먼저 들어온 연장자 수감자들의) 적개심에는 본질적으로 일정한 동기가 작동하고 있다. 그 적개심들은 '남들'을 희생시켜 '우리'를 강화하려는, 요컨대 억압받는 사람들 사이에 연대감을 만들어 내려는 무의식적인 시도일 수 있다... 멸시받는 연장자 집단은 새로 들어온 신입으로부터 자신의 굴욕감을 배설할 대상을 발견하고 그를 희생시켜 보상을 받으려는 경향이 있었다. 신입을 희생양 삼아 위에서 받는 모욕의 무게를 떠넘길 더 낮은 계층의 사람들을 만들려는 것이다."[20]

---

18) 데오도르 헤르츨(1860–1904)은 근대 정치적 시오니즘을 수립한 오스트리아–헝가리 출신의 유대인 언론인이다.

19) Friedman p.278.

20) 프리모 레비. 가라앉은 자와 구조된 자. 돌베개. 파주. 2014. p.43.

즉, 그 절망적인 아우슈비츠에서 갇혀서 고통을 받다가 죽음을 맞이하고 있던 유대인들에게 가장 큰 고통을 준 존재는, 거의 눈에 보이지도 않던 그 곳의 나치 군인들과 관리인들이 아니라, 그들과 같은 수용자 신세로 같은 공간, 같은 막사에 갇혀 있던, 먼저 들어온 수용소 선배들, 즉 고참 들이었다는 것이다. 그들은 신입들에게 너무도 잔혹하게 굴었고, 나치와 수용소에서 겪은 모든 수모와 굴욕감과 비참한 고통을 신입들을 잔혹하게 못살게 구는 것으로 해결하려 하였다는 것이다. 이것이 인간이었다. 그리고 팔레스타인 땅에 있는 이스라엘 사람들의 모습이기도 한 것 같았다.

이스라엘 건국 후, 유대인은 그들의 지난 2천년 역사 속에서 처음으로 자신들의 집단 이름으로 누군가에게 잔혹한 일을 할 수 있는 힘과 기회를 잡은 것이었다. 2000년 동안 너무도 잔혹한 일들을 많이 겪는 피해자, 희생자의 자리에만 있었다가, 자신들과 같은 공간 안에 있는 자신들보다 더 힘이 약한 존재들을 처음으로 만난 것이었다. 그리고 마치 아우슈비츠에 수용된 신입 수감자들을 만난 고참 들처럼, 그들은 그 약자들에게 자신들이 그동안 당하여 온 수모와 굴욕감을 주기 시작한 측면이 있어 보였다. 자신들이 당한 그 어려움이 이 땅위에 다시는 존재하지 않도록 하는 것이 아니라, 이제는 나도 한 번 그런 힘을 휘둘러 보자라는 의식이 작동하는 것으로 보였다. 처음으로 자신들이 누군가에게 가해를 할 수 있는 힘과 여건을 가지게 되었을 때, 그들은 다른 민족이 자신들에게 한 것과 똑같은 추방, 몰수, 핍박을 하고 있었다. 그들은 자신들이 희생자라서 그럴 자격이 있는 것 같은 착각을 하고 있는 것이었다. 그것은 그들이 홀로코스트를 통하여 잘못 배운 것이었다. 홀로코스트를 통하여 우리가 본 것은 '나치의 악'이 아니라 '인간의 악'이라는 그 통찰을 이스라엘 사람들은 미처 생각하지 못하고, 또는 생각하지 않고 있는 것이었다. 인간의 이 뿌리 깊은 '악'은 어디까지 어떻게 해결해 나가야 하는가? 이스라엘은 공존, 공생의 원리를 다시 생각해 나갈 필요가 있다. 그러나 그것을 깨닫는 데 정말 또 다른 2000년을 필요로 하는 것일까? 이에 대하여 리프턴은 이렇게 말하였다.

> "(그런 것을 깨닫지 못하는 심리적 마비가) 우리 시대의 두 번째 스캔들이며, 우리가 인간이 저지른 홀로코스트에, 대량학살에, 분개하는 데 실패한 스캔들이라고 믿는다."[21]

정말로 홀로코스트의 교훈을 잊는 것이 '제2의 홀로코스트'라면, 유대인들은 그 제2의 홀로코스트의 가해자로 지금 살아가고 있는 것이었다. 그래서 그들이 겪는 비극으로부터 아무런 교훈도 얻지 못하였다는 증거를 가장 강렬하게 보여주고 있는 현장의 모순, 대형 스캔들이 일어난 것이었다.

Ⅳ. 그렇다면 이스라엘 사람들은 무엇을 하여야 하는가?

그렇다면, 이러한 이유를 가지고 이러한 행동들을 하고 있는 이스라엘 사람들이 팔레스타인 땅에서 평화롭고 행복하게 살기 위해서, 그들은 무엇을 하여야 하는 것일까?

1. 이스라엘 사람들 스스로 이 문제에 대한 더 깊은 성찰을 하여야 한다

"세상에서 해가 되는 일은 대개 자신이 옳다고 독단적으로 확신하는

21) Lifton, Robert Jay. The Future of Immorality and other Essays for an Nuclear Age. New York : Basic Books. 1987. p236. 허시. p.139 재인용.

> 사람들에 의해서 이루어진다. 전적으로 옳다(라고 생각하)는 것은, (그 것에) 동의하지 않는 사람들은 전적으로 틀리다는 것을 의미하기 때문이다. 전적으로 틀린 사람들은 사회에 위험한 존재이고 반드시 구속되거나 제거되어야 한다. 그것이 바로 고문실과 가스실로 가는 길의 시작이다."[22]

인류의 문제 몇 가지는 "확신"에 의하여 해결되기도 하였으나, 더 많은 경우에는, 확신에 의하여 더 크게 만들어졌다. 지금 이스라엘이 만들고 있는 이 팔레스타인 문제도 결국은 이스라엘 사람들이 가지고 있는 그 "확신"과 연결되어 있었다. 그래서 인간은 늘 자신이 가지고 있는 그 "확신"에 대하여 의심하고 점검하고 성찰할 필요가 있다. 물론 "확신"이라는 것은 의심하고 점검하고 성찰하는 것을 배제하는 것을 그 본질적 성격으로 한다는 점에서 이 말은 모순일 수 있다. 그러나, 그렇지 못할 때, 인간의 비극은 시작된다. 인류의 역사는 그런 비극의 역사였다. 인간은 자신이 가진 생각을 "절대적 선"이라고 생각하고 주장하고 확신하지만, 사실 "가장 큰 아이러니는 (절대적) 선의 이름으로 악을 저지르는 것이기"[23] 때문이었다. 이것을 크렌은 다음과 같이 이야기한 바 있다.

> "폭력의 주된 원천은 이상, 이데올로기, 대의를 위해 자신을 기꺼이 희생하겠다는 개인들에게서 발견된다. 개인들이 대의를 위하여 기꺼이 죽겠다는 것, 이는 기꺼이 (누군가를) 죽이겠다는 뜻이다. '나에게 죽음의 자유를 달라'는 말은 '나에게 자유를 달라. 그렇지 않으면 당신에게 죽음을 줄 것이다'라는 말과 마찬가지이다."[24]

---

22) 앤서니 스토어 〈인간 파괴〉 1991; 허시. p.292 재인용

23) 허시. p.280.

24) Kren, George M., The Holocaust : Moral Theory and Immoral Acts. Alan Rosenberg, Gerald E. Mayers (eds), Echoes from the Holocaust. (Philadelphia:

이런 생각이 한 개인을 대상으로 하는 것에서 하나의 집단을 향하여 작동하게 되면, 홀로코스트와 같은, 팔레스타인과 같은 비극이 대규모로 나타나게 되는 것이다. 따라서, 이스라엘 사람들은 지금 자신들이 팔레스타인 땅에 대하여 가지고 있는 생각들에 대하여 다시 새로운 점검과 성찰을 시작할 수 있어야 한다. 자신들의 '확신'이 정말 유일한 방법인지, 아니면 이제는 어두운 야드 바셈의 복도에서 걸어 나와, 제3의 '더 좋은' 대안을 찾을 수는 없는지를 생각하여야 한다는 것이다. 갈등과 대립 속에 있는 모든 인간들과 인간 집단들은, 결국 빠르게 힘으로 모든 상황을 정리하고, 매우 순결하게 다시 처음부터 시작하고 싶은 강렬한 유혹의 욕망을 가지게 된다. 그러나 역사 속에서 그런 욕망은 결국 모두 실패하였고, 가장 큰 비극과 슬픔을 만들어 낼 뿐이었다는 것을 기억하여야 할 것이다.

2. 이스라엘 사람들은 팔레스타인 사람들과 대화를 시작하여야 한다

프리모 레비는 그의 책 〈가라앉은 자와 구조된 자〉에서 자신이 처음 아우슈비츠 강제수용소에 들어갔을 때, 독일어를 전혀 할 줄 모르는 수용소 사람들에게 나치 군인들이 어떻게 명령하고 의사소통을 하였었는지를 다음과 같이 기록하고 있다.

> "... 우리는 더 극단적인 방식으로 소통 불가능성을 경험했다...(독일어를 모르는 수용자들에게 나치 군인들은 처음에는) 사람들이 복종하리라는 것을 알고 있는 자의 차분한 목소리로 명령을 하였고, (그 다음에는) 분노에 찬 목소리로 똑같은 명령이 크게 반복되었으며, (마침내는) 그 다음에는 목청껏 지르는 고함으로 바뀌었다. 마치 귀머거리에게 하듯이,

---

Temple Univ. Press, 1988) p.255; 허시. p.280 재인용.

더 정확하게는 메시지의 내용보다 음조에 더 민감한 가축에게 하듯이 말이다. 만약 누군가 머뭇거리면 (모두가 머뭇거렸다. 말도 알아듣지 못했고, 또 공포에 사로잡혀 있었기 때문에) 주먹세례를 퍼부었고, 이것이 같은 언어의 다른 형태라는 것은 자명한 일이었다... 그것은 저들에게 우리가 더 이상 인간이 아니라는 하나의 신호였다. 소나 노새에게 그러하듯, 우리에게는 고함이나 주먹질이나 아무런 차이가 없었다... 젊은 나치에게 세상에는 오로지 하나의 문명, 곧 독일 문명만이 존재한다는 생각이 머릿속에 단단히 주입되어 있었다... 독일어를 모르는 포로들은, 그러니까 거의 모든 이탈리아인들은, 도착한지 10~15일 안에 죽었다. 언뜻 보기에는 굶주림과 추위, 피로, 병 때문인 것 같지만, 좀 더 조심스럽게 살펴보면 정보의 부족이 주된 이유였다."[25)]

이스라엘 사람들은 지금 팔레스타인들이 알아들을 수 없는 "이스라엘의 언어"만을 가지고 팔레스타인 사람들에게 소리치고 있는 것은 아닐까? 근본적으로 그들은 인간이 아니라는 그런 전제를 하고 자신들의 논리를 반복하여 이야기하고 있는 것은 아닐까? 팔레스타인 사람들의 언어를 이해하고 사용하면서 그들과의 대화를 시작하는 것이 지금의 문제를 해결하고 모두가 살 수 있는 가장 효과적인 방법이라는 것을 기억하여야 하지 않을까?

3. 팔레스타인 사람들과 이스라엘 사람들을 향하여 구체적 행동에 들어가야 한다

김회권은 그의 글에서 이스라엘-팔레스타인의 문제가 해결되기 위

25) 프리모 레비. 가라앉은 자와 구조된 자. pp.107-110.

하여는 최종적으로 이스라엘, 팔레스타인의 두 개 독립 주권국가가 만들어 져야 한다고 이야기한다. 그러면서 이를 위해서는 다음과 같은 사항들이 논의되고 합의되어야 함을 지적한다. 즉, 상호 국가 인정, 국경선 안전보장, 팔레스타인 지역의 부족한 물을 사용할 수 있는 권리의 인정과 보장 및 지원, 예루살렘 통제권, 이스라엘 정착촌 해체 또는 유지, 팔레스타인 사람들의 이동권, 팔레스타인 난민들의 고향 복귀권 등이 그것이다.[26] 건국 후 현재까지 흘러왔던 과정들을 돌이켜 볼 때, 이것들 중 어느 하나 쉬운 것이 없다. 그러나 다음 세대, 그 다음 세대의 평화와 행복을 위하여, 이것은 반드시 적절한 해결점을 찾아내야 하는 사안들이다. 그리고 이것들을 해 나가는 과정 속에서, 경제적으로 더 부유한 입장에 있는 이스라엘 사람들은 팔레스타인 난민들의 경제적 어려움에 대한 지원을 구체적이고도 선제적으로 해 나갈 필요가 있다. 그런 지원이 그들의 어렵고도 긴 협상에 긍정적인 영향을 끼칠 것이기 때문이다.

위의 내용들이 이스라엘 사람들이 팔레스타인 사람들을 상대로 해결해야 하는 과제들이라면, 그것보다 먼저 이스라엘 사람들이 이스라엘 사람들을 상대로 해결하여야 하는 과제들이 있다. 바로 차세대를 향한 교육의 문제이다. 석방되어 살아가고 있던 프리모 레비는 반복적으로 그에게 던져지던 질문에 대한 이야기를 다음과 같이 한다.

> "... 젊은이들은 그 시대가 멀어질수록 더욱 더 자주, 그리고 더 집요하게 우리에게 우리의 '고문자'는 누구였으며 어떤 사람들이었냐고 질문한다. '고문자'라는 용어는 우리의 전(前) 감시자들과 SS 대원들을 암시하는데... 그들은 우리와 똑같은 사람들이었다. 그들은 평균적 인간이

26) 김회권. 이스라엘-팔레스타인 갈등의 기원과 해결 전망. 전우택 등, 평화와 반평화. 개정증보판. pp.385-391.

었고, 평균적 지능을 가졌으며, 평균적으로 악한 사람들이었다. 예외적 경우를 제외하면 그들은 괴물이 아니었으며 우리와 같은 얼굴을 한 사람들이었다. 그러나 그들은 잘못된 교육을 받았다. 그들 대부분은 거칠고 부지런한 관리들이었고 추종자들이었다."[27]

지금 팔레스타인 난민들을 향하여 총을 쏘고 있는 이스라엘 젊은 군인들이나, 그들에게 명령을 내리고 있는 중년의 군 지휘관들과 노년의 정치인들 모두, 이스라엘에서 '정상적' 교육을 받고 자라난 평범한 사람들일 것이다. 그러나 문제는 그들이 충분히 성찰하지 못한 자신들의 신념 가운데 존재하고 있다는 것이고, 이것은 그들이 어린 시절부터 들어온 그들의 건국 신화, 그리고 그들이 정규교육을 통해 받아온 교육의 영향을 받고 있다는 것이다. 결국은 '교육'이 핵심 속에 존재하고 있다. 스스로에게 엄격하고 치열한 성찰을 하지 않은 가운데 이루어진 교육이라는 것은 과거 독일인들에게, 그리고 지금 전 세계의 많은 곳의 사람들과 이스라엘 사람들에게 엄청난 재난이 되어 왔다. 이스라엘은 초등학교 학생 때부터 중고등학교 기간에 이르기까지, 그리고 군대에 들어가 있는 기간 동안에도, 야드 바셈이나 맛사다 항전지 등을 통하여 아주 체계적으로 이스라엘과 유대인이 어떤 박해를, 고통을, 강제적인 학살을 당하여 왔는지, 그리고 민족과 애국이라는 것이 무엇인지를 교육시킨다.[28] 그것은 민족의 정신을 유지시켜 나가는 데 있어 매우 중요한 것이다. 그러나 그것이 폐쇄적인 자민족중심주의 만으로 흘러가게 될 때, 우리는 또 다른 나치 독일의 위험을 볼 수밖에 없게 되는 것이다.

---

27) 프리모 레비. 가라앉은 자와 구조된 자. p.251.

28) 최호근. 기억의 미래. 고려대학교출판문화원. 2019. pp.429–436.

V. 마치는 말 - 야드 바셈의 눈물

2000년 전, 바로 그 팔레스타인 땅에서 활동하였던 '유대인' 예수는 다음과 같은 비유로 이야기 한 적이 있었다.

"그러므로, 하늘나라는 마치 자기 종들과 셈을 가리려고 하는 어떤 왕과 같다. 왕이 셈을 가리기 시작하니, 만 달란트 빚진 종 하나가 왕 앞에 끌려왔다. 그런데 그는 빚을 갚을 돈이 없으므로, 주인은 그 종에게, 자신과 그 아내와 자녀들과 그 밖에 그가 가진 것을 모두 팔아서 갚으라고 명령하였다. 그랬더니 종이 그 앞에 무릎을 꿇고, '참아 주십시오. 다 갚겠습니다' 하고 애원하였다. 주인은 그 종을 가엾게 여겨서, 그를 놓아주고, 빚을 없애 주었다. 그러나 그 종은 나가서, 자기에게 백 데나리온 빚진 동료 하나를 만나자, 붙들어서 멱살을 잡고 말하기를 '내게 빚진 것을 갚아라' 하였다. 그 동료는 엎드려 간청하였다. '참아 주게. 내가 갚겠네.' 그러나 그는 들어주려 하지 않고, 가서 그 동료를 감옥에 집어넣고, 빚진 돈을 갚을 때까지 갇혀 있게 하였다. 다른 종들이 이 광경을 보고, 매우 딱하게 여겨서, 가서 주인에게 그 일을 다 일렀다. 그러자 주인이 그 종을 불러다 놓고 말하였다. '이 악한 종아, 네가 애원하기에, 나는 너에게 그 빚을 다 없애 주었다. 내가 너를 불쌍히 여긴 것처럼, 너도 네 동료를 불쌍히 여겼어야 할 것이 아니냐?' 주인이 노하여, 그를 형무소 관리에게 넘겨주고, 빚진 것을 다 갚을 때까지 가두어 두게 하였다. 너희가 각각 진심으로 자기 형제자매를 용서해 주지 않으면, 나의 하늘 아버지께서도 너희에게 그와 같이 하실 것이다."[29]

29) 마태복음 18장 23-35절. 새번역. 대한성서공회.

여기서 달란트란 무게의 최대 단위로서 신약 시대에는 약 20kg을 의미하였고, 은 1달란트는 당시 가격으로 6,000드라크마로, 1드라크마는 노동자의 하루 품삯이었다. 금 1달란트는 은 1달란트의 15배의 가치를 가지고 있었다. 따라서 1만 달란트를 은으로 치면 6,000만 명의 하루 품삯 금액이고, 이것을 금으로 치면 9억 명의 하루 품삯 합이 된다. 데나리온은 3.8g의 무게를 의미하며, 노동자나 군인들의 하루 품삯이었다. 백 데나리온이란 100명의 품삯 정도이다. 따라서 두 액수의 비교해 본다면, 은 1만 달란트라 하면 60만 배, 금 1만 달란트라 하면, 900만 배의 차이가 나는 액수이다. 도저히 비교될 수 없는 금액의 차이였다.

예수는 이 비유에서, 하나님께 만 달란트의 용서를 받은 사람은 자신에게 백 데나리온의 빚을 진 사람에 대하여 불쌍히 여기고, 자신이 거대한 빚을 탕감을 받은 것처럼, 그도 자기 동료의 빚을 탕감시켜 주어야 한다는 것을 이야기한다. 2000년 동안 빼앗겨 다른 민족이 살아왔던 팔레스타인 땅에 국가를 세우고 정착할 수 있게 된 것은 그야말로 만 달란트와 같은 거대한 축복이고 행운의 일이었다. 그렇다면, 같은 땅에서 살게 된 팔레스타인 사람들이 자신들에게 끼치는 백 데나리온만큼의 불편과 어색함은 감수하고 받아들여야 하는 일이었을 수 있지 않을까? 자신에게 불편함을 끼쳤다고 자기 동료의 멱살을 잡고 그들을 감옥에 쳐 넣는 행위는, 자신에게 만 달란트를 탕감해 준 왕을 슬프게 만든다. 그리고 최종적으로 그는 그의 그런 행동으로 말미암아 탕감 받은 것이 취소되고, 그 빚을 다 갚을 때까지 (이것은 현실적으로 불가능하므로), 평생을 감옥에 있게 된다는 것이었다. 자신이 얻은 행운(또는 기적)은 한순간에 당연한 것이 되어 버리고, 자신은 단 하나도 손해 보지 않겠다는 식으로 엄격함과 잔혹함을 보이는 사람들은 결국 최악의 파국으로 내몰린다는 것이었다.

야드 바셈 기념관은 나치에 의한 유대인 절멸의 위기 속에서 유대인이 아니었음에도 거대한 위험을 무릅서면서 유대인들의 생명을 구하려고 나섰던 사람들을 찾아 그들에게 〈열방의 의인들〉(The Righteous among the Nations)이라는 이름을 부여하는 작업을 하고 있다. 야드 바셈 입구에서 본 건물로 들어가는 길목에는 이들 '열방의 의인들'을 기념하는 기념수들이 심겨져 있다. 가장 먼저 눈에 띄는 자리에 서 있는 나무는 영화 '쉰들러 리스트'30)에서 소개되었던 바로 그 오스카 쉰들러를 기념하는 나무였다. 그 어려웠던 시절, 목숨을 걸고 유대인들을 도와주었던 사람들의 이름들이 수많이 줄지어져 있었다. 앞으로 언젠가는 "팔레스타인 사람들의 야드 바셈"이 만들어질 것이고, 어쩌면 그들도 이런 기념 정원을 만들지 모를 일이었다. 그들은 〈팔레스타인 열방의 의인들〉이라는 이름을 거기에 붙일 것이다. 그리고 자신들이 그리도 힘들었던 시절, 자기들을 도왔던 사람들의 이름들을 기억하려 할 것이다. 그 이름들 속에 이스라엘 사람들의 이름이 많아지기를 소망한다. 그래야 비로소 이 팔레스타인 땅에 진정한 평화가 올 것이기 때문이었다. 그리고 홀로코스트를 통하여 인류와 유대인들이 배운 교훈이 진정한 의미와 힘을 가지게 될 것이다. 우리가 야드 바셈에서 보았어야 했던 눈물은 유대인들이 흘린 눈물이었다. 그 눈물의 양과 그 눈물의 의미는 결코 작지 않다는 것을 우리는 충분히 다 알고 있고, 진심으로 인정한다. 그러나 그와 함께 과거와 지금 팔레스타인 사람들이 흘리는 눈물의 양과 그 의미도 보아야 한다. 그래야 비로소 이 모든 갈등과 눈물을 멈출 수 있게 할 수 있다.

---

30) 스티븐 스틸버그 감독의 1994년 작. 체코 출신 독일인이었던 오스카 쉰들러는 나치당에 입당한 사람이었다. 2차 세계대전이 일어나면서 폴란드에서 유대인이 운영하던 그릇공장을 아주 싼 값에 인수하여 그의 사업을 벌였고, 근처 플라주프 강제수용소에 있는 유대인들을 노동력으로 공급받았다. 그러면서 유대인들의 상황을 알게 된 그는 이들을 살리기 위하여 노력하게 되었고, 최종적으로 1,098명의 유대인이 그의 덕분으로 살게 되었다. 영화는 그 실화를 바탕으로 만들어졌다. (최호근, 나치 대학살. 푸른역사, 2006. pp.217－225)

04

대립하는 집단의 치유적 대화 방법 - 아흘람 이야기[1]

Ⅰ. 시작하는 말 - 그 날의 약속

그 여학생은 자신의 이름을 '아흘람'이라고 소개하였다. 그리고 그것은 아랍어로는 '꿈' 이라는 뜻이라 하였다. 아흘람은 필자가 2016년 시리아 난민들 진료 봉사를 위하여 요르단 제라시로 갔을 때 필자가 하였던 정신과 진료의 통역자로 함께 하였었다. 19살인 아흘람은 요르단에 거주하고 있는 어느 한국인 집에서 그 집 자녀들에게 아랍어를 가르치는 과외 선생님이었고, 1달 전에 요르단의 간호대학을 졸업하였다고 하였다.

아흘람은 필자의 정신과 진료실에 들어 온 환자들의 길고도 긴 말들을 아주 열심히 들어 주었고, 그것을 매우 요령껏 나에게 통역하여 주었다. 이야기를 하면서 환자들이 울면, 그 환자들의 손을 지그시 잡아주었

1) 이 글은 저자가 고려대학교 다양성위원회. 〈Diversitas〉 31호 (2022년 12월 15일) pp.41-69에 실은 글을 수정·보완한 것이다.

고, 어깨를 다독거려 주는 그 태도가 너무도 어른스러웠다. 작은 몸의 아흘람이 자기보다 훨씬 큰 몸집의 환자들을 능숙하게 돕는 모습은 나에게 매우 인상적이었다. 진료의 마지막 날이었던 넷째 날, 환자가 아직 들어오지 않았던 진료실 아침 시간, 나는 처음으로 이슬람이라는 종교에 대하여 아흘람에게 질문을 하였다. 순간 그녀의 눈에 환한 광채가 났다. 그리고 이슬람 종교와 자신과 자신 가족들의 신앙생활에 대하여 이야기하기 시작하였다. 그녀의 어머니는 팔레스타인 난민 출신이었다. 그리고 아버지는 요르단 출신이었지만, 어릴 때부터 고아원에서 자라나야 했던 불운한 사람이었다. 경제적으로는 여유가 없는 집안이었지만, 온 가족은 모두 독실한 이슬람 신자들이었다. 몇 년 전 아버지가, 그리고 그 다음 해에는 어머니가, 각각 메카 순례를 다녀왔다고 하였다. 부부가 함께 메카 순례를 가는 것은 돈이 너무 많이 드는 일이었기에, 부모는 각자 따로 싼 값으로 가는 남자끼리, 여자끼리의 순례자 여행 프로그램을 이용해 갔었다고 하였다. 그러면서 자신은 아직 메카 순례를 가지 못하였다고 하였다. 이야기는 자연스레 아흘람이 읽는 코란에 대한 내용으로 옮겨 갔다. 내가 먼저 물었다.

"그동안 코란을 몇 번 읽었어요?"

"수도 없이요."

"수도 없이요? 하루에 얼마나 읽는데요?"

"매일 30분에서 한 시간씩은 코란을 읽어요."

"그렇게 읽으면 코란을 처음부터 끝까지 다 읽는 데 얼마나 걸리나요?"

"20일에서 한 달 정도요."

그러면서 아흘람은 코란을 제대로 읽으려면 반드시 아랍어로 읽어야 한다는 것을 강조하였다. 코란에 나오는 아랍어 단어들은 모두가 다 그 하나하나의 특별한 개념(concept)을 가지는데, 그것을 단지 사전적인 의미

(meaning)만을 가지고 번역을 하면, 코란의 그 깊은 뜻을 다 알 수 없다는 것이었다. 그녀의 말 속에는 깊은 신앙심과 함께 코란에 대한 당당한 자신감이 묻어 있었다. 내가 다시 물었다.

"코란은 그렇게 많이 읽었다고 하는데, 성경을 읽은 적은 있나요? 아흘람도 알다시피 이슬람의 4대 성인은 아브라함, 모세, 예수, 그리고 무함마드인데, 무함마드의 코란에 더하여, 예수의 복음서를 읽어 본적은 있나요?"

"아니요. 집에 아랍어 성경과 킹 제임스(King James Version) 영어 성경은 있지만, 아직 성경을 읽어보지는 않았어요."

기독교인인 필자로서, 이렇게 열심히 코란을 읽고 있는 아흘람에게 불쑥 성경을 읽어보면 어떻겠냐고 제안하는 것이 어떻게 보면 무례하고, 어떻게 보면 불공평한 일인 것 같았다. 그래서 문득 나는 이런 제안을 하였다.

"아흘람은 지금까지 매일 하루에 30분에서 한 시간씩 코란을 읽었다고 하였어요. 그리고 나는 지금까지 매일 하루 30분에서 한 시간씩 성경을 읽어 왔어요. 우리 한 번 서로 바꾸어 읽어보면 어떨까요? 나는 한국으로 돌아갈 때 영어로 된 코란을 사서 앞으로 코란을 읽을 터이니, 아흘람은 이제부터 내가 줄 영어 주석 성경을 가지고 복음서를 읽으면 어떨까요?"

이 제안에 아흘람은 너무도 흔쾌히 그러겠다고 대답을 하였다. 그래서 나는 내가 사용하는 영어 주석 성경 한 권을 인터넷을 통하여 주문하도록 한국인 거주자에게 부탁하였다. 그것은 사실 나에게 매우 '낯선' 경험이었다. 소위 '모태신앙'으로 태어나 살아왔기에, 따지고 보면 나에게 기독교와 성경은 그 어떤 것과도 비교의 대상이 되어 본적이 없는 "절대적인" 그 무엇이었다. 그러다가 아흘람에게 성경을 소개하며 보니, 내가 가진 성경과 아흘람이 가진 코란이 갑자기 매우 "동등한(?)" 위치에서 서로를 비교해야 하는 매우 "상대적인" 그 무엇으로 바뀌는 것 같은 느낌이었다. 그러나 나는 나대로 성경과 복음서의 내용에 대하여 자신이 있었다. '아흘람이 단 한 번만이라도 복음서와 성경을 제대로 읽는다면 코란과의 차이를 확연히 느낄 것이다'라고 생각했다. 그러나 아흘람도 자신의 코란 내용에 대하여 아주 자신이 있는 것 같았다. 내가 단 한 번만이라도 코란을 제대로 읽는다면, 성경과의 차이를 확연히 느낄 것이라는 표정이었다. 그녀는 내가 코란을 읽어보겠다 말한 것이 매우 만족스러운 표정이었다. 우리의 느닷없는 "약속"은 그렇게 이루어졌다.

II. 이슬람과 기독교의 만남

요르단 제라시 전통시장 한 구석의 낡은 건물 좁은 방에서 이루어진 이 짧은 대화는 아주 작고도 평화로운 대화였다. 그러나 사실, 우리가 알다시피, 인류의 역사 속에서 이슬람과 기독교의 만남이 이렇게 평화로웠던 적은 거의 없었다. 중세 십자군들은 예루살렘에 거주하던 수많은 이슬람 인들을 머리를 베면서 "크리스투스 도미누스"(그리스도가 주님이시다)라고 외쳤었다. 오늘날 이슬람 테러리스트들은 자신들의 허리에 두른 폭탄의 안전핀을 뽑으면서 "알라후 아크바르"(알라는 위대하시다)를 외친다.[2] 자신들이 믿는 신을 위하여, 그 신을 믿지 않는 다른 이교도들을 죽이고 박멸하는 것은, 신을 믿는 사람으로서 가장 성스러운 의무이고 신앙의 표

2) Volf, Miroslav (2006) ALLAH: A CHRISTIAN RESPONSE. NewYork U.S.A, HarperCollins Publishers. 번역본 : 미로슬로브 볼프 (2016). 알라. 백지윤 역. 서울. IVP, p.159.

현이라고 믿었던 것이다. 9.11 이후, 전 세계는 종교적 정체성이 국제정치적 정체성과 더 극렬하게 연결되어 가고 있다. 그러면서 세계 갈등과 충돌은 점점 더 도저히 그 해결 방법이 보이지 않는 깊은 나락으로 떨어져 가고 있는 것으로 보인다.

미국 예일대학교 신학과 교수인 미로슬라브 볼프는 크로아티아 출신 사람이다. 그러나 그가 1956년에 태어났을 때 크로아티아는 지금의 세르비아, 보스니아 헤르체고비나, 마케도니아, 몬테네그로, 슬로베니아 등과 합하여 유고 연방을 이루었던 6개 연방 구성 국가 중 하나였다. 이 유고 연방은 5개 민족이 가톨릭, 정교회, 이슬람의 3개 신앙을 가지고 4개의 서로 다른 언어를 사용하던 나라였다. 그러나 1991년부터 1999년까지 있었던 유고슬라비아 내전은 이 지역의 평화를 완전히 깨뜨렸고, 잔혹한 전쟁과 엄청난 규모의 인종청소, 인종 학살이 발생하였다. 세르비아 동방정교회를 신봉하는 세르비아계가 가톨릭을 신봉하는 크로아티아계 사람들과 이슬람인 보스니아계 사람들을 학살하면서 진행된 이 내전은 볼프 개인에게도 거대한 충격의 사건이었다. 그는 어린 시절에, 그가 살았던 마을에서 이슬람과 가톨릭, 정교회가 평화롭게 공존할 수 있음을 체험하였었다. 그리고 동시에, 그 종교들을 신봉하는 사람들이 얼마나 끔찍한 학살극을 서로에게 벌릴 수 있는지도 보았었다. 그러면서 그는, 종교, 인종, 민족, 문화, 이념 등이 다른 사람들이 서로를 배제하는 현상과 그것을 극복하고 포용하는 현상을 분석한 책 〈배제와 포용〉[3]을 1996년 출간하여 세계적인 학자로서 역할을 시작하였다. 그리고 2006년, 그는 〈알라〉[4]라는

3) Volf, Miroslav (1996) Exclusion and Embrace: A Theological Exploration of Identity, Otherness, and Reconsiliation. Nashville, Tennesses U.S.A. Abingdon Press. 번역본 : 미로슬로브 볼프. (2012) 배제와 포용. 박세혁 역. 서울. IVP

4) Volf, Miroslav (2006) ALLAH: A CHRISTIAN RESPONSE. HarperCollins Publishers. 번역본 : 미로슬로브 볼프 (2016). 알라. 백지윤 역. 서울. IVP.

매우 논쟁적인 책을 통하여, 기독교의 하나님과 이슬람의 알라는 같은 신임을 주장한다. 즉 같은 신을 섬기는 종교이니, 설사 교리와 전통이 다르더라도, 최소한 서로 평화롭게 만은 살자 라는 제안을 하는 것이었다. 그는 9.11 이후의 이슬람과 기독교의 대립과 증오에 큰 관심을 가지고 이 책을 썼다. 필자가 아흘람과 요르단에서 그 날 아침의 대화를 가진 것은 아직 필자가 볼프의 그 저서들을 읽기 전에 있었던 일들이었다. 그러나 그 후 그의 책들을 읽으면서 그 날 아흘람과의 대화가 가졌던 성격은 무엇이었고, 그것은 향후 종교 간의 만남이 어떠하여야 하는지를 보여주는 하나의 사례일 수 있겠다는 생각을 하게 되었다.

볼프는 그의 책 〈알라〉에서, 기독교인들이 무슬림을 상대로 선교를 할 때, 그리고 무슬림이 기독교인을 상대로 선교 (그들은 그것을 '다와'라 부른다)를 할 때 양쪽이 공히 사용하였으면 좋겠다고 생각하는 일종의 공동 행동수칙 황금률을 나음과 깉이 제안히였다.[5)]

"첫째, 그들의 신앙을 당신에게 전할 기회를 줄 준비가 되었을 때만 (당신의) 신앙을 전하라."

문장의 구조가 좀 복잡하지만, 이것을 다시 한 번 풀어서 이야기한다면 그 의미는 이런 것이다. 당신이 상대방에게 당신의 신앙을 전할 수 있는 시점은, 상대방이 당신에게 그들의 신앙을 전하는 것을 당신이 허용하고 받아들일 수 있는 그 시점이라는 것이다. 따라서, 자신이 자신의 신앙을 상대방에게 일방적으로만 '선포'하고, 상대방의 신앙에 대하여는 진지하게 귀 기울여 들을 준비가 자신에게 아직 안되었다면, 당신도 당신의 신앙을 상대방에게 전하면 안 된다는 것이다.

---

5) 알라. p.278.

“둘째, 그들이 당신에게 신앙을 전해야 한다고 생각하는 그 방법으로 그들에게 전하라.”

이것 역시 좀 복잡한 문장이다. 이것도 다시 풀어 이야기하면 의미는 이런 것이다. 만일 상대방이 당신에게 그들의 신앙을 전하는 방식이 어떠하면 좋겠다고 당신이 생각하는 그 방식으로, 상대방에게 당신의 신앙을 전하라는 것이다. 즉 상대방이 나에게 자신의 종교를 소개하면서, 그것을 물리적 폭력으로 강요하는 것을 내가 싫어한다면, 나도 나의 신앙을 상대방에게 전할 때 물리적 폭력을 사용하면 안 된다는 것이다. 볼프는 이 두 번째 원칙을 다음과 같이 좀 더 구체적으로 세분화하여 설명하였다.

① “다른 사람에게 신앙을 받아들이도록 강요하는 것은 잘못이다. 신앙을 받아들이는 자는 더 힘센 자의 압력 아래 굴복을 강요받는 대신, 자유롭게 신앙을 받아들이거나 또한 거부할 수 있어야 한다.”

인간은 그 자체로서 존엄을 가진 독립적이고 인격적인 존재임을 인정하고, 그 인간에게 비인격적인 방법으로 신앙이나 이념, 가치관을 강요해서는 안 된다는 것이다. 인간은 자신이 가진 종교적 신앙, 이념, 가치관이 상대방의 인간으로서의 존엄성이나 독립성, 인격성보다 더 우위에 있다는 생각을 하고 싶어 하는 유혹 앞에 늘 서 있다. 그래서 나치가, 공산주의가, 수많은 독재 권력이, 돈의 이익들이 그리도 수많은 인간들을 죽일 수 있었다. 그러나 그 유혹 앞에서 굳건히 인간의 존엄성을 인정하려 애쓰는 그 신앙, 그 이념, 그 가치만이 진정한 신앙, 이념, 가치일 것이다.

② “다른 사람에게 뇌물을 주거나 또는 현혹시켜 신앙을 받아들이도록 하는 것은 잘못이다. 신앙은 그것을 포장한 껍데기나 그것과 결부된 외적인 보상(돈이나 지위 같은)이 아닌, 그 자체의 가치로 사람들에게 제시

되어야 한다."

종교를 선교함에 있어서, 종교라는 그 본질 자체의 정신과 가치를 전파하여 소개하고 받아들이도록 하는 것보다, 이 종교를 받아들이면 어떤 세속적 이득을 제공하겠다는 식의 조건부 보상을 강조하는 행위를 하면 안 된다는 것이다. 극단적으로는, 종교를 받아들이면 그 사람과 가족들을 죽이지 않고 살려 주겠다는 식의 거래까지 하였던 역사적 사례를 우리는 수없이 많이 보아왔다.

③ "자신 신앙의 가장 훌륭한 실천과 다른 신앙의 가장 나쁜 실천을 비교하는 것은 잘못이다."

위에서 나온 ①번과 ②번 내용은 비교적 쉽게 이해가 된다. 그런데 ③번 내용은 다시 한 번 생각을 해 보아야 한다. 즉 자신의 신앙을 이야기할 때는 그 신앙과 신앙을 가진 사람들이 보인 최상의, 가장 이상적인 모습을 토대로 이야기하고, 상대방의 신앙을 이야기할 때는 그 신앙과 그 신앙을 가진 사람들의 최악의 모습을 토대로 이야기하면서, 그 둘을 비교하여서는 안 된다는 것이다. 가장 공평하고 옳은 방법은, 양쪽 신앙과 신앙의 가진 사람들의 가장 이상적인 모습을 전제로 하여 함께 이야기하도록 해야 한다는 것이다. 내가 가진 신앙도 그 원래 내용은 훌륭하더라도, 이 종교 안에 들어와 있는 몇몇 사람들의 최악의 행동이 있을 수 있다. 그러나 그것이 내가 가진 종교의 전체 본질적 모습이라고 상대방이 해석한다면, 나는 그것은 잘못이고 오해라고 주장할 것이다. 그리고 그것은 상대방 입장에서도 똑같다. 따라서 종교 간의 만남이 진정한 대화로 이어지려면, 양쪽은 서로를 일단 "그들이 스스로 이야기하는 종교적 차원에서 가장 이상적인 상태에 있는 존재"라고 인정해 놓고 대화를 해 나가는 것이 필요하다는 것이다. 그렇게 될 때, 양쪽 종교를 가진 일부 사람들이 저지른 그 종교의 본래적 특성과는 상관없는 추악함으로 인해 각자의 종교가 훼손되지 않은 상태에서 만남을 가질 수 있고, 그래서 대화는 불필요한 긴장과 증오와 분노 없이, 가장 솔직하고 본질적인 대화로 들어갈 수 있다는 것이다.

III. 양자 회담, 4자 회담, 6자 회담, 그리고?

그런데 볼프는 위의 내용을 다루면서, 그런 '두 사람 간의 만남'이라는 것이 사실은 좀 복잡한 구조를 가지고 있다고 이야기 한다.[6] 즉 그 만남에 참여하는 "주체"가 생각보다 복잡하다는 것이다.

만남을 가지는 존재는 당연히 첫째는 '나', 둘째는 '당신'이다. 그러나 두 사람의 만남이 사실은 그런 "양자 회의"가 아니라는 것이다. 실제로 그것은 4자 회담인데, 회의 추가 참석자로 셋째, '내가 생각하는 당신에 대한 이미지', 넷째, '당신이 생각하는 나에 대한 이미지'라는 것이 있다는 것이다.

나와 당신이 만나고 있는 그 현장에는 나와 당신만 있는 것이 아니라, 내가 "이미" 생각하고 있는 당신의 이미지와 당신이 "이미" 생각하는 나에 대한 이미지가, 당사자인 나와 당신보다도 더 큰 목소리를 내면서 그 회의를 주도하게 된다는 것이다. 그러므로 이 만남에서 정말 중요한 것은 서로가 서로에 대하여 미리 가지고 있는 그 이미지가 얼마나 정확한가, 아니면 왜곡 되었는가 가 된다. 편견이나 선입관에 사로잡혀 상대방에 대하여 미리 가지고 있던 왜곡된 이미지를 가지고 만남에 들어가면, 그 만남에서 어떤 대화를 나누더라도 그 대화는 건설적일 수 없을 것이다. 그러기에, 양자의 만남 그 자체보다도 먼저 더 중요한 것이 있다. 바

6) 알라 pp.270 – 272.

로 내가 상대방에 대하여 가지고 있는 이미지, 생각, 판단을 만남 이전에 먼저 철저하고도 정직하게 점검하는 것이다. 내가 상대방을 향하여 가지고 있는 이미지 중 잘못된 것이 있을 수 있다는 가능성을 인정하고, 하나씩 그 이미지를 점검하는 사전 작업이 있어야만, 그때 비로소 양자 회담, 아니, 4자 회담이 제대로 이루어질 수 있다. 이런 노력의 작업은 만남을 가지기 전에 미리 다 끝낼 수도 있지만, 사실은 만남의 현장에서도 계속 이루어져야 한다. 당사자를 직접 만났을 때가, 내가 가졌던 이미지, 내가 가져왔던 오해와 편견을 확인하고 수정할 수 있는 가장 좋은 시점일 수 있기 때문이다. 그야말로 열린 마음이 필요한 것이다.

그런데 볼프는 유감스럽게도 (?) 그 만남에는 그 넷만 참여하게 되는 것이 아니라 사실은 참가하는 두 존재가 더 있다고 이야기한다. 다섯째는 '당신이 생각하는 당신의 이미지'고, 여섯째는 '내가 생각하는 나의 이미지'가 바로 그것이라는 것이다. 양자회담이 4자 회담으로 바뀌어 그것만으로도 이미 복잡하고 정신이 없는데, 이 회담이 사실은 6자 회담이라는 것이다. 앞의 4자 회담 참석자들도 각자 다들 대단한 힘들을 가지고 있지만, 6자 회담에 새로 참여하는 이 둘의 힘이 사실은 훨씬 더 본질적인 것임을 우리는 안다. 각자가 스스로 자신을 어떻게 생각하고 있는가가 실제로 나를 규정하는 것뿐만 아니라, 상대방을 규정한다. 스스로를 완벽하고 전혀 오류가 없는 의로운 존재라고 규정하면서 만남의 장소에 나간다면, 논쟁 속에서 의견의 차이가 생겼을 때, 확신 속에서 상대방을 바로 오류와 악으로 매도하고 단호하게 그들의 모든 것을 부정하려고 할 것이다. 그러나 만일 스스로를 불완전하고, 일부 알고 있는 것이 있다 할지라도, 미처 다 알지 못하는 진실의 영역이 여전히 남아 있을 수 있는, 그런 존재로 인정하고 규정한다면, 상대방과의 만남을 통하여 내가 미처 알지 못하였거나 잘못 알고 있는 부분들은 무엇인지를 확인하고 배우며 수정하기 원할 것이다. 그러기에 만남의 자리에 앉아 있는 내가 스스로를 어떻게 생각하는가가 두 사람의 만남을 한순간에 극도로 황폐하게 파괴하기도 하고, 또는 풍요롭고도 창조적으로 건설하기도 할 수 있다는 것이다. 그러니 '두 인간의 만남'이란 정말 얼마나 복잡하고 거대한 '우주들의 만남'인가? 그래서 볼프는 "편견과 효과적으로 싸우기 위해서는, 우리가 다른 이들에 대해 갖고 있는 이미지뿐 아니라, 우리 자신에 대해 우리 스스로 가지고 있는 이미지에서 왜곡된 부분을 제거할 필요가 있다."[7]고 제안한다.

Ⅳ. 이중보기(double vision), 그 신비한 터널

이상의 내용들은 이론적으로는 공감이 될 수도 있는 것 같다. 그러나 정말 구체적으로 그렇게 할 수 있는 방법이 있을까? 서로에 대하여 근본적으로 잘못된 믿음과 이념을 가지고 있다고 생각하는 사람들이 만나서 정말 의미 있는 대화를 이루어 나갈 수 있을까? 볼프는 그의 책 〈배제와 포용〉에서 그 방법을 이중보기(double vision)라는 방식을 제안한다. 사실, 우리가 이미 역지사지(易地思之)라는 한자성구를 가지고 알고 있는 개념일 수도 있는데, 볼프가 제안한 제목에 따라 필자가 설명을 붙인다면 다음과 같다.[8]

7) 알라. p.272.
8) 배제와 포용. pp.400-403.

1. "우리는 자신의 외부로 걸어 나가야 한다."

이것은 한마디로 이야기한다면 "우리가 다른 이들에 대하여 평범한 (또는 당연한) 진리라고 생각한 것을 검토하는 것"을 말한다. 즉 내가 타인에 대하여 그동안 가지고 있었던 확고한 이미지, 생각, 판단을 나 스스로 한 걸음 거리를 두고 다시 검토하고 평가하는 것을 말한다. 내가 당연한 것이라 믿어왔던 것들을 다시 점검한다는 것은 사실, 대단한 결단이 필요하며, 어려운 일이다. 그러나 이것이 내가 가진 근본적 가치관, 판단, 생각을 다 버리라는 것은 아니다. 나의 근본적 가치관은 얼마든지 그대로 유지하면서도, 내가 타자에 대하여 가진 생각, 의견, 판단 등을 객관적으로 다시 한 번 정리하고 점검해 보라는 것이다. 그런 의미에서 볼프는 이 현상을 "한 발은 자신의 안에, 한 발은 자신의 바깥에 두는 일"이라고 설명하기도 하였다. 두 발을 다 내 안에 두었을 때는 절대로 보이지 않던 나의 생각과 판단의 모습들을, 한 발 밖으로 내민 상태에서 나를 돌아보면서, 새롭게 볼 수 있다는 것이다.

2. "우리는 사회적 경계를 가로질러 타자의 세계로 들어가 잠시 그것을 살아야 한다."

볼프는 여기에서 상상력을 발휘할 것을 요구한다. 즉 내가 상대방이 되어서, 상대방의 시각을 가지고, 나를, 그리고 상대방 자신을 보라는 것이다. 그야말로 전형적인 역지사지(易地思之)적 발상이고 시각을 요구하는 것이다. 항상 "나의 시선"으로만 나와 타인을 바라보고 판단하였던 것에서 벗어나, "타인의 시선"으로 나를 보고, 타인을 보는 것이다. 이런 상태를 볼프는 타자의 세계로 잠시 들어가 보기라고 표현하였다.

3. "우리는 타자를 우리 자신의 세계로 받아들여야 한다."

여기서 받아들인다는 것은 내가 나의 정체성, 가치, 믿음을 버리고 타인의 정체성, 가치, 믿음을 받아들인다는 것을 의미하는 것이 아니다. 여기서 의미하는 것은, 위의 1번과 2번 작업을 통하여 가지게 된 새로운 시각과 통찰을 이제 가져다 놓고, 과거 내가 가지고 있던 이미지, 생각, 판단과 비교하며 생각을 시작하라는 것이다. 과거에는 타인의 입장에서 본 시각과 이미지, 생각, 판단을 무조건 부정하고 배척하고 무시하려 하였었다면, 이제는 그것을 잘 성찰하고 숙고할 대상으로 여기고 그 작업을 진지하게 하라는 것이다. 앞에서 이야기한 바와 같이, 이것은 상대방의 가치관과 신조를 내가 받아들이는 것이 아니다. 여전히 동의하지 않고 반대할 수도 있다. 다만, 그 반대의 이유와 내용을 스스로 충분히 더 폭넓게, 즉, 타인의 입장에서의 시선과 의견까지를 포함하여 폭넓게 가지라는 것이다. 그리고 이 과정을 통하여 나가 기존에 가지고 있던 이미지, 생각, 판단 중 수정할 사항들이 있으면 수정하라는 것이다. 그리고 이 수정되는 사항 중에는 나와 다른 존재를 대하는 태도가 포함될 것이다.

4. "우리는 그 과정을 반복해야 한다."

볼프는 어떤 판단도 최종적이면 안 된다고 이야기 한다. 우리는 우리가 "최종적" 진리를 소유하고 있다고 믿어서는 안 된다는 것이다. 물론, 종교는 궁극적이고 최종적인 진리를 제시하고, 그것을 믿음으로 성립된다. 여기서 그것을 부정하는 것은 아니다. 그러나 종교적 진리는 완전하다 할지라도, 그 종교를 믿는 인간은 불완전하다는 것을 인정하여야 하는 것이다. 이 복잡한 세상 속에서 우리가 만나는 모든 문제들에 대하여, 종교는 기본적 원칙은 분명히 제시하더라도, 그 구체적인 디테일에는 분명한 대답을 주지 않는 부분이 많다. 어떤 것은 신비의 영역 속에 있기도 한다. 인간은 자신이 알고 있고 믿고 있는 것의 그런 신비한 특성, 즉 불명확한 특성을 겸허히 인정해야 할 부분이 있다. "타인들을 사랑하고 섬기라"는 신의 메시지는 분명하다. 그러나 "누구를 어떻게 섬기는 것이 신의 뜻에 합당한지"에 대하여는 사람들마다 모두 생각이 다를 수 있다. 그것은 불명확한 것이다. 따라서 각 사람은 그때그때마다 신 앞에 정직하게 성찰하고 자신의 선택을 할 수밖에 없다. 그러나 여기서 분명히 알아야 할 것은, 자신의 그런 그때그때의 선택 그 자체가 "불변의 진리"는 아니라는 것이다. 선택은 여건이 달라지면 다시 바뀔 수도 있다. 또는 나의 사고의 성숙성이 달라짐에 따라 바뀌기도 한다. 그러기에 여기서 중요한 것은 "선택에서의 겸허함"이다. 자신이 선택한 내용에 대한 지나치게 확신에 찬 태도는, 사실, 신에게서 가장 멀어지는 일임을 종교의 역사는 우리에게 강력하게 말해준다.

그런데 정말 이렇게 하면, 그 어마어마하게 세워져 있는 강고(强固)한 인간의 편견과 아집, 독선의 성벽을 무너뜨릴 수 있을까? 쉽지는 않을 것이다. 그러나 인류의 역사는 그런 불가능에 대한 도전의 역사였고, 도저히 무너지지 않을 것 같았던 체제, 이념, 권력의 무너짐을 보여주는 역사였다. 이런 이중보기의 긴 터널을 포기하지 않고 걸을 때, 우리는 마침내 그 터널 끝 밖의 찬란한 빛 속으로 도달하는 신비를 체험할 것이다.

V. 에필로그

요르단을 떠나 한국에 돌아오는 길에 나는 아부다비 공항에서 아흘람과의 약속대로 영어 코란을 구입하였다. 그리고 비행기 안에서부터 영어 코란을 읽기 시작하였다. 사실 나에게는 너무도 낯선 내용이었지만, 이것이 전 세계의 모든 이슬람 사람들을 그렇게도 강렬하게 움직이고 있다는 그 사실 때문에 집중하지 않을 수 없었다. 아흘람이 언급하였던 코란에 나오는 단어들의 그 "개념"의 전달이 이 영어 번역본을 통하여 제대로 이루어지고 있는지를 나는 알 수 없었다. 그러나 내가 코란을 읽어 보겠다는 나의 약속을 지키면, 아흘람도 성경을 읽겠다는 그녀의 약속을 지킬 것만 같았다. 내가 아랍어를 모르고, 이슬람의 내용을 깊이 몰라서 그런 것이었겠지만, 내가 본 코란은 성경보다 많은 점에서 부족(?)하여 보였다. 아마 아흘람도 성경의 내용이 코란의 내용보다 많이 부족(?)하게 느끼고 있을지도 모르는 일이었다. 그러나 분명한 것은, 전혀 다른 종교를 가지고 전혀 다른 경전 하나만을 읽고 살아왔던 사람들에게, 그런 "비교"가 자기 자신의 종교와 믿음을 더 큰 시각에서 볼 수 있도록 만드는 효과가 있다는 것이었다. 마치 외국 여행을 나갔을 때 비로소 내가 살고 있는 나라의 특성이 더 잘 보이는 것과 유사한 경험인 것 같았다. 괴테는 "하나만 아는 사람은 아무것도 모르는 사람이다"라고 이야기한 바 있었다.

너무 복잡하게 느낄까봐 앞에서 미처 다 이야기하지 못한 내용이 하나 있었다. 바로 볼프가 이야기한 두 사람이 만났을 때 참가하는 존재들의 숫자에 대한 이야기에서였다. 앞에서는 다섯 번째와 여섯 번째 참가자, 즉 자신의 자신에 대한 이미지와 타인의 타인에 대한 이미지까지만 이야기 하였었다. 그러나 볼프는 최종적으로 (이번에는 정말 끝이다) 일곱 번째 참가자가 거기에 있다고 이야기한다. 바로 신(神)이다. 두 사람의 만남 가운데에는, 그들이 그것을 의식하든 아니든, 인정하든 아니하든, 신이 참석한다는 것이다. 각자 자기 자신, 자신이 가진 타인에 대한 이미지, 자신의 자신에 대한 이미지로, "중무장"한 사람들이 서로 만나, 무언가에 대하여 대화하고 대립하기 시작할 때, 누가 옳고 그른가를 도대체 어떻게 판단할 것인가? 더 힘 있고 폭력에 능한 존재가 주장하는 것이 결국은 옳은 것으로 "되는" 것인가? 볼프는 아니라고 대답한다. 그 만남의 최종적인 판단자, 그리고 인도자, 보호자가 계시다는 것이다. 그래서, 이 일곱 번째 참석자이신 신(神)을 의식하면서 만남 앞에 서야만, 인간의 만남은 비로소 제대로 될 수 있다는 것이다.

여기까지 이야기를 하다 보니, 이슬람과 기독교의 만남보다 더 힘들고 거친 만남이 있는 곳이 생각에 떠오른다. 바로 한반도이다. 전 세계가 대충 20세기 말에 이미 그 결론을 내린 후, 뒤에 놔두고 떠난 이데올로기의 대립을, 아직도 20세기식 사생결단 방법으로 밀어붙이고 있는 북한과 남한이 존재하는 지역이다. 결코 서로를 용납할 수도, 인정할 수도 없는, 그래서 같은 하늘 아래에 공존할 수 없는, 즉 문자 그대로의 불구대천(不俱戴天)의 존재로 인식하여 단 한 치의 진정성 있는 "정중한 대화"가 불가능한 대립의 상황을 우리는 지금도 매일 겪고 있다. 이니, 어쩌면, 남북갈등의 그 내용과 형식을 그대로 판 박아 놓은 소위 "남남갈등" 역시 천 년을 넘게 이어 온 이슬람과 기독교 사이의 대화보다 더 힘들어 보인다. 그래서 볼프가 이야기한 내용들을 우리는 주목할 필요가 있는 것일 것이다.

인류 정신사의 진보는 자신과 다른 존재를 어떻게 대하는가의 생각과 태도에서의 진보와 궤를 같이 한다. 자신과 인종, 언어, 종교, 이념, 문화가 다른 존재들을 아예 인간도 아닌, 바퀴벌레처럼 박멸시켜야 할 존재로 보던 것으로부터, 인간이기는 하나, 매우 열등하고, 그래서 자신들의 지배를 받는 것이 당연한 존재로 보는 것을 거쳐, 그들을 "차이를 가진 동등한 인간"으로 존중하는 데 도달하기 위하여 인류는 아직도 멀고 먼 여정 속에 있다. 누가 알겠는가? 만일 한반도가 그 극단의 갈등 상황 속에 있기에, 그 해결의 역사적 사례를 보여 줄 수 있는 가장 좋은 환경을 가진 곳이라고 해석할 수는 없을까? 이슬람과 기독교가 종교로서의 큰 벽을 사이에 두고 있다면, 가장 극단적인 이념의 벽을 가진 한반도에서, 그 인류 정신사 진보 여정의 돌파구를 열 수는 없을까?

세월이 흘러 아흘람은 그 사이에 20대 후반의 아가씨가 되었을 것이다. 그 어른스럽던 당찼던 아가씨가 코란과 함께 성경까지 읽으며 더 넓은 시각을 가진 사람으로 변했을까? 아마도 내가 변한 만큼 변하였을 것이다. 아니, 나보다 더 훌륭하고 크게 변했을 것이다. 나는 그것을 믿는다.

05

사회적 치유를 향한 이념의 건강성[1)]

– 좌우보다 건강성이 더 중요하다

Ⅰ. 시작하는 말

트라우마를 경험한 개인은 그 트라우마를 극복하기 위하여 나름대로 새로운 사고의 틀을 가지려 한다.[2)] 자신이 당한 트라우마의 원인, 해결 방안, 향후 예방 노력 등에 대한 설명과 미래를 향한 제안을 좀 더 설득력 있게 하는 새로운 사고가 필요로 되기 때문이다. 그리고 그것이 집단적 트라우마에 대한 집단적 대응으로서의 모습을 가지게 되는 경우, 때로 그것은 하나의 "이념"이라 불리게 되기도 한다. 그런데 이런 이념이 진정한 의미에서 과거의 집단 트라우마를 치유하는 역할을 담당하려면, 그 이념

1) 이 글은 연세대학교 산학협력단이 서울연구원의 지원으로 수행한 2020년 세계평화회의 학술연구용역 보고서 "서울시의 보편평화 구현을 위한 이론 및 정책 방향 연구"(책임연구자: 박명림, 공동연구자: 전우택, 이성훈, 김웅빈, 장훈각, 표광민, 신보경, 강효인, 기민형)(2020년 9월 14일)에 실린 저자의 글 "치유와 평화"의 내용 중 일부분(pp.295–301)을 수정·보완한 것이다.
2) 이에 대하여는 본 책의 1장과 2장에서 다루었다.

은 "건강성"을 가지고 있어야 한다. 독일의 나치주의나 일본의 군국주의, 구 소련의 공산주의와 같이, 자신들이 과거 가지고 있었던 집단적 트라우마를 해결하기 위하여 "건강하지 못한" 새로운 사고, 새로운 이념을 만들어 내게 되면, 그것은 앞에 존재하였던 트라우마와 비교도 할 수 없는 더 큰 트라우마와 새로이 비극을 만들어 내기 때문이다. 따라서 여기서는 그런 집단적 트라우마의 치유를 이룰 수 있는 집단적인 "이념"이 가져야 하는 그 "건강성"에 대하여 생각해 보고자 한다.

II. 이념의 건강성

본 글에서 이념의 건강성이란, 한 이념이 실제 사회 속에 존재하였고 현 시점에서도 존재하는 사회적 문제와 갈등을 '인간 존중'이라는 가장 근본적인 목표에 맞추어 해결해 갈 수 있는 능력으로 정의한다. 그런 의미에서 이념의 건강성은 그 이념이 겉으로 표방하고 있는 문제의식과 해결 방법이라는 이념의 내용보다도 더 중요한 본질적 의미와 가치를 가진다고 할 수 있다. 이념이 그 이념을 펼쳐가는 과정 속에서 궁극적 목적인 '인간 존중'을 잃어버리게 될수록 그 이념은 건강성을 잃게 된다. 그리고 더 나쁜 사회를 만드는 도구가 될 수 있다. 그런 의미에서 이념은 그 이념의 목표를 구현하는 것에 대한 노력과 함께, 그와 똑같은 정도의, 사실은 더 크게, 이념 건강성을 유지하기 위하여 노력하여야 할 책임을 가진다. 이념을 처음 배태시켰던 원인의 양상, 트라우마의 정도가 더 심한 것이었을수록, 그 원인에 대한 '대항 사상'으로서의 이념은 점차 건강성을 잃을 위험성이 커지고, 또는 그것을 신봉하는 사람들 역시 그 이념에 집착하는 정도가 더 강해지다가, 결국 스스로를 정당화시켜, 자기 성찰을 하고 자기 수정을 하는 능력을 잃으면서, 이념의 건강성을 잃게 될 가능성이 매우 커진다. 즉 극단적인 이념의 병적 상태에 도달할 가능성이 크게 되는 것이다. 그래서 여기서는 “건강한 이념”이 가지는 네 가지 특성에 대하여 생각해 보고자 한다. 즉 이념이 건강성을 가진다면 다음과 같은 특징을 가질 것이다.

1. “이념”보다도 “인간”이라는 존재 자체에 최고의 가치를 두는 것이다

사상이나 이념의 그 처음 시작은 일반적으로 사회 현상에 대한 개인적 경험 및 문제의식, 그에 대한 개인의 상식적 판단, 개인과 자신이 소속된 주변 사람들의 안전과 이익을 지키는 것에 대한 관심과 책임 의식, 자신이 접할 수 있었던 인물이나 책과 같은 것에 의한 교육적 체험 등에 의하여 기인된다. 그러나 일단 어떤 이념을 가지게 되면, 시간이 지남에 따라, 이념이 원래 가졌던 본래의 관심과 목표에서 점차 변해가고, 자신의 이념이 다른 이념과의 경쟁 및 대결에서 이기는 것, 그리고 그것을 통하여 자신이 가진 그 이념이나 사상을 가지고 권력과 이익을 더 독점하여, 인간과 사회를 자신의 뜻대로 지배하는 것으로 그 사상이나 이념의 역할을 변화시켜 나가게 된다. 즉 이념을 자기 권력 취득의 수단으로 이용하려는 욕망이 인간을 지배하게 되면서, 그 이념이나 사상의 본래 내용은 하나의 외부적 명분이 될 뿐이고, 실제 내부적으로는 철저한 자기중심의 권력 의지만이 작동하게 되는 것이다. 예를 들어 신분, 권력, 부(富) 등이 “인간” 자체보다 더 우위에 있는 사회적 현상에 대하여 분노하며 저항하고, 모든 인간이 평등하게 고루 잘 살 수 있는, 즉 “인간” 자체를 더 우위에 두기 위한 인류의 혁명적 노력이 공산주의 사상으로 폭발하여 나온 것이 20세기 인류의 역사였다. 공산주의는 당시의 많은 가난하고 평범한 인간들의 고통과 어려움을 해결하기 위하여 나온 “사상적 해결책”으로서 많은 사람들의 공감을 불러 일으켰다. 그러나 그 혁명 과정에서 점차 "인간" 자체보다 "이념"을 앞세운 그 지도층 인간들의 "권력욕"이 더 중요한 것이 되었고, 그러면서 이념을 규정하고 해석하고 움직일 수 있는 집단이 새로운 권력특권층으로 군림하게 되었다. 즉 "인간 존중을 향한 변화"가 아니라 "인간을 지배하는 지배 집단의 변화"만을 만들었다. 그리고 과거 체제보다 오히려 더 잔혹한 인간 탄압과 불평등 (정치적, 그리고 경제적으로도)을 만들어 내면서 공산주의는 실패하게 된다.[3] 그런 의미에서 칸트는 자신과 타자를 포함하여 그 누구도 수단이 아닌, 목적 그 자체로 간주되고 대우받는 세계를 "최종적 목적의 나라"(Reich der Zuecke, Kingdom of Ends)로 이야기한 바 있다.[4] 모든 사상, 이념은 근본적으로 인간 자체를 최종적 목적으로 정하고, 그에 따라 인간을 더 소중하게 대하고 보호하려는 것을 목표로 할 때 그 존재 이유를 가진다. 이것을 분명한 목표와 원칙으로 할 때, 비로소 이념은 그 건강성을 가진다. 반대로, 여기서 벗어날 때, 어떤 이념이나 사상도, 그것이 밖으로는 무엇을 표명하든, 인간을 도구로 사용하려 할 때, 그것은 건강하지 못한 사상이요, 이념이 된다. 여기서 그 '인간'이란 인종, 민족, 종교, 계급, 사상, 이념, 성별, 연령 그 모든 것에 상관없이 "한 명의 인간"이라는 그 조건 하나로 충분히 존중받고 소중히 여겨져야 하는 인간을 의미한다.[5]

---

3) 1945년 조지 오웰(George Orwell)이 쓴 소설 동물농장(Animal Farm)은 이 과정과 내용이 어떠한지를 매우 섬세하게 설명한 바 있다. 조지 오웰. 동물농장. 김욱동 역 (서울: 비채. 2010)

4) Immanuel Kant, Grounding for the Metaphysics of Morals; On a Supposed Right to Lie because of Philanthropic Concerns. trans., James W. Ellington (Indianapolis; Hackett Publishing Company, 1993) p39; 강남순, 코스모폴리터니즘과 종교. (서울: 새물결플러스. 2015) p.95에서 재인용.

5) 이것을 강남순은 그의 글에서 다음과 같이 설명한다. "그들이 어느 나라 국민이든, 어떤 종교를 믿든, 어떤 인종/민족에 속하였는지에 상관없이, 살아있는 인간은 단지 "생명"을 지녔다는 사실 하나만으로 충분히 존중받고 보호받아야 한다. 이러한 관점이 코스모폴리터니즘에 근거한 인간 이해이다." (위의 강남순 책, p.18)

2. 자신과 타인, 그리고 이념에 대한 객관적이고 통합적 시각을 가지는 것이다

나와 다른 이념을 가진 사람과 그들 집단을 "근본적으로 악한, 틀린, 구제 불능의, 아주 왜곡된 존재"로 보는 것에서 벗어나서, 그들을 좀 더 통합적이고 입체적인 시각으로 볼 수 있는 능력을 가지는 것이 이념 건강성의 한 요소이다.[6] 예를 들어 한 인간이 태어날 때부터 생물학적인 유전자에 의하여 보수나 진보의 사상을 가지게 된 것이 아니라는 것을 인정한다는 것이다. 어떤 이념이나 사상을 가지는 것은 그가 태어나 살아갈 수밖에 없었던 주어진 환경, 삶의 여건과 여정, 받은 교육 등에 의하여 어떤 의미에서는 외부적, 타의적으로 이루어진 측면도 있다는 것을 인정하는 것이다. 그래서 그런 환경적이고 외부적인 측면이 그 개인의 자의적이고 주도적인 선택과 함께 어우러져 최종적 상태가 된 것이라는 것을 인정하는 것이다. 이런 통합적이고 입체적인 시각은 다시 다음과 같은 사고들과 연관된다. 우리가 누군가를 증오할 때는 많은 경우 "나는 그들에 대하여 알 필요가 있는 사항은 이미 다 완전히 알고 있다"라는 생각을 하기 때문에 '자신 있게' 증오를 하는 것이다. 즉 그 증오의 대상과 그 대상이 하였던 증오할 만한 일들을 자신이 완전히 잘 알고 있다고 "확신"을 하기에 증오를 할 수 있는 것이다. 그러나 그런 확신은 언제나 불완전하고 틀릴 위험성을 가지고 있다. 우리는 사상적으로 우리와 반대되는 입장에 있는 개인과 집단에 대하여 언제나 정도의 차이는 있을지언정, 불완전한 지식을 가질 수밖에 없기 때문이다. 사실 어떤 의미에서, 우리는 나 자신에 대

6) 전우택 외, 용사와 화해에 대한 성찰. (서울: 명인출판사, 2018) p.59. "남아공에서 과거 이루어진 범죄와 악에 대한 직접적인 처벌을 하지 않고 진실과 화해위원회를 통한 사면에 들어간 배경에는... '악을 행한 인간'을 '악 그 자체'로 보지 않는다는 것이었다... 이런 악과 악인의 구분, 또는 "죄는 미워하되, 죄인은 사랑하라"는 아우구스티누스의 말을 본질적으로 인정하는 것이 남아공에 있었다."

하여도 완전히 알지 못하는데, 어떻게 타인과 타 집단에 대하여 완전히 알 수 있겠는가? 그러므로 우리와 다른 사상을 가지고 있는 사람과 집단에 대하여, 우리가 좀 더 겸허한 자세로 그들을 알려고 하고, 그들의 이야기를 들으려 하는 그런 마음의 자세를 가지는 것은 이념 건강성에 있어 중요한 요소가 된다. 이러한 통합적이고 입체적인 시각은 상대방을 향하여만 있어야 하는 것이 아니다. 사실, 그것은 자기 자신을 향하여서도 있어야 한다. 내가 왜 어떤 이념, 사상을 지지하는지에 대하여 자신을 스스로 분석하고 성찰하여 객관적이고 통합적이고 입체적인 이해에 도달하는 것, 그리고 나와 같은 사상과 이념을 가진 사람들은 왜 그런 사상과 이념을 지지하는지를 충분히 객관적이고 통합적이고 입체적으로, 그리고 무엇보다도 비판적으로 이해하려는 노력을 하는 것이 사상과 이념의 건강성을 만들어 가는데 매우 중요한 요소가 된다.

3. 자기 이념의 불완전성을 인식하고 수정할 수 있는 개방성과 능력을 가지는 것이다

어떤 이념이든, 그것이 가진 의미가 있다. 즉 인류가 가지고 있는 어떤 문제에 대한 나름대로의 해결 방안으로서의 가치를 가지고 있는 것이다. 그러나 불완전한 인간이 구성하고 있는 사회는 매우 복합적이며, 어떤 하나의 사상, 이념을 가지고 인간과 사회의 모든 문제를 다 이해하고 해결할 수는 없다. 따라서 어떤 이념이든지 그것이 좀 더 인간의 문제를 해결할 수 있는 능력을 높이기 위하여는, 끊임없이 자기성찰을 하고 수정·보완의 과정을 거쳐야 한다. 그래서 그런 성찰과 수정을 할 수 있는 개방성과 능력을 가지고 있어야 한다. 이런 성찰과 수정보완의 과정에서 자신의 이념과는 반대편에 있다고 인식되었던 이념이 가지는 의미와 역할을 좀 더 본질적이고 객관적으로 파악할 수 있게 된다. 자신이 지금 주장하고 있는 이념으로는 다 해결할 수 없는 어떤 측면들에 대한 답을 반대편 이념이 이야기할 때가 있기 때문이다. 예를 들어 자유의 확대를 추구하는 이념은 평등의 확대를 추구하는 이념에 의한 보완이 이루어지는 것이 매우 중요함을 이해하고 인정할 수 있어야 한다. 그것을 무시하면, 자유롭지만 무한 경쟁 속에서 패배하는 인간들이 가지게 되는 불평등한 고통이 엄청나게 발생할 것이기 때문이다. 반대로 평등의 확대를 추구하는 이념은 자유의 확대를 추구하는 이념에 의하여 보완되어야 한다. 그것을 무시하면, 인간의 창의성과 의욕은 억압되고, 숨 막히는 통제 하에 모든 것은 낙후될 것이기 때문이다. 따라서 자유 확대를 추구하는 이념은 반드시 평등 확대를 추구하는 이념의 문제의식에 대한 이해와 그에 대한 대답을 합리적으로 포용하고 수정·보완할 수 있어야 한다. 반대로, 평등 확대를 추구하는 이념은 가치 확대를 추구하는 이념의 문제의식에 대한 이해와 그에 대한 대답을 합리적으로 포용하고 수정·보완할 수 있어야 한다. 결국 진정한 자유를 위하여는 평등이 필요하고, 진정한 평등을 위하여는 자유가 필요하다. 이것을 통합적으로 인식할 수 있는 능력과 그것에 의한 보완을 해 나갈 수 있는 그 "능력과 개방성"이 이념 건강성의 핵심적 특성인 것이다. 인류의 역사가 보여주듯이, 자유와 평등의 가치는, 둘 중 어느 하나를 선택하여 인류 전체 문제를 해결할 수 있는 그런 것이 아니었다. 그렇다고 자유와 평등을 기계적으로 반반씩 추구하게 할 수 있는 것도 아니었다. 역사 속 매 단계와 시기는 그 단계, 그 시기 나름의 상황과 필요, 좀 더 집중하여야 할 부분들을 각각 다르게 가지고 있는 측면도 있었기 때문이다. 따라서 진지한 성찰과 토론, 그리고 시행착오를 거쳐, 그 양쪽을 모두 살릴 수 있는 창의적인 제3의 해결책을 찾아 나서는 것이 역사 진보의 과정이었다. 이를 위하여 같은 이념을 가진 사람들과의 치열한 내부 검토와 토론도 필요하지만, 동시에, 다른 이념을 가진 사람들이 만들었던 문건에 대한 진지한 검토가 반드시 필요하다. 그리고 만일 가능하다면 다른 이념을 가진 사람들과의 겸허하고 열린 토론과 공동의 노력, 즉 협력이 필요하다. 이런 것을 할 수 있는 상태가 이념의 건강성을 보여준다. 만일 끝없는 자기 확신 속에서 다른 모든 이념을 배제하고, 아예 모든 대화의 문을 닫는다면, 그것은 이념의 건강성이 없는 상태를 보여주는 것이며, 결국은 괴물이 되는 결과를 만들어 낼 것이다.

4. 공존의 가능성을 포용하고, 인내력을 가져야 한다

이념에 있어 사상적 균형을 이루고 수정보완을 한다는 것이 곧 대립되고 있는 가치 및 사상을 하나로 통합하는 것을 말하는 것은 아니다. 어떤 경우에는 그런 것과 비슷하게 보이는 현상이 있을 수도 있을 것이다. 그러나 그렇게 되는 것이 반드시 필요한 것은 아니다. 오히려 단 하나의 통합된 사상이 사회 전체를 지배하는 것은 늘 새로운 문제와 위험을 만들어 낼 수 있기 때문이다. 인간의 상황과 사회적 조건은 늘 변화되며, 그에 대응하여야 하는 이념, 사상과 사회적 기전 역시 늘 변화될 수 있어야만 한다. 따라서 중요한 것은 "서로 다른 이념 집단들이 건강하게 공존하는 상태"가 되는 것이다. 새는 오른쪽과 왼쪽의 양쪽 날개가 있어야 비로소 하늘을 날 수 있다. 그런데 이때 필요한 조건은 두 가지이다. 첫째, 양쪽 날개 모두가 몸통에 잘 붙어 있어야 한다. 왼쪽, 오른쪽을 따지기 이전에, 몸통이라는 공동의 더 높고 큰 목적, 즉 "인간을 수단이 아닌, 최종 목표로 하기"에 동의하고 함께하는 것이다. 둘째, 그 양쪽 날개가 모두가 건강하여야 한다는 것이다. 어느 한쪽 날개라도 건강치 못한 상태가 되면 새는 하늘을 날 수 없다. 따라서 양쪽 모두, 스스로의 불완전성을 인식하고, 자기성찰과 자기수정을 하는 능력을 건강히 가지고 있어야 한다. 그러나 이런 상태가 처음부터 완전하게 주어지는 경우는 별로 없을 것이다. 날개가 몸통에 제대로 붙어 있지 못할 때도 있고, 한쪽, 또는 양쪽 날개의 건강이 심하게 훼손되어 있을 수도 있다. 따라서 전체의 건강성을 만들어 간다는 것은, 긴 기다림, 협상과 인내, 공동의 노력이 필요하다. 상대방이 건강하지 않다고, 상대방이 몸통에 붙어 있지 않다고, 비난하고, 경멸하고, 그래서 성급히 결렬의 수순에 들어가는 것으로는, 이 전체 건강성을 이룰 수 없다. 그런 의미에서 포용성은 좌우가 서로를 이념적으로 포용하는 것인 동시에, 서로의 불완전성을 포용하는 것이고, 그에 더하여 상대의 그 불완전한 상태가 좀 더 나은 상태로 변화해 나갈 수 있는 가능성을 포용하는 것이다. 이런 과정에서 어느 한 편이 먼저 건강해지는 것은 매우 큰 의미를 가진다. 그것은 자기 자신의 건강성을 위하여도 중요하지만, 동시에 아직 덜 건강한 상대방에게 자극을 주고, 변화의 동기를 주어, 결국 전체적으로 긍정적이고 건강한 변화를 향하여 노력하며 앞으로 나아가게 하는 힘이 되기 때문이다. 어느 한 편의 건강성은 다른 쪽의 건강성을 만든다. 그러므로 조금이라도 더 건강성을 가진 개인이나 소그룹이 먼저 움직이기 시작하여, 그것이 자기 집단 전체의 변화를 만들어 낸다면, 그것은 결국 상대방 집단의 변화를 만들어 가게 될 것이다. 어떤 의미에서 다른 이념과의 경쟁은 '헤게모니 경쟁'인 동시에 "건강성 갖추기 경쟁"이 되어야 한다. 이때 건강한 개인, 건강한 집단은 자신과 이념이 다른 사람들을 이 땅 위에서 완전히 말살시키는 것을 목표로 할 수 없다. 그들이 비록 자신과 다른 이념을 가지고 있다 할지라도, 그들은 "인간"이며, 그래서 "인간"으로서의 존중을 받아야 한다는 것을 전제로 그 이후의 모든 생각과 행동을 해 나가야 하기 때문이다. 그렇게 서로 상대방을 통하여 얻고 배우는 기회를 받을 수 있다는 것에서 건강성 회복의 희망은 있을 것이다.

III. 마치는 말 - 좌우보다 건강성이 더 중요하다

인간의 역사는 언제나 많은 모순과 갈등, 그리고 트라우마를 만들어 왔다. 그래서 인류사는 그것에 대응하려는 수많은 시도들로 구성되어 왔다. 이때 만들어져 온 것이 소위 이념이었다. 그런데 역사의 경험은 우리에게 이것을 이야기한다. 즉 이념의 보수성과 진보성보다 더 중요한 것은, 이념의 건강성이라는 것이었다. 그것이 보수든 진보든 건강하지 못한 이념들은 모두 인류의 안전과 발전에 큰 해악을 끼쳤다. 그러나 보수든 진보든 건강성은 인류의 안전과 발전에 크게 기여하여 왔다. 따라서 핵심은 보수내 진보냐에 앞서, 어떤 이념이 진정한 의미의 건강성을 가지느냐이다. 우리 사회가 더 안전하고 발전할 수 있으려면, 결국 건강한 이념이 필요로 된다. 그 건강성을 토대로, 보수와 진보의 균형 있는 비상을 이룰 것이기 때문이다. 한국 사회가 보수와 진보의 이념 갈등이 아닌, 건강함을 향한 노력과 경쟁으로 이루어져 나가기를 바란다. 그것이 한국 사회뿐만 아니라, 분단된 한반도의 변화와 발전을 이룩할 원천적 힘이 될 것이다.

PART 03

분단과 치유

06

제주 하귀 영모원과 역사 치유[1)]

Ⅰ. 시작하는 말

제주 애월읍 하귀(1, 2리)에 있는 영모원은 하귀마을 지역 출신 사람들 중 일제 강점기 독립운동을 하였던 사람들, 제주 4.3[2)] 시기 및 6.25와 월남전 시기 등에 군경으로 활동하다 순국한 사람들, 그리고 제주 4.3 시기에 토벌대에 의하여 죽은 희생자 등 3개 집단의 사람들을 위한 공동 추모비를 같은 자리에 모아놓은 "특별한" 장소이다. 여기서 특별하다는 표현을 한 것은, 4.3 당시, 군경으로 토벌대 활동하다 사망한 분들과 그 토

1) 이 글은 연세대학교 산학협력단이 제주4.3평화재단의 지원을 받아 수행한 "4.3 정의 화해 연구" 보고서(2020.12.21.)(책임연구원 : 박명림, 공동연구원: 전우택, 신보경, 강효인, 김지은) 내용 중 저자가 쓴 부분인 "제주 하귀 영모원에 대한 성찰"(pp.9－46)을 토대로 수정·보완한 것이다.

2) 제주4·3사건이란 "1947년 3월 1일 경찰의 발포사건을 기점으로 1948년 4월 3일 발생한 소요사태 및 1954년 9월 21일 한라산 금족 지역이 전면 개발될 때까지 제주도에서 발생한 무장대와 토벌대 간의 무력 충돌과 토벌대의 진압과정에서 수많은 주민들이 희생당한 사건"을 말한다. 제주4·3사건 진상규명 및 희생자 명예회복에 관한 특별법. http://law.go.kr; 제주4·3사건진상보고서작성기획단, 『제주4·3사건진상보고서』. 제주4·3사건진상규명및희생자명예회복위원회. 2003. p.537.

벌대에 의하여 사망한 분들을 함께 한 공간에서 추모한다는 점에서 그 예가 많지 않기 때문이다. 본 글에서는 이 영모원의 건립과정, 영모원이 만들어 질 수 있었던 이유와 배경, 영모원이 보여주는 과거를 기억하는 방법, 향후 영모원을 위한 제언 등을 다루고자 한다. 본 연구팀은 2016년, 대통령직속 통일준비위원회 사회문화분과 정책연구용역 〈사회적 통일준비를 위한 연구 : 통일준비를 위한 남남갈등 극복방안 연구 - 제주4.3사건 사례를 중심으로〉(연구책임자 전우택, 연세대학교 산학단, 2016)[3]의 연구를 수행한 바 있었다. 그 연구에서는 제주 하귀 영모원, 상가리, 장전리 등에 건립된 마을 공동 추모 공간, 제주 유족회와 경우회와의 화해, 4.3관련 법률 제정 및 4.3 진상조사보고서 작성 및 채택에 대한 내용을 다루었으며, 그 결과 보고서가 2016년 10월에 제출된바 있었다. 당시 영모원에 대한 연구를 위하여 2016년 6월 25일부터 26일까지 하귀리를 방문하여 공창선, 배광시(영모원 공동추진위원회 위원장), 윤영배, 고상배(하귀발전협의회 공동위원장), 강승철(하귀청년회장), 이남희(전 하귀발전협의회장) 등 6명과 면담을 시행하였었다. 그 후, 본 연구를 위하여 2020년 8월 13일, 다시 하귀를 방문하여, 하귀2리 마을회관에서 고창선(하귀2리 고문), 강달선(하귀2리 이장), 김영중(하귀2리 경로당회장)과의 면담을 시행하였다. 그리고 그동안 이루어진 영모원 관련 다양한 연구물들과 관련 자료들을 검토하면서 본 연구를 수행하였다.

3) 전우택·박명림. 대통령직속 통일준비위원회 사회문화분과 정책연구용역 〈사회적 통일준비를 위한 연구 : 통일준비를 위한 남남갈등 극복방안 연구 - 제주4.3사건 사례를 중심으로〉(연구책임자 전우택, 연세대학교 산학단. 2016). 이하 전우택 외. 연구보고서로 표기

II. 하귀 영모원 건립 과정

1. 하귀가 이름을 잃어버리기까지의 역사

지금의 하귀 1리, 2리와 상귀 지역은 조선시대 광해군 이전까지는 귀일촌이라는 이름으로 합하여서 불려졌다. 그러다가 광해군 때 귀일촌을 상귀와 하귀 두 개의 행정 지역으로 나누게 되어 지금의 하귀 1, 2리 지역은 하귀라는 지역명을 가지게 된다. 하귀는 제도적으로 하나의 지역이었으나, 일제 강점기에 들어서서 행정적 편의에 의하여 두 개 지역, 즉 하귀 1구, 하귀 2구로 나뉘어서 관리가 되었다. 그러나 하귀 사람들은 1구, 2구 구분 없이 하귀 사람이라는 의식을 가지고 있었기에 해방이 되자, 1구, 2구 구분 없이 함께 하귀초등학교, 하귀중학원을 설립하였다. 해방 당시 하귀는 500호에 2,800명의 인구를 가진 지역이었다.[4] 그러나 제주 4.3 사건을 겪으면서, 하귀리는 큰 피해를 입었다. 4.3 기간 중, 하귀중학원을 계승한 단국중학교의 교사와 학생들의 죽음, 가문동 원뱅의 학살사건, 개수동 진수리 학살사건, 외도지서 장작사건, 비학동산 학살사건, 붉은질 학살사건, 하귀초등학교 '눈 감으라' 사건, 외도지서 서쪽 밭 학살사건 등 토벌대의 진압에 의한 많은 사건을 겪으며 총 320여 명이 희생되었던 것이다.[5] 특히 1948년 10월부터 1949년 3월 1일까지의 소위 초토화 작전 시기 동안, 하귀 마을 내에서는 총 10건의 학살 사건이 있었는데, 그 중 8건이 토벌대에 의하여, 그리고 2건이 무장대에 의하여 발생하였다.[6] 이 기간 중 죽은 하귀마을 사람 173명 중 170명이 토벌대에 의하여 사망하였

4) 하명실, "제주도 하귀마을의 4.3 경험과 치유과정 연구" (석사학위, 제주대학교, 2017) pp.12－13.

5) 오승국. 오승국의 4.3 유적지를 찾아서 (한라일보). 2013. 자료집 p.48.

6) 여기서 토벌대란 군경을 의미하고 무장대란 남로당 제주도당이 주도한 무장봉기 세력을 의미한다. 그러나 군경 토벌대에 의하여 목숨이 위험해지자, 살기 위하여 산으로 올라가 무장대에 합류한 제주도민들도 많았다.

고, 3명이 무장대에 의하여 사망하였다.[7)][8)] 그 후 6.25가 일어나면서 또 많은 사람들이 예비 검속 등으로 죽음을 당하거나 또는 실종된다. 그래서 하귀 마을은 행방불명자 102명을 포함하여 총 320명이 4.3 기간 중 사망하거나 행방불명이 되었다.[9)] 이렇게 많은 희생자가 나오면서 하귀리는 제주도 내에서도 일종의 "빨갱이 마을"로 인식되게 되었고, 직장 취업을 위한 이력서에 주소지를 하귀리로 하여 제출하면 취업을 할 수 없는 지경에 이르렀다.[10)] 당시 연좌제에 의한 두려움이 만들어낸 결과였다. 이에, 마을 사람들은 자체적으로 의견을 모았고, 그에 따라 1953년 하귀1구는 동귀리로, 하귀2구는 귀일리로 그 이름을 바꾸게 되었다. 이것은 4.3 때문에 마을 이름이 바뀐 제주도 내에서의 유일한 사례가 된다. 그런데 일단 두 개의 리로 나뉘고 그 이름이 바뀌고 나자, 동귀리와 귀일리 사람들은 서로를 구분하는 일종의 작은 집단주의적 의식이 생기게 되었고, 과거 함께 공유하고 있었던 "하귀 사람"으로서의 정체성을 점차 잃어가게 되었다. 그러면서 마을 개발과 공공기관 유치 등의 문제 등으로 작지만 잦은 마찰과 갈등을 두 마을 사이에서 겪기도 하게 되었다.[11)]

2. 하귀가 이름을 되찾고 영모원을 건립한 과정

이런 과정 속에서 하귀 출신 사람으로 타지에 나가 있던 고범준 박사가 "나는 '하귀'에서 나고 자랐는데, 어느 날 고향에 돌아와 보니 고향

7) 하명실. 2017. pp.29－31.

8) 그러나 하명실의 p.44 자료에는 초토화 기간 중 죽은 하귀 마을 사람은 총 182명이라고 되어 있다.

9) 하명실, 2017. p.44. 4.3 중앙위원회에서 인정한 희생자는 총 320명이다. 그러나 실제 죽은 사람들의 숫자는 이보다 더 많았다. 이에 대하여는 뒤에 다시 설명한다.

10) 전우택 외. 2016. p.57.

11) 오승국, 2013. p.47.

이 없어졌다(하귀라는 이름이 없어졌다). 실향민 아닌 실향민이 된 것이다. 리명을 환원하자"는 의견을 제안하였다. 이것이 사람들의 공감을 얻었고, 1990년 하귀 1리 사람들과 2리 사람들은 공동으로 "하귀발전협의회"를 구성하면서 '하귀'라는 옛 지명을 찾기 위한 공동의 노력을 시작하게 된다. 그리고 마침내 1993년 9월 1일, 일시적으로 동귀리와 귀일리는 "하귀리"로 통합되었으며, 1995년 1월 1일, 북제주군 조례에 따라 하귀리는 하귀1리(구 동귀리), 하귀2리(구 귀일리)로 분리되어 지금에 이르게 되었다.[12] 그러면서 친목회, 재경회 활동도 하귀 1리, 2리 구분 없이, 하귀라는 공동의 이름으로 함께 진행하게 되었다. 이런 활동이 지속되는 가운데, 2000년 1월 7일, 하귀발전협의회 창립 10주년 행사를 하면서 리명 환원 기념사업으로, 리명 환원 10주년이 되는 2003년까지 하귀마을에 "공동 추모 공간"을 만든다는 목표를 설정하게 된다. 이런 공동 추모 공간의 설립에는 1935년에 있었던 하귀의 독립운동 사료 발굴이 1993년 하귀 리명의 환원이 이루어지던 해에 있었던 것도 중요한 역할을 하였다. 그러면서 하귀에서 있었던 4.3 희생자에 대한 추모와 독립운동 유공자들에 대한 추모, 그리고 6.25 당시 하귀 출신의 전몰군경에 대한 추모 등을 함께 하는 공동 추모공간을 건립하겠다는 결정을 한다. 하귀발전위원회가 공동 추모 공간 설립을 논의한 당시의 협의 전문은 다음과 같다.

> "일본 군국주의의 침략으로 빼앗긴 주권과 자유를 되찾기 위하여 국내외적으로 수많은 순국선열과 애국지사들의 죽음을 무릎선 거룩한 희생과 온 민족의 줄기찬 항일투쟁이 될 때, 1935년 우리 고장 하귀리에도 주권회복에 앞장 선 획기적인 독립운동이 있었으나 하나의 설로 전해져 역사 속에서 파묻힐 뻔한 사실이 1993년에야 뒤늦게 알려져 우

12) 하명실, 2017. p53. 전우택 외. 2016. 연구보고서 p.57.

리 고장 독립운동의 모습과 실체가 드러나게 되었다. 이에 하귀발전협의회에서는 선인들의 항일정신과 명예를 회복시키고 하귀인의 소중한 정의 정신을 문화적 보배로 승화시키고, 또 국난을 당하여 국토방위와 자유 수호를 위해 젊음을 바쳐 호국간성으로 산화한 선인들의 고귀한 충렬의 넋을 고향 산천에 모셔 높이 찬양하고 명복을 빌며, 4.3사변에 억울한 죽임을 당한 원혼들의 영령을 고향땅 한자리에 모셔 그 넋을 위무하고 명복을 빌며 이 땅에 다시는 이와 같은 비극이 발생하지 않고 화합과 상생의 정신이 충만한 풍요의 고장을 만드는 데 그 목적을 두고 영모원 조성사업 계획을 수립한다."13)

이후 2000년 1월 28일 하귀발전협의회는 임시총회를 열어 '역경과 고난의 20세기를 마감하고 희망찬 새천년을 맞이하고', '부정에 항거할 줄 아는 하귀인의 기상과 전통을 이어 받는다'는 뜻을 가지고 "새천년 입춘맞이 하귀혼 살리기" 대축제 사업을 하기로 결의하였다. 그에 따라 축제가 2000년 2월 23일부터 24일까지 열렸고, 그러면서 공동 추모 공간 건립추진위원회를 구성하게 된다. 건립비용은 총 1억 2천만여 원이었다. 이 경비의 마련은 하귀 사람들의 자체 모금으로만 이루어졌고, 중앙 정부나 지방자치 정부의 지원은 없었다. 그 내용을 보면 다음과 같다. 2000년 2월 23일부터 24일까지 있었던 '새천년 입춘 맞이 하귀혼 살리기 대축제'를 통하여, 마을 주민 700여 명으로부터 3천만 원의 성금 모금을 시작으로, 2001년 신년하례회에서 하귀 출신 김용(경보전기(주))으로부터 전체 사업비용의 50%를 기탁 받게 된다. 그러면서 모금은 계속 이어졌고, 그렇게 하여 마련된 비용을 가지고 토지를 매입하게 된다. 그러면서 추모 비문을 검토하고, 4.3 희생자 명단을 확정하는 작업들이 진행되어, 마침내 2003년 5월 27일, 공동 추모공간으로서의 "영모원"의 제막식을 가지게 되

13) 하귀발전협의회, 영모원 건립 경과보고 자료

었다.[14] 당시에는 영모원의 건립이 철저히 하귀의 마을 사업이었고 행사였기 때문에, 제막식 때 도지사, 군수, 국회의원들은 참석하지 않았고, 하귀리가 속해 있는 애월읍의 읍장만이 참석하였다고 한다.[15]

공동 추모 공간으로서의 영모원은 다음과 같이 총 4개의 비로 구성되어 있다. ① 위국절사 영현비 – 하귀 출신으로 항일운동 활동을 하였던 22명의 이름이 적혀있고, 끝부분에 '80명'이 부기되어 있다. 소설가 오성찬이 비문을 썼다. ② 호국영령 충의비 - 하귀 출신으로 4.3 기간, 6.25, 월남전 등에서 군인, 경찰 또는 관련자 등으로 활동하다 죽은 사람들 총 47명의 명단이 새겨져 있다. 이 중 4.3 기간 중 죽은 사람은 총 12명이다. 이들 중 경찰이 2명, 교사 1명, 민보단 9명으로 이들은 무장대에 의하여 죽임을 당한 사람들이다. 나머지 35명은 군인으로 6.25와 월남전 때 죽은 사람들이다. ③ 4.3 희생자 각명비 - 4.3 희생자 304명 명단이 새겨져 있다. 이들은 전원 토벌대에 의하여 죽임을 당한 사람들이다. 장재성의 "4.3의 삭풍에 흩날린 꽃잎들이여"라는 제목의 추모시가 적혀 있다. ④ 4.3희생자 위령비 - 하귀 출신 고원정 작가의 "여기 와 고개 숙이라"라는 제목의 추모 글이 들어가 있다. 이상 4개 비에 적혀 있는 4개의 추모문의 내용은 다음과 같다.

3. 하귀 영모원의 4개 비문

1) 위국절사 영현비 비문 (오성찬 글)

"지난 날 우리 국토가 제국주의 일본의 손아귀에 들어 침묵을 강요받던 시절에도 지표면 아래를 흐르는 지하수처럼 뜨거운 민족혼에 바탕

14) 하명실. 2017. pp.53–54; 전우택 외. 2016. pp.58–59.
15) 오승국, 2013. p.48.

한 크고 작은 저항운동은 삼천리 강사 어느 곳에서도 그친 바가 없었다. 남녘의 섬 제주 또한 예외가 아니었으니, 진취적인 기상으로 도내에서 손꼽히던 하귀의 청년들이 그 뒷줄에 설 리는 만무했다. 당시 강문일, 박영순, 김홍규, 배두봉 선생 등 하귀의 피끓는 청년들은 조국의 독립을 되찾기 위해서는 무엇보다도 교육이 우선이라는 점을 자각하고 야학을 개설하였다. 하귀 1, 2구 두 곳에 각각 야학 소를 운영하였으며 애국심과 신학문에의 동경을 안고 모여든 학생이 근 백여 명에 달했으니 그 열기를 충분히 짐작할 수 있다 하겠다. 그 정열은 결국 만세운동으로 번졌으니 1935년 봄(5월 5일) 야학생 80여 명은 태극기를 들고 거리고 뛰쳐나와 관전동에서 미수샘까지 독립만세를 외치며 행진하다 왜경에 강제 진압을 당하고 20여명의 외도주재소에 끌려가게 되었다. 그 과정에서 위 네 분외에 강경생, 강창선, 김을봉, 고붕익, 양군삼, 양군찰 선생 등 10여명이 제주경찰서에 이송되었고 이어서 목포지청에까지 끌려가면서 선각자의 시련을 겪어야만 했다. 그 중 강문일, 박영순, 김홍규, 세 분은 목포에서의 1심 재판과 대구에서의 2심 재판을 거치면서 각각 징역 1년에 집행유예 4년을 선고받았다. 이토록 자랑스러운 투쟁의 기억과 기록이 뚜렷하고 분명하건만 해방 이후 이 어찌 부끄러운 일이라 하지 않으랴, 열사들의 후손된 우리들 모두 새삼 옷깃을 여미며 이 자리에 섰으니 피 끓는 그 분들의 목소리가 지금인 듯 들려오지 않는가. 그날의 교훈이 이토록 생생하니 고향을 사랑하고 나라를 생각하는 청소년들이라며 이 작은 빗들이 그분들을 기리는 마음의 끝이 아니라 작은 시작임을 다짐해야만 하리라."

2) 호국영령 충의비 비문

"한라 정기 굳게 맺힌 양지바른 곳에 / 온 향민 정성 모아 신성한 영단을 마련하여 / 고귀한 충혼을 모시도다. / 청춘 바쳐 나라 지킨 거룩한

넋들이여 / 그 공훈 천추에 길이 빛날진저 / 혹은 부모 형제 남겨 두고 지아비가 떠났도다. / 비통한 심정 절규하며 가슴이 에이고,/ 옷소매 적신지 어언 수십 성상이라. / 한 맺힌 탄식으로 잊은 날이 없다오. / 아아! 슬프도다!! / 숱한 세월 구천을 헤매이던 원혼들이시여! / 이제 향민의 지극 정성에 감응하사 / 원한의 상처 씻고 부디 안식하소서. / 호국 간성으로 산화한 충 열의 넋 높이 기려 / 향 사르고 헌화하며 삼가 명복을 비나니 / 여기 고향의 품에 안겨 고이 잠드소서."

3) 4.3 희생자 각명비 (장재성 글)

- 4.3의 삭풍에 흩날린 꽃잎들이여

여기- / 죄 없이 사라져간 / 이웃사람들의 넋을 달래는 / 비를 세운다.//

사상도 갈등도 모르던 / 숫접은 이웃들 / 모진 바람에 어쩌다 꺾이어 / 낙회되기 반세기 // 따뜻한 이웃의 체온으로 / 다시 돌아가 / 옛날처럼 살고픈 / 화합의 표상 앞에 //

너와 나 손 마주잡고 / 미쁜 마을 만들기를 다짐하노니 / 떠도는 원혼들이시여 / 돌아와 / 고향의 언덕에 안기소서.//

4) 4.3 희생자 위령비 비문 (고원정 글)

- 여기 와 고개 숙이라

"섬나라 이 땅에 태어난 이들은 모두 여기 와서 옷깃을 여미라. 해방의 감격이 채 가시기도 전, 6·25의 아픔이 한반도에 닥치기도 전에 이 죄 없는 땅 죄 없는 백성들 위에 아직도 정체 모를 먹구름 일어나서 그 수많은 목숨들이 지금도 무심한 저 산과 들과 바다 위에 뿌려졌으니, 어느 주검인들 무참하지 않았겠으며 어느 혼백인들 원통하지 않았으랴. 단지 살아 있는 죄로 소리 내어 울지도 못한 마음들은 또 어떠했으랴. 죽은 이는 죽은 대로 살아남는 이는 살아있는 대로 제 자지를 찾지 못한 채 허공에 발 디디고 살아오기 어언 50여 년… 아버지보다 오래 살고 어머니보다 나이 들어서야 여기 모인 우리들은 이제 하늘의 몫은 하늘에 맡기고 역사의 몫은 역사에 맡기려 한다. 오래고 아픈 상채기를 더는 파헤치지 않으려 한다. 다만 함께 살아남은 자의 도리로 그 위에 한 삽 고운 흙을 뿌리려 한다. 그 자리에서 피가 멎고 딱지가 앉아 뽀얀 새살마저 살아날 날을 기다리려 한다. 지난 세월을 돌아보면 모두가 희생자이기에 모두가 용서한다는 뜻으로 모두가 함께 이 빗돌을 세우나니 죽은 이는 부디 눈을 감고 산 자들은 서로 손을 잡으라. 이제야 비로소 지극한 슬픔의 땅에 지극한 눈물로 지극한 화해의 말을 새기나니, 지난 50여 년이 길고 한스러워도 앞으로 올 날들이 더 길고 밝을 것을 믿기로 하자. 그러니 이 돌 앞에서는 더 이상 원도 한도 말하지 말자. 다만 섬나라 이 땅에 태어난 이들은 모두 한번쯤 여기 와서 고개를 숙이라."

4. 영모원 건립 이후의 하귀

영모원은 독립운동을 한 위국절사, 6.25 때 참전하였던 호국영령, 그리고 4.3 희생자라는 세 개의 이질적 집단이지만, 모두 한 시대를 함께 살아간 하귀 출신 사람이라는 동질적 집단을 추모하는 공간이다. 그 3개 집단을 함께 추모하는 합동위령제가 일 년에 총 4회씩 있게 된다. 음력 1월 3일에는 영모원에 모신 모두를 위한 위령제를 지낸다. 유가족, 출향민, 마을 사람들이 오전 8시에 모두 모여 승려가 주관하는 제를 함께 지내고, 9시에는 위령비 제를 지낸다. 그 후 10시에는 하귀 1리 사람들과 2리 사람들이 함께 모여 합동 세배를 한다. 그리고 나머지 세 번의 합동위령제는 각 집단을 상징하는 날에 모여 함께 지낸다. 독립운동을 하였던 위국절사를 위하여는 3.1절인 3월 1일에, 호국영령을 기리기 위하여는 현충일인 6월 6일에, 그리고 4.3 희생자를 위하여는 4월 3일에 합동 분향을 한다. 이때에도 마을 주민, 유가족, 출향민 등이 모두 한 자리에 모인다. 영모원의 일은 마을 전체의 일이라는 생각으로 주민 전체가 함께 관리하고 운영한다. 그래서 마을에서 한꺼번에 위령제 상을 차리고, 축문도 한꺼번에 읽는다. 또한 제수 준비도 마을 주민들이 스스로 한다. 마을 주민들은 "영모원에 관련된 일은 마을의 일이지 유가족의 일이 아니다"라는 생각을 가지고 있다.[16]

2003년 5월 27일에 있었던 영모원의 건립 이후, 하귀리 밖에서는 제주 4.3 관련된 많은 일련의 일들이 진행되었다. 같은 해인 2003년 10월 15일, 제주 4.3에 대한 정부의 공식 진상보고서인 〈제주 4.3사건 진상조사보고서〉가 정부의 〈제주 4.3사건 진상 규명 및 희생자 명예회복위원회〉에서 발표되었다. 그리고 보름 뒤인 2003년 10월 31일, 노무현 대통령의 제주 4.3 사건에 대한 공식 사과가 있게 되었다.[17] 그에 따라 4.3의 희생자들은 더 이상 "빨갱이"들이 아닌, "희생자"라는 신분을 가지게 되고, 그로 인하여 역사적인 명예회복이 이루어지게 된다. 그리고 2008년 제주 4.3평화기념관이 개관되고, 4.3 희생자들의 위패가 모셔지면서 공식적인 추모 공간을 마련하게 된다. 실제로 영모원의 건립은 위에서 이야기된 일들이 국가적 차원에서 벌어지기 전에 먼저 준비되었고, 먼저 건립되었다는 점에서 그 의미를 가진다. 정부의 진상보고서 채택과 공식 사과 등의 사회적 변화는 그동안 많은 갈등을 가지고 있었던 제주 사회 내에서도 변화를 만들어 내기 시작하였다. 제주 경우회와 제주도 4.3사건 희생자 유족회의

---

16) 전우택 외. 2016. p.59.

17) 양조훈, 4.3 그 진실을 찾아서. 선인. 2015. pp.383-403.

화해 과정이 있으면서 2013년 8월 2일 양 기관의 '화해와 상생을 위한 공동 기자회견'까지 있게 된다.[18] 하귀의 영모원 건립은 이후, 제주의 다른 마을들에서도 이런 공동 추모 공간을 만드는 자극제가 되어, 상가리에서 2006년, 장전리에서 2015년에 공동 추모 공간이 건립되었다.[19] 그러면서 제주의 작은 한 마을의 일로서 있었던 영모원의 건립과 이후 운영의 모습은 점차 학계의 주목을 받기 시작한다. 제주도와 한반도에서 이념대결로 있었던 깊은 상처에 대한 화해와 상생의 모델로 영모원이 해석되고 제시되기 시작한 것이었다.[20][21] 그리고 2020년 4월 3일, 제72회 4.3 추념식에 참석하였던 문재인 대통령은, 식후에 영모원을 직접 방문함으로써, 영모원은 언론들을 통하여 일반 국민들에게도 널리 알려지는 기회를 가지게 되었다.

III. 영모원 건립의 배경과 이유

1. 영모원 건립에 있어 하귀 외부의 배경과 이유

1) 4.3에 대한 사회정치적 상황 변화

영모원이 건립될 수 있었던 가장 큰 배경적 요인 중 하나는 제주 4.3을 다루는 한국의 정치사회적 분위기와 여건이 변화되어가고 있었다는 것이다. 4.3은 그 사건 자체도 큰 비극이었지만, 4.3이 공식적으로 종료되었던 1954년 9월 21일 이후부터 새로운 비극으로 이어진다. 가장 대표적

---

18) 양조훈, pp.513-522; 전우택 외. 연구보고서 pp.85-106.

19) 전우택 외. 2016. pp.59-70.

20) Myung-Lim Park. Towards a Universal Medel of Reconciliation: The Case of Jeju 4.3 Incident. Journal of Korean Religions. 9/1. 2018. pp.105-130.

21) 전우택 외. 2016. p.110-113, pp.119-120.

인 것은 연좌제에 의한 피해였다. 이것을 정부의 공식보고서인 〈제주 4.3 사건 진상보고서〉에서는 다음과 같이 기록하고 있다.

> 제주4·3사건의 또 다른 아픔은 당시 사망·행방불명된 사람들의 무고한 희생이 당대에 그치지 않고 그 유가족들에게 대물림된다는 것이다. 사태의 와중에서 군·경 토벌대에 의해 죽임을 당하거나 사법 처리를 받았다는 이유만으로 희생자 유가족들은 연좌제에 의해 감시당하고 사회 활동에 심한 제약을 받았다. 제주사회 공동체에 엄청난 상흔을 남긴 4·3사건의 악몽이 반세기 가까이 유족들에게까지 이어졌던 것이다. 제주도민들과 희생자 유가족들은 법적 근거도 없는 연좌제로 인해 정상적인 사회생활을 누리지 못하고 레드 콤플렉스에 시달려야 했다. 4·3사건의 경우 이미 1950년 8월에 27,000명의 보도연맹원과 5만여 명의 사건 관련자 가족들이 사찰당국에 의해 별도로 관리되었다. 제주도 경찰·행정당국에는 당시 관련자 명부가 따로 비치되어 각종 신원조회에 근거자료로 활용되었다. 경찰이 관리하다가 파기되지 않고 외부로 유출되어 최근에 공개된 『형살자명부』나 각 읍·면사무소에 남아 있는 『전과자명부』 등이 그것이다. 『형살자명부』는 각 리별로 4·3사건으로 총살·징역·압송된 사람들의 명단, '숙청' 일시, 장소 등을 적고, 별도로 유가족 상황을 빠짐없이 기재한 명부이다. 이 명부는 그 작성·비치 목적이 4·3사건 관련자의 유가족 관리를 위한, 즉 연좌제 적용 문서인 것이다.[22)]

또 다른 비극은 4.3의 진상 규명을 위한 노력들에 따른 고통이었다. 4.3의 진상 규명 노력은 물론, 4.3이라는 단어 자체가 불온한 금기 용어

22) 제주4·3사건진상보고서작성기획단, 『제주4·3사건진상보고서』. 제주4·3사건진상규명및희생자명예회복위원회. 2003. pp.496–500.

가 되었다. 그에 따라 1960년 4.19 직후 제주 대학생들과 제주 국회의원들의 진상 조사 활동이 있었으나, 1961년 5.16 군사정변과 함께 관련 대학생들은 검거되었고, 그 후 20여 년 간 4.3에 대한 모든 논의는 금기시 되었다. 그러다가 1978년 현기영의 소설 〈순이삼촌〉이 출간되면서 그 진상의 일부분이 세상에 알려지기 시작하게 되었다. 그러나 현기영은 이 소설로 말미암아 옥고를 치른다. 그 후 1987년, 이산하의 장편서사시 〈한라산〉이 발표되면서 다시 사회적으로 큰 파문이 있었고, 이산하 역시 감옥에 가게 된다. 이런 사회정치적 상황 속에서 공식적으로 4.3 진상규명을 한다거나, 4.3 희생자를 추모한다는 것은 불가능한 일이었던 시간이 흘러가게 된다.[23)]

그러던 중 1987년 한국에 민주화가 이루어지기 시작하면서 마침내 4.3 진상규명에 대한 논의에 변화가 시작되었다. 그리하여 1989년 제1회 제주항쟁 추모제가 열렸고, 제주 4.3연구소가 발족되었다. 그리고 제주신문에 〈4.3의 증언〉이라는 기획연재물(반장 양조훈)이 1989년 4월부터 시작되면서, 처음으로 일반 사람들에게 4.3의 진상들이 전달되기 시작하였다. 이 기획연재물은 1990년 제민일보의 〈4.3은 말한다〉로 이어져, 1999년까지 총 456회의 장기연재가 된다.[24)] 이렇게 되면서 1990년 6월, 유족들은 '제주4.3사건 민간인희생자 유족회'를 조직하였고, 1993년 제주도의회는 '4.3특별위원회'를 설치하여 읍, 면별 피해 실태 조사에 착수하게 된다. 그리고 같은 해 10월, 제주도의회와 제주지역총학생회협의회가 4.3특별법 제정과 특위 구성을 촉구하는 청원서를 국회에 제출한다. 이런 가운데, 1997년 12월, 당시 대통령 후보였던 김대중은 4.3사건의 진상 규명과 명

23) 양조훈, 2015. pp.19－23.

24) 1988－2015 제주4·3희생자유족회 27년사. 제주4.3희생자 유족회. 도서출판 각. 2015. pp.98－99; 양조훈. 4.3 그 진실을 찾아서. 선인. 2015. pp.11－34, pp.60－69.

예회복을 대통령 선거 공약으로 내세웠고, 대통령에 당선되자, 이를 위한 활동에 들어간다. 그에 따라 1999년 12월 16일, 국회 본회의에서 "제주 4.3사건 진상규명 및 희생자 명예회복에 대한 특별법"이 통과되었다.[25)] 2000년 1월 7일 하귀발전협의회의"공동 추모 공간 건립"추진 논의는 이 특별법이 통과된 직후에 있었던 일이었다. 이런 정치사회적 시대변화가 하귀에서 4.3희생자를 추모하는 비를 세우겠다는 생각을 할 수 있게 만들었다고 할 수 있다. 즉 "빨갱이"를 추모할 수는 없지만,"희생자"는 추모할 수 있다는 생각을 할 수 있게 시대가 변한 것이 원인이 된 것이다.

2) 제주도 주민들이 가진 의식의 특징과 변화

해방 후부터 6.25를 거치는 기간 중, 이념적 이유 등으로 인하여 마을 안의 많은 사람들이 죽었던 것은 제주 하귀에서만 있었던 것은 아니었다. 그런 일들은 한반도 전역의 수많은 마을에서 발생하였다. 그럼에도 불구하고 영모원이라는 공동 추모 공간이 제주의 하귀에서 가장 먼저 건립될 수 있었던 것은 하귀가 가진 특성이기 앞서, 제주라는 지역이 가진 특성과 연관되는 측면이 있다고 볼 수 있다. 그 내용은 다음과 같이 볼 수 있다.

(1) 이념보다 고향이 더 상위의 정체성 요소였다

심리발달학자 에릭 에릭슨은 개인의 정체감을 심리사회적 정체감(psychosocial identity)과 개별적 정체감(individual identity)으로 구별하였다. 여기서 심리사회적 정체감이란 객관적 측면에서 개인이 속하고 있는 집단에 대한 귀속감 또는 일체감을 의미한다. 누구나 정도의 차이는 있어도 자신이 태어나고 살아간 집안, 지역, 민족, 국가, 학교, 직장, 종교, 이

25) 양조훈, 2015. pp.233-286; 전우택 외. 2016. pp.31-32.

념 등에 대한 소속감 속에서 그것을 자신의 정체감으로 가지게 된다. 그러나 그것들 중 어느 것을 더 우위에 두는 요소로 보는가에서 개인 간, 그리고 집단 간 차이가 나타날 수 있다. 개별적 정체감이란 좀 더 주관적 측면의 것으로, 집단적인 정체의식 속에서도 개인이 자신은 타인과 다른 고유한 존재라는 의식을 가지는 것을 의미한다.[26)]

한 인간이 자신의 정체성을 규정하는 데는 다양한 요소들이 작동을 한다. 출신 집안, 신분, 사회경제적 지위, 교육 경험, 종교, 성별, 이념, 그리고 출신지역 등이 크고 작게 상호간 영향을 끼치면서 최종적인 정체성을 만들어 낸다고 할 수 있다. 그런데 이런 정체성은 스스로 자신에게 부여하는 정체성도 있지만, 타인이 어떤 사람에게 "그는 누구이다"라고 규정하는 정체성도 있다는 점에서, 더욱 복합적이다. 즉 한 사회가 어떤 인간을 누구라고 규정하는가는 그 사회의 특성을 반영하며, 그런 사회에 의하여 규정되는 한 인간의 정체성은, 한 인간이 스스로를 규정하는 정체성과 깊은 상호관계를 가진다고 할 수 있다.

해방 후 시기를 거쳐, 6.25 기간, 그리고 정전 후 시대를 가로지르면서, 한국인들은 자신의 정체성을 규정하는 요소들이 끊임없이 역동적으로 변화하는 체험을 하여 왔다. 전통적으로 조선시대에는 출신 신분과 출신 집안이 가장 중요한 정체성의 기반이었다고 할 수 있다. 이 혈연이 사회경제적 수준 및 그 이후의 교육 기회(학연)와 직접 연관되었다. 낮은 신분으로 태어나면(혈연), 사회경제적으로도 낮아질 수밖에 없었고, 그것은 좋은 학연을 만들 수 있는 기회도 박탈되는 결과를 만들었다. 이것이 일제강점기를 거치면서, 일종의 과도기적 변화를 보이게 된다. 물론 과거 조선시대 기준으로 보았을 때, 어떤 신분으로 태어났는가가 그 후의 삶에

26) 현성용, 김교헌, 김미리혜 등. 현대 심리학의 이해(3판), ㈜학지사. 2015. pp.283－284.

어느 정도 영향을 끼쳤으나 그것이 과거 조선시대만큼 절대적 의미를 가지지 못하는 세상으로 점차 변해가기 시작하였다. 예를 들어 얼마나 빨리 신식 문물을 받아들이고 자식들에게 신교육을 시키는가, 그리고 얼마만큼의 돈을 벌었는가가 개개인의 새로운 정체성 형성 기반이 되기 시작한 것이었다. 그러면서 전통적으로 중요하게 생각되어 왔던 출생 지역과 고향이 정체성에 끼치는 영향도, 인구 이동이 더 활발해지고, 도시화가 진행되면서, 과거보다는 상대적으로 그 중요성이 줄어들게 되었다. 그렇게 혈연도, 지연도 그 중요성이 과거보다 상대적으로 줄어든 상태에서 일제 패망과 해방이 왔다. 해방은 단순히 일본 통치가 끝나는 것만을 의미하지 않았다. 해방된 한반도를 누가 통치하냐는 것을 결정하여야 했다. 그리고 그 "누구"를 결정하는 것은, 새로이 형성되기 시작한 세계적인 냉전 체제 속에서 "이념"을 바탕으로 가진 주변 강대국들과 절대적으로 연결되었다. 해방 후 한반도에서는 "이념"이라는 "새로운 정체성의 조건"이 생기게 된 것이다. 이것은 혈연도, 지연도, 학연도 뛰어넘는 완전히 새로운, 그러나 그 시대 속에서는 가장 강력한 정체성의 요소가 되기 시작한다. 이념이 다르게 되면, 어떤 혈연이든, 지연이든, 학연이든, 다 무시되고, 그를 "적", "말살해야 하는 대상"으로 규정하는 "이념의 절대 우위 시대"가 열리게 된 것이다. 해방 후 기간부터 한국전쟁 시기 동안은 그야말로 "이념의 절대 우위 시대"였다. 이념이 같으면 과거사를 불문하고 같은 편이 되었고, 이념이 다르면 다른 편이 되는 것이었다. 그 이외의 다른 정체성 요인은 일단 다 무시되어야만 하였다.

그러나 제주도는 그런 면에서 뭍(육지)과 분명한 차이를 가지는 지역이었다고 할 수 있었다. 제주 사람들은 지정학적 특징에 의하여 아주 긴 세월에 걸쳐 형성된 강한 '제주 사람'으로서의 지역의식을 가지고 있었다. 육지와는 분리된 척박한 자연 환경 속에서 생존을 위하여는 서로에게 의존하면서 함께 살아가는 공동체 의식이 발달하여야 하였고, 유배지로서 존재하면서 인구 이동이 어려운 상황 속에서, 많은 경우 한 마을이 몇 개의 혈연 공동체로 구성되는 일들이 있으면서, 지연과 혈연이 함께 하는, 아주 특별한 지역 공동체가 형성되어 왔다.27) 그것은 해방 후 시기와 6.25 전쟁 시기를 거치면서도 상대적으로 큰 변화를 가지지 않고 지속된 측면이 있었다. 즉 비교적 느슨한 지역 공동체 의식 속에서, 이념이 다르면 지역 공동체 의식을 부정하고 바로 적으로 규정하여 싸우는 것이 일반화되었던 육지의 문화와 분위기에 대항하여, 제주 사람들은 이념보다는 혈연 등까지 연결되어 있던 강력한 지역 공동체 의식이 상대적으로 더 강하였다고 볼 수 있다. 그러다 보니, 같은 마을 출신 사람이라는 점은, 그의 이념과 상관없이, 그 마을이 기억하여야 할 가치와 자격을 갖춘 것으로 보는 인식이 있을 수 있었다. 이것이 제주도의 일반적 정서를 보여주며, 그것이 하귀에서도 작동하였다고 할 수 있을 것이다.28)

(2) 역사를 바라보는 시각이 확대되었다

영모원과 같은 공동 추모 시설이 만들어지는 데는 제주 사람들이 가

---

27) 지금도 제주 사람들은 자신과 자신의 집안을 소개할 때 입도(入島) 몇 대라는 이야기를 한다. 몇 대 조상부터 제주도에 들어와 살기 시작했는지를 밝히는 것이다.

28) 전우택 등은 연구보고서에서 이것을 다음과 같이 설명한 바 있다. "...(하귀에 공동 추모 공간이 만들어진 것은) 강력한 마을 공동체 중심의 사고가 있었기 때문이었다. 제주 지역이 가지고 있는 강력한 지역 공동체 의식, 마을공동체 우선주의가 이런 일을 가능하게 만든 측면이 있었다. 그러면서 공동 추모 공간을 만든 마을들에서는 4·3 당시, 그 사람이 정치적으로 어떤 상황 속에서 어떤 일들이 있었는가도 중요하지만, 그 사람이 이 마을 출신 사람이라는 것에 생각, 즉, 그 사람들의 정체성에 있어 그들이 이 마을 출신이라는 것이 중요하게 간주되는 것들이 있었다. 그러면서 공동 추모비 건립과 같은 일도 그 마을의 유가족들이 중심이 되어서 하는 것이 아니라, 마을 공동체가 중심이 되어 진행하였다는 것이 이 일이 성공할 수 있었던 중요한 이유가 되었다. 유가족이 중심이 되어서는 아무래도 큰 원칙보다는 작은 감정에 더 휘둘릴 가능성이 더 있었을 터인데... 이런 마을 중심적 의식이 강한 가운데, 공동 추모 공간 조성과 행사의 준비 등이 마을에서 독립적으로 이루어졌다는 것도 중요한 요인이 되었다."(전우택 외. 2016. p.111)

지게 되는 역사를 바라보는 시각의 확대와 유연성이 그 중심 역할을 한 측면이 있다. 즉, 4.3의 경험 속에서 자신들이 증오하여야 하는 대상을 변화시켜 나간 의식의 변화가 이들로 하여금 공동 추모의 공간을 만들 수 있는 발상을 가능하게 한 것이었다. 이것은 다음과 같은 세 가지 측면과 연관된다고 보여진다.

첫째, 4.3 진상규명에 있어, 초기에는 "현장 진상 규명"에 방점이 있었지만, 어느 정도 현장 진상 규명이 이루어진 후, 이것이 점차 "배경 진상 규명"으로 바뀌어 가면서 4.3 사건이라는 것이 가진 배경, 즉 현장에서 총을 쏘고 죽인 군경의 문제가 아닌, 그것을 명령하였던 현장 속에서는 보이지 않았던 더 상층부의 대한민국 정부, 그리고 더 나아가 미국 정부의 책임 문제로 비난의 대상이 변화된 측면이 있다.[29)]

둘째, 그 시대 전체를 보는 시각이 달라졌다는 것이다. 역사적으로 냉전 시대 속에서 공산주의를 확산시키려는 힘과 그것을 경계하고 억제하려 하였던 자유민주주의와 자본주의 힘의 강력한 충돌 지대로서 한반도가 가진 지정학적 위치와 상황, 그리고 그 상황 속에서의 신생국가 대한민국의 선택, 미국의 판단 등을 모두 종합적으로 고려하는 역사에 대한 거시적 시각이 생기게 되었다는 것이다.

셋째, 강력한 지역 공동체 의식이 여기서도 작동한 부분이 있을 수 있다. 어떻게 보면, 4.3은 당시의 정국에 대한 해석과 이해, 그리고 앞으로 만들어져야 하는 국가에 대한 생각의 차이에 의하여 만들어진 측면도 있지만, 다른 시각으로 보면 대부분의 제주 사람들이 공유하고 있던 생각에 반대하는 육지(뭍)의 사람들이 제주로 들어와 제주 사람들을 살육한 일로 볼 수도 있는 것이다. 즉 이념의 문제가 아닌, 긴 역사를 가지고 있는 '뭍의 사람'과 '섬의 사람'의 문제로 4.3을 바라보는 시각도 일부분 있

29) 양조훈, 2015. pp.81－93.

을 수 있게 되었다는 것이다. 그러면서, 제주 사람을 죽도록 한 것이 토벌대이든, 무장대이든, 제주 사람들은 그 시절 죽어갔던 제주 사람들을 추모하는 것이 마땅하다는 식의 시각도 있을 수 있게 되었다.

이렇게 4.3을 바라보는 시각이 좀 더 확대되고 다각화되면서, 마을 현장에서 상부의 지시를 받아 주민 학살을 수행한 사람들 역시, "가해자"이기 앞서, 시대의 상황 속에서 또 다른 역사의 "피해자". "희생자"라는 해석이 생길 수 있는 여지가 만들어지게 되었다. 그리고 그들조차 "희생자"라면, 그들은 기존 4.3 희생자들과 함께 추모될 수 있는 존재들이라 생각할 수 있게 된 것이었다.[30] 개신교도와 구교도 사이에 극심한 충돌과 갈등이 있었던 북아일랜드의 사회치유 기관 "기억을 통한 치유"(Healing Through Remembering)에서 만든 문건 "과거를 다루는 핵심적 가치와 원칙"(Core Values and Principles for Dealing With Past)에서는 과거 기억과 역사에 대한 접근이 구조적이고 전체적이어야 함을 다음과 같이 언급한 바 있다.

> 과거를 다루는 데 있어 구조적, 전체적 접근이 중요하다. 과거사에 대한 단편적인 접근은 사회 전체의 필요를 충족시키지 못한다. 과거는 다양한 이슈들을 포함하고 있고, 그것들은 때로 상호충돌을 하기도 한다. 그러므로 구조적이고 총체적인 접근만이 이 문제를 다룰 수 있다... 과거를 다루는 기전(mechanism) 사이에서도 조율과 조정이 필요하다. 과거를 구조적으로 다루어야만 결론을 내릴 수 있다... 과거를 다루는 데 단 하나의 해결책은 없다.[31]

30) 이러한 시각을 가장 선명하게 나타낸 표현이 고원정이 쓴 영모원 4.3 희생자 위령비의 비문 속에 나온다. "...지난 세월을 돌아보면 모두가 희생자이기에 모두가 용서한다는 뜻으로 모두가 함께 이 빗돌을 세우나니 죽은 이는 부디 눈을 감고 산 자들은 서로 손을 잡으라."

31) Healing Through Remembering, "Core Values and Principles for Dealing With

역시 북아일랜드에서 사회치유를 위하여 활동하는 기관인 Toward Understanding and Healing(TUH)에서 발간한 책인 "훈련 매뉴얼: 이해와 치유를 향하여"(Training Manual : Toward Understanding and Healing)에 수록된 글로 Johnstone McMaster가 쓴 "윤리적이고 공유된 기억"(Ethically and Shared Memory)에서는 과거 역사를 컨텍스트(맥락) 안에서 기억하여야 한다면서 다음과 같이 언급한 바 있다.

> '과거는 외국(外國)과 같다'라는 말은 분명한 사실이다. 언어, 세계관, 상상의 형식, 문화 등에서 과거는 현재와 전혀 다른 공간이기 때문이다. 그러므로 과거를 현재의 척도(기준)를 가지고 기억하는 것은 우리 자신을 속이는 일이고 무책임한 짓이다. 그러나 정치적 필요나 체면에서 벗어나 기억을 한다는 것은 매우 어려운 일이다. 그래서 기억을 위해서는 — 사건이 있었던 — 그 시대에 대한 전체적이고 종합적인 이해가 필요하다.[32)]

(3) 4.3 현장의 복잡성을 인정하였고, 이후 사적 보복이 없었다

4.3사건 시기에 있었던 마을마다의 학살 현장은 사실 매우 복잡한 요소들로 뒤섞여 있는 측면이 있었다. 당연히 일차적이고도 가장 눈앞에 드러나는 요소는 이념이었다. 그러나 그 이념을 앞세운 이면에는 매우 복잡한 요소들이 섞여 있었다. 예를 들어, 실제로 제주에서 무장대를 토벌

---

the Past."
www.healingthroughremembering.org. 전우택, 박병림 외. 트라우마와 사회치유. 역사비평사. 2019. p.74에서 재인용.

32) Johnstone McMaster. Ethically and Shared Memory. Liam O'Hagan, Training Manual : Toward Understanding and Healing. Toward Understanding and Healing, 2014. pp.96-98. 전우택, 박명림 외. 트라우마와 사회치유. 역사비평사. 2019. p.80에서 재인용.

하였던 군인들, 중산간 마을을 초토화하였던 군인들은 대부분이 제주 출신이 아닌 육지 출신 군인들이었다. 외부와의 접촉 경험을 많이 가지지 못하였던 제주 중산간 마을 사람들이 쓰는 제주 방언을 외부에서 온 군경들은 쉽게 알아듣기 어려웠다. 또한 군경과 같이 다니면서 실제로 잔혹 행위를 하였던 사람들로 지목되는 서북청년단 사람들은 북한에서 공산주의자들에 의하여 가족의 생명과 재산을 잃고 남한으로 피난 내려온, 공산주의자들에 대한 강한 증오심을 가지고 있었던 사람들이었다. 마을 안에서도, 주민들은 긴 세월 한 마을 안에 살면서 복잡한 크고 작은 애증의 사연 속에 얽혀 있는 관계들도 있을 수 있었다. 그 상황에서 4.3사건이 터진 것이었다. 목숨을 지키기 위하여 산으로 올라갔다가 무장대에 들어간 사람들도 있었고, 이념의 선택이 아닌, 목숨을 보존하기 위하여 군대나 경찰에 들어간 사람들도 있었다. 자신과 가족이 살기 위하여, 토벌대든 무장대든 어느 편에다가 마을 사람들의 상황을 밀고하는 일들도 있었는데, 그 밀고의 내용이 정확한 것도 있었고 허위의 것도 있을 수 있었다. 가장 비참했던 것은 보복학살이었다. 토벌대는 무장대로 산에 올라간 사람들의 가족들을 학살하였고, 그 학살 과정에서 같은 마을 사람들의 손을 이용하기도 하였다. 민보단[33]에 들어가 있던 사람들은 그렇게 강제적으로 마을

---

33) 민보단(民保團)은 제주4.3 당시 군경 토벌대 진압 작전에 협조하고 치안 유지 활동에 참여했던 향토 자위 조직이었다. 1948년 4.3 무장봉기 이후, 남로당 무장대와의 전투가 장기화되고 군경 토벌대의 병력 부족 문제가 심화되자, 정부(미군정 및 대한민국 정부 수립 이후)는 마을 단위의 향토방위 및 치안 유지를 명분으로 민간인을 동원하여 민보단을 조직하도록 하였다. 이에 따라 주로 마을의 청년층을 중심으로 구성되었으며, 무장대 측에 반대하는 우익 성향의 주민들이 자발적 또는 강제적으로 참여하기도 하였다. 이들은 공식적인 군경 조직은 아니었지만, 사실상 우익 진영의 준군사 조직이었다. 이들은 무장대의 습격으로부터 마을을 지키는 자위 활동을 수행하였고, 한라산 중산간 지역을 수색하는 토벌 작전에 동원되기도 하였다. 동시에, 무장대와 관련된 주민이나 좌익 성향으로 의심되는 사람들에 대한 정보를 수집하고 군경에 제공하는 밀고 및 감시 활동을 하기도 하였다. 그러면서 민보단은 4.3사건의 복잡한 비극 속에서 민간인 대 민간인의 갈등을 심화시키면서, 무장대와

사람들을 죽여야 했던 경우들도 있었고, 그 일에 의하여 다시 민보단 사람들은 무장대에 의하여 죽임을 당하여야 하기도 하였다. 피해와 가해가 중첩되는 일들이 마을 사람들의 눈앞에서 그렇게 벌어졌던 것이다.[34] 그렇게 벌어졌던 일들 중 어떤 것은 마을 사람들이 다 알게 된 것도 있었고, 끝까지 감춰진 것도 있었다. 이 모든 복잡성이 뒤섞여 벌어진 것이 제주 4.3사건이었다.[35] 그러면서 그야말로, 죽었으면 모두 피해자이고 살았으면 모두 가해자라는 인식까지도 있게 되었다. 이것을 최호근은 다음과 같이 설명하였다.

> 초토화 시기 중에서도 1948년 12월에 가장 많은 희생자가 발생한 것은 보복학살의 성격을 뚜렷하게 보여준다. 학살의 방식도 극악했다. 주민을 대상으로 민보단과 특공대를 만들어 토벌에 동원한 후 군경이 쉽게 총살할 수 있는 경우에도 주민들에게 창으로 찔러 죽이게 했다. 학살극에 마을 사람들을 공범으로 참여시켜, 마을공동체의 분열을 꾀했던 것이다. 그 결과 외부의 가해자들이 원했던 대로 마을공동체는 와해되고 말았다.[36]

군경의 대립이 마을 내부의 이념 대립과 보복 행위로 이어지는 데 연관되기도 하였다. 이에 따라 민보단원은 무장대의 공격 대상이 되어 희생당하기도 하였다.

34) 하명실, 2017. pp.36–39.

35) 전우택 등은 이것을 다음과 같이 설명한 바 있다. "… (공동 추모 공간을 만드는 일을) 이렇게 결정을 하는 데는, 4·3사건 당시 상황의 복잡성과 복합성을 누구보다도 마을 사람들은 잘 알고 있었기 때문이었다. 당시의 혼란스러운 상황 속에서 피해자와 가해자의 혼합 현상이 있었다. 이런 복잡한 상황들을 단지 좌우의 이념으로 갈라 이야기할 수 없었다는 것을 당시 현장 속에 있었던 마을 사람들은 알고 있었던 것이다."(전우택 외. 2016. p.112)

36) 최호근. 기념의 미래 - 기억의 정치 끝에서 기념문화를 이야기하다. 고려대학교출판부. 2019. p.94.

4.3사건이 최종적으로 종료된 이후, 제주의 사람들은 각자의 아픔과 사연을 가지고 다시 마을로 돌아와 살아가야 하였다. 누가 어떤 사정하에서 어떤 가해자였고, 어떤 피해자였는지를 서로 알았지만, 그것을 이유로 사적인 보복 행위들이 벌어지지는 않았다. 만일 제주 내에서 그런 사적인 보복 행위가 지속되어 왔었다면, 영모원과 같은 공동 추모 공간을 만드는 것은 불가능하였을 것이다. 물론, 이것은 6.25 이후, 남한에서는 강력한 반공 정치체제가 운영되었고, 아직 4.3사건 희생자들을 "빨갱이"라고 규정하고 있던 시기에 그들을 위해 어떤 보복 행동을 한다는 것은 곧 "친공적 행위"인 동시에, "반국가적 행위"로 몰릴 수밖에 없었던 강력한 외부 억제력이 작동한 것은 사실이었다. 그럼에도 불구하고, 한 마을에서 늘 얼굴을 보면서 살아가는 관계 속에서, 어떤 형태로든 가해와 보복은 있을 수 있었음에도 불구하고, 그런 보복이 없이 4.3사건의 과거를 그대로 마치 정지된 냉동 상태처럼 유지하면서 세월이 흘러가게 하였다. 이것은 새로운 원한을 만들어 내지 않았고, 과거의 원한을 세월 속에서 점차 옅어지게 만들었으며, 그런 가운데 당시 성인으로서 직접 4.3사건을 겪었던 세대들이 나이 들어 세상을 떠남으로써, 새로운 시각으로 이 문제를 보는 세대가 전면에 나서게 되었다는 것이 공동 추모 공간을 만들 수 있는 이유가 되었다고 할 수 있다.37)

---

37) 전우택 등은 이것을 다음과 같이 서술하였었다. "...역사적 인내심과 신중성이 있었다. 공동 추모 공간을 만들 수 있었던 것은 4·3사건이 있고 나서 지난 70년이 넘는 기간 동안 제주도 안에서 희생자 유족들이 개인적, 또는 집단적으로 적극성을 가지고 가해자를 찾고, 그들에 대한 복수를 시행하는 등의 행동을 하지 않았던 것이 중요한 배경이 될 수 있었다. 유족들은 유족회를 통하여서도 "가해자를 찾지 말고 유족회의 길을 가자"라는 이야기하여 왔었다. 즉 현실적으로 희생자와 유족들의 명예회복을 목적으로 하였던 것이다. 그리고 이런 방향으로 활동이 이루어지자, 그것은 점차 평화, 화해, 상생이라는 개념으로 이어져 갈 수 있게 된다. 그것이 이런 공동 추모 공간을 만드는 일을 가능하게 만드는 토양이 되었다. 따라서 이런 공동 추모 공간을 만들 때도 그 자체로 또 다른 갈등이 생기지 않도록 충분히 신중하고 조심스럽게 일을 진행하기 위한 노력들을 하였다."(전우택 외. 2016. p.112)

3) 새 밀레니엄 시대를 향한 적극적인 사고 전환 분위기

1997년 하반기부터 한국에는 소위 외환위기가 들이닥쳐서 최악의 경제 위기를 맞이하게 되었다. 그에 따라 12월 3일 대한민국 정부는 IMF에 구제금융을 요청하였고, 소위 'IMF 시대'에 들어가게 된다. 이런 경제적 위기는 역사상 처음으로 전통적인 여당 세력과 야당 세력 사이의 정권 교체가 이루어지도록 하였고 1998년 2월, 김대중 정부가 들어서는 획기적인 정치사회적 변화가 있게 된다. 이것은 기존의 생각이나 시각과는 전혀 다른 생각과 시각으로 세상을 보고 문제를 해결해 나가야만 하고, 또 그것을 할 수 있다는 의식들을 국민들에게 준 사건이었다. 그리고 대한민국은 매우 빠르고 성공적으로 IMF 구제금융을 갚아나가기 시작하여, 3년 만인 2000년 12월 4일, 김대중 대통령은 "국제 통화기금의 모든 차관을 상환하였고, 우리나라가 IMF 위기에서 완전히 벗어났다"라고 공식 발표를 할 수 있는 상황까지 갈 수 있었다. 20세기가 끝나고 21세기가 시작되는 2000년을 맞이하던 시기, 한국은 그런 위기와 위기 극복을 경험하는 과정 속에 있었다. 그리고 2000년을 맞이하면서 전체 사회적 분위기는 과거의 모든 부정적인 사건들과 요소들을 털어내고 이제부터는 무언가 밝고 긍정적인 새로운 시대를 열어나가야 한다는 생각을 모든 사람들이 강하게 공유하였다. 이런 소위 '새천년 의식'이 제주에서도 작동한 측면이 있다. 20세기는 제주에게 있어 고난과 고통의 역사가 점철되어 있었던 기간이었다. 그러기에 새천년이 시작되는 시점에서, 사람들을 짓누르고 있던 과거를 정리하고, 새로운 시대를 열어야 한다는 의식이 그 어느 때보다도 사람들의 마음을 강하게 이끌면서, 과거 같았으면 여러 요인들로 쉽게 꺼낼 수 없었을 생각들을 꺼내고 추진하였던 측면이 있다. 이런 새로운 발상에 대한 시대적 흐름이 4.3사건 희생자와 가해자를 함께 추모할 수 있

게 만든 요인이 되었다고 할 수 있다.[38)]

2. 영모원 건립에 있어 하귀 내부의 배경과 이유

앞에서는 한반도 안의 제주도라는 지역에서 공동 추모 공간이 왜 먼저 만들어질 수 있었는지를 검토해 보았다면, 이제부터는, 4.3사건을 겪은 수많은 제주의 마을들 중에서도, 왜 하귀에서 이런 일이 먼저 시작될 수 있었는지, 하귀의 내부의 배경과 이유에 대하여 검토해 보고자 한다.

1) 하귀를 자랑스러운 마을로 복귀시켜야 한다는 주민들의 의지가 강하였다

출신 마을에 대한 강한 소속감을 가지고 있고, 그것이 자기정체성에 큰 영향을 끼치는 제주 지역 중에서도 하귀 사람들은 전통적으로 자기 마을이 역사의 한가운데에서 중요한 역할을 하였고, 많은 인재를 배출한 자랑스러운 마을이라는 자부심이 컸다.[39)] 그러나 4.3을 겪으면서 떠안게 된 "빨갱이 마을"의 오명, 그로 인한 연좌제의 고통, 그리하여 마침내 제주도

38) 새천년에 들어서는 것에 대한 국민들의 새로운 기대와 희망을 나타내는 상징적 지표 중 하나로 2000년도의 출산율 급증을 예로 든다. "...즈믄둥이 붐의 결과 출산율이 회복되어 지난해에 비해 출생아 수가 증가했다. 그래서 인구 그래프를 보면 유달리 툭 튀어나와있다. 하지만 외환위기로 늦어진 결혼과 아기를 낳을 부모 세대의 인구수가 산아제한 정책으로 감소하는 시기였던 점 등의 요인으로 2000년 이후 출생아의 수는 계속 감소하여 2001년에는 1946년생 이후 오랜만이자 마지막으로 50만 명대를 기록했고, 2002년부터 출생아가 40만 명대로 떨어지는 등 출산율이 더 가파르게 급감하면서 결국 50만도 회복하지 못하고 있다." (나무위키, 검색어 '2000년' 2020년 11월 17일 검색)
https://namu.wiki/w/2000%EB%85%84.

39) 배광시 하귀발전협의회 공동위원장은 이것을 다음과 같이 말한 적이 있다. "하귀는 고려시대 항몽 격전지였고 일제 때는 독립만세운동이 일어났으며 해방 후에는 마을 이름이 바뀔 정도로 4.3사건으로 인한 피해가 컸다."(제주대 미디어. 2003년 6월 4일. 하명실 p.53에서 재인용)

내에서 유일하게 마을 이름까지 바꾸어야 했던 그 수모와 아픔을 이겨내 보고자 하는 열망이 그 어떤 마을보다도 더 강하였던 것으로 보인다. 하귀는 일제 강점기에 독립운동을 펼친 자랑스러운 역사를 가진 마을이며, 4.3 기간에 희생자만 난 마을이 아니라, 6.25 때 (그리고 그 후 월남전 때도) 국군과 경찰로서 조국을 위하여 싸우다 순국한 사람들도 많이 배출한 마을이라는 것을 드러내면서, 그 가운데 "억울하게 희생된" 마을 사람들을 공개적으로 추모함으로써, 마을의 아픈 과거를 털어내고자 하는 간절한 의지가 있었던 것이다. 여러 어려움이 있었음에도 불구하고 공동 추모공간을 추진한 추진위원회 고광선 공동대표는 당시를 이렇게 설명하였다.

> "(우리는) 하귀사람 인심을 세상에 보여야 한다. 다른 곳은 무서워서 못 한다. 비문 만들어 세우고 싶어 하는 마을들은 많지만 못할 때, 우리는 이걸 해야 한다."40)

2) 이질적인 것을 하나로 합친 마을의 공동 경험이 먼저 있었다

하나의 마을이 두 개의 서로 다른 이름으로 나뉘었었고, 그러면서 작은 지역주의로 갈등을 겪다가, 그것을 함께 극복하고 노력하여 잃어버렸던 과거의 이름을 함께 회복시켜 본 경험을 마을 사람들이 공유하였던 것은 그 어느 제주의 마을도 가지지 못하였던 특별한 것이었다. 이것은 하귀 사람들에게 중요한 체험이고 학습이었다고 할 수 있다. 그러면서 리명 환원 기념으로 두 개 마을이 공동으로 추진할 수 있는 더 의미 있는 사업을 추진하기를 적극적으로 원하였고, 그것이 공동 추모 공간을 만드는 것으로 발전해 갔다고 할 수 있다. 공동 추모 공간이라는 말에서 "공동"이란 "4.3사건의 희생자와 가해자 공동"이라는 의미도 가지지만, 실제

40) 고창선 영모원 건립추진위원회 공동위원장. 2020년 8월 13일. 연구팀과의 인터뷰.

적으로는 "하귀 1리와 하귀 2리 공동"이라는 의미도 있다. 하귀 1리와 하귀 2리가 공동으로 의미를 부여하고, 함께 할 수 있는 일을 찾으면서 공동 추모 공간 생각이 나온 것이다. 이런 "현재 사람들의 공동체 정신"은 "과거 역사 속 존재들의 공동체 정신"으로 바뀔 수 있었다. 그런 의미에서, 동귀리(하귀1리), 귀일리(하귀2리)가 "공동의 정신을 가지고 공동의 일을 추진하여 공동의 성취를 이룰 수 있었던 중간 경험"이 있었다는 것이, 하귀가 가장 먼저 공동 추모 공간으로서의 영모원을 만들 수 있었던 이유가 될 수 있었던 측면이 있다.

3) 영모원 건립추진위원회 활동을 하였던 사람들의 신중함이 있었다

아직 국회에서 4.3 특별법도 통과되기 이전이었던 그 시기에, 그리고 사회정치적 분위기가 서서히 바뀌고 있다 할지라도, 전통적인 냉전적 사고와 입장이 강고하게 존재하고 있던 그 시점에, 과거 나뉘어져 갈등이 있었던 두 개 마을이 공동으로 추모 공간 설립을 하겠다는 생각을 떠올리고 그것을 실제적으로 추진하였다는 것은 수많은 어려움을 해결하여야만 하는 일이었다. 이런 일을 하였던 전례도 없었고, 어떻게 처리하는 것이 잘하는 것인지에 대한 어떤 기준도 없는 가운데, 하귀라는 작은 마을의 공동 추모 공간 건립추진위원회는 그 문제를 하나씩 해결해 나간다. 여기서 주목할 만한 것은 그 건립추진위원회의 신중함이었다. 그것은 다음과 같은 네 가지 영역에서 나타났다.

(1) 4.3 희생자 명단을 작성하는 작업에서의 신중함

2003년 당시, 영모원에서 추모할 희생자 명단을 작성하는 것은 매우 예민한 일이었다. 2008년 개관하였던 제주 4.3 평화기념관 위패로 모시는 명단을 만드는 것에서 발생하였던 수많은 갈등들이 이 문제의 복잡함과 어려움을 극명하게 보여준다. 그런데 영모원의 희생자 명단을 만드는 작업은 제주 4.3 평화기념관 위패 명단을 만드는 일보다도 5년 전에 먼저 이루어진 일이었다. 그 어렵고 복잡한 일을 건립추진위원회는 매우 신중하게 접근하였다. 영모원 건립추진위원회 공동위원장이었던 고창선의 증언[41]에 따르면, 추진위원회에서는 일차로 마을 각 문중에서 성씨별로 희생자 명단을 만들어 제출하라고 요구하였다고 한다. 누구보다도 문중 사람들이 그 당시 희생자들을 잘 알고 있었고, 그 분들의 제사를 드리고 있었기 때문에 이것은 매우 현실적인 방법이었다. 그리고는 신중하게 그 명단 한 명 한 명에 대한 확인들을 시작하였다. 작은 마을이었기 때문에, 어떤 형태로든 당시 있었던 일들의 기억을 찾아내어 그들이 진정한 의미의 희생자인지 아닌지를 구분하는 일을 할 수 있었다고 하였다. 그러면서 실제로 무장대에 들어가 적극적으로 활동하였던 사람들은 추모 대상에 빠지는 일이 있게 된다. 당시 상황에서 갈등이 발생할 수 있는 요인들을 피하여 간 것이었다.[42][43] 그에 대하여 고창선 대표는 "우리는 역사적 증명

41) 고창선 영모원 건립추진위원회 공동위원장 증언. 2020년 8월 13일 본 연구팀과의 면담.

42) 하명실은 그의 논문에서 고창선, 배광시 등과의 면담 및 고택주의 과거 증언 등을 토대로 하여, 희생자 명단 확정시의 사용되었던 기준을 다음과 같은 3개로 정리하였다. "첫째, 희생자 신고는 유족이나, 유족이 아니더라도 희생자의 사정을 잘 아는 동네 사람이 할 수 있다. 다만 유족의 동의가 없는 경우는 영모원 희생자 명단에서 제외시킨다. 둘째, 무장대를 지휘했다는 사실이 명백한 자는 제외한다. 셋째, 1947년 3월 1일부터 1954년 9월 14일, 제주 4.3 시기에 사망하거나 행방불명된 사람을 대상으로 한다."(하명실, 2017. pp.56-57)

43) 최호근은 그의 책에서 희생자 명단 작성 과정을 다음과 같이 이야기 한다 "실제로 영모원 조성을 위해 2002년 2월에 처음 작성된 기초자료에서는 희생자 수가 400명을 넘았다. 2003년 초에는 〈각명비〉에 들어갈 329명과 〈충의비〉에 들어갈 12명의 명단이 다시 정리되었다, 최종적으로 〈각명비〉에는 304명만이 남았다. 그 사이에 배제의 논리가 강하게 작동한 것이다." (최호근, pp.93-94) 그러면서 좌익 활동을 하였던 사람으로 분류되고 있는 배두봉의 경우, 〈4.3희생자 각명비〉에는 이름이 들어가 있으나 4.3 특별법에 의하여 설립된 국가기관인 4.3중앙위원회로부터는 국가폭력 희생자로 공인받지 못하였음을 이야기하였다(최호근, 2019. p.92).

을 하는 것이 목적이 아니었고, 혼을 위로하기 위하여 한 일이었다"고 설명을 하였다. 이런 신중함에 의하여, 영모원은 추후에 추모 명단을 가지고 마을 안에서 갈등이 없었다는 중요한 특징을 보인다. 추진위원회는 신중하면서도 엄격한 기준에 따라 움직였는데, 마을 사람들이 그것을 받아들여 영모원 건립을 추진하는 과정을 가졌었기 때문에 가능하였던 결과였다.

(2) 4.3사건 당시 독립운동자 처리에 있어서의 신중함

"위국절사 분들도 전부 4.3사건에 연관이 되어 있었다... 독립운동에 참여하였던 분들은 해방 후 4.3 시기에 감옥 천장을 뜯어 탈출하여 육지와 이북으로 도망간 분들도 있었다. 이 분들은 다 독립운동에 관여하였던 분들인데, 그때까지만 해도 (영모원 건립 준비 당시), 이분들을 추모할 수가 없었다... 그래서 이 분들을 (전체 4.3 희생자 명단과) 같이 포함하는 것보다는 차라리 분리해서 비문을 세우는 것이 낫다고 판단하게 되었다... 그러나 당시에는 따로 세우기가 애매하였던 때인데, 마침 그때 (독립운동과 관련하여) 그분들이 정부로부터 표창을 받는 일이 있었다. 그래서 그 분들을 4.3사건 희생자가 아닌, 위국절사 명단에 넣어 모시게 되었다. 그것이 이 분들의 이름을 올리는 데 힘이 되었다."44)

아직도 사회주의 계열의 독립운동이 대한민국 독립운동사에 충분히 받아들여지기 어려운 상황이기에, 독립운동을 하였으면서, 해방 이후 좌익으로 해석될 여지가 있는 사람들의 명단을 어떻게 처리할지 조심스러운 측면이 있었던 것이다. 그리고 건립추진위원회는 이 사람들의 명단을 희생자가 아닌, 독립운동 위국절사비에 넣음으로써 이 문제를 해결하는

44) 고창선 영모원 건립추진위원회 공동위원장 증언. 2020년 8월 13일 본 연구팀과의 면담.

신중함을 보인다. 이것이 마을 사람 모두를 추모할 수 있는 방법으로 받아들여진 것이다.

(3) 민보단에 속하여 있다가 희생된 분들 처리에 있어서의 신중함

추모 명단을 작성하는 데 있어 추진위원회의 신중함을 볼 수 있는 또 다른 예는 민보단 관련 사항이었다. 민보단은 4.3사건 시기에 무장대가 마을에 들어와 피해를 입히는 것을 막기 위하여, 군경 토벌대의 지시하에 마을 사람들로 구성되어 운영되었던 마을을 지키는 조직이었다. 마을의 어른으로서 수동적으로 지정되어 참여하였던 사람들이 있었고, 그러다가 토벌대가 마을 사람들을 해칠 때, 강제적으로 그것에 참여하게 되어 희생자 가족들에게 큰 원한을 사게 된 사람들도 있었다. 그러면서 민보단 사람으로서 결국 무장대에 의하여 죽임을 당한 사람들도 있었던 것이다. 영모원 명단을 만드는 데 있어 이들을 어떻게 하여야 하는가도 매우 어렵고 민감한 문제였다. 이것을 최호근은 다음과 같이 서술하였다.

> …민보단 단원 중에는 2쌍의 부부, 그 외에 여성 2인의 이름이 포함되어 있어 눈길을 끈다. 크지 않은 대면공동체 안에서 밀물과 썰물처럼 연쇄적으로 발생한 보복살인의 정황을 암시해 주기 때문이다. 처음엔 이들도 4.3사건 희생자로 함께 올리자고 했으나, 서로 다른 죽음까지 한 비석에 새기는 일이 마뜩하지 않다는 반발이 있어 이름을 구별해서 비석에 적기로 했단다. 그 고민의 과정이 충분히 이해된다. 엄혹한 반공국가에서 생활해온 유가족들로서는 다른 선택이 쉽지 않았을 것이다.[45]

45) 최호근, 2019. pp.92-93.

이것에 대하여 고창선 영모원 건립추진위원회 공동위원장은 당시의 상황을 다음과 같이 증언하였다.

> "민보단 책임을 져서 우리(마을 사람)들을 방어해서 살자고 하다가 무장대가 죽였던 사람들은 더 억울한 사람들이었다... (그런데 이들을 4.3 사건 희생자들과) 차마 한 비석에 모두를 쓸 수는 없었다. 그럼 이름을 빼자 하니까 (그것도 어려워서) ... 민보단으로 죽은 사람들은 군대 가서 돌아가신 것과 마찬가지라고 해서, 호국영령에 해 놓은 것이다. 마을 사람들도 그것을 이해한다... 그래서 참전 전사자 이름을 등에 업혀서 넣은 것이다. 그러니까 오히려 잘됐다는 평을 들었다."46)

(4) 하귀 1리와 2리 건립추진위원회 위원들의 협력에서의 신중함

이런 신중함을 보인 하귀 1리와 2리의 공동 추모공간 건립의 추진위원회의 내부 협력이 눈에 띈다. 어떤 일이든 "공동"으로 한다는 것은 어려운 일이다. 큰일에서든 작은 세부적인 일에서든, 서로의 입장과 생각이 결국은 다 다를 수밖에 없는 측면이 있기 때문이다. 따라서 공동의 일을 추진할 때 중요한 것은 "공동"에 참여하는 사람들, 그 중에서도 특히 추진위원회 구성원들의 서로에 대한 신뢰, 이해, 그리고 지혜로운 일의 처리라고 할 수 있다. 영모원 건립추진위원회 구성은 다양한 사람들로 이루어져 있었다. 4.3사건 당시 중학생으로서 그 모든 일들을 다 기억하고 있는 사람들 (양쪽 마을의 공동 대표 2인 고창선과 배광시)에서부터, 그들보다 나이는 어렸으나, 4.3사건 당시 어린아이로 그 당시 일들을 어렴풋이 기억하는 사람들, 아예 4.3사건이 지난 후에 태어나 그 현장을 모르는 사람

46) 고창선 영모원 건립추진위원회 공동위원장 증언. 2020년 8월 13일 본 연구팀과의 면담.

들이 모두 위원회에 들어와서 공동 추모 공간을 만드는 것에 힘을 모았다는 것은 매우 중요한 의미를 가진다. 그들이 이 새롭고도 어려운 일에 함께 힘과 지혜를 모으면서, 신중하게 모든 일들을 처리하였다는 것이 영모원 건립을 성공하게 만든 요소가 되었다.

IV. 영모원이 보여주는 과거를 기억하는 방법

여전히 이념으로 인한 갈등을 가지고 있는 한국 사회에서 영모원은 "이념갈등에 의한 과거 상처를 다루는 방법"에 대한 몇 가지 시사점을 준다. 그것은 다음과 같이 정리할 수 있다.

1. 과거를 결코 잊지 않겠다는 것이다

영모원을 만듦으로써 하귀리는 4.3사건 때 이 마을에서 누가 죽었는지, 어떤 고통을 받았는지를 영원히 잊지 않겠다는 것을 스스로 분명히 하였다는 의미가 있다. 죽은 사람들의 이름들을 돌에 하나하나를 새겨 넣음으로써, 과거의 아픔을 세월에 따라 점차 망각하는 것 대신, 영원히 잊지 않겠다는 것을 선언한 것이다. 영모원을 화해의 공간만으로 생각하는 것은 영모원의 일면만을 본 것이다. 영모원은 화해에 앞서서, 그 시대 속에 있었던 모든 고통을 분명하고도 정확하게 기억하겠다는 그 단호함을 보여주는 공간이라고 보아야 한다. 개신교도와 구교도 사이에 극심한 충돌과 갈등이 있었던 북아일랜드의 사회치유 기관 "기억을 통한 치유"(Healing Through Remembering)에서 만든 문건 "과거를 다루는 핵심적 가치와 원칙"(Core Values and Principles for Dealing With Past)에서는 이런 과거에 대한 기억을 다음과 같이 언급한 바 있다.

망각하지 말아야 한다. 이 원칙은 우리가 과거를 무시할 수 없다는 사실에 기반을 둔다. 설사 잊는 것이 바람직하다 할지라도 그럴 수는 없는 것이다. 과거를 기억하는 일이 현재의 안전성을 위협한다고 생각해서 기억을 회피하고 싶다 할지라도, 긍정적이고 건설적인 방법으로 기억을 사용할 수 있어야 한다. 여전히 폭력이 상존하는 사회를 살고 있는 우리는 '잊지 않음'으로써 비극의 재발을 막고 미래 세대를 보호할 수 있다. 많은 국제 사례들은 망각이야말로 다음 세대에 다시 그런 일들이 반복되도록 만든다는 것을 보여준다.[47]

2. 사상이 아닌, 사람을 중심으로 기억하겠다는 것이다

영모원은 사상의 옳고 그름을 따지는 공간이 아니다. 한반도는 거대한 이데올로기의 충돌 속에서 "사상의 옳고 그름을 따지기"가 "사람의 가치, 존엄성"을 압도한 역사를 가지고 있다. 그래서 어떤 죽음 앞에서도 "그가 어떤 사상을 가지고 있다가 어떤 사상을 가진 사람에 의하여 죽임을 당하였는가?"가 "존엄한 한 인간의 죽음" 그 자체보다 더 중요한 의미를 가졌었다. 그러다 보니 무언가를 기억하고 기념하는 것에 있어서도 "죽은 사람"이 추모된 것이 아니라, 그 사람을 둘러 싼 "가해적 사상"과 "피해적 사상"이 기억되는 것이 되었다. 그런데 영모원은 이것을 바꾸어 놓는다. 여기서는 "사상"이 아니라 "사람"을 추모한다. 그래서 그 시대 속에서 "죽어간 사람"은 모두 추모가 된다. 어떤 의미에서 보면 그동안은 가해자를 증오하는, 즉 "가해자 중심의 기억"을 하여왔던 것을, 희생자를 추모하는 "피해자 중심의 기억"으로 기억의 근본적 패러다임을 바꾸는 일

47) Healing Through Remembering, "Core Values and Principles for Dealing With the Past." www.healingthroughremembering.org. 전우택, 박명림 외. 트라우마와 사회치유. 역사비평사. 2019. pp.69–70에서 재인용.

이 영모원에서 벌어졌다고도 할 수 있다.

3. 시대를 기억하는 의식의 도약을 이루겠다는 것이다

영모원이 시도한 기억의 방법은 "현장의 사실"을 넘어선, 좀 더 포괄적이고, 시대적 맥락 속에서 역사를 바라보고 기억하겠다는 의식을 보여준 것이다. 하귀리에 들이닥친 토벌대가 마을 사람들을 죽여 나간 그 기억이 "마을 현장의 사실"에 대한 기억이다. 그러나 영모원은 그때 토벌대에 의하여 죽었던 사람들만을 기억하려 하지 않는다. 무장대에 의하여 죽은 사람들도 기억하려 한다. 그리고 그 무장대에 의하여 죽었던 사람들은, 4.3사건 당시의 좌익에 의하여 죽은 사람들이고, 동시에 공산국가 북한의 무력에 의하여 죽음을 당한 6.25의 순국선열까지를 포함하며, 더 나아가 공산 베트콩에 의하여 죽은 월남참전 군인들까지를 모두 하나의 집단으로 묶어 추념을 하는 비를 세우는 데까지 나아간다. 그리고 개인사적으로는 독립운동을 하였으면서 해방 후 좌익에 연관되었던 사람들까지를 모두 포괄하여 독립운동을 하였던 사람들로 한 집단을 묶어, 그 개개인의 좌익 활동 경력이 만들어낼 수 있는 갈등을 넘어서는 모습을 보인다. 특히 토벌대에 의하여 죽은 사람들과, 무장대에 의하여 죽은 사람들을 하나의 비가 아닌 독립적인 비에 이름을 새기면서도, 그 비들을 바로 옆에 같이 세웠다는 점에서 영모원은 마을이 겪은 전체 진실을 포괄적으로 기억하려는 모습을 보여준다.[48] 즉 대립되었던 어느 한 쪽의 시각과 역사, 어

48) 최호근은 이것을 다음과 같이 설명한다. "...무장대에 의하여 살해된 사람과 토벌대에 의해 살해된 사람은 서로 다른 비석에 각명되었다. 나는 이것을 영모원의 한계라고 생각하지 않는다. 오히려 여기서 애틋함을 느낀다. 아무리 강요되었던 상황이었다 해도, 살해된 상황과 가해자가 거의 분명한데, 우익에 의해 살해된 이들과 좌익에 의해 살해된 이들을 '시대의 희생자'로 통칭하며 하나의 비석에 그 이름을 모시는 것은 오히려 인간의 정서에 반하는 것처럼 보인다. 희생자들은 그렇게 자기

느 한 쪽의 희생만을 기억의 대상에 넣는 것이 아니라, 그 시대 속에 있었던 모두를 함께 기억하고 추모하려는 의식의 도약을 영모원은 보여주는 것이다. 그러기에 영모원은 공동 추모행사를 3.1절에도 하고, 4.3에도 하고, 6월 6일 현충일에도 한다. 그런 "공동의 기억"으로 만들어내는 그 의식이 결국 마을의 통합을 만들어 내는 의미와 힘을 만든다.

4. 회복적 정의 개념을 도입하겠다는 것이다.

과거에 이루어진 악행과 불의를 처리하는 방식으로서의 정의(justice) 개념은 크게 두 가지로 나누어 볼 수 있다.49) 첫째는 응보적 정의(retributive justice)로서의 정의 개념이다. 여기서는 발생하였던 일의 사실과 시시비비를 분명히 밝히고, 그에 따라 악을 행한 가해자를 그 죄에 합당하게 정확히 처벌함으로써, 비로소 정의가 구현된다고 본다. 따라서 그 가해자가 처벌을 받은 후, 회개를 하든지, 또는 더 복수심에 불타올라 새롭게 더 악한 행동을 시도할지 등은 고려 대상이 아니다. 둘째는 회복적 정의(restorative justice)이다. 이 정의 개념에서는 누군가가 저지른 악행과 그 피해자만을 주목하지 않는다. 그 악행으로 인하여 깨어진 가해자와 피해자와의 관계, 악행이 전체 공동체에 끼친 부정적 영향, 가해자가 기존에 소속되어 있던 공동체로부터 분리된 것 등을 모두 고려한다. 그러다 보니 악행을 한 사람을 처벌하는 그 자체가 목표의 전부가 되지 않는다. 그것도 일부 포함하지만, 그것에 더하여 부서진 가해자와 피해자와의 관계 회복, 상처 입은 공동체 전체의 치유, 그리고 공동체로부터 분리되어

운명의 결에 따라 자기 이름의 자리를 찾았다. 그리고 손을 뻗으면 닿을 만한 가까운 자리에 모셔졌다. 나는 이것이 마을공동체에서는 적절한 선택이라고 생각한다." (최호근, 2019. pp.100-101)

49) 하워드 제어 (손진 역) 회복적 정의란 무엇인가?: 범죄와 정의에 대한 새로운 접근, KAP, 2010.

나간 가해자의 공동체로의 복귀 등이 그 목표가 된다. 이때 정의란 처벌을 넘어선 더 복합적 치유 행위에 의하여 이루어진다고 보는 것이다.

하귀에서 영모원을 만들면서 가졌던 정의 개념은 응보적 정의 개념이 아니었다. 악행을 한 사람들의 악행을 파헤쳐서 그것을 영원히 기록에 남기고 영원히 증오하자는 것을 넘어선 것이었다. 처벌보다도, 4.3사건의 희생자, 그 가족들과 가해자 또는 가해자가 속하였던 더 큰 집단 간의 깨진 관계의 복원을 바라보았다. 그 과정 속에서 가해자 편에 속하였던 사람들도 사실은 시대의 희생자였다고 보는 개념이 도출된다. 그리고 그 때 상처를 입은 것은 희생자 개인과 그 가족들만이 아닌, 마을 공동체 전체라는 개념을 받아들인다. 그러기에 4.3사건을 기억하고, 그 깨진 관계를 복원하는 일을 마을 공동체가 나서서 해야 한다고 생각하고 행동한 것이다. 그러면서 토벌대에 의하여 죽었든, 무장대에 의하여 죽었든, 모든 죽은 마을 사람들을 한 자리에 모아 추모하면서, 그들을 다시 마을 공동체의 일원으로 받아들이는 일을 하였던 것이다. 이것은 당시 죽은 사람들뿐만 아니라, 그 죽은 사람들의 살아남은 가족들로 마을에서 아직도 같이 살거나, 또는 외지로 나갔어도 명절 때마다 고향으로 돌아오는 모든 사람들을 마을 공동체에 다시 받아들이는 결과를 만들어 내었던 것이다. 그런 의미에서 영모원 건립은 회복적 정의 개념을 가지고 이루어진 일이라 할 수 있다. 최호근은 그의 글에서 이것을 다음과 같이 서술한다.

> 좁디좁은 대면공동체에서 진실규명은 매우 어렵다. 여러 이유에서 희생에 초점을 두다 보니, 가해의 전모를 밝히고 책임을 묻기가 쉽지 않다. 인과의 사슬이 워낙 길고 복잡한데다가, 많은 사람들이 연루되어 있기 때문이다. 때문에 마을 공동체 단위에서는 화해의 가치가 실현 가능한 최선의 선택이 되기 쉽다. 가해자가 '우리' 안에, 그것도 뒤엉킨 상태로 있으니 말이다. 이 점이 바로 가해자가 집단 외부에 있었던 국

내외의 수많은 학살 사건과 제주 하귀리의 경우가 다른 이유이다.[50)]

5. 4.3을 직접 겪은 마을 사람들이 스스로 기억하겠다는 것이다

영모원의 특징 중 하나는 건립 준비가 당시 4.3 진상조사와 관련되어 치열하게 활동하고 있었던 시민운동계나 학계, 또는 특정 정당 등 어떤 마을 외부 힘에 의하여 관여 받지 않고, 그야말로 마을 사람들 스스로에 의하여 논의되고 준비되고 수행되었던 것이라는 점이다. 그래서 영모원 개원식을 할 때도 하귀 사람이 아닌 사람이라고는 하귀 1, 2리가 속하여 있는 애월읍장만이 참석하였었다는 것은 중요한 시사점을 준다. 마을 사람들은 비용 마련 등을 포함한 영모원을 만드는 모든 과정 속에서 철저히 독립적인 존재들이었다. 그런 의미에서 마을 사람들은 영모원을 만드는데 있어 어떤 거창한 이론이나 개념을 동원하지 않았다. 만일 당시 어떤 사상성을 먼저 내세워서 공동 추모공간을 만들려고 하였었다면 그것은 당시만 해도, 아주 복잡한 논쟁의 늪으로 빠져들었을 가능성이 있었다. 그러나 그것이 아니라, "우리 마을에서 함께 살았던 그 사람들이 그때 너무도 슬프게 죽어갔다. 우리는 그것을 기억하려 한다"라는 생각으로 영모원 건립을 추진하였던 것이다. 그런 점에서, 영모원은 4.3사건을 직접 경험한 사람들에 의하여 논의되고 건립되었다는 중요한 의미를 가진다. 즉 긴 세월이 흐르고 나서, 그 사건을 직접 겪지 않았던 후대 사람들이 활자 속에서만 남아있는 과거 사건에 대한 역사적이고 추상적인 추모 공간으로 만든 것이 아니었다. 당시 14살의 어린 중학생들로서 4.3사건 때 마을에서 일어났던 모든 일들을 직접 보고 겪었으며, 그 모든 것을 지금도 아

50) 최호근. 2019. p.96.

주 또렷하게 기억하고 있었던 사람들이, 긴 세월이 지나, 마을의 지도자가 되어, 영모원을 만들겠다고 나섰던 것이었다. 그리고 그들보다 나이가 더 어렸기에 4.3사건을 겪기는 하였어도 그 사건들의 내용을 충분히 이해할 수 없었거나, 또는 아예 겪지 않았었던 다음 세대의 사람들이 그들의 활동에 동의하여 일을 진행시킨 것이었다.[51] 하귀 사람들에게 있어 영모원 건립은 사상적 논쟁 대상이 아닌, 자신들의 체험에 대한 반응이었다. 그리고 지도자들은 자신들이 보고 듣고 겪은 그 일들을 후대가 정확하게 이해하고 기억하여 주기를 바라는 마음으로 이 일을 적극적으로 추진하였다. 따라서 영모원은 "개념적이고 상징적인 공간"이 되는 것을 뛰어넘는다. 영모원은 마을 사람들 이름 하나하나가 다 적혀 있는, 아주 "구체적이고 실제적인 공간"이 되어야만 하였다. 일차적으로 기억은 남이 대신해주는 것이 아니다. 기억은 그 일을 겪은 사람 스스로가 하는 일이어야 한다. 그것이 영모원이 가진 힘이 되었다.

V. 영모원의 미래를 위한 제언

이제부터는 향후 영모원이 그 의미를 계속 유지하고 발전해 나가기를 바라면서 옆에서 바라본 연구자로서 하귀에 몇 가지 사항을 제안하고자 한다.

51) 배광시 하귀발전협의회 공동위원장은 이것을 다음과 같이 이야기한 바 있었다. "우리대에서 이 사업을 하지 않으면 영영 묻힐 것 같은 위기감이 있었다... 이런 기회를 통해 왜곡되어 왔던 역사를 재정립하고 하귀 1, 2리 주민들이 하나로 화합하는 계기가 되길 바란다."(제주대 미디어. 2003년 6월 4일. 하명실 p.53에서 재인용)

1. 영모원이 마을 사람들의 순수한 민간 공간으로 유지되어야 한다

2020년 4.3 기념식이 끝난 후, 대통령이 영모원을 직접 방문하는 일이 있었다. 영모원은 길가에 있는 좁은 공간이기에, 그 방문을 위하여 많은 자동차들이 영모원 주변 도로 옆에 주차들을 하여야 하였고, 많은 사람들이 그곳에 있게 되면서 화장실 등이 필요하게 되었었다. 그리고 대통령의 영모원 방문이 언론 등을 통하여 널리 알려지면서 과거보다는 많은 관광객들이 영모원을 찾게 되었다. 그러면서 몇 가지 의견들이 나올 수도 있게 되었다. 영모원 주변에 주차장을 만들고 화장실을 만들어야 한다는 것이다. 그리고 이제는 영모원이 이렇게 중요한 공간으로 인정을 받으니 주차장을 만들고 화장실을 만드는 것은 중앙정부나 지방정부가 지원하는 것이 필요하다는 것이다. 그리고 더 나아가서는, 현재 영모원의 위치 상, 그 주변에 주차장이나 화장실을 만들 수 있는 충분한 땅이 없으니, 만일 필요하고 가능하다면 영모원의 위치를 이전하면 어떠하냐는 의견도 있을 수 있다. 일방 타당한 의견처럼도 보인다. 그러나 그것은 현재 영모원이 가지고 있는 가장 큰 특징이자 의미를 깊이 고려하지 않은 의견일 수 있다. 영모원은 그 어떤 외부의 힘도 빌리지 않은 "마을 사람들 스스로 만든 공간"이라는 본질적 특징과 의미를 가진다. 그래서 영모원을 청소하고 풀 한포기 뽑는 것도 마을 사람들이 스스로 자발적으로 하여야 하고, 영모원에서 일 년에 4차례 치르는 공동 추모행사도 마을 사람들이 주인이 되어 진행되어야 그 진정한 의미가 유지된다.[52] 만일 영모원이 점차 유명해 지

52) 이런 활동을 하귀에서는 지속적으로 수행하고 있다. 제주신문에는 "하귀 1, 2리 청년회, 하귀 영모원 환경정비 실시"라는 제목하에 다음과 같은 기사를 실은 적이 있다. "제주시 애월읍 하귀 1리 청년회(회장 김동일)과 하귀 2리 청년회(회장 김동현)는 최근 청년회원 20여 명이 참여한 가운데 4·3사건 희생자들과 호국영령들의 넋을 기리기 위해 조성된 하귀 영모원에서 잡초 제거 등 환경정비를 실시했다."(제주일

고, 큰 의미가 부여되게 되었다고, 여기에 중앙정부나 지방정부, 또는 어떤 외부 기관이나 단체들의 재정적 지원이 들어가고, 그래서 영모원 관리위원회에 하귀리 사람들이 아닌, 다른 사람들이 들어가는 일이 발생하면, 영모원은 그 본질적 의미, 즉 마을 사람들 스스로 생각하고 나서서 이루어낸 공동 추모 공간이라는 의미를 손상당하는 일이 발생할 것이다. 영모원은 주차장이 없어도 된다. 화장실도 없어도 된다. 그 의미만 잘 유지시켜 영모원을 찾는 사람들이 와서 그 의미를 깊이 생각하고 떠나도록만 하면 된다. 그런 면에서 영모원은 지금과 같은 작은 규모의 소박한 원래대로의 공간으로 있는 것이 훨씬 더 의미가 있을 것이다. 그것이 영모원이 존재하는 의미이다. 이런 훌륭한 공간을 만든 하귀리 사람들이 이것을 스스로 자랑스럽게 생각하고 영모원을 영모원답게 지키는 것이 필요할 것이다.

2. 하귀의 미래 세대들이 영모원의 미래를 만들어 갈 수 있도록 준비시켜야 한다.

영모원은 영모원을 만든 사람들, 그리고 4.3사건을 직접 겪은 세대의 사람들에게는 그 중요성을 굳이 말할 이유도 없는 의미 있는 공간이다. 그러나 모든 것에서 그러한 것처럼, 4.3사건을 직접 겪지도, 영모원 건립에 직접 참여하지도 않았던 세대가 지금 하귀에서 자라나 살아가고 있다. 더구나 하귀 1리의 경우, 새로운 주거지역이 개발되면서 하귀로 볼 때는 소위 '외지 사람들'의 유입이 빠르게 증가하면서, 이제 하귀의 과거 역사를 지역의 역사로 공유하는 하귀 마을 사람들의 비율이 점차 줄어들고 있

보 2007년 9월 5일자)
https://news.naver.com/main/read.nhn?mode=LSD&mid=sec&sid1=102&oid=084&aid=0000078256

는 현상까지도 있다. 따라서 영모원이 "자랑스러운 하귀의 상징"으로 존재하고, 그래서 영모원을 마을 사람들의 순수한 민간 공간으로 유지시키기 위하여는, 새로 이주해온 사람들을 포함한, 하귀 전체 마을 사람들의 내부적인 영모원 의미 되새김과 영모원 발전을 위한 교육이 이루어져 나가야 할 필요가 있을 것이다.

3. 영모원의 외부화를 위한 노력이 이루어져야 한다

앞에서 언급한 바와 같이, 영모원을 건립하는 데 있어 하귀는 외부의 시민운동단체나 학계, 중앙정부나 지방정부와 사전 논의하고, 지원을 받은 것이 없었다. 그러나 영모원이 만들어 지고 나서, 점차 그 존재가 알려지고, 그 의미를 학계나 시민단체 등에서 인식하기 시작하면서, 그에 대한 논문이나 보고서, 신문 기사 등이 나오게 되었다.[53)54)] 이런 것들을 통하여 향후 한반도에서 남남갈등과 남북갈등을 극복해 나가는 해결의 모델로서의 영모원이 이야기되면서, 영모원은 하귀 안에서만의 의미를 넘어서서, 하귀 외부로의 의미와 영향을 가지기 시작하게 되었다. 즉 영모원의 외부화(externalization)가 이루어지기 시작한 것이다. 이것은 영모원이 보여준 역사에 대한 기억 방식, 시대 갈등의 극복 방식을 토대로, 좀 더 큰 단위에서의 화해와 공생의 정신을 찾아보려는 시도들이 된다. 따라

---

53) 전우택 박명림 외. 대통령직속 통일준비위원회 사회문화분과 정책연구용역 〈사회적 통일준비를 위한 연구 : 통일준비를 위한 남남갈등 극복방안 연구 - 제주4.3사건 사례를 중심으로〉(연구책임자 전우택, 연세대학교 산학단) 2016; Myung-Lim Park. Towards a Universal Model of Reconciliation: The Case of Jeju 4.3 Incident. Journal of Korean Religions. 9/1. 2018. pp.105-130; 최호근. 기념의 미래 - 기억의 정치 끝에서 기념문화를 이야기하다. 고려대학교출판부. 2019.

54) "문재인 대통령 영모원 참배 4·3 특별법 개정안 처리 잘 될 것으로 기대"(JIBS. 2020년 4월 3일)
http://www.jibs.co.kr/news/articles/articlesDetail/9113?feed=na

서 하귀리는 앞으로 이런 연구들이나 활동들이 좀 더 잘 이루어질 수 있도록, 마을 차원에서 영모원 관련 역사 자료들을 잘 정리하고 보존하여 외부 연구자들이나 활동가들이 그에 대한 자료들을 필요로 할 때 정확하고 풍부한 자료들을 제공할 수 있도록 하며, 나아가 하귀 스스로도 이러한 영모원의 외부화 활동을 할 수 있도록 노력하고, 외부와 연계하는 협력 시스템을 만들어 가는 것이 필요할 것이다.

4. 영모원 정신의 메신저로서의 역할을 해나간다는 의식이 강화되어야 한다

영모원이 유명해지고 그 의미가 더 크게 부각되면서, 하귀는 새로운 부담을 가지게 되는 측면도 있게 되었다. 그야말로 전달하는 "메시지(message)"에 걸맞은 "메신저(messenger)"가 되어야 한다는 일종의 책무가 생긴 것이다. 예를 들어 동귀리와 귀일리로 나뉘어서 작은 집단의식으로 갈등을 빚었던 역사를 가지고 있는 하귀 1리와 하귀 2리의 관계는, 화해를 상징하는 영모원이 만들어진 이후 어떻게 되었는가와 같은 질문에 대한 대답을 하여야 하게 된 것이다. 영모원은 "과거와 과거의 화해"적 성격을 가진다. 과거 속의 가해자와 피해자의 화해, 과거 속의 이질적 입장에 있었던 사람들의 화해적 성격을 가지는 것이다. 그러나 현재 하귀 1리와 2리와의 관계는 "현재와 현재의 화해"적 성격을 가진다. 마을 분들과의 대화를 통하여 알게 된 사실은 다음과 같다. 하귀발전위원회를 만들어 하귀라는 이름을 되찾고 영모원을 만들고 하면서, 하귀 1리와 2리 사람들은 과거와는 비교도 못할 정도로 이제는 좋은 관계가 되었다는 것이다. 함께 영모원 추모 행사를 진행하고, 함께 설 공동세배 행사를 치르는 등이 그 대표적인 예이다. 그야말로 영모원의 정신이 잘 구현되고 있는 것이다. 그러나 그럼에도 불구하고, 어쩌면 당연하게도, 1, 2리의 공동 마을 발전 계획을 세우는 문제에서부터, 해변 사용 문제, 마을 체육대회 공동 개최 문제, 아직도 과거 이름을 그대로 유지하고 있는 하귀 2리에 위치한 귀일 중학교에 하귀 1리 학생들의 입학 문제 등에서 미묘한 작은 어려움은 여전히 존재한다는 것이었다. 역사적으로도 일정 기간 나뉘어 있었고, 이제는 하귀 1, 2리로 행정 구역도 나뉘어 있으며, 하귀라는 공동 의식을 가지지 않은 새로운 유입 인구들도 늘어나는 등의 상황 속에서, 1, 2리의 비현실적이고 과도한 공동 의식을 주장하는 것은 어려움이 있을 수 있다. 그러나 그럼에도 불구하고 영모원을 함께 만들어 낸 마을들로서의 하귀 1, 2리가 영모원이 밖으로 전달하고 있는 그 화해의 메시지를 스스로 점차 더 잘 구현하고 있는 모습을 가지는 것은 스스로의 자부심을 위해서도 의미가 있고, 외부에서 '하귀의 모델'을 공부하면서 그 결과가 만들어내는 힘에 대한 증거로서 받아들이는 데에도 의미가 있을 것이다. 이것이 하귀 1,2리 사람들에게 하나의 부담이 아닌, 오히려 자부심이 될 수 있도록 만들어 갈 필요가 있을 수 있다. 그래서 그런 활동들이 남에게 보여주려는 것이 아닌, 자발적이고 진심에서 우러나오는 활동들이 될 수 있도록 함께 노력하는 것이 필요할 것이다. 하귀 1리 사람으로서, 하귀 2리 사람으로서의 각각의 소속 구역에 대한 정체감을 가지면서도, 동시에 '하귀 사람'이라는 더 큰 정체성을 가지는 그런 건강한 균형성이 하귀를 통하여 보여질 수 있다면, 영모원이 보여주는 '하귀 모델'은 더 큰 힘을 가질 수 있게 될 것이다.

VI. 마치는 말 – 한반도의 새로운 과제

제주도의 아주 작은 한 마을에서 있었던 영모원 건립 사례는 남북갈등과 남남갈등이 여전히 극심한 "분단되어 있는 한국 사회"에 어떤 과제를 주고 있는 것일까?

첫째, 이 특별한 사례에 대한 깊은 성찰이 지속적으로 이루어져 한다는 과제를 주고 있다. 분단 상황 속에서 여전히 과거 상처의 기억을 다루어야 하는 어려운 현실적 과제를 가지고 있는 한국사회이기에 하귀의 영모원이 기억을 다룬 방법과 태도는 계속 성찰될 필요가 있는 것이다. 본 글에서는 과거를 결코 잊지 않고 기억하였다는 것, 그러나 그 기억을 사상 중심이 아닌 사람 중심으로 하였다는 것, 기억을 시대의 맥락 속에서 포괄적으로 함으로써 한 시대 속에서 고통 받은 모두를 기억하는 의식의 도약을 이루었다는 것, 기억함에 있어 회복적 정의 개념을 도입하였다는 것, 그런 기억을 타인의 생각과 손이 아닌 스스로의 생각과 손으로 하였다는 것 등으로 이야기하였다. 앞으로도 또 다른 각도와 시선에서 영모원에 대한 연구와 성찰이 지속될 필요가 있을 것이다.

둘째, 이런 하귀 영모원 사례에서 나타난 과거 기억을 다루는 방법을 좀 더 큰 단위의 공동체에 점차 적용해 나가는 시도를 하여야 하는 과제를 가진다. 물론 하귀의 영모원 모델은 서로가 서로를 너무도 잘 알고 있는 작은 마을 사람들 사이에서나 논의될 수 있고, 적용될 수 있는 모델이지, 서로를 개인적으로는 모르고 있는 상상된 공동체(imagined community)로서의 민족국가 단위에 까지 이 모델을 적용하기는 어렵다는 의견이 적절한 측면도 있다.[55] 그러나 그럼에도 불구하고, 영모원은 우리가 "증오의 과거"를 다루는 방법에 대한 분명한 메시지를 던지고 있는 것이 있다. 하귀 모델, 영모원 모델을 가지고, 그대로는 아니더라도, 제주도 전체 정도의 중간 단위를 통하여 이루어내는 "제주 모델",[56] 그리고 남한 전체 대

55) 최호근, 2019. p.96.

56) "제주 모델"이라는 용어는 박명림의 〈제주를 가라, 제주에서 배우라〉(중앙일보, 2016년 8월 5일자)라는 글에 사용된 바 있다. 그는 이 글에서 "...한국과 세계가 이

단위를 통하여 이루어 내는 "남한 모델", 그리고 남한과 북한을 모두 아우르는 초대단위를 통하여 이루어 내는 "한반도 모델" 시도를 통하여 이런 '증오의 과거' 처리의 시도들이 창의적으로 시도되어야 하는 것은 우리 시대의 큰 과제라 할 수 있다. 하귀와 같은 작은 마을 공동체에서는 화해라고 하는 개념이 매우 현실적이고 실천적 측면을 가지기 유리한 측면이 있다. 그러나 집단의 규모가 점차 커지고, 서로가 서로를 모르는 집단으로 되어 갈수록, 화해라는 개념은 매우 어려운 단어가 될 수밖에 없다. 그런 의미에서, 하귀 영모원은 용감한 도전의 시작으로서의 위치를 가진다. 그리고 이 용감한 도전은 창의적으로 계속 진행되어야 할 것이다.

셋째, 작은 집단주의를 극복하여야 하는 과제를 보여준다. 하귀는 동귀리와 귀일리로 나뉘어 있었고 각각 나름대로의 작은 집단주의적 의식을 가지고 있었지만, 4.3사건 상처에 대한 치유, 하귀 사람으로서의 자부심 세우기, 마을 발전을 공동으로 하겠다는 의식이 생겼을 때, 과거의 작은 집단주의를 넘어 서서 과감하게 공동의 노력을 하였고, 이것이 마을의 옛 이름을 되찾게 하였을 뿐 아니라, 영모원 건립이라는 아주 특별하고도 대단한 결과를 만들어 냈다는 것은 중요한 시사점을 가진다. 남한 내에서의 보수와 진보, 한반도 내에서의 남한과 북한 역시, 작은 집단의식에 묶여 있어서는 과거의 상처를 치유할 수도 없고, 역사의 전진을 이룰 수도

념 대결(理念 對決)의 가장 큰 희생자(犧牲者)들이 써 가고 있는 대 용서(大 容恕)와 화해(和解), 대 평화(大 平和)와 상생(相生)의 실제 여정(實際 旅程)으로부터 배워 끝내 제주(濟州)가 세계 모델과 세계 보편(世界 普遍)으로 상승(上昇)되길 소망(所望)한다"고 썼다. 그러나 이재승은 그의 글에서 아직 제주 모델이라는 용어를 쓰는 것에 대하여 의문을 제기한다. "...만일 제주4.3위원회가 제주4.3평화공원에 좌우를 구분하지 않고 모든 희생자들을 각명비에 새겼다면 제주모델이라는 표현이 꽤 어울릴 법하다... 제주4.3사건이 초도적이고 초국가적인 차원에서 나아가 지구적 패권질서 속에서 올바른 이름을 가질 때에만 화해와 상생의 제주모델이 탄생할 것이다."(이재승. 묘지의 정치－명예회복과 인정투쟁을 둘러싸고. 통일인문학. 68집 (2016.12) pp.285－286)

없다는 그런 의식을 공유하고 더 큰 발전을 위하여 과감히 과거의 작은 집단주의 의식을 뛰어 넘겠다는 발상의 전환을 하는 순간이 오도록 노력하여야 하는 과제를 한반도는 가지는 것이다.

넷째, 중간 다리가 될 수 있는 작은 성공 경험을 함께 만들어 가는 과제를 가지게 한다. 영모원을 만드는 데 있어 중요한 중간 다리가 되었던 것은 동귀리와 귀일리가 공동으로 "하귀"라는 이름을 되찾는 노력을 하고 그것을 성취하였다는 "중간의 작은 성공 경험"이 있었기 때문이었다. 그것이 "함께 함"이 가진 힘과 의미를 체감하게 하였고, 그것을 도약대로 삼아, 영모원 건립이라는 훨씬 더 어렵고 큰일을 이룰 수 있게 하였던 것이다. 이것은 일의 진전에 있어 필요로 되는 중간 단계가 가지는 의미를 생각하게 한다. 비록 그 자체가 낮은 차원의 작은 규모의 일이라 할지라도, 보수와 진보가 함께 공동으로 하는 일을 노력하여 이루어 보는 것, 남한과 북한이 공동으로 노력하여 이루어 보는 것을 중요하게 생각하는 것이 향후 한반도의 미래를 위하여 중요한 과제가 될 것이다.

다섯째, 역사의 도약을 만들어 낼 수 있을 때 용기를 가져야 한다는 과제를 보여준다. 영모원의 건립은 그 시점에서의 모든 주변 환경 여건의 변화(4.3에 대한 사회정치적 변화, 새로운 밀레니엄 시작이 준 새로움을 향한 도전정신), 그 일에 책임을 맡는 사람들의 특성과 헌신(그들이 4.3을 직접 함께 겪었던 사실, 서로에 대한 신뢰, 신중함, 사명의식), 그리고 우연처럼 다가온 어떤 사건(리명 다시 찾는 일의 시도, 1935년의 독립운동 기록 발굴) 등이 서로 어우러져서 뜻밖의 큰 도약이 이루어진 것이었다. 그 중 어느 하나의 조건이라도 바로 그 시점에 없었더라면, 영모원은 건립되기 힘들었을 수도 있었다. 그것은 앞으로 한반도 차원에서도 똑같이 적용될 수 있는 이야기가 된다. 어떤 것은 우리의 능력을 넘어선 것처럼 보이는 것도 있지만, 결국 내부적인 성찰과 준비, 그리고 작은 중간 단계의 활동들이 지속되고 있을 때, 뜻밖의 사건이 뜻밖의 기회를 만들면서, 거대한 도약이 만들어 질 수 있음을 기억하는 것이 필요할 것이다.

1968년부터 1998년까지 30년 동안 북아일랜드에서는 신교도와 구교도 간에 극심한 증오와 테러의 갈등이 있었다. 1998년 평화협정 이후, 그 동안의 갈등이 만들어 놓았던 지역 공동체 안의 상처를 치유하려는 일에 헌신하였던 맥매스터(McMaster)는 "역사를 함께 기억하는 것이 우리를 자유롭게 만든다"[57]는 이야기를 하였다. "함께"가 아닌, 별도로 하는 기억은 관련된 사람들을 모두 과거에 옭아매어지도록 만들지만, "함께" 기억하는 일은 관련된 사람들을 마침내 자유롭게 만든다는 말이었다. 영모원은 그런 의미에서 마을 사람들을 자유롭게 만드는 일이었다. 그러면서 맥매스터(McMaster)는 "기억하는 미래(Remembering Future)"[58]라는 특별한 용어를 사용한다. 과거를 통해 현재와 미래를 바라보는 것이 아니라, 미래를 통해 과거와 현재를 바라보아야 한다는 것이었다. 그러면서 그것이 기억의 또 다른 형태라고 이야기한다. 우리가 영모원에서 보는 것은 이것이다. 과거와의 화해를 위하여 기억하는 것으로 미래를 열어가는 것, 그것이 지금 우리의 과제인 것이다.

---

57) Johnstone McMaster. "Ethically and Shared Memory", Liam O'Hagan, Training Manual: Towards Understanding and Healing. 2014, pp.96–98; 전우택·박명림 편저, 트라우마와 사회치유, 역사비평사, 2019. p.85에서 재인용.

58) 전우택, 박명림. 2019. p.81.

참고문헌

박명림. (2016). 「제주를 가라, 제주에서 배우라」. 중앙일보, 2016년 8월 5일자.

오승국. (2007－2008). 오승국의 4.3 유적지를 찾아서. 한라일보. (자료집).

이재승. (2016). 「묘지의 정치 — 명예회복과 인정투쟁을 둘러싸고」. 통일인문학, 제68집, 2016년 12월.

전우택, 박명림 외. (2016). 사회적 통일준비를 위한 연구: 통일준비를 위한 남남갈등 극복방안 연구 - 제주4·3사건 사례를 중심으로. 대통령직속 통일준비위원회 사회문화분과 정책연구용역. (연구책임자: 전우택, 연세대학교 산학단).

전우택, 박명림 (편저). (2019). 트라우마와 사회치유. 역사비평사.

제주4·3사건진상보고서작성기획단. (2003). 제주4·3사건진상보고서. 제주4·3사건진상규명및희생자명예회복위원회.

제주4·3희생자유족회. (2015). 1988－2015 제주4·3희생자유족회 27년사. 도서출판 각.

최호근. (2019). 기념의 미래 - 기억의 정치 끝에서 기념문화를 이야기하다. 고려대학교출판부.

하귀발전협의회. (2003). 영모원 건립 경과보고 자료.

하명실. (2017). 제주도 하귀마을의 4·3 경험과 치유과정 연구. 제주대학교 석사학위논문.

하워드 제어 (손진 역). (2010). 회복적 정의란 무엇인가?: 범죄와 정의에 대한 새로운 접근. KAP.

McMaster, J. (2014). “Ethically and Shared Memory.” In Liam O’Hagan (Ed.),

Training Manual: Towards Understanding and Healing (pp.96–98).

Park, M.—L. (2018). "Towards a Universal Model of Reconciliation: The Case of Jeju 4·3 Incident." *Journal of Korean Religions*, *9*(1), 105–130.

07

남남갈등과 통일준비[1)]

Ⅰ. 서론 - 남남갈등을 바라보는 시각

북한과 통일에 대한 논의가 이루어질 때마다 등장하는 용어 중 하나는 남남갈등이라는 것이다. 남남갈등이란, 분단된 남한과 북한 사이의 갈등을 남북갈등이라 부르는 것의 상대어로 만들어진 단어로서[2)] 그 말 자체로는 남한 내의 갈등을 의미하지만, 남한 내에 존재하는 모든 갈등을 다 지칭하는 것은 아니다. 남한 내 갈등 중에서도 주로 북한 및 통일에 관

1) 이 글은 2014년 대통령직속통일준비위원회 정책연구용역 수탁과제로 이루어진 〈평화통일에 대한 국민공감대 형성연구〉(주 연구자: 전우택. 공동연구자: 박명림, 이해완, 전혜림)의 "통일을 위한 남남갈등 해소방안"의 일부 내용을 토대로 오늘날의 상황에 맞추어 수정·보완한 것이다. 과거 연구를 위하여 함께 수고하여 주셨던 공동연구자 분들에게 감사드린다.

2) 남남갈등이라는 용어를 일반적으로 사용하게 된 것은 2000년 남북한 정상회담 이후 8.15행사에 참가한 남측대표단의 일원이 평양 방문 시 했던 행동이 논란이 되면서부터이다(이우영. 2004. "북한관과 남남갈등: 여론조사와 신문기사를 중심으로" 『남남갈등 진단 및 해소방안』 pp.101-131) 남남갈등의 개념화에 있어 학자들 간의 큰 이견은 없으나 '남남'이라는 용어는 '남북'이라는 대칭적 표현을 따라 생성된 용어이기 때문에 남남갈등은 남북갈등을 전제로 한다(김갑식. 2007. "한국사회 남남갈등: 기원, 전개과정 그리고 특성." 『한국과 국제정치』 23권 2호 35.).

한 서로 다른 의견에 따라 나타나는 갈등을 남남갈등이라 지칭하는 것이 일반적이다.[3] 2000년 남북정상회담을 기점으로 크게 대두되기 시작한 남남갈등은 주로 북한이라는 존재를 근본적으로 어떤 존재로 규정할 것인가, 통일의 방식과 속도를 어떻게 할 것인가 등의 내용을 갖고 있었다. 그리고 그것은 그 후 통일비용을 어떻게 감당할 것인가, 통일의 편익을 어떻게 볼 것인가 등으로 이어져 매우 대립된 의견들이 계속 노출되면서 남북통일보다 남남통일이 더 어려울 것이라는 자조적인 이야기마저 나오게 되었다.[4] 그리고 그것은 지금도 소위 보수와 진보의 정치적 대립과 갈등에서, 중요한 하나의 축을 구성하고 있다.

이와 같이 지난 수십 년 간 사용되고 있는 이 남남갈등이라는 단어는, 그러나 한반도 평화와 통일을 이루어 가는 데 있어 중요한 의미를 가진다. 남남갈등의 내용을 이해하고, 그 해결방안을 찾는 것이 바로 가장 근본적인 "통일준비"라는 성격을 가지기 때문이다. 남남갈등이 극복되면 통일은 언젠가 이루어 질 것이고, 남남갈등이 격화되면 통일은 불가능해 질 것이다. 남남갈등이 제대로 해결되지 못한 가운데 설사 통일이 된다 할지라도, 그것은 더 큰 갈등의 시작이 되어 다시 재분단의 과정을 걷게 될 위험도 있을 수 있다. 따라서 남남갈등을 성찰하는 것은 한반도 미래,

3) "우리가 일반적 의미에서 남남갈등이라 칭하는 것은 지난 반세기 이상 한국사회를 지배해 온 냉전반공주의에 대한 갈등구조이고 이는 곧 대북·안보·통일정책의 토대를 이루고 있는 대북관(對北觀), 대미관(對美觀)에 대한 접근방식의 차이이다(김갑식. 2007. "한국사회 남남갈등: 기원, 전개과정 그리고 특성". 『한국과 국제정치』 23권 2호 35-36.).", 또, 기본적으로 남남갈등은 북한·통일관에서 비롯되었다고 볼 수 있다(최용섭. 2001. "한국의 정당과 사회 제집단의 북한·통일관: 남남갈등을 중심으로." 『한국동북아논총』 20집 67-68.).

4) 독일이 통일 된 이후 막대한 자금을 동독지역에 투입한 사실이 알려지면서 우리사회 내부에서는 남북한이 통일될 경우 발생하는 비용에 대한 두려움이 확산되었고, 이에 정부에서는 통일편익을 강조하며 통일에 대한 국민적 지지를 이끌기 위해 노력하였다(이상근. 2011. "남북한지역 간 갈등 최소화와 공영을 지향하는 통일비용 지출" 『통일연구』 15권 2호 6-7.).

그리고 현재를 위하여 매우 중요한 의미를 가진다 하겠다.

1. 남남갈등을 바라보는 시각

민주주의 사회에서 크고 작은 다양한 사안들에 대하여 전 국민이 모두 똑같은 의견을 가지는 것은 가능한 것도 아니고, 바람직한 것도 아닐 것이다. 민주사회에서는 다양한 의견개진과 비판, 토론을 통하여 더 나은 결론을 추출해내는 사회적 기능이 작동하기 때문이다. 그러기에 일각에서는 남남갈등이라는 그 용어 자체에서 일종의 권위주의의 그림자를 본다고 이야기하기도 하였다.[5] 일반적으로 갈등이란 부정적인 의미를 가지며, 일치된 합의를 이루는 데 실패하여 나타나는 "문제"라는 것을 전제로 이야기하고 있기 때문이다. 실제로 권위주의가 지배하고 있는 사회에서는 다수의 의견과는 다른 일탈적 생각이나 행동을 하는 것을 죄악시하고 비난한다. 따라서 일탈 행동이나 갈등 자체가 타도의 대상이 된다. 그러나 그것은 바람직한 것이 아니다. 통일이라고 하는 거대한 주제 앞에서 남한 내 다양한 의견들이 존재하는 것은 당연한 것이다. 그리고 그것을 당연하다고 바라보는 시각이 필요하다.

2. 남남갈등의 긍정적 측면

그동안 있어왔던 남남갈등이 꼭 부정적인 면만 가지고 있었던 것은 아니다. 남남갈등이 긍정적인 사회적 기능을 일정 부분 했다고 할 수 있기 때문이다.

첫째, 남남갈등은 통일에 대한 무관심을 벗어나, 북한과 통일에 대한

5) 경남대학교 극동문제연구소. 2004. 『남남갈등 진단 및 해소방안』. 경남대학교출판부. p.129(이우영 집필부분) 참조.

관심을 가지고 생각하게 만든다는 점에서 긍정적인 측면을 가진다. 남남갈등을 통하여, 개인주의적이고 일상적인 생활에 매몰해 있던 국민들이 통일과 평화, 역사와 민족이라는 큰 담론에 작게라도 관심의 시작점을 가지게 되는 것이다. 통일의 가장 큰 장애는 통일에 대한 "반대"보다도 통일에 대한 "무관심"이라는 점에서, 오히려 남남갈등이 없어지는 것이 더 큰 문제라는 것을 기억할 필요가 있다.

둘째, 남남갈등을 통하여 통일과 북한에 대한 지나치게 어느 한쪽 방향으로만 극단적이고 일방적으로 주장을 하는 사람들에게 국민들이 경계심을 가지면서, 좀 더 합리적이고 균형적인 시각의 필요성을 느끼게 만든다는 점에서 남남갈등은 긍정적 성격을 가지게 된다.

셋째, 이렇게 되면서 소위 보수와 진보 각 진영 안에서도 좀 더 건강한 집단들은 그 동안 스스로는 절대적으로 당연하다고 생각하고 있었던 많은 사안들을 처음부터 다시 한 번 돌아보고 성찰할 수 있는 기회를 남남갈등은 주었다는 점이 의미를 가진다. 그야말로 북한을 주적으로 보아야 하는지, 거래와 협상의 대상으로 보아야 하는지, 민족 공동의 미래를 위한 파트너로 보아야 하는지, 아니면 그 세 개가 상황과 여건에 따라 매순간 역동적으로 조합하면서 점차 진화되어 가는 존재인지 등을 좀 더 열린 시각으로 성찰할 수 있게 하였던 것이다.[6)]

---

6) 사회학자 박명규는 이것을 다음과 같이 설명하였다 "남과 북 사이의 경계선이 가장 복잡하고도 아프게 작동하는 곳은 바로 우리 의식과 마음속이다... 다른 한 편에서 이 경계선은 한반도 분단과 남북 간 적대감이 가져오는 우리 삶의 근원적 다중성을 자각하게 함으로써 상대방을 이해하는 식견과 시야를 넓히도록 돕는 기능이 있다. 이를 성찰적 기능이라 부를 수 있는데, 이는 의식 내부의 경계적 사유를 상호이해와 공존가능성을 탐구하는 자원으로 만드는 주요한 동인이 된다... 그 경계지대에 어떤 새로운 형태의 새로운 공간을 만들어 낼 것인가는 우리에게 남겨진 숙제이다." (박명규. 남북 경계선의 사회학. 창비. 2012. pp.28－31) 남북 간의 심리적 경계선뿐만 아니라 남남 간의 심리적 경계선도 '성찰적 기능'을 가질 수 있기에, 그렇게 긍정적으로 그 기능이 작동될 수 있도록 노력하는 것이 우리의 과제이고 숙제라고 하는 것이다.

3. 남남갈등의 부정적 측면

그러나 오늘날 한국 사회가 직면하고 있는 남남갈등은 통일을 더 어렵게 만들고 있는 여러 측면들을 만들고 있다. 그리고 이것은 한국의 여러 가지 사회적 갈등요소들과 결합되면서 더 복잡한 양상이 되어가고 있다. 현재 남남갈등은 다음과 같은 점에서 부정적 측면을 가진다고 할 수 있다.

첫째, 심각한 남남갈등은 민족의 통일 능력 자체를 감소시킬 가능성이 있다(조한범 2006; 임현백 2004). 북한이나 통일과 관련된 구체적 정책 이슈가 등장할 때마다 그에 대한 대립된 의견들이 나타나는 것은, 사실 문제가 아니다. 통일 및 대북 정책에는 여러 시각이 있을 수 있고, 여건에 따라 어떤 정책이 선택되었다가, 상황이 바뀌면 얼마든지 다른 정책으로 바뀔 수 있기 때문이다. 그러나 그 과정에서 지나치게 남남갈등의 골이 깊어지면, 그것이 통일 자체에 대해 부정적인 인식을 만들어 내어 통일을 이룰 수 있는 사회와 국가의 전체적 능력을 떨어트릴 수 있다는 것이 문제가 된다.

둘째, 남남갈등이 심해지면 통일과정에서 남한이 주도적으로 참여하는 것이 불가능해질 가능성이 있다. 여와 야, 보수와 진보가 합의하는 통일 및 북한에 대한 근본적 입장이 있다면, 정부가 바뀌더라도 일관되고 지속된 통일 정책을 추구할 수 있다. 그러나 만일 그렇지 못하게 되면 정부가 바뀔 때마다 완전히 다른 정책과 기조가 나오게 되고, 이것은 남한의 대북 및 통일 협상력을 크게 떨어뜨리는 것을 넘어, 통일 논의의 주도권을 북한에게 넘겨주는 결과를 만들게 된다. 북한은 자신들의 이익을 극대화하기 위하여 어느 정부와 어떤 대화를 하여야 할지를 자신들의 일관되고 지속된 목적을 가지고 선택하며 움직일 것이기 때문이다.

셋째, 남남갈등의 심화는 한반도 문제를 다루는 주체가 우리나라와 우리 민족이 아닌, 주변 국가가 될 수 있도록 만들 수 있다. 통일에 대한 한국의 입장이 갈등 속에서 혼란스러워 보이면, 주변 국가들은 한국의 분명한 입장은 없는 것으로 간주하고 각자 자신들의 이익적 판단에 따라 한반도 문제를 다루려는 태도가 강화될 수밖에 없다. 이것은 민족적으로 매우 불행한 상황을 만들어 갈 것이다.

4. 남남갈등이 가지는 미래 역할

그런데 남남갈등은 통일에 있어 향후 특정한 역할과 의미를 가질 수 있다는 점도 고려할 필요가 있다. 그것은 다음과 같다.

첫째, 통일 준비 과정으로서의 남남갈등 극복이 중요하다. 현재 한국 사회가 경험하고 있는 남남갈등의 내용들은, 향후 통일 과정과 통일 이후에 통일된 국가가 직면하고 해결하여야 하는 문제들로 대부분 구성되어 있다. 따라서 지금 노출되고 있는 남남갈등에 대한 대답을 하기 위한 노력들은 결국 그 의도와는 상관없이, 통일준비적 성격을 강하게 가진다. 그리고 남남갈등의 접근 및 해결 과정은 한국 사회가 사회 내에 존재하는 갈등을 어떤 식으로 해결해 나갈 능력이 있는지를 보여주는 대표적 사안이 된다. 남남갈등을 건강하고 성숙하게 해결해 나가는 경험을 통하여 남한은 향후 통일과정과 통일 이후 있게 될 사회갈등을 해결할 수 있는 능력을 미리 갖출 수 있게 된다. 결국 남남갈등은 그 해결시도 자체가 하나의 "통일과정"이고 "통일준비"가 되는 것이다.

둘째, 남남갈등 해결과정은 북한사람들에게 중요한 교육이 된다. 남남갈등은 남한에 있는 그 어떤 사회갈등보다도 북한과 직접 연관된 사회갈등이다. 따라서 남한에서 이루어지고 있는 남남갈등의 내용이 무엇이고, 그것을 남한 사람들이 어떻게 다루면서 해결해 나가고 있는가를 북한 사람들은 주목하지 않을 수 없다. 그리고 그것이 북한 사람들에게는 하나의 "교육"이 된다. 사회 내에 다양한 의견이 있을 수 있다는 것, 그리고 그런 다양한 의견들이 "북한식의 일방적 숙청"으로 정리되는 것이 아니라 합리적인 토론과 정치적 의사결정과정을 통해 정리될 수 있다는 것이 북한 사람들에게 가르칠 수 있는 가장 핵심적 사안이 될 것이다. 반대로 남한이 남남갈등을 혼란 속에서 끝내 제대로 해결하지 못한다면, 북한 사람들을 그것을 통하여 사회갈등이란 해결되는 것이 불가능하며, 따라서 더 극단적인 대립 후 힘으로 상황을 제압할 수밖에 없다는 식의 비평화적이고 비민주적 생각을 하게 될 것이다. 이것은 통일 과정과 통일 이후에 막대한 비용을 지불하게 할 생각이 될 것이다.

II. 남남갈등에 접근해 가는 다섯 가지 제안

그렇다면 남남갈등이 좀 더 긍정적으로 통일에 기여할 수 있도록, 남남갈등에 접근하는 방법은 어떤 것일까? 이것을 다섯 가지로 제안하려 한다.

1. 통일 논의보다도, 통일 이후 만들 나라에 대한 꿈을 명확히 하는 것이 먼저이다

그동안의 통일논의와 그에 따른 남남갈등은 주로 "과거의 분단 및 전쟁의 역사들을 어떻게 바라보고 해석할 것인가?", "북한을 어떤 곳으로 규정하여야 하는가?", "통일을 어떤 방법으로, 그리고 어떤 속도로 할 것인가?", "통일비용을 어떻게 할 것인가?" 등에 집중되어 왔다. 그러다가 북한이 핵을 가지고 국제 사회에 등장하면서 지금까지의 모든 논의가 갑자기 무색해 지는 측면이 생겼다. 그러면서 "통일이라는 것이 과연 가능한

가?", "그동안 이야기하여 온 한반도 통일 정책은 지금도 유효한가?" "새로운 통일 정책은 무엇이어야 하는가?" 등의 질문이 등장하였다. 그러나 저자는 이런 모든 질문보다 가장 먼저 있어야 하는 질문은 좀 다른 것이라고 생각한다. 그것은 "왜 우리는 통일을 생각하여야 하는가?" 그리고 "우리가 통일을 하면 어떤 나라를 만들고 싶어서 통일을 이야기하는가?" 라는 질문이다. 사실, 통일과정에서 발생할 모든 문제와 위기의 해답은 이 질문에 대한 대답 앞에서만 그 해답을 찾아갈 수 있다. 북한은 사회주의 체제를 가지고 좋은 나라를 만들려다가 실패한 국가이다. 분단으로 인한 국가적 위험을 극복하고자 국가의 엄청난 자원을 국방에 쏟아 붓는 나라가 되어 국민들의 생활수준과 인권은 최악의 상황에 놓여 있게 되었다. 남한은 자본주의 체제를 가지고 눈부신 경제적 발전과 민주적 자유를 성취하였지만, 늘 지정학적 갈등 속에서 안보적으로 불안정한 상태에 있고, 그에 따라 경제적 발전이라는 것도 한순간에 무너질 수 있는 상황이며, 전 세계에서 가장 높은 자살률과 가장 낮은 출산율을 가진 국가로서 존재하는, 해결하여야 할 과제들이 많은 나라이다. 남한과 북한 모두, 분단에 의하여 가지게 된 국가적 현상으로 큰 고통과 한계 앞에 서 있는 것이다. 따라서 통일한국은 분단을 넘어서서, 비로소, 북한과 남한이 꿈꾸었으나 아직까지 이루지 못한 바로 그 나라가 되어야 한다. 그리고 이와 같은 "새로운 나라에 대한 꿈"은 통일에 대한 많은 남남갈등의 논의들을 새로운 차원으로 이끌어 갈 힘을 가지게 된다.

2. 통일이라는 주제의 위계적 성격을 분명히 인식하여야 한다

통일에 대한 논의를 하는 자리에서는 보이지 않게 작동하는 어떤 "힘"들을 보게 된다. 그것은 통일을 이야기하고 있는 사람들이 통일이라는 주제를 그들의 우선순위 어디에 위치시키고 있는가에 대한 차이에 의한 충돌이다. 이에 대하여 공동연구자였던 박명림 교수는 다음과 같이 정리한 바 있다. 실제로 초정파적 통일정책을 수립하기 위해서는 국가적 이익위계에 대한 개념이 필요하다. 이것은 국가와 정파 이익에 대한 수준(레벨)의 구분에 대한 개념을 말한다. 예를 들어 국가의 생사가 걸린 이익(vital interest)에 대하여는 정파 간에 싸우지 않는다는 원칙이 있어야 한다. 국가의 핵심이익(core interest)에 대하여는 여야의 비공개적이고 암묵적 합의가 있어야 한다. 국가 주요 이익(major interest)에 대하여는 정파 간의 공개적 협상과 그에 대한 공개적 합의가 필요하다. 국가 비주요 이익(minor interest)에 대하여는 정파 간의 의견 조정을 위한 자율적 노력이 필요하다. 이에 대한 정확한 구분적 개념을 가지지 못하면 국가의 생사가 걸린 이익(vital interest)이 국가 비주요 이익(minor interest), 즉 정파의 이익에 의하여 위협을 받는 일이 발생한다. 통일 문제를 다룸에 있어서도 핵심은 본질적인 문제와 비본질적인 문제, 사소한 문제와 큰 문제, 우선순위의 문제 등을 명료하게 구분하여 접근하는 것에 있다. 통일 문제는 여러 요소들을 다양하게, 동시에 가지고 있기 때문에 늘 혼란스러운 측면이 있다. 그러한 혼란에 대한 대응을 원칙 없이 그때그때의 국내 정치적 계산에 의하여 하는 것은 나쁜 결과를 만들 위험성을 크게 가지고 있음을 유의하여야 한다. 예를 들어 통일추진 과정에서 전쟁의 위험을 극소화하고 국가안보와 안전을 유지하며 평화통일의 기반을 조성해 나가는 일은 국가의 생사가 걸린 이익의 문제라는 것을 명백히 해둘 필요가 있다. 즉 북한과 통일이슈를 단기적 정치적 이익을 위하여 사용하는 것을 지양하여야 하는 것이다.

3. 지속성을 가지는 통일정책과 그를 이룰 수 있는 시스템이 필요하다

독일은 통일 전 16년 동안 8년의 사민당 정부와 8년의 기민당 정부가 있었다. 그러나 그 전체 기간 16년 동안 외상은 제3당인 자민당 부총재였던 한스 디트리히트 겐셔(Hans–Dietrich Genscher)가 담당하였다. 내각책임제 제도하에서 과반수를 가지지 못한 제1당이 제3당과의 연정을 하여야 하였기에 나타난 결과였다. 자민당은 제1당이 위치에 있었던 기민당, 사민당과 어떤 의미에서는 다른 통일 정책을 가지고 있었다. 즉 현실인정을 바탕으로 동독과 적극적인 접촉과 협상을 추진하였으며, 소련의 동의 없이는 통일이 불가능하다는 인식하에, 친서방정책의 기조하에서도 소련, 동유럽, 동독과 협력을 추진하였다. 그리고 궁극적으로는 유럽통합의 틀 안에서 통일을 이룩하겠다는 정책을 가지고 있었는데, 이것은 기민당의 통일정책보다는 진보적이었고 사민당의 통일정책보다는 더 현실적인 정책이었다.[7] 그러기에 겐셔(Genscher) 외상은 사민당 정권에서 통일정책을 수행한 후에 다시 기민당 정권에서 통일 정책을 수행한 것을 가지고 "우리는 동방정책을 이은 것이 아니라 독일정책을 이은 것이다"라고 이야기하였다. 즉 사민당에 의하여 만들어지고 진행된 동방정책을 기민당이 이어 가서 통일을 이룬 것에 대하여 어떤 특정 정당의 안을 가지고 독일 통일을 이룬 것이 아니라는 것을 이야기한 것이다.

이것은 우리나라에서도 필요한 일이라 할 수 있다. 즉 정권의 교체가 있어도 일관되고 지속적으로 추진해 나갈 수 있는 통일정책과 그것이 이루어질 수 있는 정치 시스템을 이루는 것이 필요하다는 것이다. 이념적인 남남갈등을 포함하여 다양한 사회갈등을 조정하고 중재하는 주체 중

7) 염돈재. 독일통일의 과정과 교훈. (평화문제연구소, 2010) p.80.

하나가 정치이다. 그러나 지금까지는 정치가 갈등의 완화에 기여하기보다는 그 야기 및 증폭에 기여하는 역할을 한 측면이 있었다. 이를 해결하기 위하여는 정치인들 개개인의 선의에 의존하는 것이 아닌, 그것을 보장할 수 있는 시스템의 구축이 필요하다. 예를 들어 승자독식제도에서 승리하기 위하여 주장을 선동적이고 극단적으로 만들려는 시도들을 막을 수 있는 제도가 만들어질 필요가 있다. 또한 짧은 대통령 임기로 인하여 통일정책이 너무 짧은 주기를 가지는 것도 재검토하여야 할 내용 중 하나이다. 그럼으로써 남남갈등이 국가적 논의와 협상을 통해 조정, 중재되어 합리적인 통일정책이 보다 광범위한 국민의 지지 속에 추진력을 가질 수 있도록 하여야 할 것이다. 이와 함께, 정부가 통일정책을 구체적으로 추진하는 과정에서 정파적 이해에 입각한 '업적주의'를 지양하는 것이 중요한 과제이다. 통일정책의 추진과정에서 정권을 담당한 특정 정치세력이 단기적인 성과(업적)를 조급하게 추진하고 그로 인해 어떤 성과가 나올 경우 그것을 정부·여당 자신의 정책성과물로 홍보하게 되면 야당은 정치적 생존을 걸고 그것을 반대하는 경향이 생겨 결국 남남갈등의 악화를 초래할 수밖에 없다. 따라서 야당과의 사전 협의를 거치고 정치적 성격의 홍보를 지양함으로써 통일정책의 성과를 특정 정파의 것이 아닌 여야 및 국민 모두의 것이 되도록 하는 것을 통일정책 추진 방식에 있어서의 기본적인 규범으로 확립해 나갈 필요가 있다.

4. 사회문화적으로 "다름"을 다루는 태도와 방법의 훈련이 이루어져야 한다

남남갈등의 본질은 좌우 이념의 문제와 함께 "다름을 어떻게 다루는가의 문제"를 가지고 있다. 한반도의 현대사 속에서 실제로 커다란 비극을 만들어 내었던 것은 "사상의 차이" 그 자체가 아니었다. 그보다는 "사상의 차이를 다루는 방식", 즉 사상으로 겉을 포장하여 놓은, 자신과 다른 사상, 생각을 가졌던 사람들을 향하여 가졌던 잔인한 분노, 그로 인한 폭력성, 그런 폭력을 스스로 정당화하였던 믿음 등이었다. 그리고 그 폭력성은 다시 다른 편의 더 큰 폭력성을 정당화하게 하는 근거가 되었다. 그러기에 순수하게 사상적 측면에서 인간의 행복한 사회를 추구하였던 사람들은 그런 잔인한 폭력에 반대하였었다. 그러나 집요한 "권력과 이익을 향한 욕망"을 "사상"이라는 것으로 포장하여 앞장섰던 사람들의 목소리와 행동이 더 커지면서 그 반대의 목소리는 많은 힘을 가지지 못한 것이 한반도 역사의 비극이기도 하였다. 이것은 지금 남남갈등 속에서도 우리가 점검해 보아야 할 사항들이다. 북한과 통일에 대한 논의를 하기 전에, 남한 내에서 통일에 대한 논의를 하면서 먼저 우리가 "다름을 다루는 법"에 훈련이 된다면, 통일은 훨씬 더 수월하게 이루어질 수 있을 것이다. 그런 의미에서 남남갈등은 "통일의 예비 과제"인 측면을 가진다. 그리고 이것은 어느 영역보다도 학계에서 먼저 이루어져야 할 것이다.

그러므로 실제로 보수적 시각과 진보적 시각을 가진 학자들과 전문가들이 상호간에 합리적이고 진지한 대화의 장을 만들고 함께 하는 시간을 가지도록 하는 것이 필요하다. 그리고 그런 대화의 내용들을 책 등으로 정리하여 출간한다면, 학자들, 전문가들, 그리고 국민들에게도 의미 있는 작업이 될 것이다. 이러한 대화들과 노력을 통하여, 먼저 전문가 합의를 만들어내고, 그 이후에 그것을 토대로 하여 국회에서의 논의를 거쳐 국민적 합의를 만들어 내는 것이 필요하다. 이러한 활동을 위하여 다음과 같은 사항들이 점검될 필요가 있을 것이다. 첫째, 자신이 지금까지 당연하다고 믿고 말하고 행동하여 왔던 모든 사항에 대하여 스스로 엄밀하고 정직한 재점검을 하여야 한다. 즉 "정말 그런가? 나의 생각에 부족한 점은 무엇인가?"를 스스로 질문하고 답하는 것이다. 둘째, 나와 다른 생각을 하고 있는 분들의 주장 내용을 역시 엄밀하고도 정직하게 점검하여야 한다.

그러려면 그들의 말을 끝까지 들어보아야 한다. 그러면서 나의 생각에서 부족한 부분을 그들의 생각이 어떻게 보완하고 있는가를 생각하고 그것을 통하여 "나의 생각"이 아닌 "민족과 나라에 가장 도움이 될 수 있는 최고의 안"을 만들도록 노력해야 한다. 셋째, 이러한 모든 과정에서 모든 형태의 극단성, 배타성, 폭력성을 배제하여야 한다. 그리고 만일 극단적이고 배타적인 행동과 폭력을 사용하는 사람이나 집단은 잠시 이 논의에서 배제하여야 한다.8) 정말로 우리 국민이 높은 시민의식 가운데 선거나 사회적 여론을 통하여 이런 원칙을 지켜나갈 수만 있다면, 그것은 분명 강력한 힘을 지니게 된다. 그래서 문제가 있던 분들이 자신들의 과거 특징들을 포기하고 정말 평화롭고 진지하게 논의를 할 수 있게 되면 얼마든지 그들을 다시 받아들여 함께 고민하고 논의하도록 해야 한다.

5. 사회적 갈등 해결의 경험 축적이 이루어져야 한다

대한민국 사회가 사회 속의 수많은 갈등들은 제대로 다루지도 못하면서, 그 중 남남갈등, 남북갈등만 유능하고 효율적으로 잘 해결해 나갈 가능성은 전무하다. 그러기에 통일을 이루어 가는 데 있어 가장 핵심적인 것 중 하나는 사회 각 영역에서 이루어지는 사회 갈등 해결 과정의 경험 축적이다. 즉 다름을 인정하는 관용의 정신을 가지고 있으면서도 민주주의의 절차적 가치를 인정하고 사회가 가진 불완전성에 대한 깨어있는 의식을 가지고 늘 더 나은 사회를 위한 노력과 상호 배려가 가능한 그런 사회적 노력이 있을 때에 통일은 이루어질 수 있고, 통일 이후 발생할 다양

8) 북아일랜드의 평화협상 과정에서 폭력단체는 철저히 배제되었다. 그러나 폭력단체가 아닌, 그들과 연계된 정당조직은 평화협상에 모두 참석하도록 하였다. 평화와 비폭력의 엄격한 원칙 하에서 실질적 협상을 위한 유연성을 발휘한 것이었다. (전우택, 박명림 외. 트라우마와 사회치유. 2019. 역사비평사. p.64)

한 사회 갈등도 해결하여 나갈 수 있을 것이다. 여기서는 이런 역할을 하는데 있어 주목할 수 있는 것으로 시민사회, 종교계, 그리고 정부의 국가통합 관련 기구들에 대하여 언급하도록 한다.

깨어있는 시민단체가 하여야 하는 구체적이고 현실적인 활동 중 하나는 정치계, (유튜브 방송을 포함하는) 언론계, 학계 등에 대한 모니터링과 적극적 의견 개진이다. 무엇보다도 정치계나 학계, 언론계가 북한이나 통일 관련 활동에서 학술적으로 검증된, 그리고 합리적이고 보편적인 의미로 사용하여야 하는 용어들과 논리들을 정확히 사용하고 있는가에 대한 모니터링 하는 것이 필요하다. "친북", "종북", "친미" 등의 불명확한 단어들을 자신들의 정치적 목적 등을 위하여 선동적으로 오용, 남용을 하고 왜곡하여 사용하는 것 등이 먼저 모니터링 되어야 할 필요가 있다. 이것이 정확한 사고와 합리적인 토론을 막는 주요한 이유가 되기 때문이다.[9] 그래서 그에 대한 정확한 의견 표명이 지속적으로 이루어져서, 국민들이 그 부분에서 좀 더 정리된 의견을 가지도록 지원하는 것이 필요하다. 그러기 위하여는 그 시민단체들 스스로가 균형 잡힌 시각을 가지고 그 활동을 하고 있다는 것을 보여줄 수 있어야 할 것이다.

종교는 현실적인 갈등들을 다루는 데 있어, 좀 더 근본적이고 초월적인 가치를 추구하며 화해를 향해 나아갈 수 있도록 만드는 힘을 가지고 있다. 따라서 현실 속에서 대립된 집단들이 갈등을 해결할 수 없는 상황에 봉착하였을 때, 종교는 그 중재를 할 수 있는 매우 중요한 사회적 자원

9) 이에 대하여 사회학자 박명규는 다음과 같이 경계한다. "언제부터인가 '종북좌파', '보수꼴통'이라는 말이 자주 쓰인다... 이런 조어방식은 비논리적이다... 하지만 이 용어들은 의외로 강력한 담론적 힘을 발휘하면서 사람을 이념적으로 나누고 정치적으로 공격하는 데 활용된다. 이 용어들의 영향력이 큰 것은 북한에 대한 우리의 태도가 이성보다 감정 면에서 영향을 많이 받기 때문이다."(박명규. 남북 경계선의 사회학. 창비. 2012. p.29) 따라서 어떤 용어들이 사용될 때 그것이 학문적이고 합리적이며 논리적으로 사용될 수 있도록 사회적인 모니터링이 이루어지는 것은 중요하며, 그 역할을 할 수 있는 학계와 시민단체의 역할이 중요하다.

이 된다. 이러한 종교의 사회중재 역할이 잘 작동될 수 있도록 되기 위하여는, 국민들이 보기에 종교가 갈등을 뛰어넘는 종교 본연의 초월성과 정결성을 가지고 있도록 하여야 한다. 그리고 사회적 갈등에 대하여 관심을 가지고, 그에 대한 종교적 차원의 메시지를 사회에 던지며, 국민들이 그것을 훈련 받을 수 있도록 하는 프로그램을 개발하고 운영하는 것도 중요하다. 그리고 그러한 사회 중재적 활동에 대한 경험을 사회와 공유하는 활동을 할 필요가 있다.

역대 정부마다 사회갈등을 중대한 문제로 보고 그에 대한 위원회를 만들고 활동을 해 왔다(노무현 정부의 국민대통합연석회의, 이명박 정부의 사회통합위원회, 박근혜 정부의 국민대통합위원회, 문재인 정부의 시민사회발전위원회, 윤석열 정부의 국민통합위원회, 이재명 정부의 국민통합위원회 등). 실제로 국가적 중대 갈등 사안이 있을 때, 중재적 성격의 국가 기구가 있어 권위와 전문성, 그리고 불편부당성을 가지고 사안을 다룰 수 있다면, 갈등해결에 지나친 국가적, 사회적 에너지가 소모되고 혼란이 발생하는 것을 막을 수 있다. 그리고 그 과정은 사회의 큰 자산으로 축적될 것이고, 그것이 미래 세대들에게 중요한 교육 자료가 될 것이다. 대립의 갈등 주체들이 사회적합의기구 안에 들어와 협의하고 토론하는 과정을 국민들이 주목하고 판단하면서, 그 결과가 여러 투표 등으로 정확히 이루어질 때 사회는 빠르게 변화되어 갈 수 있을 것이다. 이런 국가적 중재 기구들이 그 역할을 정확히 잘 할 수 있게 되는 것은 향후 통일문제를 다루는 데 있어 중요한 의미를 가지게 될 것이다.

III. 결론

한국 사회에서 남남갈등은 한반도 현대사의 비극적 사건들에 의한 개인, 가족, 지역사회, 국가 전체의 상처를 그 배경으로 하고 있다. 따라서 남남갈등의 해결은 먼저 그러한 역사적 상처들을 치유하는 시각으로 접근해야 한다. 그런 의미에서 남남갈등의 해결을 위한 노력은 그러한 역사적 상처의 직접 피해자들인 전사자, 납북자, 이념폭력의 희생자, 이산가족에 대한 사회적 치유 활동을 먼저 하는 것으로 진행할 필요가 있다. 이러한 사회치유의 사례들은 남아프리카공화국,[10] 북아일랜드[11] 등 외국의 사례들도 있다. 그러나 국내에도 그런 사례가 없는 것은 아니다. 바로 제주 4.3 사건[12]에 대한 사회치유의 예이다. 1948년 4월 3일을 기점으로 그 이후 벌어졌던 사건들과 그로 인한 수많은 인명의 피해는 매우 복잡한 역사적 지역적 배경을 가지고 있었던 비극이었다. 그 후 긴 세월의 침묵을 지나, 진상규명, 명예회복, 기념관 건립, 학술문화 활동, 국가추념일 지정과 같은 일들을 통하여 지역사회와 국가는 다양한 사회치유적 노력을 하였다. 그리하여 마침내 2013년에 화해의 대화가 이루어졌고, 2014년 10월 28일, 제주 전국체전 개막식에 제주4.3희생자유가족회 회장과 제주경우회 회장이 공동 성화 봉송자로 스타디움(stadium)에 들어서서 달리는 일이 있게 되었다. 물론 경우회나 유족회 내부에서도 이러한 움직임에 대하여 다른 의견들이 존재하는 것이 사실이다. 그러나 이것은 한국 사회에서 남남갈등의 해결은 근본적으로 불가능하다는 식의 인식에 작은 균열을 주는 의미를 만들었다. 이러한 일이 있게 되기까지 66년의 세월이 흘렀으며, 결국 이러한 일이 있게 된 것이다. 사실 본질적으로 통일의 핵심적인

10) 아프리카 공화국에서는 소수 백인과 다수 유색 인종의 관계를 지배하였던 인종 차별·격리 정책으로 아파르트 헤이트(apartheid)로 인해 전체 인구의 16% 밖에 되지 않은 백인이 법률로써 흑인 및 토착민에 대해 차별정책을 펼쳤다.

11) 북아일랜드는 19세기 이후 북아일랜드 내 구교도와 신교도 간의 분쟁 역사를 갖고 있다.

12) 제주 4.3사건은 1947년 3월 1일을 기점으로 1948년 4월 3일에 발생한 소요사태 및 1954년 9월 21일까지 제주도에서 발생한 무력충돌과 진압 과정에서 주민들이 희생당한 사건을 말한다.

열쇠는 남한과 북한의 일반 주민들이 가지고 있다. 그들이 통일을 동의해 주어야 통일은 가능하기 때문이다. 그 중에서도 북한 일반 주민들의 시각으로 본다면, 그들의 통일에 대한 동의는 그들의 눈에 비친 남한 사람들이 정직하고 믿음직해 보여야 할 수 있는 것이다. 그리고 그런 신뢰는 남한 사람들이 남남갈등을 어떤 식으로 접근하여 해결하는가를 보면서 형성될 것이다. 그리고 남한 사람들이 남남갈등을 해결하는 모습을 모방하여 향후 있게 될 "통일 후 남북갈등"을 해결하려 할 가능성이 많다. 그러기에 남남갈등에 임하는 남한 사람들의 태도와 능력이 곧 통일의 여부를 결정하게 된다고 할 수 있다. 그런 의미에서 남남갈등의 극복은 통일을 향한 남한의 준비인 동시에 북한의 준비가 될 것이다. 제주도 사례와 같은 작은 시도들이 하나씩 이루어지고, 그것에 대한 더 깊은 성찰들이 이루어질 때, 남남갈등은 통일을 이루어 내는 디딤돌이 될 것이다.

참고문헌

경남대학교 극동문제연구소. 2004. 『남남갈등 진단 및 해소방안』.

김갑식. 2007. 「한국사회 남남갈등: 기원, 전개과정 그리고 특성」. 『한국과 국제정치』 23(2).

김인영. 2013. 「정부 사회통합 위원회의 한계와 바람직한 사회통합 방향」. 『정치·정보연구』 16(2): 126－170.

네이버 지식백과사전.

박명규 외. 2014. 「2014 통일의식 조사」. 서울대학교 통일평화연구원, 36－38.

손광주. 2014. 「'통일대박론'의 성공과제」. 『북한연구학회 춘계학술발표논문집』, 106－119.

염돈재. 2010. 『독일통일의 과정과 교훈』. 평화문제연구소.

이우영. 2004. 「북한관과 남남갈등: 여론조사와 신문기사를 중심으로」. 『남남갈등 진단 및 해소방안』, 101－131.

이상근. 2011. 「남북한 지역간 갈등 최소화와 공영을 지향하는 통일비용 지출」. 『통일연구』 15(2).

장명봉. 2003. 「남북관계발전기본법」(안)에 관한 고찰」. 『국제법학회논총』 48(3): 333－356.

장일구. 2014. 「한국전쟁 트라우마의 서사적 형상: 몇 가지 국면에 대한 소묘」. 『한민족어문학』 66: 381－414.

조한범. 2006. 『통일연구원 연구정책세미나』. 통일연구원, 1－84.

최강민. 2013. 「1920～30년대 재난소설에 나타난 급진적 이데올로기와 트라우마」. 『어문론집』 56: 377－405.

최용섭. 2001.「한국의 정당과 사회 제집단의 북한·통일관: 남남갈등을 중심으로」.『한국동북아논총』 20: 67－68.

『국민일보』. 2013. 7. 25. “전시납북 10만 그 가족의 ‘피눈물’… KBS1 ‘돌아오지 않는 사람들’.” 20면 2단.

『이데일리』. 2015. 10. 18. http://www.edaily.co.kr/news/NewsRead.edy?SCD=JE51&newsid=01558006609534232&DCD=A00505&OutLnkChk=Y

08

북한에 대한 지원, 그 딜레마에 대한 성찰[1)]

Ⅰ. 시작하는 말 – 우리 안의 딜레마

북한은 극심한 경제난 속에서도 국가 재정의 큰 부분을 핵 개발과 군사무장에 쏟아 넣고 있다. 그것이 동북아시아 지역과 미국, 그리고 나아가 전 세계에 군사안보적 위협이 되고 있지만, 그 위협을 가장 직접적이고도 크게 받는 나라는 남한이다. 좋은 분위기 속에서 진행되는 남북정상회담 모습에 가장 크게 기대를 거는 나라도, 개성 남북연락사무소 폭파나 서해 민간인 사살 사건 등에 아픔도 가장 크게 느끼는 나라 역시 남한이다. 이런 가운데, 북한이 식량, 보건의료, 재난대응 등에 있어 국가적인 큰 어려움을 겪을 때마다 그것을 가장 주목하는 나라 역시 남한이다. 이것은 하나의 커다란 딜레마이다. 우리에게 가장 큰 위협이 되는 북한이라는 존재가 어려움 속에 있다고 그들을 도와야 하는가? 돕는다면 왜 도와야만 하는가? 도와달라고 정중히 요청하는 법도 없고, 고맙다는 말을 제

1) 이 글은 2020년 9월, 한반도평화연구원(korea Peace Institute)의 이슈 브리핑(issue briefing)에 실었던 필자의 글 "북한에 대한 지원, 그 딜레마에 대한 성찰 – 이유와 태도, 목표를 중심으로"를 수정·보완한 원고이다.

대로 하지도 않으며, 때때로 극단적 갈등을 일으키곤 하는 존재를 돕는다는 것이 과연 적절한 것이고 옳은 일인가? 그것은 국가의 안보 전략적 측면에서 맞는 일인가? 북한에 대한 지원은 1990년대 중반부터 현재에 이르기까지 남한 사회에 큰 논쟁거리로 존재하여 왔고, 지금도 그 논란과 혼란은 계속되고 있다. 이 글은 이 딜레마에 대하여 생각해 보는 글이다. 정말 남한에게는 북한을 도와야 하는 이유가 있는지, 만일 돕는다면 어떤 생각으로 도와야 하는지, 그리고 만일 우리가 북한을 돕는다면, 그 궁극적 목표를 어디에 두어야 하는지를 생각해 보도록 한다.

II. 우리가 북한을 도와야 하는 이유가 있는가?

식량, 보건의료, 재난대응 등에서 북한을 왜 도와야 하는지에 대한 남한 스스로의 이유가 불명확할 때, 우리는 대북지원에 대한 결정을 내리기도 어렵고, 설사 지원을 시작한다 할지라도 중간에 어려움이 발생할 때 혼란을 겪을 수밖에 없게 된다. 따라서 우리가 북한을 도와야 하는 이유를 스스로 명확히 하는 것이 필요하다. 필자는 이것을 다음과 같은 세 가지로 생각한다.

1. 북한에서 고통 받고 있는 2000만 명이 넘는 평범한 사람들이 모두 인간으로서 존엄성을 가진 소중한 존재들이기 때문이다

우리는 북한이라는 국가가 가지고 있는 국가 통치 이념이나 체제에 동의하지 않는다. 그러나 그럼에도 불구하고 북한에 살고 있는 사람들을 "인간"으로서 존중한다. 이 두 가지는 서로 다른 차원의 것이다. 그동안 인류는 자신과 민족, 언어, 종교, 성별, 이념 등에서 "다른 조건"을 가진 인간의 존엄성은 무시할 수 있는 것으로 보거나, 또는 그 존엄성을 아예 없는 것으로 보며 살아왔었다. 그것이 인류의 역사 속에서 차별과 억압, 대량 학살과 같은 거대한 비극들이 있어 온 가장 큰 이유였다. 그러하였기에, "자신과 다른 조건들을 가진 인간에 대한 태도"와 "인간의 본질적 존엄성에 대한 존중"을 하나로 연계해 나가는 과정이 곧 인류 정신 진보의 역사였다. 20세기 한반도 안에서 벌어졌던 가장 큰 비극들의 원인도, 자신과 다른 조건, 즉 다른 이념을 가진 인간들의 존엄성을 인정하지 않는 데서부터 나왔었다. 그런 의미에서 남한이 북한을 도와야 하는 이유는 매우 단순하다. "인간으로서의 존엄성을 가진 소중한 존재들이 지금 거기서 고통 받고 있기 때문이다"가 그것이다. 현재 북한의 총인구수는 약 2,500만 명 정도이다. 그중 최소 2,000만 명의 사람들은 가장 기본적인 의식주와 보건의료적 측면에서부터 큰 고통 속에 있다. 이것이 생각 속에서 분명해져야만, 비로소 이 문제 앞에 처음으로 마주 설 수 있다.

2. 남한과 북한은 서로 도와야만 역사의 깊은 도랑에서 함께 빠져나갈 수 있기 때문이다

극한적인 인종차별정책이 시행되고 수많은 잔혹 행위가 있었던 남아프리카공화국에서 흑인 정권이 세워지면서 가동되었던 진실과 화해위원회 위원장직을 수행하였던 데스몬드 투투 주교는 그의 책 〈용서 없이 미래 없다〉에서 스탠리 크레머 영화감독의 1958년 작품인 "The Defiant Ones"(흑과 백)의 한 장면을 예로 든다.[2] 죄수 백인과 흑인이 하나의 사

2) Desmond Mplilo Tutu. No Future Without Forgiveness. New York: Doubleday, 1999; 데즈먼드 투투. 용서 없이 미래 없다. 홍종락 역. 서울: 홍성사. 2009, p.15. (전우택 외, 용서와 화해에 대한 성찰. 서울: 명인문화사, 2018. p.62에서 재인용)

슬에 묶여 호송차에 실려 가다가 차가 깊은 도랑으로 떨어지는 전복사고가 나면서 둘은 도망을 갈 수 있는 절호의 기회를 맞이한다. 그러나 서로 하나의 사슬에 묶여 있었기에 그들은 자기 혼자만으로는 도랑을 빠져나갈 수는 없는 상태가 된다. 그동안 인종적으로 서로에 대하여 큰 적대적 감정을 가지고 있었던 그들이었지만, 그들이 도랑을 빠져나갈 수 있는 유일한 방법은 둘이 협력하여 함께 조금씩 도랑 벽을 타고 올라가서 함께 도랑을 벗어나는 것이었다. 이 장면을 설명하면서 투투는 "하나님은 우리(백인과 흑인)를 한데 묶으셨고 한 사슬에 매어 놓으셨다"고 이야기하였다. 그러면서 "현재를 같이 사는 방법을 법을 배우지 못하면 우리는 바보같이 함께 죽을 것이다"라는 마틴 루터 킹의 이야기를 인용한다.

지정학적으로 미, 중, 일, 러 라는 세계 최강국들 사이에 존재하는 유일한 교차지역인 한반도에 남한과 북한이 존재하고 있다. 이 한반도에서 분단은 우리 민족의 뜻이 아닌 강대국들의 이익을 위하여 이루어졌었고, 분단의 지속도 우리 민족의 이익보다 강대국의 이익을 위하여 지속되어 왔다. 한반도의 분단은 주변국들의 이익을 위한 도구로 사용되고 있는 것이다. 이런 깊은 역사의 도랑을 남한 혼자서, 또는 북한 혼자서 빠져나갈 방법은 없다. 남한과 북한은 함께 사슬에 묶여 있는 존재로서 서로에게 협력을 하여야만 한다. 그것이 함께 살 수 있는 유일한 방법인 것이다. 비록 어느 한쪽이 처음에는 이런 상황을 인정하지 못한다 할지라도, 결국은 그 사실을 인정할 수밖에 없게 된다. 남한과 북한 모두가 그것을 인정하게 되는 것을 좀 더 앞당길 수 있도록 하는 노력으로서, 우리는 북한에 대한 지원을 생각하여야 한다.

3. 북한과 남한 사람들의 내면세계 황폐함을 치유하여야 하기 때문이다

이념의 대립, 전쟁 비극의 경험, 상호 증오로 점철된 지난 70년간의 세월은 남과 북 사람들 모두의 정신세계를 황폐하게 만들었다. 그러면서 남한은 경제적으로는 상당한 발전을 이루었음에도 불구하고, 어떤 사회적 갈등이 발생할 때마다 그것을 건강하고 효율적으로 해결하지를 못하는 답답함 속에서 엄청난 사회적 비용을 지불하고 있다. 그리고 모두가 스스로를 불행하게 느끼면서 OECD 국가 중 자살률이 가장 높은 나라가 되었다. 이 모든 모습들은 현대사 속에 있었던 집단적 트라우마들로 인하여 남한 사람들의 내면세계가 황폐해졌기 때문에 나타난 현상 중 하나일 것이다. 20세기 말, 전 세계적으로 공산주의 국가들이 붕괴되면서 좀 더 민주적이고 인권이 존중되는 체제들로 바뀌어 갔음에도 불구하고, 유독 북한만이 3대 세습 속에서 여전히 구체제에 집착하는 것도 그들이 과거에 겪은 집단적 트라우마에서 아직 벗어나지 못하고 있기 때문에 나타난 현상 중 하나일 것이다.

집단적 트라우마로 인한 정신적 황폐함을 치유할 수 있는 방법은 자신들의 상처를 이해해주고 인정해 주는 누군가들로 부터 진정한 공감과 배려, 돌봄을 받는 체험을 해 나가는 것이다. 특히 북한과 남한은 그 갈등의 일차적 당사자들로서 그런 공감과 배려, 돌봄을 상징적으로 서로에게 해주는 것이 중요하다.[3] 그런 의미에서 한반도 사람들의 상처가 치유되고 더 건강한 회복을 이루는 데 있어, 그나마 먼저 도울 수 있는 심리적 여건과 물질적 여건을 좀 더 가지고 있는 남한의 선제적 대북지원은 의미

3) 이런 시도들은 용서와 화해라는 주제와 맞닿아 있다는 점들에서 우리에게 매우 어려운 일이 될 수밖에 없다. 이에 대한 논의로 필자가 쓴 내용은 다음과 같다. 전우택 외. 용서와 화해에 대한 성찰. 서울: 명인문화사. 2018, pp.xiv－xxiv.

있는 역할을 할 수 있다. 그런 도움을 줌으로써 황폐함이 치유되는 것은 도움을 받는 북한만이 아니다. 도움을 주는 남한도 치유된다. 그리고 그런 과정을 통하여 치유되기 시작된 북한이 그들이 할 수 있는 방법으로 남한을 도울 때, 그 치유는 비로소 더욱 온전하게 완성되어 갈 것이다.

III. 우리는 어떤 생각 속에서 북한을 도와야 하는가?

그러나 북한을 지원하여야 하는 이유를 우리 스스로 잘 인식하고 인정한다 할지라도, 북한은 여전히 돕기가 너무도 힘든 매우 특별한 존재이다. 일반적으로 도움을 받는 입장에 놓인 존재들이 보이거나, 보이기 기대되는 모습을 북한은 전혀 가지고 있지 않기 때문이다. 돕기 힘든 북한을 돕는데 있어 우리는 어떤 생각을 하며 나서야 하는 것일까?

1. 우리의 파트너가 불완전한 존재임을 인정하는 생각을 하여야 한다

앞에서 이야기하였던 남아프리카공화국의 투투 주교는 다시 그의 경험을 〈용서 없이 미래 없다〉에서 다음과 같이 이야기 한다.[4] 인종차별정책 시행의 한 가운데 있었던 백인 정권 마지막 대통령이었던 데 클라르크 대통령과, 27년 만에 감옥에서 석방된 넬슨 만델라가 1993년 노벨평화상 공동수상자 되도록 하자는 논의가 시작되었을 때 투투 주교는 그것을 찬성한다. 비록 데 클라르크가 수많은 잘못을 저지른 바 있었지만, 새로운 역사의 진전을 위하여 향후 그의 역할은 매우 중요하다는 것을 인정하였

4) 데즈먼드 투투. 용서 없이 미래 없다. 서울: 홍성사. 2009, p.297.

기 때문이었다. 그러나 1996년 진실과 화해위원회가 시작되자 데 클라르크는 먼저 자신의 과거 잘못을 사과하는 발언을 한 다음에는 온갖 단서를 갖다 붙이면서, 자신이 하였던 사과 자체를 무의미하게 만드는 말들을 계속하였다. 그 후에도 그는 진실의 규명과 화해를 만들어 가는 데 있어 너무도 부적절하고 부족한 파트너임을 여러 차례 보여주었다. 그러나 넬슨 만델라와 투투 주교는 이 불완전한 데 클라르크를 포기하지 않고, 끝까지 자신들의 상대 파트너로 받아들이면서 그들의 숭고한 목표를 향해 나아간다.

역사의 진전을 만들어 감에 있어 그 상대 파트너의 불완전성은 어떤 의미에서는 불가피한 조건이다. 만일 그 파트너가 처음부터 완전한 존재였다면, 문제와 갈등 자체가 아예 만들어지지 않았을 것이기 때문이다. 따라서 역사의 전진을 위하여, 우리는 우리의 상대 파트너가 불완전한 존재라는 것을 인정하고 공동의 일에 임하여야 한다. 상식적으로, 논리적으로, 인간적으로, 상대방은 이런 상황에서 당연히 이러이러하여야 한다는 고정된 생각을 하는 것은, 반대로 우리 자신의 경직된 불완전성을 보여주는 또 다른 증거가 된다. 예를 들어 북한이 도움을 받으면서 진정으로 자신들의 과거 잘못을 인정하고, 겸손하게 고마움을 즉각 표현하면서 우리의 도움에 적극적으로 협조하여야만 한다고 생각하거나, 그것을 엄격한 조건으로 내세우는 것은, 상황을 더 어렵게 만들 것이다. 완전성은 상대방에 앞서 우리 스스로에게 먼저 요구하여야 하는 것일 것이다.

2. 받는 사람들의 입장에 서보겠다는 생각을 하여야 한다

1990년대 후반과 2000년대 초중반, 남북한 교류와 지원이 활발하였던 시절, 다양한 국적을 가지고 최선을 다하여 북한을 돕던 많은 사람들의 헌신과 열정을 우리는 기억한다. 그러나 그들 중 일부가 보였던 그 "오만함"도 잊을 수 없다. 도움을 받아야 하는 입장에 선 사람들을 존중하는 마음을 가지지 못하고 있음이 다양한 방식으로 표출되었고, 그것이 북한으로 하여금 도움을 받으면서도 더 경직된 태도를 가지도록 만들었다. 돕는 것은 도움을 받는 것보다 더 어려운 일이다. 그리고 어쩌면 남한은 아직도 돕는 일에 충분한 훈련이 안된 상태일 수 있다. 도우면서 그런 생각까지 다 하여야 하냐고 질문할 수도 있다. 그러나 그런 생각까지 하여야 한다. 그래야 도울 수 있고, 그래야 우리가 돕는 이유가 이루어질 수 있기 때문이다.

3. '모순'을 견뎌내겠다는 생각을 하여야 한다

북한은 국제사회 속에서 정상국가들이 일반적으로 준행하는 외교적 원칙이나 행동 양식에서 벗어나는 일들을 지속하고 있다. 그것은 북한이 외부의 지원을 받는 일에서도 마찬가지로 나타난다. 국제지원 활동에는 국제적으로 준수되도록 노력하는 공동의 원칙이 있다.[5] 그러나 북한은 그 원칙에서도 자신들만은 예외가 될 것을 요구하곤 하였다. 이런 상황의 복잡함이 북한과 마주 앉을 때 큰 어려움을 준다. 이때 우리는 선택을 하여야 한다. 이런 어려움 때문에 북한과 마주 앉는 일 자체를 하지 않을 것인지, 아니면 그런 어려움을 현실로 인정하여 받아들이면서 북한과 마주 앉을지를. 마주 앉지 않겠다는 선택을 한다고 하여 어떤 변화도 생기지 않는 것은 아니다. 시간이 지남에 따라, 남과 북의 갈등은 점차 더 커지고

---

5) 2005년 3월 OECD 개발원조위원회(DAC)는 "원조효과성에 대한 파리선언"이 채택하였다. 이것은 61개 다자간/양자 간 원조기구와 56개의 수원국, 14개의 시민사회단체가 참여한 원조 전달체계 개선을 위한 국제적 선언으로, 원조의 효과성을 높이는 다섯 가지 원칙과 과제로서 다음과 같이 제시하였다. 첫째, 주인의식(Ownership), 둘째, 원조일치(Alignment), 셋째, 원조조화(Harmonization), 넷째, 성과관리(Managing for Result), 다섯째, 상호책무성(Accountability)이 그것이다.

더 뿌리 깊어질 수밖에 없기 때문이다. 그러나 마주 앉겠다고 선택을 한다면, 우리는 우리가 가진 상식과 원칙을 때로는 준수하고, 때로는 벗어나는, 즉 유연성을 가질 수밖에 없게 된다. 그러면서 우리는 북한과의 대화 속에서 아주 작은 부분이더라도, 북한에 대한 이해를 더 넓혀 나갈 수 있게 된다. 이해한다는 것이 북한의 주장에 무조건 끌려다니게 된다는 것은 전혀 아니다. 그러나 그 이해를 통하여 우리는 북한과 좀 더 깊은 대화를 할 수 있는 자리를 점차 더 만들 수 있게 된다. 그리고 그런 자리를 통하여 북한도 남한의 사고방식과 추구하는 가치, 일을 처리하는 방식과 태도를 보게 되고 그것을 약간이라도 더 이해하게 된다. 이런 상호 이해의 확대는 향후 한반도 상황을 변화시켜 나가는 토대가 된다. 그리고 그런 변화는 추후, 준수되는 원칙의 영역과 유연성이 발휘되는 영역을 점차 더 국제규범에 맞게 만들어 갈 수 있도록 할 것이다. 그럼으로써 북한은 좀 더 정상국가적 활동을 할 수 있게 될 것이다. 그런 의미에서 북한에 대한 지원은 모순을 끌어 안는 것이고, 모순을 견디어 내는 일이다. 그것은 눈앞에 보이는 작은 일에 일희일비(一喜一悲)하는 것으로 이루어 갈 수 없는 일이다. 훨씬 더 큰 그림을 볼 때에만 할 수 있는 일이다.

IV. 우리가 추구하는 궁극적 목표는 무엇인가?

북한을 지원하는 데 있어 그때그때 응급적 상황과 필요에만 대처하느라 바쁘다 보면, 우리가 이런 활동을 계획하고 추진하는 것의 궁극적 목표가 혼란스러워질 수 있다. 여기서는 우리가 북한을 돕는 궁극적 목표를 세 가지로 정리해 보고자 한다.

1. 한반도에 평화를 만드는 것이 목표이다

그것이 남북 정상회담이 되었든, 대북지원이 되었든, 모든 남과 북의 공동 활동은 한반도에 평화를 만드는 것이 그 궁극적 목표이다. 즉 힘에 의한 통일이 아닌, 평화공존이 추구된다는 것을 분명하게 인식하도록 하는 것이 모든 활동의 목표라는 것이다. 북한에 대한 지원은 우리가 북한을 붕괴시키는 것을 목표로 하는 것이 아니라, 북한이 스스로 인간이 인간답게 살 수 있는 사회를 만들 수 있도록 돕는 것임을 분명히 하여야 한다. 돕는 일을 하면서 비로소 우리는 서로를 받아들이게 되고, 그럼으로써 최종적으로 한반도에 평화를 만들어 낼 수 있음을 우리는 믿는다. 20세기 한반도에서 있었던 그 비참한 전쟁과 학살을 우리의 후손들은 다시는 겪지 않도록 하는 것이 가장 분명한 우리의 목표가 되어야 한다.

2. 남한과 북한 사람들이 한반도 공동체를 이루기를 원하도록 하는 것이 목표이다

동서독 통일의 경우, 그 핵심은 동독 사람들의 선택에 있었다. 동독 사람들은 자기와 자기 자녀들의 미래의 삶이 서독과 통일을 이룸으로써 더 좋아질 것이라 믿었다. 그래서 마지막 통일 과정에서 동독 사람들은 선거를 통하여 서독과의 통일을 선택하였고, 그래서 통일은 이루어졌다. 독일 통일은 서독이 동독에 군대를 보내어 힘으로 이룬 것이 아니었다. 한반도에서도 마찬가지일 것이다. 한반도에 존재하는 두 개의 국가가 평화공존과 상호번영을 이루기 위하여는 통일을 하는 것이 자기 자신과 자기 자녀들의 미래의 삶에 더 좋겠다는 확신을 가지게 될 때, 북한 사람들과 남한 사람들은 비로소 서로에게 통일, 그리고 그 이전에 '한반도 공동체'[6]를 향한 마음을 열 것이다. 그래서 남한과 북한 사람들의 그 마음을 여는 것이 대북지원의 목표가 되어야 한다.

3. 남한이 더 나은 사회가 되도록 하는 것이 목표이다

우리가 누군가를 돕게 되면, 그 도와야 하는 대상의 여러 정황들을 보면서, 우리 자신을 되돌아보게 된다. 그러면서 우리 역시 어떤 문제들의 씨앗을 가지고 있고, 그것을 지금 제대로 해결하지 못하면, 우리도 언젠가는 이런 도움을 다른 이들에게 받아야만 하는 날이 올지도 모른다는 생각을 하게 된다. 북한은 이념적으로나 체제적으로 새로운 시대 상황 변화에 제대로 대응하지 못하여 가지게 된 문제들로 둘러싸여 있다. 그래서 도움이 필요한 나라가 되었다. 그러나 남한 역시 새로운 시대 상황 변화에 제대로 대응하지 못한다면 북한과 유사한 문제에 둘러싸일 가능성은 얼마든지 있다. 따라서 북한에 대한 지원에 나설 때, 남한은 먼저 스스로 내부를 더 성찰하고 제대로 된 국가, 제대로 된 사회를 만들기 위한 노력을 하여야 한다. 즉 남한이 더 안정되고 조화롭고 정의롭고 민주적이며

6) 전우택 외. 한반도 건강공동체 준비. 서울: 박영사. 2018, pp.3-4. 이 책에서 필자는 한반도 공동체라는 개념을 다음과 같이 설명한 바 있다. "남한과 북한 사이의 평화적 관계 정립 및 인적, 물적 교류의 활성화는 우리가 그동안 전통적으로 생각하여 왔던 '통일'에 대한 개념을 변화시키게 된다. 즉 단일 국가 형성이라는 의미의 통일 개념보다는 남북한이라는 두 개의 주권을 가진 국가가 함께 만들어 가는 '한반도 공동체'라는 개념이 들어오게 되는 것이다. 그리고 이러한 한반도 공동체 개념은 한반도 정치공동체, 한반도 경제공동체, 한반도 문화공동체 등 각 영역에서의 공동체 형성으로 구체화 될 것이다... 그것은 이제부터 남한과 북한은 각각 독립된 주권을 가진 정상국가로서 서로에 대한 관계를 가지게 될 것이고, 그 중에서도 국경을 맞대고 있는 인접 국가이면서, 동시에 언어, 역사, 문화를 공유하고 있는 같은 민족 국가로서의 특수 관계를 가지게 될 것임을 의미한다. 그리고 그 두 개 국가가 평화 속에서 각자의 번영과 공동의 번영을 위하여 함께 노력할 수 있는 상황이 벌어진다면, 그것은 단일 국가 형성으로서의 통일은 아니더라도, 곧 '한반도 공동체 시대'가 열리게 되는 것을 의미한다."

인권이 존중받는 사회가 되도록 만드는 것이 우리가 궁극적으로 추구하여야 하는 목표가 되어야 하는 것이다.7) 그리고 그런 살기 좋은 국가와 사회가 된 모습을 북한 사람들이 보게 될 때, 그들은 한반도 공동체 구성의 꿈을 더 적극적으로 가지게 될 것이다.

V. 마치는 말 – 인류를 위한 도전

마하트마 간디는 평생 두 개의 투쟁 대상을 가지고 있었다. 하나는 180여 년간 인도를 식민통치하고 있었던 영국이었다. 그러나 그것이 그의 유일한 투쟁 대상은 아니었다. 사실은 그보다 더 치열하게 투쟁하였던 대상이 있었다. 그것은 바로 자신의 종교이자 인도의 대표 종교였던 힌두교가 그들 내부의 불가촉천민들에 대하여 자행하고 있었던 잔혹한 차별과 억압이었다. 그는 그것을 없애기 위하여 모든 종교적, 사회적 금기에 도전하였고, 영국과의 투쟁보다 더 치열하게 그 투쟁에 나섰었다. 그리고 결국 그는 인도가 영국으로부터 독립된 다음, 힌두교인에 의하여 암살당한다. 힌두교를 향한 투쟁이 영국을 향한 투쟁보다 더 힘든 것이었음을 보여주는 상징적인 결말이었다. 간디가 그 두 투쟁 대상을 이긴다는 것은 거의 불가능한 꿈처럼 보였었다. 그리고 작은 체구의 간디는 그 투쟁에서 늘 무력하게만 보였다. 그러나 그의 투쟁은 결국 결실을 보고야 만다. 그는 어떤 "모순된 제도"를 바꾸려는 것을 목표로 한 것이 아니라, 그런 모순된 제도를 받아들이고 있는 "사람들의 마음"을 바꾸려 하였기에 이루어

7) 전우택, 박명림 외. 트라우마와 사회치유. 서울: 역사비평사. 2019. pp.388－395. 여기서 필자는 한 사회가 가지고 있는 집단적 트라우마와 병적 상태에 대한 치유로서의 사회치유를 이야기하면서 그 전제조건으로 ① 가해자와 피해자의 복합성을 인정해야 한다. ② 방관자들이 자신들의 책임을 인정하여야 한다. ③ 행동하는 용감한 소수의 역할과 가치를 인식해야 한다는 것을 이야기하였었다.

낸 결과였다.

한반도에서 평화를 이루고, 한반도 공동체를 만들어 궁극적으로 통일을 이루는 것이 과연 가능한 꿈일까? 그것은 국제정치적 상황이나, 지금 북한의 여러 여건들, 그리고 남한의 복잡한 사정상, 거의 불가능해 보이는 것이 사실이다. 그러나 우리는 이 불가능해 보이는 꿈에 도전할 필요가 있다. 평화와 공동체의 추구는 한반도에서 너무도 중요한 문제이기 때문이다. 그리고 거기에 더해지는 또 다른 이유가 있다. 그것은 전 세계의 수많은 갈등 지역에서 지금 너무도 절실히 필요로 되는 것이기 때문이다. 그러기에 객관적으로 매우 좋지 않은 조건을 가진 한반도에서 만일 그 꿈을 이룰 수만 있다면, 전 세계 어느 분쟁 지역에서고, 그 꿈을 이룰 수 있다는 희망을 주게 될 것이다. 너무도 분명하고 살아있는 사례, 모범, 해결책의 지혜가 될 것이기 때문이다. 그렇게 될 수만 있다면, 20세기 중반에서부터 분단으로 말미암아 상호 증오 속에서 큰 고통을 겪어 왔었던 우리 민족이 전 세계를 향하여 '평화와 용서, 화해와 상생'이라는 'K-메시지'를 던질 수 있게 될 것이다. 그것은 인류 정신사의 거대한 도약을 이루는 일이 될 것이다. 지금 우리가 도전하는 대상은 '한반도를 규정하고 있는 상황과 제도'가 아니라, '평화를 무너뜨리는 분단과 증오에 집착하는 사람들의 마음'이다.

참고문헌

Tutu, Desmond Mplilo. 1999. No Future Without Forgiveness. New York: Doubleday.

투투, 데즈먼드. 2009. 『용서 없이 미래 없다』. 홍종락 역. 서울: 홍성사.

전우택 외. 2018. 『용서와 화해에 대한 성찰』. 서울: 명인문화사.

전우택 외. 2018. 『한반도 건강공동체 준비』. 서울: 박영사.

전우택, 박명림 외. 2019. 『트라우마와 사회치유』. 서울: 역사비평사.

09

한반도 딜레마가 해결될 수 있는 세 가지 가능성[1)]

남한과 북한은 서로를 향하여 "핵을 포기하여야 신뢰하고 경제협력할 수 있다", "경제협력하고 신뢰를 쌓아야 핵을 포기할 수 있다"라고 주장하며 여기까지 왔다. 마치 닭이 먼저냐 달걀이 먼저냐 같은 논쟁이었다. 그리고 끝없이 평행선을 달리는 이 두 개의 주장과 대립 속에서 상호 의심과 적대감은 계속 더 커져만 가고 있다. 한반도는 이 딜레마를 어떻게 해결할 수 있을까? 정말 해결 방법이 있기나 한 것일까? 그런데 어쩌면 한반도의 딜레마는 다음과 같은 조건이 있게 되면 해결될 수도 있다.

1. 예상치 못한 역사의 변수가 발생하면 이 한반도 딜레마는 해결될 수 있다

한반도의 통일보다도 국제역학적으로 더 불가능해 보였던 동서독의 통일이 결국은 한반도에서 보다 먼저 이루어졌다. 거기에는 여러 가지 배

1) 이것은 2022년 4월 있었던 한반도평화연구원 세미나에서 저자가 토론한 원고를 토대로 수정·보완한 것이다.

경과 이유가 있었으나, 어찌 되었든 소련의 경제적 몰락과 고르바초프의 등장이라는 중요한 변수가 작동하였다. 그런 예기치 않은 역사의 돌발적 변수는 다양한 얼굴을 하고 반드시 언젠가 오게 되어 있다. 그래서 이러한 역사가 보여주는 교훈에 따라 우리가 하여야 할 일은 두 가지이다, 첫째, 아무리 불편하고 어렵더라도 성급한 최후의 파국적 상황이 오지 않도록 하면서 "시간"이 계속 지나가도록, 그래서 언젠가 그 때가 오도록, 지혜를 가지고 인내하며 기다려야 한다는 것이다. 둘째, 마침내 그런 역사의 돌발적 변수가 발생하게 되었을 때 정확하고 옳은 방향으로 신속히 대응할 수 있도록 스스로 충분히 준비되어 있어야 한다는 것이다.

2. 차원이 다른 '남북한 공동의 적'이 발생하면 이 한반도 딜레마는 해결될 수 있다

공동의 가치 추구나 공동의 이익보다도 더 쉽고 강력하게, 대립하였던 존재들을 하나로 묶어줄 수 있는 것은 바로 '공동의 적' 출현이다. 한반도에서 '남북한 공동의 적'이 나타날 가능성은 두 가지가 있다. 첫째, 가능성이 크지는 않다 할지라도, 한반도 주변 국가 중 남북한 공동의 적 국가가 등장하는 것이다. 그런데 그런 상황 속에서 남북한이 하나로 손을 잡는 상황이 만들어지려면, 그 이전에 남북관계가 "최소한의 민족적 연대관계"로 유지되고 있었다는 조건이 필요하다. 이것은 단순히 편협한 민족주의에 호소하자는 것이 아니다. 그러나 같은 역사, 언어, 문화, 전통을 가지고 있는 "하나의 민족"이라는 의식이 남북한의 다음 세대들에게까지 계속 이어져 갈 수 있도록 남북이 어떤 형식으로라도 함께 노력하여야 한다는 것이다.[2)] 이를 위한 노력을 하고 먼저 손을 내밀어야 하는 것은 남한

2) 이 토론이 있은 후인 2023년 12월, 노동당 전원회의에서 김정은은 남한을 같은 민족이 아닌 적대적 국가로 간주한다면서 남북한은 이제 통일의 대상이 아닌 분리된

과 북한 각자의 몫이다. 그러기에 남한의 입장에서는 남한이 먼저 북한에 손을 내밀어야 한다. 북한도 북한의 입장에서 먼저 남한을 향하여 손을 내밀기 바란다. 둘째, 그보다 가능성이 훨씬 큰 것은, 한반도에 살고 있는 모든 사람들을 동시에 덮칠 수 있는 천재지변, 재난 등에 필사적으로 공동으로 대응하여야만 하는 상황이 강제적으로 벌어지는 것이다. 예를 들어 한반도에 COVID-19가 등장하였던 것은, 일종의 예행연습적 성격을 가지고 있었다. COVID-19 의 대응은 전 세계적으로 개인적 차원에서 이루어질 수 없었다. 즉 개인이 자신의 경제적 능력에 따라 각자 돈을 내고 백신을 구입하여 접종받은 것이 아니라, 국가 단위로 백신을 구입하거나 배정받아, 전체 국민들에게 미리 정해진 우선순위에 따라 차례대로 접종해 나가는 형식으로 진행되다. 모든 물적, 인적 자원이 국경을 넘어 쉽고 자유롭게 이동하던 시점에 벌어졌던 그 사태는 국가의 의미와 역할을 다시 생각하게 하였던 사건이었다. 1990년대 후반 고난의 행군 시기에 북한 정권은 스스로 취할 수 있는 효과적 대응 행동을 거의 하지 않은 가운데 인민들로 하여금 스스로 그 어려움에 마주서게 하였고 그로 인한 거대한 재난이 있었던 것을 우리는 기억한다. 그리고 COVID-19 상황에서도 북한 정권은 세계적으로 가장 높은 수준의 신속한 국경폐쇄, 국제적인 백신 지원의 거부, 강력한 내부 통제로 대응한 바 있었다. 그리고 당시 유행하던 바이러스가 치명률이 낮은 변종 바이러스였기에, 북한은 그런 방역 방식을 택하면서도 나름 큰 국가적 위기 없이 지나갈 수 있었던 것으로 보

두 국가라는 주장을 하였다. 그리고 그 이후 후속 조치로서 남북 공동연락사무소 폐쇄, 금강산 관광 시설 철거, 헌법상 '조국 통일' 관련 조항 삭제 논의, 평화통일 노선 공식 폐기 등을 시행하였다. 이것은 북한이 현재의 국제관계 상황을 타개하기 위하여 전술적으로 취한 조치일 수도 있다는 점을 고려한다 할지라도, 남북한이 그 동안 공유하여 왔던 단일민족론, 최종적 남북한 통일론을 부정하고 나섰다는 점에서, 남북 관계 및 한반도 상황에 부정적 영향을 끼칠 가능성이 있다. 따라서 남한은 더 적극적인 민족 통일적 대응 노력을 할 필요가 있게 되었다.

인다.[3] 그러나 앞으로 다가올 또 다른 전염병들은 COVID-19와는 비교도 되지 않게 강력한 전염성과 치사율을 가질 가능성이 있다. 그것을 북한이 다시 COVID-19와 같은 방식으로 대응하여 성공적으로 극복할 가능성은 크지 않다. 현대 첨단 의학적 기술과 거대한 자본이 반드시 함께 제대로 작동하여야만 그 위기를 극복할 수 있을 것이기 때문이다.[4] 그래서 결국 그러한 새로운 감염 사태가 벌어졌을 때, 북한 당국이 어려움에 진정한 관심을 가지고 무언가 해결해 보려고 할 때, 그 북한 문제에 진심을 가지고 협력해 나갈 수 있는 나라는 전 세계에서 유일하게 같은 민족으로 이루어진 남한밖에는 없을 가능성이 크다. 그러면서 남북한이 함께 대응하는 일이 있게 될 수 있다면, 남북관계는 획기적인 변화를 맞이할 수 있다. 즉 "바이러스"가 한반도 딜레마 상황의 뜻밖의 '게임 체인저'가 될 가능성이 있는 것이다.[5]

3. 남한이 먼저 남남갈등을 해결하는 모습을 보여줄 수 있을 때 북한도 변화되어 이 한반도 딜레마는 해결될 수 있다

북한 내부의 사상적 경직성, 집권 계층의 기득권에 대한 집착, 개방에 대한 두려움 등은 북한이 스스로 한반도 딜레마를 해결할 수 있는 방향으로 움직여 나가지 못하게 하는 요소가 되고 있다. 그러나 이것은 북한만의 모습이 아니다. 남한의 합리적이고 객관적인 성찰 능력 없는 극단

---

3) 이와 관련된 내용은 전우택 등 〈통일보건의료의 미래〉(박영사 2023)의 10장 "북한 팬데믹 상황에 대한 보건의료 협력 방안" (신보경, 이정임, 손인배. pp.262-269)에서 볼 수 있다.

4) 권준욱 〈감염병 X - 코로나 이전 세상은 다시 오지 않는다〉(박영사, 2024)

5) 이와 관련된 내용은 전우택 등 〈통일보건의료의 미래〉(박영사 2023)의 9장. "COVID-9와 한반도 평화: COVID-19는 한반도에서 게임 체인저가 될 수 있는가?" (전우택, pp.222-235)에서 볼 수 있다.

적인 흑백논리, 모든 것을 철저히 돈으로 판단하고 해석하고 처리하려는 "돈 중심적 사고방식", 긴 호흡을 가지고 생각하고 준비하고 행동하지 못하는 조급함 등은 남한이 스스로 딜레마를 해결할 수 있는 방향으로 움직여 나가지 못하게 하는 핵심 요소가 되고 있다. 남한의 입장에서 더 중요하고 시급한 것은 북한의 변화가 아니다. 남한 자신의 변화이다. 그나마 자유민주주의 체계를 가지고 인류의 보편적 가치에 좀 더 다가가 있고, 대화하고 협상하고 공동의 해결 노력을 할 수 있는 개인적, 사회적 조건을 가지고 있는 남한부터, 빈부, 이념, 계층, 지역, 세대, 성별 등으로 조각난 남남갈등을 적극적으로 해결해 나가는 모습을 보여주어야 한다. 사실 그런 갈등들은 현재의 남한이 가지고 있는 갈등인 동시에, 통일 이후 "통일 한국"이 가질 갈등이기도 하다는 점에서, 남한의 내부적 갈등 해결 과정 모습은 북한에게도 매우 중요한 관찰 대상이 될 수밖에 없다. 남남갈등이라는 이 '작은 딜레마'들을 해결해 나가는 진지하고 성공적인 노력 경험들을 통하여 남한은 비로소 남북갈등이라는 '큰 딜레마'를 해결해 나갈 힘을 가지게 될 것이다. 그리고 그것은 북한에게 딜레마는 어떻게 해결해 나가야 하는 것이라는 것을 보여주고 학습하게 해주는 것이 될 것이다. 그리고 그렇게 되어야 비로소 북한도 자신의 딜레마를 해결하고, 한반도의 딜레마를 해결하기 위하여 나설 수 있게 될 것이다.

우리가 보기에 한반도 딜레마는 전 세계에서 그 유래가 없었던 가장 길고, 복잡하고, 어려운 갈등구조를 가지고 있는 것처럼 보인다. 그러나 국제적 사례들을 보면, 사실 한반도의 갈등과 딜레마는 매우 단순한 구조와 성격을 가지고 있다고 할 수 있다. 우리는 인종이 다른 것도, 민족이 다른 것도, 언어가 다른 것도, 전통적 종교가 다른 것도, 수백 년, 수천 년을 이어온 적대 관계의 유산이 있는 것도 아니다. 지구상 수많은 국가들은 그런 조건들을 가진 가운데서 그들의 민족적, 국가적 갈등을 해결해 나가려 몸부림치고 있다. 지금 우리 민족이 한반도의 갈등, 딜레마를 풀지 못하는 것은, 국제관계적 요소도 있기는 하지만, 결국 우리 민족 자신의 딜레마 해결 능력이 낮아서 생기고 있는 것이다. 조선말부터 식민지 기간, 해방 직후부터 분단 초기, 한국전쟁과 그 이후 시기 전체에 걸쳐, 우리 민족이 보여주었던 갈등과 딜레마 해결 능력은 매우 제한적이었다. 이제 우리는 우리의 이 민족적이고 국가적인 딜레마 앞에서 다시 숨을 가다듬어야 한다. 넬슨 만델라는 그 엄혹하였던 남아프리카공화국 아파르트헤이트 상황 속에서 다음과 같은 이야기를 한 적이 있다. "며칠, 혹은 몇 주의 시간으로 보면 비관적이지만, 몇 십 년을 내다보면 낙관적일 수 있다" 오늘 남북한 우리 모두가 기억하여야 할 말이다.

10

한반도 치유를 위한 평화학과 보건의료의 융합[1]

Ⅰ. 시작하는 말

보건의료는 인간의 생명을 살리고, 더욱 건강하게 살도록 하는 것을 목표로 하는 전문적인 인간 행위를 총칭한다. 그리고 인간의 생명과 건강은 인간이 평화로운 상태에 있을 때 보장될 수 있는 현상이다. 그런 의미에서 보건의료와 평화는 본질적으로 같은 맥락 속에 있는 것이라 할 수 있다. 인류의 역사는 다양한 이유를 통하여 인간의 평화를 깨뜨리는 반(反)평화적 사건들의 연속이었기에,[2] 보건의료는 이런 인간의 상황에 대항하여 왔다. 본 글에서는 그런 반(反)평화적 상황 속에서의 보건의료의 역할을 검토하여 보고, 한반도 평화를 위하여 일하는 사람들(보건의료인들을 포함하는)이 갖추어야 하는 특성들을 생각해 보도록 한다.

---

1) 이 글은 김영훈 외 〈한반도 보건의료, 생명을 살리는 담대한 도전〉 (박영사, 2024) pp.88–107에 실렸던 저자의 글 "평화학과 보건의 융합"를 수정·보완한 것이다.

2) 김선욱. 반(反)평화의 개념과 구조 이해; 전우택 외. 〈평화와 반평화〉 개정증보판. (2021) 박영사. pp.3–30.

II. 반(反)평화의 상황 속에서 보건의료의 역할

1. 보건의료는 강성 이데올로기를 연성 이데올로기로 바꾸는 맨 앞자리에 있어야 한다

한반도의 비극은 사상이 인간의 본질적 가치와 생명보다 더 우위라는 강성 이데올로기적 사고의 덫, 즉 초월적 관념의 승리에 집착하면서 정작 인간 자체를 무시하는 것에 사로잡힌 것에 그 뿌리를 두고 있다. 따라서 한반도의 분단과 갈등은 이 덫에서 빠져 나와, 인간의 존재 자체를 중심 가치에 둘 수 있는 사고, 즉 모든 생명에 대하여 연민의 감정을 가지고 그 기본적인 욕구의 충족을 소중하게 여기는 연성 이데올로기로 그 사상의 틀을 바꾸는 데 있다.[3] 그런데 이미 극단적인 사상적 흑백논리로 무장되어 있는 북한의 지도층 사람들, 그리고 유감스럽게도 남한 사람들에게도, 이 강성 이데올로기 사상의 벽을 넘어서자는 이러한 제안은 쉽게 받아들여지기 어려운 측면이 있다.

그러나 다행히도 (?) 인간은 육체를 가지고 있는 존재이고, 그런 육체적 인간은 어떤 형태로든 언젠가는 반드시 신체적인 질병과 고통을 가질 수밖에 없는 존재이다. 그리고 그런 상황에서 그 신체적 질병과 고통을 해결해 주는 것은 "강성 이데올로기적 사상"과 "가치"가 아닌, "의술"과 자신과 사상이 다른 존재라도 그가 고통을 받고 있으면 그를 도와주어야 한다는 연성 이데올로기적인 "돌봐주려는 마음"이다. 아무리 사상적으로 단단한 무장을 하고 있더라도, 자신의 자식이 아프기 시작할 때, 그 아

3) 이 부분은 요한 갈퉁. 평화적 수단에 의한 평화 (2000). 강종일 외 역. 들녘. pp.28－30의 내용을 참조하여 강성과 연성을 구분하였다. 여기서 강성이란 목표를 초월하여 관념적이고 유일주의적이고 보편적인, 이상주의적인 것의 실현과 승리를 강조하는 반면에, 연성은 현실적인 인간의 구체적이고 기본적인 욕구에 대한 충족, 모든 생명에 대한 존중 등, 감정, 또는 연민에까지 초점을 맞추는 차이가 있다.

픈 자식을 치료해 주고 다시 건강하게 해 주는 사람에게 그 마음이 열리지 않을 사람은 없다. 그런데 정말 이런 일이 일어나려면, 그 "의술"을 가지고 있는 사람이 자기 앞에 놓여 있는 그 고통 받는 육체적 인간의 "사상"과 상관없이 그를 "돌봐 주려는 마음"을 가져야 한다. 결국 인간의 고통 앞에서 양측이 모두 "사상의 무장"을 내려놓고 "돌봐 주려는 마음"과 "돌봄을 받기 원하는 마음"을 함께 가질 때 비로소 그 의술은 인간의 고통에 다가가는 "기적"을 만들어 낼 수 있다. 고통을 받는 사람은 당연히 돌봄 받기를 원한다. 문제는 돌봐주려는 마음을 가져야 하는 사람들이다. 이들이 먼저 그 마음을 가질 때, 변화는 시작될 수 있으며, 그 작은 변화가 결국은 큰 변화로 이어질 수 있을 것이다. 그런 의미에서 보건의료는 가장 순수한 인도주의적 측면을 가지는 동시에 그 변화의 첫 문을 여는 열쇠가 될 수 있다. 보건의료는 기근 상태에서의 식량, 가뭄 상태에서의 물과 함께, 가장 큰 힘을 가진 변화의 매개체이다.

2. 보건의료는 현장에서 적절한 시점에 구체적 행동을 할 수 있어야 한다

평화학에서는 "시간적 폭력"이라는 개념이 있다.[4] 평화 과정이 너무 느리게 움직이거나 폭력과 폭력 과정이 너무 빠르게 움직이거나 할 때 발생하는 현상을 말하는 것이다. 따라서 평화를 이루기 위하여는 장기적인 시각을 가지고 그에 맞춘 계획에 따라 하나씩 차분히 해결해 나가야 하는 측면이 있으면서, 동시에, 단기적으로 즉각 움직여야 하는 측면이 있다. 이 두 가지를 얼마나 균형 있게 진행할 수 있는가가 최종적으로 평화를 이루는 여부를 결정하게 된다. 아무런 장기적 계획 없이 함부로 급히 나

4) 요한 갈퉁. p.86.

서는 것도 문제이고, 장기적 계획 운운만 하면서, 즉각적으로 취하여야 하는 일들조차 손대지 않는 것도 문제인 것이다.

그런 의미에서 평화를 만들어 가는 과정에서 보건 의료는 일차적으로는 단기적인 즉각적 행동을 하는 것과 연관되는 경우들이 많이 있다. 보건의료인들은 심장마비가 발생한 환자에게 3분의 시간이 어떤 의미를 가지는지를 안다. 그것은 응급조치가 필요한 그 3분 동안의 노력이 가지는 효과는 그 이후 3만 시간의 노력을 기울인 것과 비교도 되지 않는 전혀 다른 결과를 만들어 낸다는 것에 대한 의식이다. 필요한 순간에 즉각적 조치를 취하지 못하면 아무 것도 이루지 못하는 문제가 있다. 그에 따라 보건의료 발전을 위한 장기적인 시설 및 설비 구축, 보건의료인의 장기적 교육 프로그램 운영 등과 함께, 단기적인 응급 대응 활동에 대한 계획안을 가지고 지속적으로 점검해야 한다.

보건의료가 가진 특징 중 하나는, 이것이 아주 구체적인 행위, 즉 직접 만나 눈으로 보고, 열을 재고, 통증 부위를 눌러보고, 어디가 얼마나 아픈지를 직접 물어보아 대답을 듣고, 직접 수술을 하고, 상처에 대한 소독을 하고, 주사를 놓고 하는 아주 구체적이고 실제적인 행동으로 구성되어 있다는 것이다. 이런 실재성과 구체성은 “실제적인 만남”을 전제로 한다. 그리고 그 실제적 만남은 가장 강력한 화해적 의미를 만들어 낼 수 있다는 측면을 가진다는 것을 기억하여야 할 것이다.

3. 보건의료는 폭력에 대한 총체적 대항이 되어야 한다

평화학자인 요한 갈퉁은 “평화”라는 것의 개념을 설명하기 위하여 그 반대 개념으로 “폭력”이라는 것을 제시한다.[5] 그리고 그 폭력의 본질

5) 이 I부 부분은 전우택 외. 평화에 대한 기독교적 성찰. (홍성사, 2016)에 실린 전우택의 글, 1장. 기독신앙과 평화. pp.18-21의 내용을 토대로 부분 수정한 것이다.

을 "인간의 기본적 욕구를 모독하는 것"[6]이라는 정의를 내린다. 그러면서 그는 폭력을 세 가지 종류로 구분 한다.[7] 그 내용을 보면 다음과 같다.

첫째, 물리적 폭력이다. 이것은 전쟁, 목숨을 빼앗는 것, 신체에 피해를 주는 것 등을 의미하며 직접적인 폭력을 말한다. 여기에는 행동적 폭력뿐만 아니라 언어적 폭력까지 포함된다.

둘째, 구조적 폭력이다. 이것은 물리적 폭력은 아니지만 정치적 억압, 사회적 불평등, 경제적 착취 등을 통하여 사회 구조적으로 인간을 억압하고 착취하는 모든 것을 포함한다.

셋째, 문화적 폭력이다. 이것은 물리적, 구조적 폭력을 정당화하고 합법화하는 종교, 사상, 언어, 예술, 과학, 학문의 활동을 통하여 폭력의 실체를 정당화하거나 최소한 잘못된 것은 아니라고 사회적으로 용납되게 만드는 것이다. 즉 어떤 개인이나 집단에게 물리적 폭력을 가하거나 억압과 착취를 하는 것은 그 대상이 되는 사람이나 집단이 그런 일을 당할 만한 정당한 이유를 다 가지고 있기에 그러는 것이므로 나쁜 것이 아니라는 생각을 가지도록 만드는 것이다. 이러한 문화적 폭력은 학문 이론, 미디어, 국가 정책 등을 통하여 사회 전체로 퍼져 나가게 된다. 대규모 문화적 폭력의 예는 바로 '편견'이라 할 수 있다.

평화를 만들어 감에 있어 보건의료는 물리적 폭력에 대한 대항뿐만 아니라, 구조적 폭력과 문화적 폭력에 대항하는 도구로서 그 역할을 하여야 한다. 보건의료인이 물리적 폭력에만 관심을 가지는 것을 넘어서서, 구조적 폭력과 문화적 폭력을 응시하고 대항할 수 있는 있는 힘을 가질 수 있을 때, 보건의료는 진정한 평화의 도구로서의 역할을 할 수 있을 것이다. 이것을 하나씩 구분하여 본다면 다음과 같다.

---

6) 요한 갈퉁. p.9.
7) 요한 갈퉁. pp.28-29.

첫째, 보건의료적으로 물리적 폭력에 대항한다는 것은 지금 내 눈앞에서 보건의료적 문제로 고통을 받는 사람들을 포기하지 않고 우리가 취할 수 있는 모든 보건의료의 기술적 조치들을 취해 나가는 것이다.

둘째, 보건의료적으로 구조적 폭력에 대항한다는 것은 지금 내 눈앞에 존재하는 한 명의 사람이 과거 건강하였던 상태에서 지금의 병든 환자가 되는데 작동을 한 그 보이지 않는 배경의 정치, 경제, 사회적 요인을 선명하게 보고, 그것을 해결하는 일에 대한 책임의식을 가지고 활동에 들어가는 것이다. "나는 병원에서 환자 치료를 위한 노력만 하면 되는 것이고, 그런 정치, 경제, 사회적인 요소들에 대한 활동은 따로 그런 기능을 하는 전문가들, 관료들이 있다"는 식으로 자기 스스로의 역할을 제한하는 일이 있게 되면, 희생자로서 발생하는 고통 받는 환자들의 숫자는 더욱 커지며 더욱 지속되게 된다. 물론 환자 보는 일을 버리고 제도를 고치는 일, 가난을 고치는 일에 전면적으로 모든 보건의료인이 다 나서라는 것은 아니다. 그러나, 환자들이 겪고 있는 고통과, 그것이 어떤 정치, 경제, 사회적 배경과 요인에 의하여 나타난 결과라는 것을 현장에서 가장 잘 알고 있는 보건의료인들의 현장의 목소리와 의견이 실제로 정치, 경제, 사회적인 변화를 처음으로 일으키는 데 기폭제적 역할을 할 수 있다는 것을 반드시 인식할 필요가 있으며, 필요할 경우, 그런 일에 분명한 목소리를 함께 낼 수 있도록 하여야 한다는 것이다.

셋째, 보건의료적으로 문화적 폭력에 대항한다는 것은 사회가 가지고 있는 인간의 존엄성과 생명에 대한 왜곡되고 편향된 사고, 그리고 편견에 대한 성찰과 그에 대한 투쟁을 의미한다. 예를 들어 이미 사회적으로 가난하거나, 연령이 높거나, 장애가 심각하여 소위 사회적 기여를 할 수 있는 능력이 현저히 낮아진 사람들의 고통은 그렇지 않은 사람들의 고통보다 상대적으로 적게 관심을 가져도 된다는 식의 사고에 과감하게 저항하는 것이 그것일 수 있다. 나아가서, 북한에서 태어났다는 이유만으로 늘 배가 고파야 하고, 아파도 치료받을 길이 없는 2천 만 명의 사람들은 고통을 받아도 어쩔 수 없으며, 자신들이 제대로 된 나라를 스스로 만들려 노력하지 않은 결과이니, 각자 알아서 그 고통에서 나와야 한다는 식의 사고에 대하여 대항하여야 한다는 것이다.

보건의료인이란 사회 속에서, 그리고 한반도 안에서, 인간의 총체적 고통에 대항하는 존재, 인간을 향한 모든 종류의 폭력을 향하여 저항하는 존재이어야 한다. 그런 의미에서, 보건의료인들은 지금 내 눈 앞에 와 있는 "보이는 환자"뿐만 아니라, 여러 가지 이유로 나의 외래 진료실, 입원실, 수술실까지 "오지 못한" 그 "눈에 보이지 않는 환자"들까지를 볼 수 있어야 하고, 그들에 대한 관심을 가져야 하며, 그들에 대한 책임 의식을 가져야 한다.

4. 보건의료는 과거, 현재, 미래의 화해를 만들어 내는 도구가 되어야 한다

보건의료는 당장 "현재" 필요로 되는 문제를 해결하기 위한 도구로서의 역할이 크다. 그러나 현재의 이런 문제를 해결하기 위하여 나선다는 것은 "과거", 즉 그동안 양측이 쌓아온 불신과 갈등, 증오와 의심의 문제가 어느 정도라도 감소되어야 비로소 시작될 수 있는 측면을 가진다. 그런 과거의 문제가 극복되지 않은 상태에서는 "현재"의 문제 해결을 위하여 나서기가 매우 어려워진다는 것이다. 동시에 "과거"와 "현재"의 문제는 "미래"의 과제를 같이 가지고 있다. 즉 지금 현재의 문제를 다루는 이 행위로 인하여 미래는 강력한 영향을 받는 것이다. 그런 의미에서 모든 평화를 만드는 일은 과거, 현재, 미래를 동시에 다룬다. 이와 연관되어, 평화학자 레더라크는 그의 책에서 한 사례를 이야기한다.[8)]

1990년 7월 11일, 캐나다 퀘벡의 오카시(市)에서 오카 사태(Oka Crisis)가 발생한다. 이것은 그곳에서 살고 있는 원주민 모와크(Mohwak)족의 선조 묘역 부근에 새로이 골프장 확장 및 콘도 건설을 하겠다는 공사 계획이 발표되면서 이에 반발하는 원주민들과 오카시(市) 간의 갈등 및 충돌이 있었던 것을 말한다. 이로 인하여 원주민들은 바리케이트를 치고 78일간 경찰, 군대와 대치하는 일이 있었고, 그 와중에 2명이 죽는다. 결국에 그 개발 계획은 철회되었고, 연방정부는 향후의 갈등을 예방하기 위하여 오카시로부터 그 지역의 땅을 구입함으로써 상황은 종료된다. 이 급박한 대립과 협상의 과정에서 모와크족의 추장은 많은 결정을 하여야만 하였다. 그리고 그는 부족의 전통에 따라 모든 결정은 일곱 세대를 고려하여 결정한다는 것을 내외에 공포하였다. 중요한 결정을 내릴 때 인간은, 그리고 지도자는, 당장 자기와 자기 세대의 이익을 위한 즉흥적인 판단을 하여서는 안 되며, 자기 세대와 함께, 과거 3세대가 생각하고 지키려 노력한 것들, 그리고 앞으로 올 미래 3세대가 이번 결정으로 인하여 받게 될 영향을 생각하며 총 7세대를 고려한 결정을 내려야 한다는 것이었다. 이와 같이, 어떤 갈등의 현장에는 무덤 속에 있는 3대의 조상들이 들어오는 것이고, 지금 이 문제를 당대에서 만나 바리케이트 앞으로 집결하고 있는 현재인들이 들어오는 것이며, 이제 막 태어나 이 집결지에 올 수 없는 어린 아기들과, 그 아기들이 앞으로 낳아 기를 아이들, 그리고 그 아이들의 아이들까지가 다 들어온다는 것을 의식하여야 한다. 통일은 바로 그런 성격을 가진 일이며, 그와 연관된 보건의료의 사안들 역시, 그런 의식 속에서 바라보아야 할 것이다.

한반도에서 평화를 만들어 가는 것도 마찬가지인 측면을 가진다. 단지 우리 세대만의 이익과 편리함만을 고려하는 어떤 결정은 있어서는 안

8) 존 폴 레더라크. 평화는 어떻게 만들어 지는가. 김동진 역. 후마니타스. 2012. p.53.

될 것이다. 이것은 아주 긴 호흡과 시각을 가지고, 지난 3세대가 분단과 통일을 어떻게 생각하였는지를 바라보아야 하고, 분단과 통일에 의하여 미래의 3세대가 만나게 될 상황들, 아니 미래의 30세대가 만나게 될 상황들까지를 바라보면서 분단과 통일, 그리고 한반도의 평화를 구상하고 결정해 나가야 할 것이다. 이러한 결정을 해 나가는 과정에서 보건의료는 사람들에게 본질을 바라보게 하는 창으로서의 역할을 할 수 있다.

5. 보건의료는 평화를 이루는 데 있어 중간 수준의 접근으로서의 역할을 잘 하여야 한다

보건의료 차원에서의 한반도 평화활동은 고위층 지도자들의 활동도 아니고, 일반 국민들의 범시민 운동적 활동과도 구분되는, 그 중간적 위치에서의 특수한 전문가 집단의 활동이라는 특징을 가진다. 평화학적으로 평화 구축의 행위자들은 크게 세 수준(레벨)으로 구분될 수 있다.[9]

1) 평화운동 주체들의 세 가지 수준

수준 1은 고위층 지도자들이다. 이들은 군사, 정치, 종교적으로 매우 높은 인지도를 가진 지도자들이고, 상대방 고위층과의 협상에 집중한다. 주로 갈등의 최종적 종식 그 자체에 초점을 둔다. 이들은 대중적으로 상당한 정치적 압박을 받으면서 평화 활동에 나서기 때문에, 자기 측 입장을 반영한 강경한 입장을 유지할 수밖에 없는 측면이 커서 상대적으로 더 경직된 입장에 있게 된다. 그러나 이들은 풀뿌리 사람들이 겪는 매일의 공포와 고난과는 일정 거리가 있는 사람들이고, 상대적으로 사회경제적으로 좀 더 안전하고 풍요롭게 사는 사람들이기에 대중과 유리되어 있는 측

9) 레더라크. pp.68－75.

면이 있는 사람들일 경우가 많다.

수준 2는 중간 수준 지도자들이다. 이들은 양측 갈등 집단들 내에 있는 널리 존경받는 개인, 또는 교육, 상업, 농업, 보건의료와 같은 전문 분야의 지도적 위치에 있는 사람들, 또는 종교집단, 학문 기관, 인도주의 기관과 같은 곳에서 활동하는 리더들, 유명한 시인처럼 그들의 명망이 갈등의 양자에 모두 알려져 있는 사람 등을 의미한다. 이들의 입지는 정치적, 또는 군사적 권력에 기반을 두지 않는다. 또 이 지도자들은 그런 종류의 권력을 추구하지도 않는다. 결과적으로 이들은 국내적, 또는 국제적으로 집중적인 조명을 받지 않는다. 이로 인해 이들은 그들의 언행에 있어 좀 더 유연성을 가질 수 있다. 그러면서도 이들은 고위층 지도자들에게 잘 알려져 있는 경우들이 있고, 그들과 자유로운 교분을 가지고 있는 경우도 있다. 그리고 적대적인 상대방 측의 중간 수준 지도자들과 이미 자신들의 전문 영역을 통하여 일정 수준 관계가 맺어져 있거나 앞으로 네트워크를 만들 잠재력을 가지고 있다. 그래서 이들의 역할은 평화 구축 과정에서 큰 의미를 가진다.

수준 3은 풀뿌리 지도자들이다. 풀뿌리는 대중, 즉 사회의 근간을 대표한다. 이들은 갈등의 결과에 의한 고통을 가장 직접적으로 겪고 있으며, 자기 자신의 생존을 위하여 애써야 하는 사람들이다. 풀뿌리 지도자들은 그런 풀뿌리 사람들의 일부이면서, 그런 지역 사람들을 위한 구호 업무를 수행하는 토착민 비정부기구의 구성원, 의료 공무원, 난민 캠프의 지도자와 같이 지역 공동체에 함께 포함되어 있는 사람들이다. 이들은 지역 정치에 대한 전문적인 지식과 관심을 가지고 있으며, 정부와 지역 지도자, 그리고 적대적인 상대방 집단의 풀뿌리 지도자들을 개인적으로 알고 있는 경우들이 있다.

이런 구분과 구조하에서, 보건의료 지도자들은 대부분 수준 2의 중간 수준 지도자로서, 그리고 일부가 수준 3의 풀뿌리 지도자로서의 역할을 하게 된다. 여기서는 주로 보건의료인들의 역할이 될 수준 2의 중간 수준 지도자로서의 평화 과정에 참여하는 방식을 알아보기로 한다.

2) 중간 수준에서의 접근 방식

중간 수준 지도자들은 평화 구축에 있어 "중간에서의 확산적"(middle-out)이라 부를 수 있는 영향을 끼칠 수 있다. 즉 고위층 지도자들과 풀뿌리 지도자들 양방향으로 그들의 영향을 끼칠 수 있다는 것이다. 이것은 평화를 성취하고 유지하기 위한 기반 구조를 만들어 낼 수 있는 열쇠를 제공할 수 있다. 위의 내용들을 정리하면서 레더라크는 중간 수준의 평화 운동 역할을 다음과 같이 정리한다.

> "...이와 같은 접근 방식이 보여 주는 것은, 중간 수준의 지도자들이 평화 구축 과정을 지속시키기 위한 기술과 관계를 중심으로 하는 기반 구조를 설립하는 데 도움을 줄 수 있는 잠재적 가능성을 가지고 있다는 점이다. 중간으로 부터의 확산적 접근 방식은 중간 수준 지도자들(갈등의 경계선을 가로지르는 광범위한 네트워크의 수장이거나 그와 가까이 연결된)이 갈등 속에서 도구적인 역할을 할 수 있다는 발상을 기반으로 한다. 중간 수준의 평화구축 행위는 다양한 형태로 나타난다. 이는 정책 결정 과정에 근접해 있는 행위자의 인식을 바꾸고 새로운 발상을 제시하는 것에서부터, 갈등 해소 기술을 트레이닝하고, 갈등 상황 내부에서 적극적인 화해 행위를 담당할 수 있는 집단, 네트워크 및 기관을 설립하는 것까지 매우 다양하다."[10)]

그런 의미에서 보건의료는 이런 중간 수준의 통일 평화운동적 성격을 가질 수 있다. 즉 남한 내부적으로는 위로는 고위급 정책결정자들과의

10) 레더라크. p.86.

소통을 하고, 아래로는 풀뿌리 지도자들과 일반 국민들과 소통을 모두 할 수 있는 연결적이고 확산적인 역할을 할 수 있다는 것이다. 그리고 북한과도 북한의 보건의료 전문가 리더들과 공동의 목표를 위한 상호 협조 논의를 할 수 있고, 그것을 통하여 북한의 고위급 정책결정자들에게 직접적, 간접적으로 남한의 의견과 생각을 전달하고 소통할 수 있게 만들어서, 서로를 위한 통로로서 사용될 수 있는 측면을 가지고 있다.

III. 한반도 평화를 위하여 보건의료인들이 갖추어야 하는 특성들

1. 평화를 만드는 연결점을 만들어야 한다

레더라크는 평화를 만드는 데에는 반드시 중앙 집권적이고 통제적인 "평화 권위자"에 의하여 진행되는 것이 아니며, 평화는 그 창의성, 관용, 유연성을 통하여 만들어지는 것이라 하면서, 이를 실천하기 위한 접촉점을 만드는 방법으로 다음과 같은 것들을 제안하였다.[11] 첫째, 평화의 기록을 발전시키기. 평화를 만들기 위하여 시행한 모든 노력을 꼼꼼히 기록으로 남겨두는 것은 향후 미래 갈등을 해결하는 데 중요한 근거가 된다는 것이다. 둘째, 고위층과 중간 수준 사이에 좀 더 명확한 통로 만들기. 이것은 양측 고위급들이 만들어 낸 큰 합의의 구체적인 후속 조치들을 만드는 데 있어 중요하며, 고위층의 의도 등이 명확히 이해되는 데 필요하다는 것이다. 셋째, 평화-기부자 회의 만들기. 이것은 그동안 원조가 필요한 곳에 기부하고 기여한 기관들이 다 모이는 큰 회의 행사로 만들어지는 것이 필요하고, 이를 통하여 새로운 의견 합의를 만들어 내는 것이, 원조

11) 레더라크. pp.144-148.

를 하는 측이나, 원조를 받는 측에 모두 효과적인 외부 압력으로 작동될 수 있다는 것이다. 넷째, 전략적 리소스 그룹 만들기. 이것은 연관된 다양한 전문가들, 활동가들이 모두 모여 함께 정보와 의견을 공유하도록 하는 것을 말한다. 다섯째, 내부와 외부의 피스메이커를 연결시키기. 내부 피스메이커의 활동과 자원을 외부 피스메이커의 활동과 잘 조율하도록 한다는 것이다. 일반적으로는 외부 피스메이커들의 활동이 언론에 더 주목을 받게 되지만, 이것이 정말 효과를 가지려면 내부 피스메이커들과 연결되어야 하기 때문이다.

이것은 보건의료 영역에서도 그대로 적용될 수 있을 것이다. 대북 협력 활동과 논의 전체가 꼼꼼히 기록되도록 하고 보존되어야 하며, 보건의료 영역의 논의와 활동이 고위층 정책결정자와 연결되는 공식, 비공식 구조가 있어야 하며, 대북 지원에 참여하고 있는 국내외 모든 기관들이 공동으로 논의하고 정보를 나누는 모임 또는 플랫폼이 활성화 되도록 하여야 하며, 보건의료 외의 영역에 있는 기관, 전문가들과의 정례적 모임 등을 통하여 좀 더 융합적 상황을 만들어야 하고, 관련 해외 기관, 해외 전문가들과의 연계가 강화되어야 할 것이다.

2. 평화 일꾼들로서 필요로 되는 능력을 갖추어야 한다

요한 갈퉁은 그의 책에서 평화 일꾼들이 필요로 하는 능력을 다음과 같이 이야기하였다.[12] 첫째, 지식이다. 이것은 국가를 초월하는, 세계적인 지식을 흡수, 생산, 축적하고, 그것이 적절하고 현실적이 되도록 하여야 한다는 것이다. 둘째, 상상력이다. 이것은 경험적 현실을 초월하는 데 필요로 되는 능력이며, 지식과 관련은 있으나 지식은 아니다. 우리는 이 상

12) 갈퉁. pp.564–566.

상력을 통하여 우리의 가정(假定)을 지키려는 고집에서 벗어날 수 있어야 한다. 셋째, 동정심이다. 넷째, 인내심이다. 긍정적 반응이 없거나 아예 아무런 반응이 없을지라도 지속할 수 있는 능력이다. 갈퉁은 이상과 같이 이야기하면서 이러한 특성을 가지고 일하는 역할 모델의 예들을 든다. 첫째는 몸과 마음을 다해 다른 사람들에게 봉사하는 데 전적으로 헌신하는 수도사들과 수녀들, 둘째는 의사와 간호사와 사회사업가들, 그리고 셋째는 가족들을 위하여 헌신하는 어머니들이 그 역할 모델들이었다.

한반도의 평화를 위하여 나서는 보건의료인들은 남한과 북한, 그리고 주변 환경들에 대한 다양한 지식들을 갖추어야 하고, 눈에 보이지 않는 새로운 통일된 세상을 향한 강한 상상력을 가지고 있어야 하며, 고통받는 사람들에 대한 동정심을 가지고, 긴 세월 아무런 결과가 보이지 않는다 할지라도 계속 노력하는 인내심을 가져야 할 것이다. 그가 역할 모델로 보건의료인을 들어 준 것은 하나의 격려이고도 도전이었다. 정말 그런 역할 모델이 되도록 하여야 할 것이다.

3. 평화를 만드는 사람들의 7가지 특징을 갖추어야 한다

저자는 마하트마 간디, 마틴 루터 킹, 넬슨 만델라의 3인의 사례를 통하여 평화를 만드는 사람들의 공통된 7가지 특징을 정리한 적이 있었다.[13] 여기서는 그 내용을 간략히 인용하고 그것을 한반도에서의 평화를 위하여 일하는 보건의료인들에게 적용해 보기로 한다.

1) 현장성

"...평화를 만드는 사람들의 특징은 평화라는 것을 어떤 관념적, 철학

13) 이 부분은 전우택 외. 평화와 반평화. 개정판. (박영사, 2021)의 전우택. 12장. 평화를 만드는 사람들의 일곱 가지 특징. pp.401-442의 내용을 토대로 작성되었다.

적 주제로서 붙잡은 것이 아니라, 자신들이 태어나 살아가던 바로 그 공간, 그 시점에서 벌어지고 있던 가장 절박한 현실의 문제로서 붙잡았다는 것이었다. 그들은 자신이 운명처럼 받아든 그 공간, 그 시점의 문제를 외면하거나 회피하지 않았다."[14]

그런 의미에서 한반도에서 평화를 위해 일하려는 보건의료인은 그 누구보다 현장성을 가장 강렬하게 가질 수 있다는 중요한 장점을 가진 존재들이다. 남북한의 갈등 상황 속에서도 보건의료인들은 이미 그 현장 속에 있고, 새로운 현장 속으로 들어갈 수 있는 힘을 가지고 있다.

2) 본질성

"...평화를 만드는 사람들의 특징은 이들이 자기 눈앞에 존재하는 평화를 깨는 악한 인간들, 악한 제도 자체에 매달리는 것이 아니라, 늘 더 본질적인 것을 바라보고 그것에 집중한다는 데 있었다. 그들은 개개인의 악행 자체보다는 제도나 법, 관행을 보았고, 더 나아가 결국 인간의 악한 본성에 대한 투쟁을 자신들의 최종 목표로 보았다."[15]

앞에서 이야기한 바와 같이, 보건의료인들은 환자의 신체적, 물리적 고통을 야기하는 폭력뿐만 아니라, 이러한 "최종 결과"가 나오기 전에 더 본질적으로 있는 구조적, 문화적 폭력의 근본적 성격을 보고 그 해결을 위하여 노력을 하여야 할 것이다.

3) 확장성

"...평화를 만드는 사람들은 자신이 활동하고 있는 현장의 문제가 사

14) 전우택, p.404.
15) 전우택, p.406.

실은 전 세계의 문제와 맞닿아 있음을 점차 알아간다. 처음부터 그것을 알고 그에 따라 활동하였던 것 같지는 않다. 보통은 자신의 현장에 집중하면서 활동하다가, 점차 이것이 자신의 활동 공간만이 가진 문제가 아니라, 전국, 나아가 전 세계 모든 곳의 문제임을 인식하게 되는 것이었다. 그리고 그에 따라 이들의 의식과 목표는 더 넓게 확장되어 가는 모습을 보인다."16)

한반도의 보건의료인도 같은 과정을 거쳐 갈 것이다. 처음에는 진료실을 찾아온 환자들의 고통에 집중하겠지만, 이것이 점차 휴전선 너머 북한 사람들의 고통에까지 펼쳐질 것이고, 더 나아가 전 세계 여러 지역에서 아무런 도움도 받지 못하며 고통 받고 있는 많은 사람들에게 자신의 관심과 활동이 확장되어 나갈 것이다.

4) 내부 적들과의 싸움

"...평화를 만드는 사람들은 늘 본질성을 더 중요하게 보며 그들의 활동을 하기 때문에, 때로는 지금 당장 적들과의 싸움에서 승리하는 것을 중요하게 보는 자기 동지들과 갈등에 들어갈 가능성을 언제나 가지고 있었다(그야말로 평화란 갈등의 양쪽 당사자들을 대상으로 싸우는 것을 의미하는 것이다)."17)

남한의 보건의료인들은 가장 먼저, 핵을 개발하고 남한을 위협하는 북한이라는 국가에게 구호와 지원의 손길을 내미는 것을 강력하게 반대하고 비난하는 내부 집단들과의 대화와 설득부터 넘어서야 할 것이다. 그리고 그것에 역시 쉽게 동의하지 않는 북한의 고위층 정책결정자들과도

16) 전우택, p.408.
17) 전우택. p.412.

줄다리기를 하여야 할 것이다. 그리고 만나게 되는 북한의 보건의료인들과도 일을 처리하는 방식 등을 가지고 갈등을 빚어야 할 수도 있다. 단계단계마다 모두가 "내부"에서 발생하는 갈등일 것이다.

5) 용기

"...용기는 어느 한 순간의 행동을 위하여만 존재하는 것이 아니었다. 용기는 매일 매일의 좌절 속에서도 결코 굴하지 않고 버티는, 그런 인내 속에 존재하였다. 그리고 자신이 하고 있는 평화를 위한 활동이 정말 진리라면, 결국 그 진리는 언젠가는 반드시 승리할 것이라는 믿음과 맞닿아 있었다."[18]

남북의 보건의료 협력에 있어 가장 필요로 되는 덕목 중 하나는 인내하고, 포기하지 않고, 끝까지 용기를 발휘하는 일일 것이다. 이것은 그날의 내 기분에 따라 결정되는 것이 아니라, 그야말로 천하보다 귀한 한 생명, 한 생명이 걸린 문제라는, 이것의 본질을 보고 있을 때만 가능한 일일 것이다.

6) 개방성

"...평화를 만드는 사람들의 특징 중 하나는 그들 사고의 개방성이다. 그들은 자신들이 최종적으로 목표하는 그 대의에 있어서는 어떤 타협도 없었다. 그러나 그 대의를 이루어 나가는 현실의 문제 앞에서, 그들은 상대방을 존중하고, 그들과의 대화와 타협에 있어서 때로는 당황스러울 만큼의 과감성과 유연성을 보인다. 그리고 그런 과정 속에서 그들은 자신이 가지고 있던 생각을 일부 수정하기도 하고, 더 나아가 자기 자신만이 옳고 상대방은 틀리다는 식의 절대적인 고정적 사고로부

18) 전우택. p.424.

터 벗어나기도 한다. 즉 정의와 진실이라는 최종 목표는 그대로이지만, 거기에 도달하는 과정에서, 자신도 얼마든지 틀릴 수 있는 불완전한 존재이고, 그래서 잘못을 수정해 나가는 일은 자신을 흔드는 일이 아니라, 최종 목표를 이루는 데 더 도움이 되는 일이라고 보는 것이었다. 평화를 만드는 사람들에게 있어 평화란 그 자체가 하나의 최종적인 목적인 동시에, 더 숭고하고 높은 목적을 이루어가는 데 있어 도구라는 생각들을 그들은 가지고 있었다. 따라서, 주변 사람들이 보기에는 때로 지나치게 "개방적이고 타협적이며 수정주의적"이라고 보일 정도가 되어도, 이들은 그 길을 과감하게 걸어가는 태도를 보이곤 하였다."[19]

우리는 남한의 보건의료인으로서 우리 스스로 의식하지 못하는 우리만의 사고방식, 일 처리 방식, 타인과의 관계에서 반드시 있어야 한다고 믿는 예의와 태도들에 대한 생각과 판단을 가지고 있다. 특히 도움을 주는 쪽과 도움을 받는 쪽이 있게 된다면, 도움을 받는 쪽은 응당 어떠한 생각과 태도를 도움을 주는 쪽에 가져야 한다는 식의 강한 확신도 있을 수 있을 것이다. 그러나 무언가 의미 있는 진척이 이루어지려면 이 모든 것에서 매우 개방적이고 유연해 질 수 있어야 한다는 것이다.

7) 겸손

"...평화를 만드는 사람들의 특성 중 필자를 가장 숙연하게 만든 특성은 바로 마지막 이 특성이었다. 그들은 자기 시대의 가장 거대한 문제에 도전하여, 수많은 좌절 속에서도 뚜렷한 업적을 만들어 갔지만, 정작 자기 스스로에 대하여는 한없이 낮은 평가를 하였다. 작은 성취만으로도 과대한 자아상(inflated self)을 보이는 것이 보통 사람들의 특징인데, 이들 평화를 만드는 사람들은 그러지 않았던 것이다."[20]

19) 전우택. p.424.

대북 협력 사업을 해 나갈 남한의 보건의료인이 가져야 하는 마지막 특징은 어쩌면 뜻밖에도(?) 겸손이다. 이 일이 가지는 중대한 영향력과 의미에도 불구하고, 정작 그 일을 수행하는 나 자신은 사실 그리 대단한 존재가 아니며, 그저 어쩌다 우연히 이런 일을 할 수 있는 기회를 만난 것뿐이라는 그런 자기의식이 갖추어져야, 비로소 이 일은 시작되고, 진행되고, 마무리될 것이다.

Ⅳ. 마치는 말

레더라크는 그의 책 한국어판 서문에 다음과 같이 썼다.

> "...평화를 만들어 나가면서 마주하게 되는 가장 큰 도전은 오랜 분단의 역사 가운데 여러분에게 주어진 정치적인 문제의 복잡성이 아니다. 평화를 만들어 가는 일에서 가장 필요한 것은 변화가 가능하다는 것을 믿는 신념이다... 인간 공동체로서의 우리는 아직 존재하지 않는 그 무언가를 만들어 낼 수 있는 창의적인 능력을 가지고 있다는 점을 잊지 말아야 한다."[21]

북한은 그야말로 높은 절벽처럼 꿈쩍도 하지 않고 저렇게 변화 없이 버티고 있는 것과 같이 보인다. 그러나, 인류의 역사는, 저런 특징을 가졌던 나라들이 어떤 과정을 거쳐 가는지를 여러 사례로 보여 주었다. 중요한 것은 그 안에서 고통을 겪고 있는 수많은 갓난 아기들, 어린 소년 소녀들, 청소년들, 청년들, 엄마 아버지들, 노인들이다. 우리는 그 고통을 그냥

---

20) 전우택. p.434.
21) 레더라크, p.9.

지나쳐서는 안 될 것이다. "남한 우리끼리 만의 평화"란 존재하지 않는다. 한반도 전체의 평화가 있을 때만 그것이 진정한 평화이다. 보건의료가 그 평화를 만드는 일에 역할을 할 수 있기를 기대한다.

PART 04

종교와 치유

Chapter 11 탈북 대학생들과의 성경 공부를 통하여 본 북한 사람들의 기독교에 대한 생각

Chapter 12 북한이탈주민을 대상으로 하는 성경 공부의 리더를 위한 가이드라인

11

탈북 대학생들과의 성경 공부를 통하여 본 북한사람들의 기독교에 대한 생각[1)]

Ⅰ. 북한과 종교

1. 종교와 북한

인간은 자신의 능력으로는 해결할 수 없는 갈등을 종교를 통하여 해결해 나가려 한다. 막스 베버(Max Weber, 1922)는 종교가 인생의 고통, 질병, 불공평, 악 등의 불합리한 문제를 해결하는 데 역할을 한다고 하였다.

1) 이 글은 2006-2007년 서울대학교 통일학 연구비 지원을 통하여 이루어졌던 〈탈북자들의 종교에 대한 이해와 의식에 대한 연구〉를 토대로 수정·보완되었다.
저자는 남한의 한 대학교에 재학 중인 탈북자 출신 대학생 9명과 2007년 3월 19일부터 6월 27일까지 총 10회에 걸쳐 기독교 성경 공부를 시행하면서 그들과 집중적으로 종교에 대한 이야기를 나눈 적이 있었다. 그러면서 그들이 기독교와 성경, 교회를 접하였을 때 어떤 생각, 질문, 경험들을 가졌는지를 정리한 것이 이 글이다. 이 글은 2007년에 쓰여진 것이기에 그 이후에 계속하여 있었을 변화들을 반영하지 못하고 있으며, 또한 2007년 이후의 참고문헌을 반영하지 못하고 있다. 그러나 북한에서 태어나 자라났던 배경을 가진 탈북 대학생들이 당시에 종교(여기서는 기독교)에 처음 접하면서 이야기한 다양한 내용들은, 현재 그들과 마찬가지로 기독교 등의 종교에 전혀 노출될 기회를 가지고 있지 못한 북한 주민들에 대한 이해 및 그들이 향후 종교(기독교 등)에 접했을 때 가지게 될 현상을 미리 예측하는 데 간접적으로라도 여전히 참고가 될 만한 부분이 있다고 생각되어 여기에 글을 싣는다.

종교의 정의 안에는 신념, 철학, 윤리의 체계 등의 영역이 매우 광범위하게 포함되어 있다. 동시에 종교는 관념의 형태를 가지고 있고, 신념과 가치의 형태에 대한 설정과 방어에 관련되어 문화 자원의 의미도 지니고 있다(Geertz, 1964). 즉, 종교는 사람들의 정신 내면, 생활양식에 영향을 줌으로써 그 사회문화를 주도하는 역할을 하는 측면이 있는 것이다.

북한은 주체사상이라는 정치 이념을 '종교화' 한 나라로 평가되고 있다(김병로 1994; 전우택, 조영아, 2003; 최승주, 전우택, 정우진 2006ab, 김병로 2000, 김병로 2020). 주체사상은 국가의 최고 정치 이념으로서 역할을 하는 것을 넘어서서, 김일성이라는 한 개인에 대한 절대적인 충성과 믿음, 모든 보편적인 인간의 진리, 정의, 아름다움이 이 한 인간에게 구현되었고, 그를 숭상하며 그를 따르는 것이 삶의 절대적인 진리고 도리라는 식으로 규정하여 그것이 사회 체제로서 뿐만 아니라, 북한 인민 개개인의 인격 내면세계까지 구성하려 한다는 점에서 북한체제는 "종교적 성격"을 지니고 있다고 평가하게 된다. 그러나 동시에 북한은 가장 '반(反)종교적' 국가이기도 하다. 북한은 종교의 자유를 헌법상 인정하고 있으나(북한 헌법 68조), 인류가 가지고 있는 기존 종교들은 김일성의 주체사상을 대체할 만한 존재로 인정하지 않으며, 더 나아가 일종의 미신으로 치부하는 태도를 강력히 견지하고 있다. 특히 기독교와 같은 종교에 인민들이 노출되는 것을 극히 꺼려, 북한이탈주민들이 중국 등에서 기독교에 접한 것이 있는지를 엄격히 조사하고 그런 사실이 있었을 경우, 그에 대한 처벌이 매우 가혹하게 해왔다. 따라서 북한은 가장 "종교적"이면서도 동시에 가장 "반종교적"인 극단적 양면성을 동시에 가지고 있는 사회라 할 수 있다. 이것이 북한 인민들, 그리고 탈북자들의 종교에 대한 이해와 반응에 영향을 끼치는 중요 배경이 된다고 할 수 있다.

2. 북한의 반(反)종교성과 종교성

1) 북한의 반(反)종교성

북한은 종교라는 것을 자연과 사람들을 지배하는 그 어떤 초자연적인 힘, 즉 '신'이 있다는 것을 맹목적으로 믿게 하고 숭배하게 하는 것으로 보았다. 그에 따라 종교는 역사적으로 인민들에 대한 억압과 착취의 도구로 이용되어 왔으며, 특히 제국주의 침략자들의 침략 도구로 사용되었다고 보았다. 그러면서 종교는 민중에게 반동적이며 비과학적인 환상을 주는 세계관을 주는 것이므로, 종교를 믿게 되면 계급의식이 마비되고 혁명적 의욕이 상실된다고 보았다. 그에 따라 종교는 미신이며, 무식한 노인들이나 추종하는 것이라는 시각을 전체 주민에게 주입하기 위하여 노력하였다. 특히 기독교는 미국과 같은 제국주의 침략세력이 한반도에 집어넣어 인민들에게 신에 대한 맹목적인 순종을 강요하고 노예적 굴종사상과 반동적 인생관을 불어넣음으로써 그들의 자주정신을 좀먹고 창조적 능력을 억제한다고 보았기에, 그에 대한 박해와 말살에 집중하였다. 일제강점기에 기독교는 남한 지역보다는 북한 지역에서 더 많이 보급되어 있었고, 그래서 평양은 "동방의 예루살렘"이라 불리기도 하였다. 북한 당국의 기록[2]에 의하면 1950년 이전 북한에는 교회 약 2,000개, 신자 20만명, 목사 410명, 전도사 498명, 장로 2,142명이 있었던 것으로 되어 있다. 그러나 8.15 광복 이후 김일성을 중심으로 한 공산주의 집권 세력은 기독교를 포함한 모든 종교에 대하여 적대적인 입장에서의 반종교정책을 강력히 추진하였고, 그 결과, 1955년경에 이르러서 북한 지역에는 기독교를 포함한 모든 종교단체와 종교의식은 사라졌거나 지하화(地下化)되었으며, 1960년대에 기독교인들과 불교도인, 그리고 그 가족까지 철저히 수용소

2) 조선로동당출판사. 〈조선중앙년감 1950〉 (평양, 조선로동당출판사, 1950) p.365.

로 이주·격리시켜서 1960년대 말에 이르러서는 종교 자체가 모습을 감추게 되었다고 할 수 있다.3)

북한에 "종교"라는 것이 공식적으로 다시 등장하기 시작한 것은 1972년 7. 4 남북공동성명이 발표되고 남북회담과 상호방문이 실시된 것과 연관되었던 것으로 보인다. 이때부터 북한은 대외적으로 좀 더 정상적인 국가, 즉 종교의 자유가 있는 나라로 외부에 보이기 위해, 과거 1946년에 창설되었으나 유명무실하였던 "북조선기독교련맹"을 1974년 "조선기독교련맹"(조기련)으로 개칭하고 외부 활동에 나서도록 하였다. 그러나 내부적으로는 같은 1974년, 〈당의 유일사상체계의 10대 원칙〉을 선포하여 김일성을 신격화하고 더욱 반종교적 정책들을 펼쳐 나갔다. 1988년, 남한에서의 하계 국제올림픽 개최는 북한의 남한에 대한 국가적 경쟁의식에 큰 위기감을 불러일으켰고, 국제적인 관계 개선 및 국가 이미지 개선을 위한 노력을 더 적극적으로 하여, 그 해 평양에 봉수교회와 장충성당을 건립한다. 또한 1993년에는 조선그리스도교련맹(조그련, Korea Christian Federation)4)이 관리하는 "평양신학원"을 개설하여 북한에서도 신학교가 존재하고 전문 종교교육이 이루어져서 종교의 자유가 보장되고 있음을 보이려 하였다. 이러한 일련의 과정 속에서 1981년 발행되었던 〈조선말사전〉이나 1985년 발간된 〈철학사전〉에서는 종교를 "억압·착취하는 도구", "제국주의자들이 뒤떨어진 나라들을 침략하는 사상적 도구", "인민 대중의 혁명의식을 마비시키고 착취와 억압에 무조건 굴종하는 무저항주의를 고취하는 아편"이라는 식으로 부정적으로 서술하였던 것에 비하여, 1992

---

3) 김병로 〈기독교와 통일 그리고 북한〉 서울, 박영사, 2020. pp.203-205.

4) 해방 이후 북한에서는 기존 기독교 교단과 결별하고 새로운 독자적인 기독교 단체들을 총괄하는 기독교 교단으로서 1946년 11월 28일, "북조선기독교연맹"을 설립하였다. 그 후 1974년 "조선기독교련맹"(조기련)으로 개칭하였고, 1992년 2월, "조선그리스도교련맹"(조그련)으로 다시 개칭한 바 있다. (최재영. 북녘의 교회를 가다. 동연. 2019)

년 출간된 〈조선말대사전〉에는 종교를 "신이나 하나님과 같은 거룩한 존재를 믿고 따르며", "원시종교로부터 시작하여 불교, 기독교, 회교 등 수많은 종교와 크고 작은 류파들이 있다"는 등의 좀 더 객관적이고 중립적인 표현으로 바꾸는 변화가 있었다.[5]

북한 헌법에서 종교를 다룬 내용은 다음과 같이 변화되어 왔다.[6] 1948년 북한 최초의 제1공화국 헌법에서는 제14조에 "공민은 신앙의 자유를 가진다. 종교는 국가로부터 분리된다"라는 조문이 있었다. 당시에는 소련의 사회주의 헌법의 영향을 받아 종교의 자유를 명문화한 것이 보인다. 그리고 당시에는 아직 북한 내에 기독교나 불교와 같은 종교들의 활동이 있었기에, 그들의 활동을 제한적이나마 인정해 주는 외부적 형식을 갖추려 노력한 측면이 있어 보인다. 그러나 북한 정권 수립 이후의 종교 억압 정책과 한국전쟁 기간과 이후 기간의 종교에 대한 철저한 박해에 의하여 북한 내의 종교가 거의 사라진 후인 1972년, 사회주의 헌법이 제정되면서 제54조에 "공민은 신앙의 자유를 가진다. 이는 종교를 믿을 자유와 믿지 않을 자유를 포함한다. 종교는 정치에 개입할 수 없다"라는 조문이 들어간다. 국내적으로는 철저하게 종교 박멸 정책을 쓴 북한이었으나 외부적으로는 북한이 종교의 자유를 가진 국가로서 보여지기를 원하였기에 만들어진 조문으로 보인다. 그리고 종교 활동에 대한 탄압과 감시를 하는 근거로서 '믿을 자유와 믿지 않을 자유'라는 독특한 표현을 사용하였고, 외부 종교 세력이 북한 정치에 개입할 수 있는 것을 차단하는 것을 헌법에 명시한다. 이것은 추후 국가 이념과 체제에 반하는 종교 활동을 제한하는 근거로 활용된다. 그러다가 1992년 이루어진 수정 헌법에서는 제

---

5) 김병로 〈기독교와 통일 그리고 북한〉 서울, 박영사, 2020. 9장. 북한 종교의 어제와 오늘. p.200.

6) 이 내용은 통일부, 법무부, 법제처가 공동 운영하는 통일법제 데이터베이스 홈페이지를 통하여 볼 수 있다. www.unilaw.go.kr

68조에 "공민은 신앙의 자유를 가진다. 이는 종교를 믿을 자유와 믿지 않을 자유를 포함한다. 종교는 외세를 끌어들이거나 국가사회질서를 해치는 행위를 하여서는 안 된다"라는 조문이 들어간다. 여기에서는 과거 1972년 헌법 조항보다 더 직접적으로 외세 개입이나 사회질서 교란을 야기할 수 있는 것에 대한 강한 제한을 헌법 조문에 표기한 것을 볼 수 있다. 종교가 가진 사회질서 교란 가능성을 의식하고 그에 대한 억제를 헌법에 명시화하여 종교에 대한 북한의 인식과 경계가 더 경직되었음을 보여주었다. 이미 북한 내에서의 종교 활동은 거의 없는 상황 속에서도 계속 이러한 조문이 만들어진 것은 향후 외부 종교 세력이 북한을 향하여 활동하는 것을 막겠다는 북한의 의지를 표명한 것으로 보인다. 2025년 5월 현재, 북한 헌법 제68조는 "공민은 신앙의 자유를 가진다. 이 권리는 종교건물을 짓거나 종교의식 같은 것을 허용하는 것으로 보장된다. 종교는 외세를 끌어들이거나 국가사회질서를 해치는 데 리용할 수 없다"라고 되어 있다. 과거에 있던 "믿을 자유와 믿지 않을 자유"라는 표현은 없어졌다. 그리고 평양에 봉수교회나 칠골교회와 같은 종교건물을 짓고, 그 안에서 예배의식을 가지는 것은 헌법에 위배 되는 것이 아님을 보여주어 일정 범위 안에서의 종교 활동이 보장되는 것을 명시화하였고, 이것은 북한에 종교의 자유가 있음을 대외에 보여 주려 하였음을 알 수 있다. 그러나 종교의 자유는 그 자체로서 인간에게 주어진 천부적 인권[7] 중 하나가 아니라, 국가

7) 〈세계인권선언〉 제18조는 "모든 사람은 사상, 양심 및 종교의 자유에 대한 권리를 가진다. 이 권리에는 종교 또는 신념을 바꿀 자유와 종교나 신념을 가르치고, 실천하고, 예배하고, 의식을 행할 자유가 포함된다"라고 되어 있다. 또한 〈시민적 및 정치적 권리에 관한 국제규약(ICCPR)〉 제18조의 내용에는 누구든지 종교 또는 신념의 자유를 누릴 권리가 있으며, 이 자유에는 종교 또는 신념을 자유롭게 선택하거나 바꿀 자유, 그리고 개인적 또는 공동체 내에서, 공개적 또는 비공개적으로 신앙을 실천할 자유가 포함된다. 이 권리는 공공의 안전, 질서, 건강 또는 타인의 기본 권리와 자유를 보호하기 위하여 필요 최소한의 제한만이 가능하다고 하였으며, 부모는 자녀에게 자신의 신념에 따라 도덕적, 종교적 교육을 시킬 권리를 가진다고

가 소극적이며 매우 제한적으로 "허용"해 주는 대상일 뿐이라는 것을 같이 밝힘으로써, 종교에 대한 국가의 근본적 태도와 입장에는 차이가 없음을 보여준다. 현재 북한에서는 극히 제한된 숫자의 국가 관리하의 종교단체들만이 존재하며, 이는 일종의 국가 선전 수단으로서 사용되고 있는 것으로 보인다.

북한에서는 인민학교는 물론 고등중학교와 대학의 교육들을 통하여 종교의 해독성에 대한 교육을 강조하여 왔다. 그 결과, 북한 인민들의 종교에 대한 인식은 매우 부정적인 것으로 알려져 있다. 즉 종교는 비과학적 세계관이며, 인민의 아편으로 사상을 흐리게 하며, 더 나아가 사람을 홀리고 마비시키는 두렵고 무서운 공포의 대상으로 인식한다는 것이다.[8] 이와 함께 많은 탈북자들의 증언에 의하면 중국에서 북한으로 강제 북송당하여 조사를 받는 과정에서 종교에 대한 것을 심문 당했으며, 특히 기독교와 접촉하였던 혐의가 있으면 정치범으로 간주하여 중형 및 극형에 처해 진다고 하였다.

2) 북한체제의 "종교성"

이상과 같은 북한의 반종교적 행태에도 불구하고, 북한은 어떤 의미에서 매우 "종교적"인 성격을 가진다는 학자들의 분석이 있었다. 김병로(1994)는 북한 사회가 가지고 있는 종교와의 유사성을 다음과 같이 설명하였다.[9]

되어 있다. 이와 같이 종교의 자유와 관련된 국제 관련 규정들은 종교의 자유가 종교 선택의 자유, 종교 실천의 자유, 종교 표현의 자유, 종교 교육의 자유 등으로 구성됨을 보여준다. 그러나 북한의 헌법은 이러한 종교의 자유를 인정하지 않고 있는 것이다.

8) 김병로 〈기독교와 통일 그리고 북한〉(2020) 박영사. p.201.

9) 이 내용은 김병로 〈북한사회의 종교성 : 주체사상과 기독교의 종교양식 비교〉, 서울, 통일연구원, 2000에서 더 자세히 볼 수 있다.

첫째, 기독교의 유일신 사상과 김일성· 김정일의 유일성의 유사성이다. 김일성의 활동(출생부터 성장 과정 및 정치활동)은 모두 신성화되었다. 김일성과 연관된 지역이나 장소 역시 신성화되었다. 그가 출생한 만경대와 혁명전적지의 성역화 및 각종 상징물의 제작 등이 그것이다. 또한 김일성의 능력도 신성화 되었다. 예를 들어 천리 밖을 내다볼 수 있는 능력을 가지고 있다거나, 김일성의 결정은 항상 옳다는 김일성 무오설 등은 기독교에서 하나님이 가지고 있다고 이야기되는 무오성과 유사하다. 김정일에 대해서도 1987년 말부터 신격화를 시작하였다. 항일 구호나무를 발굴하여 선전하고 김정일화, 정일봉, 백두산 출생설 등을 만들어 신격화하였다.

둘째, 기독교의 가장 기본적인 교리인 십계명과 유사한 '유일사상 체계 확립의 10대 원칙'을 세워 북한 사람들이 행동하는 근거로 제시하였다.

셋째, 수령· 당·대중의 사회정치적 생명체론은 예수님이 머리가 되고 신자는 각 지체가 된다는 유기체적 설명과 삼위일체설이 혼합을 이룬 이론이다.

넷째, 북한의 사회주의 대가정 이론의 근거를 성경에서 찾아볼 수 있다. 신약성경 히브리서 2장 11절에는 "확대된 가족의 개념"이 나타나 있다. 이는 예수님을 중심으로 '사회정치적 생명'을 공유하는 사람은 모두 한 형제요 자매며 가족으로 간주된다는 것이다. 그런데 북한의 사회주의 대가정 논리도 이러한 각도에서 조명할 수 있다.

다섯째, 북한 사회의 조직 생활 패턴은 기독교인의 생활양식과 매우 유사한 면이 있다. 기독교의 주일예배는 북한의 매주 일요일 인민반 회의 모임으로 주체사상을 학습하는 것과 흡사하고, 기독교의 금요 구역예배는 그 성격상 일요일 저녁 혹은 토요일 저녁에 모이는 인민반 회의와 유사하며, 수요일 저녁 예배는 북한의 수요 강연회와 유사한 형식을 갖추고 있다. 그 내용 면에서도 기독교와 흡사한데, 우선 김일성 교시를 듣고 자기

생활을 반성하고 '김일성 찬가' 노래를 부르며 사상적으로 재무장하게 한다. 이는 교회에서 성경을 보고 설교를 들으며 찬송을 부르고 회개 기도하는 것과 같다. 뿐만 아니라 북한의 수요 강연회와 금요 노동, 토요일 주총화 학습, 월요 학습 침투 등은 김정일이 제도화한 학습 활동 조직으로 1970년대 초 김일성 유일사상 체계를 확립하기 위한 방편으로 시작되었다. 기독교의 가정 예배의 경우 북한의 가정 단위로 주체사상을 학습하고 예배하는 가족 독보회를 연상시킨다.

여섯째, 기독교의 성경은 북한의 [김일성 저작집], [김일성 선집]과 그 성격이 유사하다. 기독교인의 신앙을 유지하는 찬송가는 김일성 칭송가(찬양가)로 불리고 있다. 일례로 기독교 부흥사경회의 경우 예배가 시작되기 전에 마음의 준비를 가다듬기 위해 '준비 찬송'을 하는 것은 북한에서 회의를 시작하기 전에 칭송가를 부르고 박수치는 것을 연습하면서 흥분상태를 유도하는 것과 같다.

일곱째, 윤리생활을 강조한다는 면에서 유사하다. 교회에서 중생의 체험과 신앙의 실천을 강조하는 것과 북한의 주체사상 내면화와 실천 강조는 것은 같다. 일례로 북한 목사들의 설교 내용이 주로 윤리적 생활과 관계된 것들이라는 점은 매우 흥미로운 사실이다.

위의 내용들에서 볼 수 있는 것과 같이, 북한 체제 속에서 인민들의 일상 시간 주기, 교리와 상징체계, 행위규범, 윤리생활 등은 기독교적 형태와 매우 유사한 측면들을 가지고 있는 것이다. 이것은 북한 체제가 자신들의 일반 정치 활동을 종교화시켰음을 알 수 있게 한다.

3) 탈북자들의 종교의식에 대한 초기 연구 결과들

북한과 같은 체제하에서 태어나 교육을 받고 살아온 북한 주민들은 일반적으로 종교에 대하여 무지하고 그에 대한 인식이 부정적인 측면을 많이 가지고 있다(전우택, 조영아, 2003). 그러나 그들은 북한으로부터의 탈출과 남한에 들어오는 과정에서의 위험 등을 겪으면서 많은 경우 남한의 종교기관과 종교인들의 도움을 받게 되고, 그에 따라 종교를 접하고 받아들이는 과정을 거친다. 그래서 남한에 들어온 초창기에는 탈북자들의 많은 수가 종교(특히 기독교)를 가지고 종교 생활을 하면서 남한 생활 적응을 시작한다. 그러나 그들 중 일부는 교회의 예배의식이나 모임 형태가 북한에서의 사상 학습방법이나 형태와 유사함에 따라 거부감이 들었다고 하였다. 또한 기독교 신앙의 내용이나 교리 면에서도 그것이 북한의 주체사상이나 혁명학습 내용과 유사하다고 느끼는 순간 탈북자들은 당황하고 거부감을 갖는다고 하였다. 그에 따라 시간이 지나감에 따라 교회 출석 비율은 그 숫자가 점점 감소하고 있음을 보여주었다. 최승주 등(2006a)은 남한 내 탈북자 151명을 대상으로 하여 종교 활동을 조사한 결과 개신교가 61.1%를 차지하고 있다고 보고하였다. 또한 전체 대상자를 중심으로 종교성향을 분석한 결과, 친(親)종교적 집단은 37.6%, 반(反)종교적 집단이 31.5%라고 보고하였으며 남자의 경우가 반종교적 집단이 많았으며 여성의 경우 친종교적인 집단에 속하는 비율이 높았다고 하였다. 또한 종교의 성향과 우울 증상의 상관관계를 조사한 결과 내재적 집단과 친종교적 집단이 우울정도에 유의한 관계를 보였으며 그렇지 않은 집단과 비교하여 유의 차이를 나타내지 않았다고 보고하였다.

II. 성경 공부 참여 탈북자와 모임의 개요

1. 성경 공부 참여 탈북 대학생

이 성경 공부는 대한민국의 한 대학교에 다니고 있는 탈북 대학생들의 동아리 모임을 참석하고 있는 사람들을 대상으로, 본 성경 공부의 취지를 설명하고 이에 동의하여 자발적으로 참여한 학생 9명으로 구성되었다. 9명 중 남성이 6명, 여성이 3명이었다. 연령은 23세부터 34세까지 있었고, 평균 연령은 27.6세였다. 남한에 들어온 것은 2001년부터 2004년까지의 기간이었고, 남한에서의 평균 거주 기간은 4.8년이었다. 소속 학과는 중문학과, 법학과, 간호학과 등 다양하였으나, 대부분이 인문사회계열이었고, 이과 계열의 학생은 간호학과 학생 1명이 있었다. 매회 성경 공부의 참석 인원은 3명에서 8명까지의 범위 안에 있었고, 회당 평균 참석 인원은 5.6명이었다. 본 성경 공부에 참가하였던 전원은 남한에서 교회를 다니고 있거나 또는 다녔던 경험을 가지고 있었다. 교회를 다니는 이유는 종교에 대한 관심으로부터, 사교적 목적에 이르기까지 다양하였다. 성경 공부 진행 및 연구를 위하여 참석한 남한 출신 참석자는 저자를 포함한 3명이었다.

성경 공부 참석자들의 성별과 연령은 다음과 같다.

참석자 번호	성별	나이
1	남	30
2	여	23
3	남	32
4	남	27
5	남	23
6	남	30
7	여	33
8	남	28
9	여	26

본 글에서는 각 참석자가 발언한 내용은 참석자의 번호로 기재하였다. 제10차 모임에서는 직접 하는 말 이외에 무기명 설문지를 작성하도록 하여 몇 가지 주제에 대한 본인들의 생각을 적도록 하였다. 이 설문지에 응하여 답한 내용은 발언자를 표시할 수 없어 〈설문응답〉이라고만 표기하

였다.

2. 성경 공부 개요

총 10회의 일시 및 참석자, 그때 주로 다루어진 내용은 다음과 같았다.

1차 모임 (2007년 3월 19일)

탈북자 3명, 남한 출신 3명 총 6명이 참석하였다. 자기 자신을 소개하는 시간으로 가졌다. 자신에 대한 이야기를 매우 자세하고도 솔직하게 이야기하였다. 주로 북한에서 자신들의 출신 성분이 나빠서, 고등중학교 졸업 할 즈음부터의 좌절이 얼마나 컸는지, 그리고 그 이후 북한을 탈출하여 중국에서 얼마나 고생을 하였고, 지금도 자신의 가족들이 얼마나 고생들을 하고 있는지를 이야기하였다. 남한에 들어와 살아가는 이야기, 교회를 다니게 된 이야기, 교회에서 실망한 이야기 등을 이야기하였다.

2차 모임 (2007년 3월 26일)

탈북자 5명, 남한 출신 3명 등 총 9명이 참석하였다. 새로 참석한 3명의 탈북자들의 자기소개가 있었다. 그리고 나서 자신들이 지금까지 신앙생활을 하면서 가졌던 질문들을 이야기하고 그것에 대한 답을 찾아가는 것이 이번 학기 성경 공부의 내용이 될 것임을 이야기하였다. 대부분 교회에서 신앙에 대한 질문을 하였다가 크게 어려움을 겪고, 그 이후에는 다시는 질문을 하지 못하며 살았다는 이야기와 함께 신앙에 대한 적극적인 질문들을 하였다. 이때 나온 질문들은 본 글에 정리되어 있다.

3차 모임 (2007년 4월 2일)

탈북자 6명, 남한 출신 3명으로 총 9명이 참석하였다. 새로 참석한 1

명의 자기소개가 있었다. 지난 시간에 나온 질문들에 있어 주로 성경의 권위에 대한 이야기를 중심으로 다루었다. 2차 모임에서 나온 질문들을 변증적으로 다룬 기독교 책자들을 나누어 주었고, 그것에 대하여 읽고 와서 다시 질문을 하고 토론을 하기로 하였다.

4차 모임 (2007년 4월 9일)

탈북자 4명, 남한 출신 2명 등 총 6명이 참석하였다. 지난 모임에서 나누어 준 기독교 변증 책자에 대한 질문과 대답을 함으로써 진행하였다. 기도와 그 응답에 대한 경험 이야기들을 하였고, 탈북자들의 삶의 문제에 있어 정부의 지원에 얼마나 의존적이 되어야 하는가에 대한 토론이 있었다. 개인 구원에 있어서도 개인의 결단이 어떤 의미를 가지는지에 대한 논의가 있었다.

5차 모임 (2007년 4월 30일)

탈북자 5명, 남한 출신 2명 등 총 7명이 참석하였다. 성경 텍스트를 가지고 성경 공부를 하는 시간을 가지기로 하여 구약의 사무엘상 17장 1－48절을 다루었다. 내용은 다윗과 골리앗의 이야기였다. 특별히 성경적 배경 지식이 없어도 상황적 내용만을 가지고 시행할 수 있는 성경 공부 텍스트라서 선택되었다. 믿음, 용기 등에 대한 주제를 가지고 성경의 이야기에 대한 토론을 하였다.

6차 모임 (2007년 5월 7일)

탈북자 5명, 남한 출신 3명, 총 8명이 참석하였다. 새로 참석한 탈북자 2명이 있어 자신들의 어려운 상황 이야기(건강 문제와 취업 문제)를 매우 솔직하고 깊이 있게 하여 전체 모임 중 가장 기억에 남는 모임이 되었다. 신비 체험적 이야기를 하는 참석자도 있었다. 성경 공부 텍스트는 마태복음 6:25–34의 내용이었고 "목숨을 위하여 무엇을 먹을까 무엇을 입을까 염려하지 말라"는 내용을 가지고 자신들의 고통스러웠던 북한과 중국, 남한에서의 삶에 대한 이야기를 나누었다. 기적에 대한 이야기만 다루지 않는다면, 이런 이야기는 많은 위로를 받는다는 이야기도 있었다.

7차 모임 (2007년 5월 14일)

탈북자 4명, 남한 출신 3명 총 7명이 참석하였다. 성경 공부 텍스트는 누가복음 4장 1–13절의 내용으로 예수가 공생애를 시작하기 전에 광야에서 사탄에게 시험받는 장면을 다룬 내용이었다. 빵(돈)보다 더 중요한 것이 인생에 있을 수 있는가에 대한 토론을 하였다. 가난과 기아의 문제로 고통을 겪은 학생들에게 있어 예민한 주제였으나 전체적으로 주제에 잘 집중하여 성경 공부를 하였다. 그러면서 북한에 대한 자신들의 양가감정적(ambivalent) 태도("북한을 사랑하나 사랑할 수 없다")에 대한 논의를 하였다.

8차 모임 (2007년 5월 21일)

탈북자 6명, 남한 출신 3명 등 총 9명이 참석하였다. 탈북자들을 대상으로 한 효과적인 성경 공부 방식에 대한 논의를 하도록 하는 시간이었다. 리더와 학생들 간의 관계 설정, 자유로운 질문 속에서도 그 날 다루어야 하는 핵심적 주제를 선택하고 그것에 집중하는 방법, 탈북 학생들에게 잘 이해가 될 수 있는 예화 선택의 중요성, 참여 학생들의 고른 참여를 유도하는 방법과 그에 대한 리더의 배려, 일방적 설교 형식의 리더 발언이 아닌, 모든 사람들의 공동 참여 논의 등이 필요로 논의되었다.

9차 모임 (2007년 5월 28일)

탈북자 6명, 남한 출신 3명 등 총 9명이 참가하였다. 그동안의 성경 공부를 총정리하는 시간으로 가졌고, 성경 공부 초기에 제기하였던 질문 중 아직 해결 안 된 문제들에 대한 논의를 하는 것으로 하였다. 성경을 추상적인 믿음으로만이 아니라 객관적인 시각으로 보면서 믿을 수 있는 마음을 가지는 것에 대한 논의가 이루어졌다. '우리 학교'라는 일본 조총련 학교의 모습을 담은 다큐멘터리 영화에 대한 학생들의 논의가 있으면서 북한에 대한 그들의 생각에 대한 토의가 이루어졌다. 솔직한 질문과 그에 대한 진지한 해답을 찾는 과정을 경험한 이번 성경 공부와 같은 식의 성경 공부가 교회에서도 이루어지기를 바란다는 이야기들을 하였다.

10차 모임 (2007년 6월 27일)

탈북자 7명, 남한 출신 3명 등 총 10명이 참석하였다. 9차 모임 이후 1달 후에 모인 모임이었고, 모임에 앞서 두 명의 학생들이 자신들의 신앙적 경험에 대한 이야기를 하는 시간이 1시간 30분 동안 있었다. 그 모임 이후에 전체가 다시 모여서 연구자가 준비하여 간 신앙 관련 공동 질문에 대한 설문에 응답하였다.

III. 대화와 토론의 내용들

다음은 탈북 대학생들이 성경 공부를 시작하여 진행하는 과정에서 이야기한 자신들의 생각과 느낌, 그리고 탈북 대학생들이 진행자에게 던진 질문, 진행자가 탈북 대학생들에게 던진 질문에 대한 그들의 대답 등을 정리한 것이다. 이것은 탈북자들의 신앙에 영향을 미치는 북한에서의 다섯 가지 영역에서의 경험, 즉 종교에 대한 경험, 사회 체제의 경험, 정치 교육의 체험, 지도자에 대한 경험, 고난에 대한 경험의 5가지 영역으로 구분하여 정리하였다. 서술하는 체제는 각 영역에 대하여 탈북 대학생들이 하였던 발언들을 먼저 정리하고, 그와 연관된 참고문헌들이 있을 경우, 그것을 고찰한 다음에, 그 영역에 대한 종합적인 토론을 정리하는 순서로 하였다.

1. 북한에서의 종교에 대한 낯설음과 부분적 경험이 탈북자들의 신앙에 미치는 영향

성경 공부에 참여하였던 탈북 대학생들은 북한에서 종교라는 것에 대하여 사회적, 문화적으로 한 번도 접해 본 적이 없었고(예를 들어 성탄절이나 부처님 탄신일과 같은 것을 들어보지도 못하였음), 학교 교육을 통하여는 종교는 어리석은 노인들이나 믿는 미신이라는 비판적 교육만을 받았었기에, 종교에 대한 기본적 지식이나 이해가 전혀 없는 상태로 있었다고 하였다. 그러다가 탈북을 하여 처음으로 종교(기독교)를 접하면서 이들이 처음으로 가지게 되었던 질문들을 정리하면 다음과 같았다.

1) 종교에 대한 이해 부족과 초월자에 대한 논리적 의문

(1) 탈북자 발언들

"천지창조를 하면서 하나님이 빛이 있으라고 말씀하셨다고 하는데, 하나님이 육체를 가진 존재가 아니신데 어떻게 말을 할 수 있나? 논리적으로 가당치 않다." (참여자 5)

"예수는 사람이라고 하면서도 하나님이라고 하니 그럼 과학적인 물리학, 화학은 필요 없어지는 것이 아닌가?" (참여자 6)

"창세기의 천지창조에서 말하는 우주의 나이와 과학에서 밝혀지고 있는 우주 나이, 그리고 지구의 나이의 차이점이 상식적으로 이해할 수 없다." (참여자 6)

"예수님의 부활에 대한 질문이 있다. 정신적 부활은 믿을 수 있으나 육체적 부활은 믿기가 어렵다고 생각한다. 무덤에서 시체가 없어졌다는 것만으로 부활을 믿어야 하는가?" (참여자 5)

"사람인 예수를 하나님이라고 하니까 이해할 수 없다. 북한에서도 김일성은 신이 아니라 사람이라는 전제에서 기술한다. 그를 대단한 사람으로 여기는 것이다. 그러나 성경에서는 인간을 신이라고 하니까 그것이 이상하다." (참여자 1)

"아담-하와의 아들'가인-아벨'만 있다면 아벨이 죽은 후 가인이 하였다는 결혼은 근친혼이 불가피한데 이는 정당한가? 아담과 하와가 언제, 어떻게, 그 먼 장소에 까지 가서 가인이 결혼할 수 있는 여자 자식을 낳았는지? 이런 근친혼은 일반인이나 교회에서 본다면 나쁘다고 보는 것인데, 하나님의 측면에서는 어떤가?" (참여자 4)

"나는 교회에 가서 왜 예수님은 약혼자가 있는 여자에게 태어나서 문제를 복잡하게 만들었느냐고 질문했다가 퇴출당할 뻔했다." (참여자 1)

"하나님은 인간만의 하나님이 아닌데, 양을 잡아서 제사를 지냈다. 왜 동물들을 못살게 하였는가?" (참여자 4)

"하나님은 치사한 것 같다. 왜 인간을 완전한 존재로 만들지 않고 불완전하게 만든 다음에 자신을 믿어야만 구원받는다고 하셨는가?" (참여자 2)

(2) 문헌 고찰

탈북자들이 기독교를 포함한 종교를 처음 접하게 되면서 가지게 되는 근본적 문제 중 하나는 종교가 이야기하는 초월적, 초과학적 성격의 내용 들을 어떻게 받아들이는가 하는 것이다. 철저히 물질주의적, 유물론적, 과학적 사고를 하도록 교육을 받았다가, 합리성, 과학성을 뛰어넘는 종교적 내용을 접하게 되면 당황하게 되고 의문도 많아지는 것이었다. 이것이 더욱 두드러지게 되는 이유는 이들이 북한에서 종교와 연관된 어떤 사전 지식이나 경험도 가지고 있지 못하다는 것이었다. 북한 주민들의 종교에 대한 이해와 인식에 대한 문헌들을 보면 다음과 같다.

> (북한에서) "종교는 마약과 같다는 인식을 가지고 있는 북한 사회에서 살던 탈북자들은 기독교, 불교 등을 탈북 후에 들었다고 할 정도로 종교에 대한 인식조차 없었다... 최근 들어 남북 종교 교류 차원에서 불교 사찰, 교회 등이 일부에서 세워졌으나 이는 상징적인 차원에 불과할 뿐 일반 주민들은 종교에 대해 무지에 가깝다." (동국대학교 북한학연구소, 2005)

류성민(1998)의 연구에는 북한을 방문한 사람들의 증언을 토대로 북한 사람들이 종교에 대하여 접한 경험을 다음과 같이 보고한 바 있다.

> "방북자들의 증언에도 북한 주민들이 종교 자체를 모를 뿐만 아니라 구체적인 종교에 대해서는 관심조차 없다는 것을 증언하고 있다. 신부와 승려를 혼동하기도 하고, 천주교를 천도교로 이해하는가 하면 당 간부조차 평양에 교회와 성당이 있는지도 모른다는 것이다. 절은 문화 휴식처나 관광지 정도로 인식하고 있다."

전 북한과학원 연구원이었던 이민복(1999)은 북한 주민들의 종교에 대한 인식을 다음과 같이 보고한 바 있다.

> "이스라엘과 기독교는 별개로 인식하며, 또 기독교는 미국의 종교로, 좀 유식하면 서양(구라파) 종교로, 불교는 중국인가, 인도인가, 쪽에서

중국을 좀 더 선택할 정도이다. 민족종교로는 무당이 대표적인 걸로 알고 있고 그 다음 '성황당'이라는 정도이다. 개신교와 로마 카톨릭, 희랍 정교회 등도 분간하질 못하며 단지 기독교로만 알고 있다. 불교와 유교도 같은 맥락으로 인식하는 사람도 많다."

이와 같이 북한에서는 종교라는 것 자체를 알 수도 없고 이해할 수도 없는 상황 속에서 있었기 때문에, 탈북자들이 종교를 낯설게 느끼게 되는 것은 당연한 측면을 가진다고 할 수 있다. 그러나 북한에서 종교와 관련된 문제는 종교에 무지하다는 것뿐이 아니다. 오히려 그보다도 북한은 기성 종교들을 북한 내에서 철저하게 금지하고 탄압하였다는 것이다. 『연합뉴스』(2007. 2.9)는 다음과 같이 보도한 바 있다.

"공산권 국가를 상대로 선교 활동을 벌이고 있는 미국의 선교단체 '오픈 도어즈'가 북한을 세계에서 기독교 탄압이 가장 심한 국가로 5년 연속 지목한 바 있다. 여기에 따르면 5~7만 명의 기독교인들이 북한의 정치범 수용소에서 고생하고 있으며, 그 중 많은 사람들이 고문을 당하고 있다고 주장했다. 이 단체 소속 폴 에스타부룩스 목사는 자유아시아방송(RFA)과의 인터뷰에서 "북한의 기독교 상황에 대한 정보나 자료는 북한과 중국을 드나들면서 북한의 기독교인들과 접촉하는 조선족 동료를 통해 받는 것"이라고 설명했다."

이러한 북한의 종교 탄압은 탈북자들의 기억에 남아 종교 생활을 시작하고 영위하는 데에 부정적 영향을 미치게 된다. 한 탈북자의 증언도 이와 다르지 않은 상황을 전해주고 있다.

"저는 수용소 경비원으로 있으면서 김일성, 김정일 부자의 인권유린 만행을 똑똑히 볼 수 있었습니다... 정치범 수용소라는 곳은 종교의 흔적을 모조리 지워버리는 곳입니다. 신앙을 가지고 있었던 많은 수감자들 중에서 저는 제22호 집단수용소의 38 노동분대의 한 노파를 잊을 수가 없습니다. 예수를 부른다는 이유로 집단수용소에 끌려온 그녀는 다른 수감자들보다도 혹독한 대우를 받았습니다. 70대의 고령이었던 그 노파는 독실한 기독교 신자로서 일하는 중이나 잠자리에 들어서나 구원을 위해 열심히 기도했고, 그녀의 이러한 행동은 국가 안전보위부의 눈총을 샀습니다. 하루는 어린아이가 옥수수를 제대로 차에 싣지 못했다는 이유로 보위부 요원들에게 매를 몹시 맞고 있는 것을 본 그는 나직히 기도를 했습니다. "저들의 하는 악행을 알지 못하나니 저들을 용서하소서." 곧바로 요원들은 군화발로 그 노파를 짓뭉개며 소리를 쳤습니다. "이 여자가 아직도 정신을 못 차렸나." 무지하게 맞은 그 노파는 그날부터 여러 날 누워 있어야 했습니다. 김일성 부자가 북한의 유일신이기 때문에 진정한 하느님을 믿는 것은 이단일 뿐만 아니라 미친 것으로 간주됩니다. 당국은 모든 종교는 아편과 같다고 가르쳐 왔습니다. 그래서 저도 남한에 와서 한동안 교회 나가기를 꺼렸습니다. 살아 계신 하나님을 저에게 인도해준 교회와 아내를 만나기 전까지만 해도 말입니다." (이민복, 1999)

동국대학교 보고서(2005)에서 보여주는 탈북자의 증언 중 다음과 같은 것이 있다.

"종교의 자유라고는 말할 수가 없습니다. 종교를 가진다는 것은 벌써 정치범이 된다는 거예요. 북한에서는 종교가... 중국에 가도 교회 믿지 말라, 오죽하면, 중국에 갔다가 붙들린 사람들은 교회 갔다는 말은 죽어도 하지 말라고, 그러면 살아난다. … (종교에 대해) 기본적인 생각 없어요. 북한엔, 거의 없어요. 종교 믿으면 밥이 나오나 쌀이 나오나 그런 정도지요." (동국대학교 북한학 연구소, 2005)

탈북자 이민복(1999)은 종교와 미국에 대한 연결을 다음과 같은 언급한 바 있다.

> "많은 사람들이 종교행위를 나쁜 것으로 인식하고 있으며 실례로 중(스님)은 밥만 축내는 무미건조한 사람으로, 기독교 선교사는 더욱 나빠 '제국주의 침략의 앞잡이, 병 치료 해주는 척 하면서 사람 장기를 떼 가는 악마'라는 인상으로 떠오른다." (이민복, 1999)

즉 북한에서는 종교를 종교로서 보는 것이 아니라 반공산주의적 사상, 반국가적 활동으로 보고 그에 대한 탄압을 하며 국민들로 하여금 종교에 대하여 매우 부정적인 이미지를 가지게 하였다는 것이다.

(3) 토의

이와 같이 북한 사람들과 탈북자들은 북한에서 철저하게 종교에 대하여 무지한 상태로 있었고, 매우 극단적인 왜곡된 이미지와 공포심을 가지고 있었음을 볼 수 있었다. 그러다가 중국이나 남한에서 처음 종교라는 것을 접하게 되면서 이들은 많은 혼란과 의문을 가지게 되는데, 앞부분에서 나온 탈북자들의 질문들은 그런 혼란을 보여주는 질문들이라 할 수 있다. 이것은 크게 세 가지 정도로 구분할 수 있었다.

첫째, 성경 내용이 과학과 배치된다고 느끼는 문제에 대한 질문이었다. 성경의 크고 작은 이야기들을 과학적 시각을 가지고 해석하려 하였고, 그에 대한 반론을 제기하며 또한 그와 연관된 도덕적 문제들을 제기하는 것이 있었다. 이것은 일반적으로 교회에서 초신자들이 던지는 질문들과 같은 내용들이므로 이들이 스스로 이런 질문과 의문을 가졌을 수도 있고, 교회 초신자반 등을 다니면서 다른 사람들이 던지는 질문을 듣고 같은 의문을 가졌을 수도 있다. 어느 쪽이 되었든, 이들은 성경을 "절대적 진리"라 이야기하는 교회에서는 당연히 이와 같은 성격의 질문들에 대하여 분명한 대답을 할 수 있어야 한다는 생각들을 가지고 있었다.

둘째, 창조에 대한 질문들이었다. 기독교가 이야기하는 창조에 대한 과학적 의문을 제기하는 것이다. 일반적으로 탈북자들은 북한에서 교육받은 과학적 세계관을 가지고 세상을 본다. 자신들에게 상식적이고 합리적으로 받아들여져야 이해하고 받아들이려는 태도가 있는 것이다. 따라서 그들은 성경에서 나오는 창조와 연관된 문제들에 대하여 회의적이었다.

셋째, 예수 그리스도에 대한 질문들이다. 기독 신앙의 본질을 구성하는 예수 그리스도에 대한 질문은 이들이 꼭 탈북자들이기 때문에 가지는 것은 아니다. 그러나 과학적 세계관을 가지도록 교육받았으며, 종교에 대한 문화적 이해와 경험이 전무한 이들에게 예수에 대한 기독교 교리와 연관된 여러 사항들은 더욱 이해하기가 힘들다. 북한에서 김일성이라는 존재를 거의 신격화하여 교육받았었지만, 기독교에서 예수에 대하여 말하는 것처럼 인간인 존재가 동시에 신이라고 교육한 것은 아니었기 때문이다. 또한 예수가 인간의 죄를 해결하려고 세상의 악을 척결한 것이 아니라, 오히려 자신이 자발적으로 대신 죽었다는 식의 교리가 이해되기 어려운 측면이 있었다.

북한에서 김일성, 김정일과 같은 수령과 당은 철저히 과학적이고 합리적인 논리 위에 그들의 활동을 전개하고 있다고 선전된다. 따라서 과학적 합리성, 상식적으로 이해가 되는 것은 나름대로 매우 중요한 의미를 가진다. 그러기에 만일 기독교를 접하면서 탈북자들에게 그런 과학성과 합리성에 공감이 되지 않는 부분들이 있을 때 기독교에 대한 질문이 생기는 것이다.

2) 기적에 대한 생각과 무속적 경향

(1) 탈북자 발언들

"오병이어와 같은 기적을 믿는다는 것은 너무 환상적인 것 같다. 그런

‘오병이어’ 등 기적을 현대인이 믿을 수 있나? 현대처럼 과학적인 시대에 성경을 신성불가침이라고 무조건 그런 기적을 믿어야 하는가?” (참여자 5)

“그런 기적이 정말 있었다면 그런 기적을 경험한 제자들이 왜 배반하였겠는가?” (참여자 1)

– (연구자 질문) 북한에서 김일성과 연관된 기적 이야기를 많이 들었을 터인데, 그것과 성경에서 이야기되는 기적과 비교하면 어떤 생각이 드는가?

“북한에서의 김일성 관련 기적 교육과 성경의 기적은 전혀 상관없다고 생각한다. 북한에서 그런 기적을 이야기 들으면 김일성이 그렇게까지 위대하였나 하는 생각을 하지, 그대로 믿은 것은 아니다. 성경 역시 그만큼만 믿게 되는 것 같다.” (참여자 5)

“오히려 북한에서 기적이라는 것은 있을 수 없는 거짓이라고 생각하였기에 남한에서 성경의 기적을 읽으면서도 믿지 못하였다. 성경책 자체도 처음에는 거짓이라고 생각하였다. 하지만 요즈음은 다시 생각해 보고 조금씩 믿게 되었다.” (참여자 4)

“나는 그 전에는 천국이나 지옥 이런 이야기들을 믿지 않았다. 그러나 나의 어머니가 투병 생활을 하시고 돌아가셨는데, 그 과정에서 나는 많은 신비한 체험을 하였다. 그러면서 정말 사람은 죽어서 천국이나 지옥에 가는 것이구나 하는 것을 믿게 되었다. 어머니가 돌아가시고 어느 날, 꿈에 어머니가 나타나셔서 자신이 입은 옷이 너무 초라하여 하늘나라로 가지 못한다고 이야기하여, 그다음 날 좋은 옷을 사서 불에 태워서 어머니께 보내드렸다. 이제부터는 정말로 교회 열심히 다니

고 신앙생활을 잘 하려고 한다." (참여자 7)

(2) 문헌 고찰

북한은 기독교나 불교 등 기존 종교들에 대하여는 철저히 억압을 하고 근절시키려고 노력을 하였으나, 정작 민간의 무속 신앙에 대하여는 그렇게까지 근절시키지 못하였고, 그에 따라 북한 내부에서는 이런 무속 신앙적 분위기가 매우 널리 퍼져 있음을 볼 수 있는 자료들이 보고된 바 있다. 무속신앙과 관련한 연합뉴스(2005. 11. 16)의 기사에 따르면 다음과 같다.

> "미 국제종교자유위원회(USCIRF)의 북한 내 종교자유 현황을 분석한 『김일성 아버지 감사합니다(Thank You, Father Kim Il Sung)』란 보고서에 1990년대 대기근을 계기로 북한에 무속신앙과 점술이 크게 유행하기 시작해 이제는 당국도 이를 묵인하는 상황에 이르렀다고 이야기하고 있다. 한국에 거주하는 탈북자 40명에 대한 인터뷰를 바탕으로 작성된 이 보고서는 무속신앙이나 점술이 아직도 북한에서 불법이지만 "2㎞마다 점쟁이가 살고 있다"고 할 정도로 점이 유행하고 있으며 한국에서 유입된 점성술 서적들도 있으며, 정부와 군, 보위부 관리들도 점을 보고 있어 이에 대한 단속이 사실상 이뤄지지 않고 있으며 복채로는 쌀이나 가축, 현금 등을 지급하는데, 한 달 치 월급을 내는 경우도 있을 정도로 비싼 수준이라고 보고서는 지적했다. 북한은 오랫동안 무속신앙과 점술을 엄격히 단속해 왔으나 1997~1998년부터 이를 묵인하기 시작했으며, 오로지 기독교를 막는 데에만 집중하고 있다고 보고서는 밝혔다. 북한에서는 무속신앙 이외에 개신교와 가톨릭, 불교, 천도교 등 다른 종교들의 자유는 사실상 허용되지 않고 있으며, 비밀리에 종교예식을 올리거나 성경을 가지고 있다 적발될 경우 공개 처형

되는 상황인 것으로 전해졌다. 북한은 특히 "주체사상이 기독교에 의해 무너질 것"을 우려, 김일성대학교 종교학과 학생들로 하여금 기독교 신자 여부를 가려낼 수 있는 질문을 만들도록 해 북한으로 송환된 탈북자들이 기독교도들과 접촉하거나 입교했는지를 가려내고 있다고 보고서는 전했다."

이민복(1999)의 수기에 소개된 인터뷰에서도 무속신앙에 대한 북한 사람들의 이 같은 특징을 보여주는 부분이 있다.

"김정일의 여동생 김경희와 그녀의 남편 장성택의 개인 예언가로 있던 김연옥이 90년 교화소에 왔다. 그는 남포지구에서 "애기무당"이라고 소문이 났으며 나이는 36살가량이었다. 앞날을 잘 맞춘다고 소문이 나면서 중앙당 간부 부인들까지 점을 보곤 하였다. 그 소문이 김경희의 귀에까지 들어가 김연옥을 데려갔던 것이다. 그는 곧 김경희 부부의 단골무당이 되었다. 매년 12월 31일이면 평양에서 벤츠가 와서 연옥이를 데려갔다. 그러면 그는 0시를 기준해서 그들의 새해 운수를 봐주었다. 그 대가로 컬러 TV와 냉장고, 옷감, 등의 물건들을 선물로 받았다. 80년대 들어 주민들이 생활난에 시달리게 되니 어떻게 하면 살림살이가 좀 나아질 수 있을까에 신경을 많이 쓰게 됐다. 그 와중 앞날을 잘 맞추는 김연옥 무당에게 많은 사람들이 찾아 가게 되었다. 날이 감에 따라 그 수가 많아지자 사람들에게 미신을 믿게 한다는 이유로 김연옥을 교화소에 보내진 것이다. 이런 (이유로 교화소에 온) 사람은 함북 길주군에서 온 김옥순(60세), 새별군에서 온 김명희 등 20여 명이나 있었다. 이들은 일괄적으로 중형인 10년형을 받고 가장 더럽고 힘든 낙후자반에서 로동, 실례로 변소푸는 일을 전담시켰다. 사상투쟁을 할 때마다 "미신을 섬기지 않는다면 똥 푸는 일에서 해방시켜 주겠다"고 하지만 그들은 울면서도 "하늘에서 그런 계시가 오니 우리가 하

기 싫어도 하지 않을 수가 없다."고 하며 승복하지 않았다." (이민복, 1999. 재인용)

이상과 같은 보고들은 실제로 북한에서 무속신앙이 광범위하게 존재하고 있으며, 탈북자들 또한 점술과 무속신앙에 대해서 이 같은 것에 접한 경험을 가질 수 있음을 보여준다.

그런데 실제로 북한에 이런 무속적 분위기가 많이 존재하는 이유 중 하나는 북한이 김일성, 김정일에 대한 우상화, 신격화 과정에서 인간의 상식으로는 있을 수 없는 기이한 현상이나 기적 등을 이용하였다는 점이다. 북한은 유물론적 세계관에 입각하여 종교를 미신이라고 교육하지만 그와는 반대로 김일성과 김정일 부자를 신비화하기 위해 지어낸 이야기들은 종교에서 제시하는 기적과 유사하게 구성되어 있다. 예를 들어 1994년 조선중앙연감에서는 김일성이 사망하였을 기간에 나타난 신기한 자연현상들을 가지고 김일성이 얼마나 위대한 사람이었는가를 다음과 같이 기록한 바 있다(전우택, 2000, 재인용)

"7월 8일 새벽 2시 경부터 온 백두대지는 먹장구름과 비바람 속에 휩싸였다. (중략) 강한 상승기류를 타고 천지물이 분수처럼 하늘가에 솟구쳤다. (중략) 수정처럼 맑던 천지 폭포가 갑자기 하늘땅을 진감시키는 폭음을 울리더니 진흙물 폭포로 변하고 (중략) 백두산이 생겨 처음 보는 자연현상이었다."

"(전략) (구월산의) 〈아사봉의 천둥〉은 여러 번 반복되었다. 아무리 들어보아야 그것은 울음소리였다. 울음도 속 시원히 소리쳐 우는 울음이 아니라 가슴에 슬픔을 묻고 몸을 떠는 사내의 그런 가슴 꺼지는 울음이었다. 사람들은 이 밤 따라 왜 저렇게 구월산이 우는 것일까 하고 생각을 더하였으나 알 수 없었다. (중략) 위대한 수령 김일성 동지하늘이 낸 위인이시니 이 비통한 소식을 하늘이 먼저 알고 세상에 고한 것이라고 사람들은 말하였다."

"7월 8일 바야흐로 동이 틀 무렵이었다. 중앙동물원 맹수사의 조선범 3마리가 꼭 같이 앞으로 내민 앞발 우에 고개를 떨구고 움직일 줄 모르고 있었다. (중략) 너무도 이상한 거동이었다. (중략) 이처럼 슬피 울던 범들이 앞발로 땅바닥을 마구 허비며 몸부림을 치기 시작하였다. 먹이도 먹지 않고 계속되는 범들이 이상한 태질이 낮에 밤을 이러 9일 낮까지 계속되었다."

또한 김정일에 대한 기적과 같은 이야기들을 다음과 같이 이야기 하고 있다(전국대학북한학과협의회, 2001).

"1984년 남한의 홍수 때 김정일이 보낸 쌀로 남한의 수재민이 밥을 지었더니 한 줌의 쌀이 쌀 두 가마 분량의 밥으로 불어났다."

"어떤 재난이 닥쳐 올 때는 김정일 선생님의 이름을 3번만 부르면 재난이 물러간다."

"김정일이 어렸을 때 왜놈들을 미워하여 지구본에서 일본땅을 먹으로 검게 칠하자 갑자기 먹구름이 일본천황이 사는 곳을 뒤덮고 벼락을 쳐 천황이 혼쭐이 났다."
"서울에서 데모를 하던 대학생이 죽자 그 어머니가 분노하여 김정일 장군을 그리워하며 호소하자 갑자기 청와대에 불벼락이 떨어졌다."

"서울 파고다 공원에 애국자들에게만 보이고 향기를 뿌리는 김정일화가 피어나 사람들을 조국통일의 성업에 불러 모으고 있다."

이러한 기적들에 대해 들어 온 바 있는 탈북자들에게 개신교 등의 종교에서 이야기하는 여러 기적들이 낯설지 않게 느껴질 수 있다. 실제로 기독교로의 회심 과정에서도 신비로운 경험을 자연스럽게 받아들이는 경향도 보인다. 김병로(2006)는 다음과 같은 예를 들었다.

> "한 인터뷰에 따르면 탈북할 때 구름이 자기들을 가리워 주었다든지, 검문으로부터 벗어나 극적으로 살아남을 수 있었던 과정 등에서 경험한 체험을 하나님의 인도와 섭리로 받아들이는 현상을 볼 수 있다." (김병로, 2006)

이민복(1999)은 이것을 다음과 같이 표현한 바 있다.

> "나는 철저한 무신론적 환경에서 자라나고 교육받아 왔다. 공산당 사회에서 공산당원인 부모에게 태어나 그 환경에서 교육받고 또 신학과 상극인 다윈론적 생물학을 전공한 사람이다. 탈북 과정의 하나인 중· 쏘 국경을 넘을 때이다. 망루의 총구 앞에서 죽은 것이나 다름없는 상황에 이르렀을 때 무신론자인 나의 입에서는 뜻밖에도 "하늘아 날 좀 살려다오"라는 소리가 새어나왔다. 이 부름과 함께 죽음과 불안은 사라지고 생명과 평안 얻었다. 이러한 신앙적 체험은 그 후 교회로 나가고 하나님을 믿게 한 중요한 동기의 하나로 되었다." (이민복, 1999)

이러한 현상들에 대하여 김병로는 다음과 같이 보고한 바 있었다(김병로, 2006).

> "그동안 북한이 김일성에 대해 종교적 신앙심을 갖게 하였고 김일성이 초자연적인 기적을 일으키는 것과 일상생활에서 신비스러운 체험을 절대자에게 돌리는 훈련을 충실히 했기 때문에 신의 기적적인 섭리와 인도하심을 거부감 없이 받아들일 수 있다."

(3) 토론

공산주의의 유물론적 사상 교육과 기존 종교들에 대한 철저한 부정과 탄압, 그러나 동시에 김일성, 김정일을 신격화하기 위한 여러 가지 기이한 현상들의 강조와 교육, 그리고 전통적으로 한국인들 사이에 뿌리 깊게 내려오던 무속신앙의 유지라는 이러한 세 가지 요소가 탈북자들의 기독교에 대한 태도와 질문에 영향을 끼치고 있는 것을 볼 수 있었다. 실제로 무신론적이고 유물론적인 엄격한 북한 사회에서 어떻게 무속신앙이 공존할 수 있는가 하는 의문을 가질 수 있다. 그러나 철저한 유교 국가였던 조선 왕조 기간에도 무속은 민간에 강력히 존재하였던 예를 돌아본다면 이것은 한국인들에게 가능한 일일 수 있다는 생각을 할 수 있다. 북한에서 김일성, 김정일을 신격화 시키면서 만들어 낸 초자연적 신화 같은 이야기들은 대부분이 김일성, 김정일이 얼마나 위대한 사람들인지를 자연, 천지신명도 알고 있고 반응을 보인다는 내용이 주류를 이룬다. 즉 어떤 형태로든 초자연적인 존재의 인정을 하고 있는 것이다. 결국 북한은 기독교나 불교와 같은 특정 기성 종교들이 이야기하는 신은 부정하지만, 한국인들이 전통적으로 가지고 내려온 천지신명적 개념은 인정하고 있는 측면이 있는 것이다. 그것이 김일성의 신격화에도 적용된 것이고 무속신앙 유지의 토대가 되고 있다고 할 수 있는 것이다.

실제로 탈북자들은 종교의 기적과 연관하여 크게 두 가지 집단으로 구분할 수 있다.

첫째, 과학적 합리주의를 강조하면서 그런 기적을 부정하는 집단이다. 그들은 일반적으로 교회를 다니면서도 기적과 같은 초자연적 현상 부분은 받아들이지 않지만, 기독교의 가난한 사람들에 대한 관심과 도움, 윤리적 가르침에는 적극적으로 호응하는 태도를 보인다.

둘째, 또 다른 집단은 한국의 전통적인 무속적, 기복적 생각을 상대적으로 강하게 가지고 있는 사람들이다. 북한에서 매우 반종교적이고 반미신적인 교육을 받았음에도 불구하고 이들은 전통 무속적 사고를 가지고 있었으며, 개인적으로 몇 가지 신비한 체험이라고 생각한 것들이 있을 때 그것을 종교적으로 해석하고 기독교를 받아들이는 근거로 사용하였다.

이러한 두 집단 모두 기독교 신앙에 접근할 수 있는 길을 가지고 있다. 즉 반무속적이고 과학적 합리성을 중시여기는 사람들에게는 기독교가 이야기하는 인간의 고통, 사랑, 타인을 위한 희생, 윤리적이고 도덕적인 깨끗한 삶, 성경에 대한 지적 이해와 같은 것이 먼저 호소력을 가지고 그들이 기독교에 접근할 수 있는 길이 된다. 그리고 점차 기독교에 익숙해지고 성경을 더 깊게 읽을 수 있게 되면서 초자연적 현상에 대한 이해와 믿음을 가질 수 있는 단계로 변해갈 것이다. 그리고 무속적 배경을 상대적으로 더 강하게 가지고 있는 사람들에게는 신앙과의 첫 만남이 기적과 죽음, 병의 치유, 기도의 응답, 천국과 지옥 등이 될 수 있다. 그들은 그 점에서 기독교 신앙에 대한 관심을 가지고 접근하게 되며, 나름대로 기도의 응답이나 하나님에 대한 체험적 경험 등을 통하여 교회 다니는 것을 지속시키게 된다. 그러면서 점차 성경이 이야기하고 있는 사랑, 용서, 삶의 원칙, 타인에 대한 사랑과 배려 등을 이해해 나갈 수 있게 된다.

따라서 탈북자들이 기독교에 대한 어떤 특정한 측면에 더 관심을 보일 때 그것을 즉각적으로 문제시하고 균형을 잡아주려고 너무 조급해하지 않는 것이 필요할 수 있다. 남한 출신 사람들도 개인적 경향들을 다르게 가질 수 있으나, 시간이 지나가면서 점차 성숙해지고 균형 잡힌 신앙으로 변해갈 수 있기 때문이다. 탈북 대학생이 던진 흥미 있었던 질문 중 하나는 이런 것이었다. 즉 예수를 만나고 예수에 의한 기적을 경험하고도 사람들과 제자들이 예수를 따르지 않았다는 것에 대하여 의아하게 생각하며 하는 질문이었다. 북한에서는 김일성을 만나면 크게 감복을 하고 평생 김일성의 충실한 추종자가 되었다는 것이 모든 예술작품이나 회고록에서 나오는 일종의 공식적인 관용구이다. 그런데 성경에서는 그런 놀라운 기적을 체험하고도 그 제자들이 예수를 배신하고 도망하였다는 것은 그런 기적이 실제로 존재하지 않았던 것의 증거가 아니냐고 생각하는 것이었다. 감격에 따른 충성과 헌신의 개념을 북한 출신 사람들은 좀 더 다른 시각에서 보고 있었고 그것은 오히려 기독교인들에게 도전이 되는 것이었다.

2. 북한에서의 사회 경험이 탈북자들의 신앙에 미치는 영향

1). 증오와 폭력, 그리고 용서의 문제

(1) 탈북자 발언들

북한에서 "용서"라는 용어는 매우 낯선 용어이다. 북한 당국은 끊임없이 미국과 같은 외부 세력, 북한 내의 반사회주의적 세력, 그리고 각 인민의 마음속에 들어가 있는 반동적인 악과의 투쟁을 해 나가 사회주의 국가 건설을 완성시켜야 한다고 강조한다. 그리고 그런 투쟁에 있어 가장 중요한 것은 그런 악에 대한 증오이고 그 악에 대한 처벌이다. 그런 과정에서 용서란 있을 수 없는 것이 된다. 그것은 일종의 악과의 타협이라고 보여지기 때문이다.[10] 실제로 본 연구 과정 속에서 탈북 대학생들에게 다음과 같은 질문을 하여 그 대답을 들은 바 있었다.

---

10) 전우택 편 〈용서와 화해에 대한 성찰〉 (2018) 서울. 명인문화사. 7장. "북한에서의 용서와 화해에 대한 성찰" pp.193－231. 이 장의 저자인 김경숙은 탈북자 출신으로 북한에서의 용서와 화해라는 것의 개념을 체험적으로 정리하고 있다.

—(진행자 질문) 성경에서는 타인의 잘못이나 생각을 이해하고 받아들이고 용서하는 것이 매우 중요하다고 가르친다. 북한에서는 어떠한가?

"북한에서는 자신과 다른 생각을 가지거나 원칙에 어긋난 사람들에 대하여는 무조건 비판하고 고쳐주어야 한다고 생각하였다. 그러나 지금은 교회를 통하여 나와 다른 생각을 가진 사람들을 이해하고 용인하고 용서하여야 한다는 것을 조금씩 이해하기 시작하였다." (참여자 5)

"예전에는 무조건 나의 주장을 앞세웠다. 다른 사람의 말이 맞더라도 내가 인정하면 다른 사람이 나를 얕잡아 보기 때문이었다. 지금은 상대가 틀렸더라도 역지사지의 입장에서 생각하려고 노력한다." (참여자 1)

"남한에 입국하여 다른 사람의 의견을 더 존중하게 된 것 같다." (참여자 9)

"나는 다른 사람들을 설득하다 안 되면 그의 의견을 인정하고 피해버린다." (참여자 9)

—(진행자 질문) 실제로 이런 문제에 대하여 고민한 적이 있었는가?

"중국에 와서 처음으로 북한을 위하여 기도하는 사람들을 보았다. 그러면서 나도 저들처럼 나를 괴롭힌 북한에 사는 원수들을 사랑할 수 있을까? 하는 생각이 들었고 그것이 괴로웠다." (참여자 2)

"북한 감옥에서 1년을 살면서 이것이 나 혼자 겪는 것이 아니라 북한 사람 전체가 겪는 일이라는 것을 생각하였다. 북한을 탈출하였던 사람들을 반역자로 보고 벌레 취급하는 식의 생각을 하는 북한 사람들을 나는 용서하고 받아들이기가 어려웠다." (참여자 2)

"영화 '로메로'에서 천주교 신부가 폭력을 써야 하는 시점에서 남들을 용서하여야 하는가를 가지고 고민하는 것을 보았다. 기독교에서는 사랑하라고 하는데, 불의에 대한 폭력을 어떻게 하여야 하는가? 이럴 때 하나님 입장에서의 해결책은 무엇인가?" (참여자 6)

"전쟁이나 정치적인 극단적인 대립이 있을 때 하나님의 뜻에 따른 해결 방법은 무엇인가? 그런 하나님의 뜻을 어떻게 알 수 있는가? 하나님은 인간에게 힘을 기르게 하여 세상의 문제를 해결해 나가는가?" (참여자 1)

"역사적으로 보면 십자군 전쟁 등은 당시 신의 계시와 허락을 받아 한 것이라고 하나 이제는 그것이 틀린 전쟁이라고 하는데, 그렇다면 당시에는 하나님의 음성을 듣는 사람들이 없었다는 것인가?" (참여자 1)

"기독교의 이름으로 행하여지던 '악'들이 당시에는 정당화되었지만 지금은 비판을 받는데 그렇다면 그 하나님은 다른 하나님인가?" (참여자 1)

(2) 문헌 고찰

마르크스는 사회를 자본가 부르주아 계급과 노동자 프로레타리아 계급으로 양분하였고, 이제까지의 모든 사회 역사는 계급투쟁의 역사라고 선언한 바 있다(카를 마르크스 등, 2002). 그리고 이 두 계급은 서로 화해하여 양립할 수 없는 적대적 관계로 보았다. 즉 사회를 "대립과 증오의 틀"로 보았던 것이다. 실제로 북한에서는 일종의 사상 교육적 차원에서 자본주의와 미국을 증오하도록 어린 시기부터 아이들을 철저히 교육시켜 왔다. 그 한 예로 북한의 인민학교 2학년 국어 교과서에 나오는 "미제 승냥이"라는 단원 내용을 볼 수 있다(김동규, 1990, 재인용)

〈미제 승냥이〉

“일제 원쑤놈들이 우리나라에 기여들어 주인노릇을 하던 때의 일입니다. 어느 한 마을에 명섭이라는 소년이 어머니와 함께 살고 있었습니다. 그는 열한 살의 어린 나이였습니다. 그러나 어머니의 일손을 돕기 위해 매일 산에 가서 땔나무를 해왔습니다. 이날도 명섭이는 제 키보다 더 큰 지게에 나무를 한 짐 해지고 집으로 돌아오고 있었습니다. 명섭이가 허시몬이란 미제놈의 사과밭을 지날 때였습니다. 갑자기 우수수 가을바람이 불어왔습니다. 그 바람에 새빨간 사과 한 알이 뚝 떨어져 울타리 밖으로 굴러 나왔습니다. “야, 사과!” 명섭이는 그곳으로 달려가 사과를 집으려고 하였습니다. 이때 울타리 곁을 지나던 허시몬 놈이 이것을 보았습니다. 그놈은 말처럼 크고 사자처럼 사나운 사냥개를 풀어놓았습니다. 사냥개는 사정없이 어린 명섭이를 물어뜯었습니다. 명섭이는 작대기로 사냥개를 힘껏 내리쳤습니다. 사냥개는 주춤 물러섰습니다. 그러자 이번에는 허시몬놈이 명섭이에게 달려들었습니다. 그놈은 명섭이를 사과나무에 꽁꽁 묶어 놓고 청강수로 이마에 “도적”이라는 글자를 새겼습니다. 청강수 방울이 이마에 닿을 때마다 뿌직 뿌직 살이 타들어갔습니다. 명섭이는 한참동안 몸부림을 치다가 그만 쓰러지고 말았습니다. 얼마 뒤 이 소식을 듣고 명섭이의 어머니와 마을 사람들이 달려왔습니다. “명섭아!” 어머니는 명섭이를 부르며 목 놓아 울었습니다. 상처자국에서는 뻘건 피가 흘러 내렸고 얼굴은 퉁퉁 부어있었습니다. 마을사람들은 분한 마음을 참을 수 없었습니다. “미제 승냥이 놈을 때려 부수자!” 마을사람들은 도끼와 몽둥이를 들고 허시몬놈의 집으로 달려갔습니다. 그들은 제놈의 집에 숨어 있는 미제놈을 찾아내어 그 자리에서 쳐 죽이고 말았습니다... (이하 생략)”

이 내용은 몇 가지 특징을 가진다.

첫째, 문제의 해결 방식에 있어 폭력을 정당화하고 있는 것이다. 다 같이 몰려가서 항의하고 사과를 받아내는 것이 아니라, 전원이 도끼와 몽둥이로 '쳐 죽여서' 문제를 해결하는, 즉 폭력이 정당화되도록 내용이 구성되어 있다.

둘째, 폭력을 정당화하기 위하여 '증오'를 핵심 감정으로 교육하고 있다는 것이다. 문제를 정확히 인식하고 그 문제를 해결하는 본질적 힘은 증오라고 교육하고 있는 측면이 있다.

셋째, 그 대상이 기독교 선교사로 되어 있는 허시몬이라는 미국인이라는 것이다. 이 이야기는 미국에 대한 증오와 기독교에 대한 공포를 둘 다 동시에 가질 수 있도록 구성되어 있어 북한이 원하고 있는 목표가 무엇인지를 잘 보여주고 있다.

이와 같은 '증오 교육'을 받으며 살아온 북한 사람들은 그들의 사고와 언행에 있어 이와 연관되는 특징을 가지게 된다. 조용관(2004)은 초창기 탈북자들에 대한 관찰을 통하여 이것을 다음과 같이 말한 바 있다.

> "남을 미워하는 증오 사상을 평생 접해온 탈북자들은 남한에 와서도 오랫동안 이를 버리지 못하고 있다. 이들의 사고에는 중간지대의 중용을 찾아보기 어렵다. 그래서 다른 사람을 대할 때 먼저 내 편인가 아닌가를 판단하고 나를 비판하거나 내 편이 아니면 가차 없이 비난하고 싸운다. 그리고 탈북자들은 좀처럼 남을 칭찬하는 모습을 찾기 힘들다."

실제로 이러한 투쟁적 태도는 북한이 인민들을 양성한 하나의 기본적 도구였다. 그리고 투쟁은 언제나 적개심이 동반되어야 강해질 수 있었다. 조영관(2004)은 이것을 다음과 같이 서술한 바 있다.

"북한은 체제 자체의 존립을 위하여 항상적 위기상황을 만들어 가는 군사국가여서 모든 것이 전투적이다. 그래서 그런지 탈북자들의 언어 자체가 거칠고 행동 또한 전투적이어서 남한사람들이 몇 번 접해 본 다음 기피하게 된다. 탈북자들이 이 같은 공격적, 비판적인 행동성향 때문에 직장 동료들이나 그들이 살고 있는 지역 주민들이 교제하기를 꺼려해 남한 사회 적응을 어렵게 하고 있다. 이는 결국 북한에서 실시한 모든 현상을 적과 우리 편으로 양분하는 이분법적 사고, 증오 사상이 탈북자들의 남한 사회 적응을 어렵게 하고 있는 것이다. 그래서 처음 호기심을 가지고 탈북자를 접하던 사람들도 시간이 지남에 따라 이러한 행태를 보고 가까이 하지 않는 경우가 많다."

이러한 탈북자들의 특징은 남한의 교회 등의 종교단체에 적응하는데 장애 요인으로 작용할 것으로 보인다.

(3) 토론

이러한 증오는 언제나 명확한 선과 악, 흑과 백의 구분을 필요로 한다. "정당한 증오"가 되기 위해서 "분명한 악"이 있어야 하고, 동시에 그런 악에 대적하는 "분명한 선"이 있어야 하기 때문이다. 그에 따라 북한은 소위 흑백논리가 매우 강력한 사회가 되어야 하였다. 이것은 이미 존재하는 선과 악을 인정하는 일과, 새롭게 형성된 상황에서 선과 악을 구분해 내는 일, 두 가지의 성격을 가진다. 즉 옳고 그른 것을 반드시 구분해 내어야 한다는 의식을 가지게 한 것이다. 일반적으로 김일성, 김정일, 당은 절대 선이고 소위 '백'에 속하여 있다. 그러므로 그것은 처음부터 시시비비의 논란 대상이 되지 않는다고 본다. 그러나 일상적인 직장 생활, 사회생활에서는 절대 선, '백'이 존재하지 않는다고 본다. 그러다 보니 북한에서는 외면적으로 일상생활에서 모든 것에 대한 시시비비를 따지는 의식이 매우 발달되어 있다. 스스로에 대하여도 끊임없이 자아비판을 하여야 하고, 타인의 잘못이 있었을 때 그러한 행동에 대한 적극적 비판을 하도록 제도화시킨 사회가 북한 사회인 것이다. 이러한 의식은 다시, 옳지 않은 것에는 반드시 그에 대한 응분의 대가를 치르게 하여야 한다는 의식과 연결된다. 누군가의 잘못이 판명되는 순간, 그에 대한 심한 징벌을 주는 것을 당연한 것으로 여긴다. 때로는 그 징벌을 사회가 인정하는 법적 방법으로 처리하는 것이 아니라, 현장에서 각 개인이 일종의 사적 린치로서 처리할 수도 있다는 의식마저 있다. 그러므로 북한에서는 자신의 잘못을 인정하지 않는 것이 매우 중요한 사회적 기술이다. 잘못된 것을 인정하는 순간, 예상치 못하는 매우 고통스럽고 잔인한 징벌과 비난이 있을 것이라는 것을 알기 때문이다. 그러다 보니, 이들은 자신이 잘못을 하였음을 스스로 알고 있다 할지라도 그 잘못을 외부적으로는 결코 인정하지 않으려는 태도를 가지게 된다. 연약하게 자신의 잘못을 인정하여 범죄자, 악을 저지른 자가 되기보다, 끝까지 자신의 입장에서 잘못을 인정하지 않고 우기면서 일종의 확신범이 되는 것이 북한 사회에서는 더 나은 결과를 만들어 낼 수 있다고 생각하는 측면이 있기 때문이다. 이러한 태도는 일부 탈북자들에게서 남한에 들어온 이후에도 지속되어 나타날 수 있다. 그것은 그들이 의도적으로 정직하지 않은 행동을 하는 것이 아니라, 일종의 학습 효과에 따른 반응 행동이라 볼 수 있는 것이다. 그러나 남한 사람들은 그것을 잘 이해하지 못하기에, 그로 인한 갈등이 생길 수 있다.

앞에서 이야기한 바와 같이 북한 사람들의 시시비비를 가리고 따지는 행동은 북한 출신 사람들에게 있어 자신의 정체성, 삶을 살아가는 큰 원칙과 연관된 일이라 느끼는 측면이 있다. 그에 따라 때로 그들은 개인적 손해를 감수하고서도 흑백을 따지고 악을 공격하는 태도를 가지게 되는 것이다. 그래서 직장에서 부당하다고 느끼는 일이 있으면 그것을 꼭 참지 않고 즉각적으로 문제 제기하고 상사와 다투고, 그리고는 아예 직장을 그만두는 일 등이 많이 발생하게 된다. 그러기에 탈북자들에게 있어 기독교가 이야기 하는 용서의 개념은 이해하기가 쉽지 않은 개념이다. 악을 저지른 사람이 자신의 잘못을 인정하고 용서를 구한다면야 응분의 징벌을 준 다음에 더 이상 그것을 문제 삼지 않는 식의 "용서"를 해 줄 수는 있다고 생각한다. 그러나 죄를 회개하지 않는 사람에게 징벌을 주지 않는 "용서"는 곤란하며, 더구나 자신의 죄를 인정하고 회개하지 않는 사람에게 용서라는 단어를 쓰는 것은 도저히 이해가 안 되는 단어일 수 있는 것이다. 이러한 측면에서 교회가 가르치는 용서는 탈북자들이 매우 이해하기 어려운 가르침이 된다. 인간이 악을 저질렀고, 그 악을 인정하지도 않았는데, 하나님은 인간을 위하여 먼저 용서하고 사랑하고 대신 희생을 당하였다는 교리가 탈북자들에게 이해하기 힘든 내용이 되는 것이다.11) 약하고 가난한 사람들에게 관심을 가지고, 그들을 위하여 강하고 악한 부자들과 싸우라는 식의 가르침이 있다면 그것은 쉽게 이해도 되고 따를 수 있으나, 진정한 사랑과 용서에 대한 요청이 있었을 때 탈북자들은 큰 혼란을 가진다고 이야기를 하였다. 진정한 마음의 평화, 원수를 용서할 수 있는 마음의 상태 등에 대한 이야기가 이들에게는 쉽게 이해되지도, 쉽게 받아들이기도 어려운 것임을 이야기하였다.

동시에 북한은 폭력사회이다. 국가가 국민을 통치하는 것도 일차적으로 공개처형, 강제수용소 사용 등의 폭력을 이용하지만, 각 사회 조직과 가정 안에서조차 갈등을 폭력으로 해결하는 것이 매우 일반화되어 있고 정당화되어 있는 사회이다. 그런 폭력을 가지고 미국과 남한 괴뢰를 증오하고 제압하여야 한다는 교육을 어릴 때부터 반복적으로 받아 왔던

11) 전우택 외 〈화해와 용서에 대한 성찰〉(2018. 명인출판사)의 "서문" (pp.xiv–xxiv)은 이 주제를 다루고 있다.

것이다. 그러기에 그런 폭력을 부정하는 기독교의 가르침은 탈북자들에게 또 다른 혼란을 만들어 내었다.

2) 정직함과 거짓말의 문제

(1) 탈북자 발언들

—(진행자 질문) 성경에서는 정직함, 거짓말하지 않는 것을 매우 중요하게 여긴다. 북한에서는 어떠한가?

"어린 시절 학교 교육에서는 철저히 정직, 정의, 신뢰에 대하여 교육받는다. 그러나 실제 일반 생활 속에서는 그렇게 살지 못한다. 살아가기 위하여 거짓말을 하여야 할 때가 많이 있기 때문이다." (설문 응답)

"북한에서는 거짓말에 대하여 거부감이나 부담감이 없다. 북한에서는 언론 매체를 통하여 국가 자체가 끊임없이 인민들에게 거짓말을 하므로 일반 인민들도 개인적으로 거짓말을 하는데 큰 거부감이 없는 것 같다. 그것이 북한 사람들의 말과 행동이 일치하지 않게 만드는 원인이 된다고 생각한다. 그러다 보니 거짓말을 대수롭지 않고 당연한 것으로 생각하는 사람들이 많아졌다." (설문 응답)

"당을 위하여 거짓말을 할 수 있다. 거짓말을 하여 당을 높인다면 칭찬받지만, 진실을 이야기하여 당을 낮춘다며 비난받는다." (설문 응답)

"북한에서는 적에게는 어떤 술수나 방법을 써도 괜찮다는 생각을 한다. 그래서 대외적인 전술에서는 속이는 것이 더 영악하고 좋은 것으로 생각한다. 그러나 그것은 적에게 한정된 것이다. 친구들과는 의리를 매우 중요하게 생각하고 의리로 뭉친다. 친구에게는 거짓말을 하지 않는다." (설문 응답)

"북한에 살면서는 겉과 속이 다른 것은 당연히 필수라고 생각하였다. 본심은 누구에게도 말할 수 없다. 남한에서도 그때의 습관을 버리지 못할 때가 있다. 아직은 이방인이라는, 자격지심이 있기 때문이다. 북한 사람들을 색안경을 끼고 보는 눈초리가 부담된다." (설문 응답)

"겉에서 이야기하는 것과 속으로 다른 생각을 하는 것은 북한의 사회구조에서 오는 현상이므로 이해할 수밖에 없다. 또 사실, 나는 그런 것이 필요하다고 생각한다. 본인의 삶을 위하여, 살아남기 위해서 마음속의 이야기를 다 한다는 것은 불가능하기 때문이다." (설문 응답)

"북한에서는 본심을 말하고 싶어도 생명이나 가정을 먼저 생각하게 되면 말을 못한다. 그것에 마음의 가책이 있었다. 그래서 믿을 수 있는 사람들과만 조용히 의견을 나눈다." (설문 응답)

(2) 문헌 고찰

북한이라는 사회에서는 외부적으로 드러내는 "공적 명분"과 각 개인을 살아남을 수 있도록 하는 "사적 이익"이 늘 충돌하기에, 사람들 앞에서 공개적으로 이야기하는 내용과 자신의 속마음, 또는 아주 가까운 사람들과 이야기 나누는 내용이 서로 다르다는 것은 여러 연구를 통하여 언급된 바 있었다(전우택, 2007). 서재진(1999)은 이러한 내용에 대하여 다음과 같이 분석하였다.

"북한뿐 아니라 사회주의 체제에 살고 있는 사람들의 의식구조는 대부분 이중의 도덕적 기준, 또는 제2의 사회의식, 이중적 사고, 분열된 인격, 또는 이중적 도덕률을 가지고 있다. 그 이유는 사람들이 조직적인 공적 생활에서는 자기 의사와 관계없이 공식규범에 순종하지만, 개인적 일에서는 전혀 다른 자기방식의 도덕기준을 가지고 행동한다는 것

이다." (서재진, 1999. 재인용)

조용관(2004)은 이것을 다음과 같이 언급하였다.

"사회주의 체제에서 개인들은 자유나 개성을 인정하지 않는 억압적인 체제로부터의 정치적 처벌을 피하고 개인주의적 이익을 실현하는 이중적 전략을 구사하고 있는 것이다. 공적인 조직생활에서는 공적 원칙을 따르지만 사적인 세계에서는 개인주의를 지향하며, 공적 세계에서는 복종하지만 사적인 세계에서는 비판한다는 면종복배의 현상인 것이다. 결국 북한의 집단적 조직생활을 통해 북한 주민들은 거짓말을 하지 않고 살아갈 수 없으며, 이를 오래 반복하다 보니 거짓말이 자연스럽게 된 것이라 하겠다." (조용관, 2004. 재인용)

본 연구의 한 참여자는 이것을 다음과 같이 이야기하였다.

"중국에서 처음 성경을 읽게 되었다. 남한 선교사에게 잘 보여야 한국에 갈 수 있겠다는 생각이 들어 기계적으로 대응하였으나 (믿는 것처럼 행동하였으나) 일단 한국에 들어와서는 안 믿게 되었다. 그것이 솔직한 이야기이다." (참여자 5)

(3) 토론

북한에서도 인민학교 등에서는 정직에 대한 교육을 많이 받는다. 그러나 명분과 구호를 중요하게 여기고, 자기 마음속에 있는 이야기를 그대로 다 하였다가는 정치적으로 매우 위태로워지는 북한 사회에서 살아가면서 이들은 점차 변한다. 실제로 북한 사람들은, 특히 가정 안에서 부모들로부터, 공적인 자리에서 개인의 솔직한 생각과 의견을 내놓는 것은 절대로 안 된다는 교육을 받고 자라왔다. 탈북자들은 그것이 북한 상황에서는 불가피한 것으로 받아들이고 있었다. 더구나 북한 정부와 정권 자체가 인민들에게 공식적으로 거짓말을 가지고 선전선동을 하는 것을 알게 되면서 이들에게는 참과 거짓을 바라보는 시각의 감각이 달라진다. 즉 정직이란 자신들이 진정으로 믿을 수 있는 사람들에게만 적용되는 덕목이며, 믿을 수 없는 존재이거나 또는 적일 경우에는 그것은 오히려 적절하지 않은 내용이 될 수 있다고 생각하는 것이다. 즉 삶에 있어서 절대적인 가치나 원리는 정직, 사랑, 겸손 등이 아니라, 생존, 그리고 그것을 위하여 외면적으로 보여야 하는 당에 대한 충성이라는 의식이 이들에게서 나타나게 되는 것이다. 이러한 북한 사회 속에서 살다가 들어온 남한이기에, 여기서 어느 정도까지 정직하여야 하는가를 결정하는 것은 남한 사람들이 생각하고 경험하는 것보다 훨씬 더 어렵고 혼란스러운 일이 된다. 이러한 이들의 특성을 이해하고 남한에서는 자신의 사회적 생존을 위해서는 오히려 정직이 더 좋은 방법이 된다는 것을 배우도록 하는 것이 필요로 된다. 탈북자들이 아직 익숙하지 못한 남한의 직장에서 생활하고 근무하다가 어떤 형태로든 거짓말이 드러나는 것은 매우 치명적 문제가 될 수 있기 때문이다.

그러나 북한 사람들이 모든 사람들에게 다 자신의 생각을 숨기고 사는 것은 아니다. 아주 친한 사람들과는 마음속 이야기를 얼마든지 다 하며, 그것은 남한사람들보다도 더욱 그러하다. 그에 따라 북한에서는 믿을 수 있는 사람이냐 아니냐의 구분이 매우 중요하다. 그 구분에는 시간과 중간 과정이 필요로 된다. 따라서 남한에 들어와 탈북자들이 자신들의 속마음을 누군가에게 진정으로 이야기하게 되는 것은 일반적으로 긴 시간의 경과가 필요하다. 남한 교회 안에서도 탈북자들에게 성경 공부 인도자나 교인이 믿을 만한 사람으로 인식되느냐가 가장 중요한 인간관계의 요소가 된다. 그래서 그런 시기에 들어설 때까지 긴 시간을 조심스럽게 기다려 주고 관계를 맺어가는 것이 필요하다. 때로 남한 출신 사람들은 자신들이 탈북자들에게 마음을 다 열어 주었는데, 왜 탈북자들은 자신들에게 마음을 열어 주지 않느냐고 실망하는 것을 보게 된다. 그러나 그것은 일반적으로 너무 성급한 판단이다.

3) 공동체 형성의 문제

(1) 탈북자 발언들

"교회에 와서 사람들이 나에게 관심을 가져주는 것이 좋다. 그러나 나의 생활에 지나치게 많이 들어와 나에 대하여 알려고 하는 것은 부담이 된다." (참여자 1)

"누군가 나에 대하여 자꾸 꼬치꼬치 묻게 되면 이 사람이 왜 이런 걸 묻는가? 혹시 정부에서 조사 나온 사람은 아닌가 하는 의심을 하게 된다." (참여자 6)

"탈북 대학생들끼리 오랜 기간 동아리 활동을 같이 하였어도 서로에게 마음을 열고 이야기 나누는 것은 아주 힘들었다. 그러다가 같이 미국으로 여행을 하게 된 일이 있었는데, 이때 각자가 사람들 앞에 나가서 자신이 북한과 중국에서 겪은 이야기를 하는 것을 처음으로 들었고 그때 많이 울었다. 그러면서 비로소 다른 사람들과 친해지는 마음을 가지게 되었다. 이제는 서로가 아주 친하게 지낸다." (참여자 9)

(2) 문헌 고찰

최봉대(2004)는 탈북자들의 익명성 선호 성향 및 공동체 형성에 대한 어려움을 다음과 같이 보고한 바 있다.

"(탈북자들은) 남한사람들의 무의식적인 편견과 고정관념에 따른 적응과정상의 차별대우와 그에 따른 예기치 않은 피해뿐만 아니라, 북한에서의 삶의 궤적 등과 관련된 여러 현실적인 사정이 작용하여 탈북자들은 '탈북자'라는 원초적인 출신 성분을 드러내지 않은 채로 익명성 속에서 생활하기를 선호하며, 이들은 대체로 북한 거주 당시 가깝게 지냈거나 특별한 연고가 있는 경우가 아니면 상호 간에 접촉하거나 교우관계를 만드는 데에 대해 상당히 부정적인 태도를 갖고 있다... 특히 노동자, 농민과 같은 육체노동자 출신 탈북자들은 당, 정 기관의 중하위 관리직이나 특수 부서 출신에 대해 적지 않은 심리적인 적대감을 갖고 있다." (최봉대, 2004. 재인용)

실제로 모든 것이 은폐되고 보안 문제가 되는 북한에서 살다가 남한에 들어와 자신들의 이야기를 하는 것이 항상 위험한 일이 될 수 있다고 생각하는 이들은 탈북자들끼리 함께 어울리고 공동체를 만드는 것에 있어 소극적이거나 또는 적극적으로 피하는 행동을 한다. 본 연구자가 과거 시행한 탈북자 대상 설문조사 시에도 상당수 탈북자들은 탈북자들이 한꺼번에 공동의 장소에 모여서 설문조사에 응하는 것을 원하지를 않아, 개별적인 설문조사를 실시하여야 할 정도였다. 탈북자들이 결국 탈북자들에게 해를 끼칠 가능성이 있다고 생각하는 의식이 있는 것이다.

이것은 교회 내에서 서로 공동체적 경험을 가지는 것과도 연관이 된다. 위에서 나온 탈북 대학생의 마지막 발언은 본 연구에 참여한 탈북 대학생들의 체험을 그대로 나타내 보이고 있다. 같은 탈북 대학생들로서 같은 동아리에서 1년 이상씩 활동을 하였음에도 불구하고, 이들은 농담은 서로 많이 하고 지내지만, 자신들의 정말 힘들었던 경험이나 생각은 거의 이야기를 하지 않았다는 것이다. 그러다가 미국에서 하는 일종의 간증 집회에 몇 명이 같이 참석을 하였고 그 간증 집회에서 처음으로 다른 탈북 대학생이 어떤 배경을 가지고 있고, 어떤 고생을 하며 남한에 들어와 어떻게 살면서 대학에 들어왔는지를 알게 되었다고 하였다. 그러한 체험을 통하여서 그 이후에는 서로 마음의 벽이 없어지고 훨씬 더 가까워지는, 일종의 공동체가 형성된 것이다. 따라서 탈북자들은 북한에서의 많은 경험과 체험을 통하여 자신의 이야기를 누군가에게 솔직하게 하고 서로를 이해하며 받아들이는 데 있어 일반적인 남한사람들보다 더 오랜 시간을 필요로 한다는 것을 볼 수 있는 예였다. 그리고 그러한 상황을 이해하여 줄 때, 탈북자들과의 관계 형성에서 발생할 수 있는 잘못된 오해들이 줄어들 수 있을 것이다.

(3) 토론

탈북자들이 탈북자들로 구성되는 공동체를 형성하는 것에 어려움이 있는 것은 주목할 만한 현상 중 하나이다. 이러한 현상의 원인은 다음과 같이 몇 가지로 정리할 수 있다.

첫째, 북한이 워낙 상호 감시와 밀고, 비판으로 이루어져 나가는 사회였으므로 자신이 개인적으로 타인들에게 노출된다는 것 자체에 대한 부담감을 가지고 있다. 그리고 늘 타인에 대한 경계와 의심을 하는 것이 일종의 생존 전략으로 되어 있다.

둘째, 탈북자 중 위장 간첩이 있을 수 있다는 것에 대한 두려움이 있다. 북한에서부터 잘 알고 있었던 사람들에 대하여는 별 문제가 없지만, 그렇지 않고 남한에 와서 새로 만나게 되는 탈북자인 경우에는, 그가 위장 간첩일 수 있고, 그런 사람과 연계를 가지고 있다가 후일 예상치 못한 어려움에 빠질 수 있다는 두려움이 있는 것이다.

셋째, 북한에서 워낙 강제적인 집단생활을 해 왔으므로 남한에 와서 다시 집단생활처럼 되는 사람들과의 관계에 엮이는 것을 원하지 않는 태도들이 있다.

넷째, 북한에서 높은 신분에 있었던 사람들이 남한에서도 탈북자 단체의 지도자로 나서는 것에 대한 반발감이 있다. 북한에서는 출신 성분

등에 의하여 태어날 때부터 이미 결코 넘을 수 없는 사회적 신분이 정해져 있었다. 그에 따라 그것에 무조건 순응하여 살았지만, 동시에 자신보다 높은 지위에 있는 사람들에 대한 적대감이 상당히 있었다. 그런데 남한에 들어와 형성된 탈북자 집단 안에서도 지도자의 위치에 들어가는 사람들이 북한에서도 높은 신분의 사람들이 되었을 때 그에 대하여 매우 불쾌하게 생각하고 받아들이지 않으려는 태도들을 가지게 되어 공동체 형성이 어려워지는 것이다.

다섯째, 지도자의 권위를 인정하는 것에 대한 훈련이 안 되어 있기 때문이다. 북한에서는 자기 스스로의 생각을 가지고 투표 권리를 행사하여 자신의 지도자를 뽑고 그에게 자발적으로 지도를 받아본 경험이 없었다. 오직 절대 권력을 가진 김일성 부자와 당이 위에서 지시를 내리면 그것에 무조건 피동적으로 따라 사는 것이 유일한 생존 방법인 사회였다. 권위란 자신의 의지와 상관없이 위로부터 내려온, 원래부터 정해진, 타고난, 그 어떤 것이라고 생각하여 왔다. 그러기에 자신들이 민주적으로 토론을 거치고 선거를 통하여 선출하게 된 사람이 어떤 권위를 가지게 되고, 그를 따라야 한다는 것이 아직은 어색한 것이다. 그러다 보니, 누군가 탈북자 모임의 지도자로 선출되어도 그 선출된 사람이나 자신이나 다 북한에서 살기 힘들어 남한에 넘어온 것은 마찬가지인데, 그 사람이 나에게 이래라 저래라 할 것이 무엇이 있겠냐는 의식을 가지고 있어 집단의 지도자에 대한 권위를 인정하기 힘들어 하는 것이다.

여섯째, 지도자로 나선 사람들의 의식의 변화가 아직 부족해서이다. 다스리고 군림하는 지도자의 이미지는 북한에서 극대화되어 있었다. 그런 사회에서 살아왔기 때문에 각 개인들도 자신의 지위와 직책에 따라 다스리고 군림하여야 그것이 지도자로서 제대로 행동하는 것이라는 의식이 강하게 있다. 따라서 남한에 들어와서도 어떤 탈북자들에게 지도자의 위치가 주어지면 의식적, 무의식적으로 다스리고 군림하려는 태도를 가지게 되고, 그것에 대하여 다른 탈북자들이 매우 부정적인 태도를 보이게 된다. 이것이 지도자의 권위를 인정하지 않으려는 탈북자들의 태도를 더 강화시킨다. 더구나 남한 출신 지도자들이 좀 더 세련되게 타인을 섬기는 지도자상을 보이려고 애쓰는 것과 비교가 되면서 탈북자들은 탈북자 모임 지도자들에 대한 부정적인 태도가 좀 더 강화되는 모습을 볼 수 있게 된다.

이러한 여러 가지 이유로 말미암아 탈북자들은 남한에 들어와 탈북자들끼리의 공동체를 형성하기 힘들어 하고, 이것은 다시 남한사람들과의 공동체를 형성하는 것에도 어려움을 만든다. 따라서 탈북자들이 진정한 의미의 공동체를 체험하고, 공동체를 구성할 수 있는 능력을 가질 수 있도록 돕는 것은 탈북자들을 대상으로 하는 교회 사역을 하는 데 있어 매우 중요한 의미를 가진다고 할 수 있다. 교회 내에서 탈북자들이 공동체를 구성하는 능력을 가질 수 있도록 지원하기 위하여 고려하여야 할 점들은 다음과 같을 것이다.

첫째, 더 크고 높은 공동의 목표를 위하여 자기 자신의 주장이나 이익, 만족을 추구하는 행동을 일시적으로 또는 상당 기간 유보하는 모습을 남한의 공동체 안에서 볼 수 있도록 하는 체험이 필요하다. 탈북자들은 이런 점을 매우 예민하게 보고 있으며, 그것을 통하여 남한 사회와 교회가 추구하는 가치를 배우게 된다.

둘째, 북한에서는 김일성이나 그 후손들 자체가 “하늘이 내린 아주 특별한 존재”라서 그들이 지도자라는 위치에 있다고 주장하며 강제적으로 그들에게 복종하게 하였다. 그러나 남한에서는 그 반대이다. 어떤 사람이 정당한 절차에 의하여 지도자로 선출되었기에, 그를 “평범한 사람이지만 동시에 그 임기 동안에는 특별한 존재”로 인정해 주고 그를 통하여 집단의 공동 목표를 추구해 나간다는 이런 것을 익히도록 하는 것이 필요하다. 그것은 사회에서도 그렇고, 교회 안에서도 그러하다는 것을 보여주는 것이 필요하다는 것이다.

셋째, 장기적 시각을 가지고 인내심 있게 기다려 줄 수 있어야 한다. 북한에서 긴 세월을 보내고 남한에 들어온 사람들이므로 이들이 북한에서 체득한 태도를 하루아침에 바꿀 수 없다는 것을 인정해 주어야 한다. 짧은 교회 생활들을 한 사람들이 때로 남한사람들이 생각하는 공동체 원칙에 맞지 않게 행동하였다고 그들에 대하여 쉽게 실망하고 포기하거나 싫어하는 생각을 가지지 않도록 하는 것이 필요하다.

넷째, 만일 교회 내에서 어떤 탈북자가 지도자적 역할을 담당하게 되었을 때에는, 그 탈북자에 대한 더 많은 관심과 배려, 지지와 대화가 필요하다. 탈북자 출신이 탈북자들 사이에서 지도자로 활동한다는 것은, 남한 출신 사람이 남한사람들 사이에서 지도자로 활동하는 것보다 훨씬 더 힘들고 예민하게 걸리는 일들이 많은 것이다. 따라서 이 지도자들의 어려움을 이야기 들어주고, 함께 해결해 나가는 경험을 가질 수 있도록 하여서, 진정한 좋은 지도자로 성숙해 나갈 수 있도록 지원해 주는 태도가 필요하다.

3. 북한에서의 정치 교육 경험이 탈북자들의 신앙에 미치는 영향

1) 절대성의 문제

북한은 김일성과 김정일, 김정은 등 수령과 주체사상, 노동당이 모든 것 위에 절대적인 존재로 되어 있는 사회이다. 그것에 대하여는 어떤 질문도 던져서는 안 되고 무조건 복종하고 충성하여야 하는 대상인 것이다. 그리고 만일 그것에 대해 어떤 다른 의견을 제기하면 그것은 그 자신과 온 집안의 극한적인 고통과 숙청을 의미하는 사회이다. 이런 '절대성'이 존재하는 사회 속에서 살다가 남한에 들어와 그런 북한에서의 '절대성' 이 매우 잘못된 것이라는 것을 알게 되면서 이들은 '절대성'이라는 것 자체에 대한 회의와 부정적 태도를 가지게 된다. 다음의 발언들은 그러한 내용을 보여준다.

(1) 탈북자 발언들

"기독교에서는 왜 성경을 절대시하고 들어가는가? 예를 들어 모세 오경은 사람인 모세가 기록한 것인데, 그것을 하나님의 말씀으로 절대시하고 들어가는 것의 이유를 잘 모르겠다." (참여자 6)

"기독교는 스스로 절대적 진리라고 하면서도 기독교 내에 교파가 너무 많아서 혼란스럽다. 정말 절대적 진리라면 하나의 교파만 있어야 하는 것이 아닌가? 같은 진리, 같은 기독교인들인데 왜 그렇게 나뉘어 있는지 잘 모르겠다. 교리가 서로 다르기 때문에, 통일된 이후에 북한 주민들이 기독교를 믿는데 혼란이 있을 것 같다." (참여자 2)

"성경은 절대적인 것이라고 하면서도 정경과 외경이 분리된 것이 이상하다. 그런 분리는 하나님의 뜻으로 이루어진 것인가? 외경을 어떻게 보아야 하나? 또한 유다복음서, 도마복음서 같은 것은 어떤 것인가?" (참여자 6)

"천주교와 개신교의 차이에 대하여 알고 싶다. 두 종교가 말하는 신에 어떤 차이가 있는가?" (참여자 2)

(2) 문헌 고찰과 토론

조용관(2004)은 그가 관찰한 탈북자들의 사상적 허무주의 내지 허탈감에 대하여 이렇게 보고한 바 있다.

"성장 과정 내내 줄곧 김일성 유일사상을 학습 받아 온 탈북자들이 남한 사회에 와서 겪게 되는 어려움은 그들이 북한에서 배워왔던 주체사상과 김일성, 김정일에 대한 것이 모두 거짓이라는 허탈감이다... 이들은 처음에 김일성, 김정일을 비판하는 것을 꺼려하지만 시간이 갈수록 북한에서 학습한 주체사상이 남한 생활에 전혀 도움이 되지 않는 것에 대해 분노한다." (조용관, 2004. 재인용)

탈북자들이 가지는 종교의 절대성에 대한 질문은 크게 두 가지로 구분될 수 있었다.

첫째, 절대성 자체에 대한 질문이었다. 북한에서는 김일성 교시가 절대 진리라고 교육되었다. 그리고 그에 대하여 어릴 때부터 수도 없는 반복 교육이 이루어졌었다. 그러나 북한을 탈출한 이후, 탈북자들은 북한에서 절대적 진리라고 교육된 사항들이 절대적 진리가 아니며, 오히려 많은 것들이 조작된 거짓이었음을 알게 된다. 이것은 그들에게 큰 충격과 함께 일종의 배신감, 허탈감, '그 어느 것도 믿을 것이 없다', '함부로 믿어서는 안 된다'라는 식의 의식을 가지게 하였다. 이에 따라 이들은 무언가가 새로운 절대적 진리라고 언급되는 것에 대하여 더 회의적으로 질문을 하게 된다. 일반적으로 북한에서 절대적 진리 교육을 받았기에 남한에서 더 쉽게 성경을 절대 진리로 받아들일 것이라 생각하는 것은 맞는 것이 아님을 보여준다. 어느 정도 성경이나 종교에 대한 지식을 갖춘 사람들은 인간이 작성한 것으로 보이는 성경을 교회와 기독교인들이 절대시하는 것에 대하여 의문을 제시하는 것이다.

둘째, 절대성이 가지는 단일성에 대한 질문이었다. 북한에서는 진리는 오직 하나였다. 모든 것은 당에서 일괄적으로 정리되어 단일한 의견과 이론으로 제공되었다. 그리고 북한 사람들은 오직 그 하나를 받아들여 따르면 되었다. 진리는 늘 하나였고, 반대로 하나로 잘 정리된 것이 진리일 수 있었다. 그런데 남한에서는 궁극적 진리라고 이야기되는 종교에서조차 그 안에서 서로 다른 다양한 진리와 교리를 이야기한다는 것에 많은 혼란을 체험하고 있었다. 그리고 이런 여러 개의 교리나 이론은 그 교리나 이론 자체가 불완전하거나 틀린 것이라는 것을 증명해 보이는 근거가 된다고 생각하는 태도들이 있었다. 이것은 본 글의 뒤에 나오는 '신앙 질문에 있어 북한 사람들의 인지적 특성과의 연관성'에서 다시 설명한다.

2) 평등의 문제

(1) 탈북자 발언들

"기독교 사상은 사랑인데 하나님이 유대인들만 선택적으로 사랑한 것이 이해가 안 된다. 만물을 창조한 하나님께서 이스라엘 백성을 위해 타민족을 말살시켰는데 그것을 이해할 수가 없다." (참여자 6)

"하나님은 옹졸하다. 모든 사람이 다 하나님의 작품이라고 하는데 누구는 천국으로 누구는 지옥으로 보내는가?" (참여자 2)

"성경에서 보이는 남존여비의 생각은 오늘날에 적용할 수 있는가? 성경의 봉건적인 관점에서 여자는 남자에게 복종하는 모습이 있는데 이것은 현시대와는 세대 차이가 난다. 이를 어떻게 볼 것인가?" (참여자 6)

"남녀평등 설명에 있어 진화론이 창조론보다 우월하다. 남녀평등의 문제를 진화론은 남녀가 어느 정도 균등하고 유사하다고 보기에 더 설득력을 가지고 있다. 그러나 창조론은 남자가 여자보다 먼저 창조되었다고 이야기하면서 남자를 더 우위에 두는 것 같다." (참여자 6)

"기독교인들은 인간의 평등을 강조하는데, 통일이 되면 정말 남한 교인들은 북한 사람들을 인간 대 인간으로 받아들여 줄 수 있을까?" (참여자 1)

"교회에서 이루어지는 '정치'는 민주주의가 아닌 것 같다. 모든 것이 목사님 위주로 이루어지고 있는 것 같다. 왜 그런가?" (참여자 1)

"북한 사회보다 남한 교회의 분위기가 더 억압적이다. 교회 내에는 어떤 견고한 틀과 정해진 한계가 있는 것 같고 그 대부분은 수직적인 인간관계와 연결된다. 북한에서는 군(병영)을 벗어나면 편하게 반말도 하고 그런다. 그러나 민주주의라고 하는 남한에서는 서열, 권위, 지위를 따지는 것이 강하다. 교회도 그런 것 같다." (참여자 1)

"교회는 평등해 보이지만 매우 차별적이고 냉정하다는 느낌이 있다." (설문 응답)

"교회에서 목사님들에게 무조건 순종하라는 것을 요구하는 분위기에 대한 불편감이 있다." (설문 응답)

"북한 출신들은 존경과 권위에 대한 혼란이 있을 수 있다고 생각한다. 나는 목사나 전도사에게 존경의 마음이 저절로 생겨나는데, 그것은 사실 북한에서 그런 식으로 특별한 중요한 일을 하는 사람들을 존경하라고 교육받은 결과에 의한 현상이라고 생각한다." (설문 응답)

"나는 목회자가 주일날 입고 있는 옷을 예민하게 본다. 그분들이 무엇을 어떻게 입고 있는가가 신경 쓰인다. 다른 교인들보다 더 잘 입고 있는 것을 보면 마음이 불편할 때도 있다." (설문 응답)

"평등이 교회의 본질이라고 생각한다. 교회에서 호칭을 형제자매라고 부르는 것에 대하여 나는 매우 좋다는 생각을 하였다." (설문 응답)

(2) 토론

공산주의 사회가 가장 중요하게 내세우는 명분은 평등이다. 그러므로 그 평등이 잘 이루어진 사회가 올바르며 성숙한 사회이고 올바른 지도자는 인민을 평등하게 대하여야 한다고 주장한다. (실제로는 그 반대의 사회가 만들어졌지만) 그런데 탈북자들이 보기에 성경에서 나타나는 하나님은 그런 평등성에 있어 모순이 있다고 생각되는 것이다. 이런 평등의 문제는 남자와 여자의 평등, 목회자와 평신도의 평등의 두 가지 점에서 집중적으로 질문되었다.

첫째, 남녀평등에 있어, 실제로 북한은 공산주의 국가로서 모든 계급이 타파되고, 남녀평등이 이루어진 사회라고 선전되고 교육되고 있다. 따라서 비록 북한 사회가 매우 강한 유교적 전통 아래 철저히 남성 우월적으로 운영되고 있으며, 남한에 비하여 더 철저히 남녀 비(非)평등 사회라 할지라도, 북한 출신의 탈북자들은 이론적 측면에서 남녀평등 문제에 매우 예민하였고 그에 대한 지적과 질문을 하는 것을 볼 수 있었다.

둘째, 목회자와 평신도간의 관계에 있어, 탈북자들은 이것 역시 평등의 시각에서 바라보고 있었다. 탈북자들은 신앙적 측면에서 볼 때 대부분이 아직 초신자이다. 그리고 북한에서 김일성, 김정일이라는 신격화된 절대적 지도자 아래서 교육받고 생활을 한 경험들을 가지고 있는 사람들이다. 워낙 북한에서 지도자를 "이상화"하였었기에 이들은 남한에 들어와 자기 주변의 지도자들에게도 그런 이상화된 지도자의 모습을 기대하는 태도를 보일 수 있다. 그것이 교회 내에서는 목회자들에 대한 이들의 평가로 이어진다. 목회자들이 입고 있는 옷 등에 대한 이들의 판단은, 북한에서 김정일이 늘 인민복을 입고 인민 앞에 등장하고 있는 것과 연관되어 보였다. 또한 북한에서 모든 사람들을 동무, 동지라는 호칭으로 쓰던 버릇이 있던 사람들에게, 그보다도 더 가족적이고도 평등적 의미를 가진 형제, 자매라는 용어들은 교회가 추구하는 가치와 정신을 보여주고 있다고 탈북자들이 느끼고 있다는 것도 눈여겨 볼만한 내용이었다. 또한 탈북자들은 교회 내에서 목사님과 평신도와의 관계나 교회 운영 방식 등에 대하여도 남한 출신 사람들 보다 더 예민한 측면을 가지고 있는 것으로 보였다. 북한은 김일성과 당의 지도가 절대시 되어 있는 사회이다. 그리고 모든 인간관계가 각 개인이 가지고 있는 권력에 의하여 철저히 상하 관계로 연결되어 있다. 상명하복의 원칙은 절대적이다. 그래서 늘 상하 관계에 매우 예민하다. 그러나 동시에 공산주의적 구호와 명분에 있어서는 모든 사람이 다 평등하다는 정치 학습을 받는 일종의 이중성을 가지고 있다. 그러다가 모든 인간의 자유를 강조하는 남한에 들어온 것이다. 그런데 그 남한에서도 가장 숭고한 정신과 이타적 정신을 강조하는 교회에서 그들의 눈에는 민주주의적 평등이 없이 목사님 중심으로 일종의 독재적 체제가 이루어지고 있다는 식의 관찰을 하고 그에 대한 즉각적인 반항이나 불편감을 표현하는 경우들이 있었다. 이것은 교회에서 목회자의 역할, 남한 교회의 작동 원리를 더 심층적으로 이해하지 못하고 있을 때 나타나는 현상 중 하나일 수 있다. 그러나 동시에 이들의 시각에서 보여지는 교회의 이러한 모습이 실제로 한국 교회의 자성을 요구하는 측면이 없는지도 돌아보아야 할 것이다.

3) 가난하고 억압된 사람들에 대한 관심의 문제

(1) 탈북자 발언들

"남한에는 교회가 너무 많다. 100m에 하나씩 있을 정도이다. 그러나 남한에는 빈곤한 사람들도 많다. 교회를 건축할 돈으로 불우한 이웃을 돕는 것은 어떤가? 교회 5개를 하나로 통합하면서 그 남는 돈을 좋은 곳에 사용했으면 좋겠다." (참여자 6)

"주일예배 시간에 모여서 예배를 드리는 것이 아니라, 교회 밖으로 나가서 도움을 필요로 하는 사람들을 도우면 안 될까? 교회가 수련회는 자주 하는데, 정작 밖으로 나가서 도움을 필요로 하는 사람들을 돕는

것은 없다.” (설문 응답)

“주일마다 사람들이 예배시간에 모여서 아무 일도 하지 않고 입으로만 하는데, 그날에 자원봉사나 남을 돕는 행동을 하는 것이 더 중요하다. 교회가 자원봉사에는 인색하다.” (설문 응답)

“교회는 표면상으로는 평등해 보이지만 부자와 가난한 자의 괴리가 있다는 생각이 들고, 빈부격차가 심한 것 같다는 생각이 든다.” (설문 응답)

―(연구자 질문) 여러분이 생각하는 교회, 교회 지도자 이미지는 무엇인가? - 주관식 설문 질문

“교회는 불쌍한 이웃을 돕는 곳이다.” (설문 응답)

“교회는 도움을 청할 수 있고 선한 곳이다.” (설문 응답)

“교회는 사회에서 소외당하는 자, 외로운 자들이 치유 받는 곳이다.” (설문 응답)

“교회는 사회의 악한 의식을 정화하는 곳이다.” (설문 응답)

“교회는 봉사 정신, 섬김, 그런 것이 중요한 느낌이다.” (설문 응답)

“교회는 세력 확장, 즉 비대해지려고 노력하는 곳이다.” (설문 응답)

“교회는 따뜻함보다는 내가 적응하여야 하는 ‘사회 속의 사회’라는 생각이 든다.” (설문 응답)

―(연구자 질문) 기독교는 가난한 자를 위한 종교인가? - 주관식 설문 질문

"그렇다. 그러나 기독교는 부자들에게도 빛과 소금의 역할을 한다." (설문 응답)

"그렇다. 기독교는 가난한 자의 편이다. 부가 결코 기독교를 대변하지 않는다." (설문 응답)

"아니다. 가난한 사람이라기보다도 모든 사람을 위한 종교라는 인상을 기독교는 가지고 있다." (설문 응답)

"아니다, 오히려 기독교는 부유한 자를 위한 종교이다. 그래서 그들이 다른 가난한 사람들을 도와준다." (설문 응답)

"아니라는 인상을 가지고 있다. 교회가 꼭 가난한 자들을 해방시키는 곳이라 생각하지는 않는다." (설문 응답)

(2) 토론

탈북자들은 가난한 사람들의 문제에 대하여 매우 예민하였고 그 문제를 제기하는 데 있어서 적극적이었다. 자기 자신들이 현재 남한에서 경제적으로 어려운 시기를 보내고 있기도 하고, 또한 북한에서 늘 가난하고 소외된 사람들을 해방하고 도운 것이 공산주의 체제가 이룬 최대 업적이며, 동시에 남한의 자본주의가 가진 가장 큰 모순과 문제는 극심한 빈부격차라는 교육을 받아왔기 때문이라 생각되었다. 따라서 그들은 교회가 가난하고 소외된 자들을 돕는 것을 매우 중요하게 생각하는 가르침에 크게 공감하고 있음을 이야기하였다. 많은 경우에는 이들이 남한에 들어오는 과정에서 교회나 기독교 기관들의 도움을 받은 것이 중요한 이미지의 역할을 하고 있는 것으로 보였다. 그에 따라 남한 교회에 대한 이들의 이미지를 질문하였을 때, 가난하고 약한 사람들을 돕는 곳이라는 의견들이 많이 있었다. 실제적으로 이들이 가지고 있는 이런 교회에 대한 이미지는 탈북자들이 교회에 대하여 긍정적 이미지를 가질 수 있다는 가능성을 보여주는 동시에, 교회가 이런 영역의 활동을 잘 하지 못할 경우, 탈북자들의 인정을 받기 어렵다는 것을 보여주는 양면적 측면을 가지고 있었다.

그러한 반응을 보면서, 그러면 기독교는 가난한 자들을 위한 종교인가라는 설문 질문을 던졌었다. 그런 질문에 대하여 기독교는 가난한 자들을 위한 종교라는 의견에서부터, 가난과 부를 넘어서는 종교, 그리고 아예 부자들을 위한 종교라는 의견까지 다양하게 나왔다. 즉 본 성경 공부에 참여하였던 참가자들은 기독교와 가난의 연관에 대하여 아직은 혼란스러운 느낌을 가지고 있는 것으로 나타났다. 이런 문제들을 다루기 위하여는 이들이 돈 문제를 넘어서는 더 큰 개념에서 종교를 이해할 수 있도록 돕는 것이 필요하지만, 동시에 교회가 가난하고 소외된 자들에 대한 관심과 사랑을 보여주는 활동이 같이 있어야만 할 것이다. 그리고 몇몇 탈북자들은 교회 역시 일반 사회 조직과 마찬가지로 자기 조직을 확장하기 위하여 세속적 노력을 하는 곳이라는 인상을 가지고 있으며, 그에 따라 교회에서도 인정을 받기 위하여 자신이 노력하여야 하는 곳이라는 생각을 표현함으로써 교회가 이들에게 마냥 편안한 곳만은 아님을 보여주었다.

4) 기타

큰 주제로 다루어지지는 않았으나 몇 가지 의미 있는 대화가 이루어진 것들이 있었다.

(1) 인간론의 문제

① 탈북자 발언들

"기독교는 인간이 아무것도 할 수 없다고 가르치는데, 왜 인간이 무능하다고 하는가? 인간은 모든 것을 다 할 수 있는 존재인데 인간을 그

렇게 나약한 존재로 이야기하는 것이 이상하다." (참여자 4)

② 문헌 고찰 및 토론

주체사상의 인간론은 인간이 다른 것에 종속되지 않고 주체적으로 생각하고 활동하는 것을 매우 강조한다. 이것을 북한에서 탈출하여 남한에 들어온 김명세는 다음과 같이 기록한 바 있다.

> "(주체사상에서는)... 인간 생명의 본질은 자주성이라고 한다. 자주성이 생명이라는 것은 그것(자주성)을 잃어버리면 사람이라 할 수 없는 것을 뜻한다... 여기서 말하는 자주성이란 그 누구에게 또는 그 무엇에도 예속되거나 구속되지 않고 자기 운명의 주인, 세계의 주인으로 되어 살아가려는 성질"이다." (김명세, 1996).

이렇게 인간은 주체성을 가지고 스스로 힘 있는 존재로서 자신에게 주어진 상황을 이겨내는 존재여야 한다고 북한에서 교육을 받은 측면이 있는 것이다. 그러나 이러한 인간론은 실제 북한 사회에서는 적용되지 않는다고 보아야 한다. 김일성과 김정일에게 철저히 종속되는 것이 곧 주체성을 가지는 것이라는 논리적 모순을 가지기 때문이다. 그렇지만. 그럼에도 불구하고 북한 주민들은 이러한 인간론 교육을 받아왔기 때문에 그로 인한 사고의 특성을 가지게 되고, 그것이 기독교를 접할 때 이들의 질문으로 나타나는 것을 보인다. 자주적인 존재가 되어야 한다는 의식은 북한 사람들에게 중요한 의식의 특징이 될 가능성을 보인다. 이에 따라 일반적으로 탈북자 중 북한에서 받은 이런 정치적 사상 교육은 인간으로 하여금 하나님께 예속된 존재로 인간을 규정하는 것에 대하여 불편감을 표현할 수 있는 측면도 생긴다. 사실, 북한 출신의 주체사상 학습자가 아니더라도 이러한 질문은 남한 출신 사람들도 얼마든지 가질 수 있다. 다만 탈북 대학생들은 그러한 질문을 주체사상을 근거로 하여 던지는 것이 특징이었다고 할 수 있을 것이다. 동시에 북한 출신들은 남한사람들보다도 이러한 주체사상적 학습을 매우 체계적이고 적극적으로 받았던 사람들이라는 사실을 인식하고 이들과 종교적인 대화를 나누어 나가는 것이 필요할 것이다. 흥미 있는 현상 중 하나는 이러한 주체성을 가진 인간이 된다는 것이 북한에서는 김일성, 김정일에게 완전히 종속되어야 한다는 것과 함께 교육이 이루어졌다는 것이다. 이것은 기독교에서 하나님이 인간을 자유로운 존재로 만드셨음과 동시에 하나님께 대한 완전한 순종이 인간을 가장 자유롭게 만들고 인간을 진정한 의미의 인간으로 만든다고 보는 것과 유사한 구조를 가지고 있다. 기독교에서 인간은 자신의 피조성을 깨닫고 인정하여 하나님께 나아가는 순간, 비로소 진정한 인간으로서의 완성이 이루어진다는 것을 강조한다. 이것은 향후 북한 선교에서도 많이 고려하여야 할 부분이 될 것이다.

(2) 미국에 대한 태도

① 탈북자 발언들

—(진행자 질문) 한국의 기독교는 주로 미국 선교사들을 통하여 들어왔다. 북한에서는 매우 강한 반미 교육을 받아 왔는데, 남한에서 살고 있는 현재, 미국에 대한 생각들은 어떠한가?

"지금은 미국이 가지고 있는 좋은 것과 나쁜 것을 구분한다. 북한에서는 완전히 나쁜 것으로만 생각하였는데... 이제는 미국이 정신과 물질적 측면에서 전 세계의 선두라는 것에 존경심을 가진다." (설문 응답)

"남한에 와서 미국에 대한 생각이 완전히 바뀌었다. 완전 반미에서 완전 친미로 돌아섰다. 미국 것이라면 거의 다 숭배할 정도이다." (설문 응답)

"나도 이제는 완전히 반전되어 반미에서 친미가 된 것 같다." (설문 응답)

"나는 미국을 좋아한다. 사람으로 따지면 한 사람의 멋진 신사 같은 느낌이다." (설문 응답)

② 토론

북한에서 그렇게 강력한 반미 구호 및 반미 교육 속에서 살아왔음에도 불구하고 성경 공부에 참여하고 있는 탈북 대학생들은 전체적으로 반미적 의견을 가지고 있지 않았으며 오히려 매우 친미적인 의견을 말하는 학생들도 많이 있었다. 이런 반응을 보이는 이유는 몇 가지로 이해되었다.

첫째, 이들의 나이가 아직 대학생 정도의 청년 집단이면서 정치적 의식을 많이 탈색한 상태에 있으므로, 물질적 풍요를 상징하고 있는 미국에 대한 전 세계 젊은이들이 가진 공통적인 동경하는 마음을 가지고 있는 것으로 보였다.

둘째, 북한에서 받는 모든 정치 교육들이 거짓이었다는 것을 알게 되면서, 그 중 대표적인 것 중 하나였던 미국 관련 정치·교육 내용 역시 부정하고 반대로 생각하려는 태도를 보인다는 것이다. 즉 북한에서 들은 내용의 반대가 진실일 것이라는 생각을 하고 있는 측면이 있다는 것이다.

셋째, 기독교에 대한 관심과 호의를 가지고 성경 공부에 참여하고 있는 학생들이었으므로 이들은 그런 기독교를 신봉하고 있는 미국에 대하여 좀 더 긍정적인 태도를 가질 수 있는 것으로 보였다.

넷째, 자신들이 부정하고 떠나온 북한이라는 나라가 전쟁을 일으키거나 폭력적 행동을 하거나, 북한 인민들에게 반인권적 학정을 하는 것을 억제할 수 있는 나라가 실제적으로 미국이라는 인식을 가지고 있으면서 미국이라는 나라를 높이 인정하려고 하는 의식을 가질 수 있다는 것이다.

더구나 미국의 북한인권법안 통과 등으로 인하여 전체적으로 미국이 탈북자들에게 큰 관심을 가지고 있고 지원을 하고 있다는 것이 이들의 미국에 대한 긍정적인 인식에 큰 영향을 끼친 것으로 보였다.

4. 북한에서의 지도자에 대한 경험이 탈북자들의 신앙에 미치는 영향

1) 종교 지도자에 대한 기대와 이미지

(1) 탈북자 발언들

—(진행자 질문) 탈북자로서 교회 목사님에게 기대하는 목사님 모습은 무엇인가?

"북한을 사랑하고 기도하는 목사님." (설문 응답)

"탈북자를 귀히 여기는 목사님." (설문 응답)

"낮은 자, 지극히 작은 자의 목소리도 귀히 여길 줄 아는 목사님." (설문 응답)

"예배 형식이나 성경 해석 보다는 좀 더 교인의 삶에 접근해 주는 목사님" (설문 응답)

"권위적인 모습이나 어떤 작위적인 모습, 즉 교회의 우두머리라는 느낌보다는 교회의 한 구성원이라는 것을 보여주는 목사님" (설문 응답)

"성도들을 정신적으로 교육하는 것뿐 아니라 그들의 삶의 문제들을 교회 안에서라도 해결해 주려는 목사님" (설문 응답)

“정장을 입은 권위적인 모습이 아니라 편한 옷차림으로 자주 만나며 (꼭 이유가 있어서가 아니라) 신앙에 대한 생활에 대해 자유롭게 나눌 수 있는 목사님” (설문 응답)

“모든 사람을 평등하게 대하고, 개개인에 대한 관심을 가지며, 작은 부탁도 성실히 들어주는 목사님” (설문 응답)

(2) 문헌 고찰 및 토론
- 김일성 관련 용어에서 보게 되는 지도자와의 관계

실제로 탈북자들이 교회 지도자들에게 기대하고 있는 모습의 배경은 그들이 북한에서 교육받은 바람직한 지도자의 모습, 즉 김일성과 김정일의 모습에 대한 선전 교육과 연관되어 보인다. 북한에서 김일성이 어떤 존재인가를 알 수 있는 방법은 많이 있다. 그 중 하나는 김일성을 지칭할 때 사용되는 용어와, 김일성을 향한 인민들의 자세를 나타내는 용어들을 살펴보는 것이다.(전재호, 1989) 북한에서 김일성을 지칭할 때 사용하는 용어의 가장 대표적인 예를 보면 “경애하는 수령, 로동개급의 당과 인민대중의 최고령도자, 당과 국가 창조 프로레타리아 독재체제의 총체를 령도하는 최고뇌수임. 전당과 전체인민의 통일단결의 유일한 중심” 등이 그것이다. 또한 김일성을 지칭한 칭호는 수령, 령도자, 어버이, 아버지, 원수, 태양, 령장, 영재, 영웅, 애국자 등 11개에 달한다. 북한에서 김일성에 붙는 호칭들과 그의 행동에 대한 묘사에서 사용되는 용어들은 북한이 김일성, 김정일을 어떤 존재로 인식하도록 인민들을 교육시키고 있는지를 보여주는 가장 대표적인 예가 된다. 그리고 이러한 교육의 내용들, 바람직한 지도자의 모습에 대한 묘사는 북한 사람들에게 있어서 그것이 김일성, 김정일뿐만 아니라, 일반적으로 그들이 추구하여야 하는 참된 인간의 모습, 특히 사회 체계하에서 그들이 어떤 리더의 모습을 가져야 한다는 교육적 효과가 있다고 할 수 있다. 이상과 같은 내용들을 통하여 북한에서 지도자에게 대한 이미지, 그리고 그 지도자에 대한 인민들의 이미지가 어떻게 구성되어 있는지를 다음과 같이 세 가지로 정리할 수 있겠다.

첫째, 그들은 절대적 권위를 가지고 책임의식과 역사의식 속에서 완전한 지식과 지혜, 불굴의 의지, 그리고 일을 해낼 수 있는 강력한 능력을 가진 완전한 인간, 영웅으로서의 아버지 상(像)을 지도자 이미지로 가지고 있다.

둘째, 동시에, 인민들 하나하나에 대한 깊은 관심과 사랑을 가지고 있고 그것을 위하여 늘 밤 잠자지 못하고 애를 쓰고 있는 완전한 성자적 어머니 상을 지도자 이미지로 가지고 있다.

셋째, '완전한 아버지'와 '완전한 어머니'의 존재가 완성되려면, 가장 중요한 것은 그들에게 '완전한 자식'이 있어야 한다는 것이다. 그런 '완전한 부모'를 모시고 있게 된 것을 영광이요 기쁨으로 알고 그들에게 가장 완전한 자식이 되기 위하여 애를 쓸 때, 완전한 아버지, 완전한 어머니, 완전한 자식에 의하여 만들어지는 '완전한 가정'이 이루어진다고 생각하는 것이 북한적 개념의 지도자와 인민의 관계라고 보는 것이다. 그런 완전한 자녀가 되는 방법은 "교시"를 받들어 그대로 행동하여야 하며, 진심으로 지도자를 "사랑"하여야 하며, (김일성이 인민들을 사랑한 것처럼 인민들은 김일성을 사랑하여야 한다는 것이다), 그리고 지도자를 "흠모"하여야 한다는 것이다.

이것은 일반적으로 탈북자들이 교회 지도자들에게 어떤 기대감을 가지고 있는가를 설명하는 중요한 근거가 된다고 할 수 있다. 실제로 위에서 나온 탈북자들의 발언들을 보면 탈북자들은 자신들이 다니고 있는 교회에서 만나는 목회자들에게 기대하는 모습을 "권위적이지 않고 편안하게 자신들에 대한 개인적 관심을 가져주는 북한에 대한 애정을 가진 목사님"으로 이야기한다. 이들이 원하는 목사님은 "가르침을 주는 아버지상의 목사님"보다는 자신들의 작은 목소리에 귀 기울여주는 "보살펴 주는 어머니상의 목사님"을 더 원하는 것으로 거의 일관되게 이야기하는 특징을 보였다. 결국 북한 사람들은 그들의 지도자를 이런 식의 사람으로 바라는 것이다. 이것은 탈북한 후 북한에서 받은 교육이나 선전이 모두 거짓이었다는 사실을 체험한 사람들로서 '아버지적 교시'를 내리는 사람들에게 대한 불신이 있지만, 자신들의 지금의 힘든 상황을 이해해 주고 배려하고 보살펴 주는 그런 '어머니적 보살핌'에는 매우 강력한 긍정적 태도를 가지고 있음을 보여주는 것이다. 그러므로 탈북자들에게는 어떤 강한 메시지를 전달하려고 나서는 사람들이 필요로 되는 것이 아니라 실제로는 이들의 힘든 이야기를 들어주고 이들을 이해하며 보살펴 주는 목회자들이 필요로 함을 이번 성경 공부에서는 이야기하였다.

2) 교회의 목회자들과 돈과의 연관성에 대한 이해 부족

(1) 탈북자 발언들

"교회 목사들은 교회에서 돈을 받고 일하는 사람들 아닙니까? 그러므로 그 사람들은 자신의 조직을 더 강화하기 위하여 자기 마음속에 없는 이야기도 할 수 있다고 생각합니다. 그러나 교수님(본 성경 공부의 진행자)은 교회에서 돈을 받고 일하시는 분이 아니기 때문에 교수님이 기독교나 성경에 대하여 이야기하는 것이 진짜 기독교이고 진짜 성경이라고 생각합니다." (참여자 1)

(2) 문헌 고찰 및 토론

김병로(2006)는 다음과 같이 이야기하였다.

"북한 주민들은 윤리 도덕적 교훈에 익숙해져 있는데, 예를 들어 사랑에 대한 감동, 금욕주의와 부모공경 등 전통 유교 윤리에 친근감을 가지고 있기 때문에 기독교의 십계명을 활용하여 기독교의 윤리를 설명하면서 윤리적으로 접근할 때 긍정적인 반응을 보일 가능성이 높다."

"북한 사람들은 돈을 받고 일하는 것을 아직까지 수치스럽게 생각하며 희생과 헌신이 훈련되어 있다. 북한에서는 김정일의 명의로 사회와 집단을 위해 좋은 일을 한 사람들에게 감사의 편지를 직접 보내기도 하는데 따라서 동포애, 인간애, 사랑과 평화의 복음 등 종교의 윤리적인 측면이 탈북자들의 종교적 회심에 긍정적인 영향을 줄 수 있다. 북한 이탈 주민들이 신앙을 수용하는 대부분의 이유는 이들과 지속적인 관계를 맺으면서 주변의 종교인들로부터 인격적인 감동을 받았기 때문이다."

위의 탈북자 발언은 이들이 종교와 돈을 어떻게 연결시켜 생각하고 있는지를 보여주는 한 예였다. 즉 아직 자본주의, 종교, 종교기관의 작동원리, 전문 종교인들(목사, 신부, 승려 등)의 역할과 그들에 대한 경제적 보상 등에 대한 이해가 충분하지 않은 상태에서, 이들은 목회자와 돈과의 관계를 이해하는 데 어려움을 가질 수 있다. 즉 목회자들은 교회에서 돈을 받는 사람들이며, 그러기 위해서는 교회가 표방하는 종교 교리를 전파하는 것은 그들이 순순하게 종교를 믿어서라기보다는 그들이 돈을 받고 있고, 돈을 더 많이 받기 위한 행동일 수 있다는 식의 논리를 가지고 있다는 것이었다. 이것은 북한에서 받은 교육, 즉 자본주의 사회에서 모든 인간은 오직 돈을 벌려는 영악한 이기심으로만 일하고 생활하며, 북한에서처럼 고상한 사상과 정신을 위해 일하는 사람은 아무도 있을 수 없다는 교육의 결과로 나타나는 것일 수 있다. 동시에, 북한에서는 자신의 진심으로는 주체사상을 따르지 않으면서도 사회에서 살아남고 직책을 유지하기 위하여 마치 주체사상을 믿고 충성하는 것처럼 가장된 행동을 하였던 경험에 비추어, 교회에서도 목회자들이 "믿는 것처럼" 행동할 수 있다고 생각하는 측면이 있는 것이다. 따라서 돈을 받지 않고 하는 종교 활동을 이들은 상대적으로 더 순수하고 고상한 것으로 평가하는 태도들을 가질 수 있었다. 이것은 향후 탈북자들을 대상으로 하는 신앙 지도 등의 사역에 있어 목회자와 함께 일차적으로 평신도들의 역할이 중요함을 보여준다.

5. 북한에서의 고난 경험이 탈북자들의 신앙에 미치는 영향

1) 세상 속에 존재하는 악의 문제

(1) 탈북자 발언들

"하나님이 천지를 창조하였다고 하고 전지전능하다는데 그 하나님이 만드신 세상은 정의롭지 않다. 세상의 부정과 인간들은 충돌하고 있고 선량한 사람이 피해를 보고 있다. 김정일 같은 사람이 권력을 잡는 것 등을 보면 하나님이 아닌 어떤 다른 인간적 세속적 힘이 작동하고 있다는 생각을 하게 된다. 그리고 그 힘의 논리에 의해 세상이 흘러가는 것 같은 생각이 든다. 이런 상황을 하나님은 왜 방관하고 있는지가 궁금하다." (참여자 1)

"'죄는 필요악'이라는 말을 들었다. 그러나 그것이 정말 가능한 말인지 모르겠다. 그렇다면 하나님은 악을 이용하시어 인간에게 고통을 준다는 말인가?" (참여자 2)

(2) 문헌 고찰 및 토론

주체사상이 생각하고 있는 악의 근원은 무엇일까? 북한에서 고등교육을 받고 남한에 들어와 신학 공부를 하였던 김명세(1996)는 자신의 논문에서 다음과 같이 이야기한다.

> "(북한에서) 사람들에게 혁명적 세계관을 세워준다는 것은 그들의 머릿속에 남아있는 낡은 사상의 잔재를 뿌리 뽑고 그들을 노동계급의 선진 사상으로 무장시키는 것을 의미한다. 여기서 말하는 낡은 사상이란 인간이 가지고 있는 이기심, 욕심, 시기, 질투, 방종, 방탕 등의 죄악을 의미한다. 낡은 사상은 사회주의 제도가 서기 이전의 계급 사회, 즉 노예소유자 사회, 봉건 사회, 자본주의 사회에서 발생하였고, 그 사회에 살았던 사람들에 의하여 사회주의 사회로 옮겨졌다는 것이다... 그러면 새로운 사회주의 사회에서도 낡은 사상이 생길 수 있는가라는 문제에 주체사상은 '여전히 사회주의 사회에도 낡은 사상이 생긴다'고 한다. 사회주의 제도의 수립으로 하여 낡은 사상이 발생할 수 있는 제도적 근원은 없어졌지만, 낡은 사회에서 살았던 사람들(부모들)에 의하여 낡은 사상이 그 후대들에게 은연중 전해지며 제국주의의 사상문화적 침투가 계속되는 조건에서 낡은 사상은 사회주의 사회에 여전히 남아있게 된다는 것이다." (김명세, 1996. p.60)

초월적 존재를 인정하지 않는 공산주의 국가 북한에서 보는 악의 근원은 '인간'이다. 즉 인간의 마음속에 존재하는 이기심, 욕심, 질투, 방탕과 같은 것이다. 그리고 그 악을 극복할 수 있도록 투쟁하는 힘도 인간으로부터 나온다고 본다. 그런 악에 대한 선의 투쟁을 '낡은 사상에 대한 투쟁'이라 부르는 것이다. 그러나 이런 일반론적인 이야기만으로는 공산주의 체제인 북한에서 겪은 모든 고통과 악을 다 설명할 수 없고 납득할 수 없다는 것이 탈북자들이 가지고 있는 갈등이다. 북한에서 그들이 당했던 그 수많은 고통들은 결코 사회주의 제도 수립 이전에 만들어진 일본 제국주의나 미국 제국주의에 물든 인간들의 악에 의해서가 아니라, 사회주의 체제를 운영하고 있고 최고 지도부 사람들에 의하여 만들어진 악이고 고통임을 잘 알고 있기 때문이다. 그렇기에 북한에 존재하는 악과 고통의 문제는 주체사상으로는 설명이 불가능하다. '완벽한 김일성 김정일'이 다스리는 그 나라에서, 그들이 결코 해결하지 못한 악에 의하여 인민들이 고통을 당하고 있었기 때문이다. 일반적으로 북한에서는 수령은 훌륭한데, 그 밑의 간부들이 썩어서 북한 사회가 이렇게 힘들어져 있다고 이야기한다. 그러나 그런 부패한 당간부들의 문제를 영원히 제대로 해결하지 못하고 있는 (실은 그들과 하나가 되어 공생하고 있는) 지도자의 무책임과 무능에 대하여는 이야기하지는 못한다. 결국 북한의 주체사상이 제공하는 논리로 악의 존재 문제를 해결하지 못하게 되면서, 존재하는 악을 설명하기 위한 다른 시도들이 있게 된다. 그때는 악의 근원 등에 대한 인식이 아니라, 그런 악을 어떤 식으로 생각하고 받아들여야 하는 정도로 문제가 변형되게 된다. 그러면서 탈북자들은 자신들이 겪은 고통의 원인으로 "운(運)" 정도를 이야기하게 된다. 즉 운이 나빠서 북한과 같은 나라에 태어나서 이 고생을 한다고 생각하는 정도가 되는 것이다. 그러나 그것만으로는 자신들이 당한 그 고통의 원인을 다 설명하기가 어렵다고 느낀다. 그러는 가운데 이들은 절대자인 하나님에 대한 소개를 받는 것이다. 그분은 모든 것의 창조자이시고, 모든 것을 결정하시고 운영하시는 최종적 힘과 권위를 가지고 계신 분이라고 하나님을 소개받게 된다. 그런데, 그렇게 되면, 탈북자들은 자신들의 고통의 원인에 대하여 직접 하나님께 듣기를 원하게 된다. 일반적으로 세상에 존재하는 악을 어떻게 바라볼 것인가의 문제는 비신앙인들이나 신앙인들 모두에게 가장 중요한 철학적이고 종교적 화두가 된다. 절대적이고 강력하고 구조적인 악을 그들의 일상적 생활과 그들의 탈북 과정에서 너무도 처절하게 직접 체험하였었기 때문이다. 따라서 하나님이 전지전능하신 정의의 신이라고 하면서도 이 세상에 악이 존재하는 것을 이해하고 받아들이기 어렵다는 이야기들을 탈북 대학생들은 많이 하였었다. 따라서 탈북자들이 하게 되는 성경 공부에서 악의 존재와 그에 대한 신학적 이해는 매우 중요한 주제 중 하나로 다루어져야 할 것이었다.

2) 고난의 의미 문제

(1) 탈북자 발언

"하나님이 인간을 만드시고 세상에 보내셨다는데, 왜 하나님은 나를 북한에서 태어나도록 하셔서 나와 내 가족이 그리도 심한 고생을 하도록 하셨는가? 나는 그런 하나님을 이해할 수가 없다." (참여자 2)

"왜 하나님은 하필이면 남북한을 분단시켜 이런 많은 어려움을 있게 하였는가? 어떤 목사들은 북한을 단련하여 축복을 주기 위해서라고 하는데 아직도 하나님의 그런 시험은 끝나지 않은 것인가?" (참여자 5)

"하나님은 왜 하필이면 한반도를 두 개로 나누어서 북한 사람들을 이렇게 고통스럽게 만들었나?" (참여자 6)

"나는 북한에서, 그리고 탈출하여 중국에서 수많은 일들을 경험하였다. 그러나 그 모든 경험들이 지금 남한에 들어와서는 아무런 쓸모가 없다. 생활에 도움이 안 되는 것이다. 나의 경험이 무슨 의미가 있다고 하여야 하나?" (참여자 1)

"내가 하였던 수많은 경험들에 대하여 원망은 아니더라도 왜 그런 일들이 있어야만 했을까 혼란스러울 때가 많이 있다. 그러나 이제는 내가 그런 것을 경험하였기 때문에 오늘의 내가 있다는 생각을 한다." (참여자 2)

> "북한에서 사람들이 죽어 있는 것을 많이 보았다. 얼어 죽은 사람들도 보았고 맞아 죽은 사람들도 보았다. 그중에서 굶어 죽은 사람들을 보는 것이 가장 비참한 것이었다. 나는 남한에 들어와 3년간 교회를 다녔다. 일이 잘 풀려 갈 때는 신앙을 가지기가 수월하였으나, 일이 어려워지자 신앙을 가지기가 어렵다. 이러한 고통들이 신이 나를 선택한 결과인지 나를 버린 것의 결과인지를 잘 모르겠다." (참여자 8)

(2) 토론

전지전능하시고 인간을 사랑하신다는 하나님에 대한 개념을 탈북자들이 받아들이면서 가장 힘들어하는 것 중 하나는 자신이 겪은 모든 고난과 하나님과의 연결이었다. 즉 그런 전지전능하고 사랑이 많으시다는 그 하나님이 왜 자신과 자신의 가족들을 하필이면 북한이라고 하는 최악의 나라에서 태어나게 하여 그렇게 많은 고통을 받게 하였냐는 것이었다. 그리고 자신이 과거에 겪었고, 지금도 겪고 있는 이 모든 고통이 과연 나에게 무슨 의미를 가지고 있으며, 그런 고통을 받고도 지금 여기에 이렇게 살아가게 된 나는 이제부터 어떻게 무엇을 위하여 살아가야 하느냐가 이들이 던지는 중요한 질문이었다.

신앙이 가지는 여러 기능 중 "악의 기원에 대한 설명"에 더하여 "고난에 대한 해석과 의미부여"는 그 어떤 것보다도 탈북자들의 신앙 입문에 있어 중요한 의미를 가지고 있었다. 그리고 그에 대한 진지한 질문에 대하여 교회가 답을 할 수 있어야만 이들은 신앙의 문턱을 넘어서서 비로소 진정한 의미의 신앙생활을 시작할 수 있는 것으로 보였다.

실제로 삶의 의미, 삶의 고난이 가진 의미에 대한 대답은 종교가 가지고 있는 가장 본질적 내용 중 하나이다. 이것은 비신앙인들에게도 어려운 문제이며, 동시에 신앙인들에게도 어려운 문제이다. 머리로는 이해가 될 수도 있지만 마음으로까지 진심으로 이해되기가 어려운 측면이 있기 때문이다. 따라서 '고난의 의미'에 대한 논의에 있어 "고난은 하나님의 선하신 뜻에 의한 것이고 하나님은 그런 고난 속에서 인간과 동행하시며 인간의 성숙과 인간이 하나님께 나아가는 구원의 길을 열어 주신다"라는 이야기는 탈북자들에게 있어 쉽게 이해하고 받아들이기 어려운 내용들이었다. 일반적으로 이러한 문제들은 신앙의 첫 단계에서 다루어야 하는 문제인 동시에, 신앙의 가장 마지막에서 다루어야 하는 문제이기도 하다. 따라서 탈북자들에게 고난이 의미를 가지고 있다고 이야기 하는 것은 매우 신중하고도 조심스럽게 다루어져야 할 것이다.

Ⅳ. 마치는 말

본 글은 매우 제한된 기간 동안, 제한된 인원들과 가졌던 종교적 대화를 토대로 이루어졌기 때문에 분명한 한계를 가진다. 그러나 마치 전체 바닷물 성분의 조사를 바닷물 전체를 대상으로 하는 것이 아닌, 해변가에서 한 컵의 바닷물을 떠서 시작하는 것과 같이, 이 글은 제한된 여건하에서 이루어진 하나의 사례를 보여준다고 보면 될 것이다. 여기서 나온 이야기들을 토대로 하여, 그동안 다양한 탈북자들을 대상으로 하는 성경 공부, 또는 교회 생활의 지원 경험 보고와 기록들이 있어왔으며, 향후 더 다양하고 많은 기록들과 성찰들이 있게 되기를 기대한다. 그 탈북 대학생들과 이 성경 공부를 한 지 벌써 20년이 다가오고 있다. 그때 같이 성경 공부를 하던 탈북 대학생 중에는 그 후 필자가 결혼식 주례를 섰던 사람도 있고, 박사 학위를 취득한 사람들도 있으며, 사회 각 곳에서 열심히 활동들을 하고 있다. 이제는 이미 중년이 된 그들. 그때의 그 진지하였던 질문들을, 이제 그들은 어떻게 대답하며 살아가고 있는지 궁금하다.

참고문헌

김경숙. 2018. 「북한에서의 용서와 화해에 대한 성찰」. 전우택 외, 『용서와 화해에 대한 성찰』, 193-231. 서울: 명인출판사.

김동규. 1990. 「남북 분단 이후 교육의 역사적 고찰: 북한 사회주의 교육과 교육학의 기본구조와 성립 및 그 변화 발전 과정에 대한 고찰」. 『교육학연구』 28(3): 15-26.

김동기. 2003. 『종교심리학』. 서울: 학지사.

김명세. 1996. 「주체사상의 인간개조론에 대한 기독교적 평가」. 침례신학대학원 석사학위논문.

김병로. 1994. 「북한의 사회통합 방식과 기독교의 유사성」. 남북나눔연구위원회, 『민족통일을 준비하는 그리스도인』, 107-132. 서울: 두란노.

김병로. 2000. 『북한사회의 종교성: 주체사상과 기독교의 종교양식 비교』. 서울: 통일연구원.

김병로. 2006. 『남북한 교회 통일 콘서트』. 서울: 기북선.

김병로. 2020. 『기독교와 통일 그리고 북한』. 서울: 박영사, 199-224.

김상철. 2003. 『문예연감』 통권 28권. 서울: 한국문화예술진흥원 출판부.

동국대학교 북한학연구소. 2005. 「탈북자 증언을 통해서 본 북한인권 실태조사」. 『2004년도 국가인권위원회 인권상황 실태조사 연구용역보고서』.

류성민. 1998. 「북한 주민의 종교에 대한 인식과 종교현황」. 『통일논총』 16: 17-31.

민족화해협력범국민협의회. 2003. 『북한주민의 일상생활과 대중문화』. 서울: 오름. 김상철. 「북한주민의 종교생활: 남북한 종교정책과 기독교를 중심으로」,

177－218.

북한인권시민연합. 1999.『생명과 인권』여름호, 18－19.

서재진. 1999.『북한의 사회심리 연구』. 서울: 통일연구원.

이민복. 1999.「북한에서 체험한 종교 현황」. 북한인권시민연합,『생명과 인권』여름호, 18－19.

이순옥. 1996.『꼬리없는 짐승들의 눈빛: 최초로 개천교화소를 폭로한 감동적인 실화』. 서울: 천지미디어.

전국대학북한학과협의회(엮음). 2001.『북한 정치의 이해』. 서울: 을유문화사.

전우택. 2000.「집단기억 현상을 통하여 본 북한 사회 이해」.『사회정신의학』5(2): 179－196.

전우택·윤덕용·엄진섭. 2003.「탈북자들의 남한사회 적응생활 실태조사 - 2001년도 553명의 탈북자들에 대한 조사를 중심으로」.『통일연구』7(1): 155－208.

전우택·조영아. 2003.「탈북자들의 신앙 경험과 교회의 통일 준비」.『통일연구』7(2): 105－128.

전우택 외. 2018.『용서와 화해에 대한 성찰』. 서울: 명인출판사.

전재호. 1989.「북한 종교언어와 우상화 표현」.『평화연구』14: 83－112.

조성발. 1988.『주체의 인간론』. 평양: 과학백과사전종합출판사.

조요셉. 2013.『북한선교의 마중물 탈북자』. 서울: 두날개.

조용관. 2004.「북한 정치교육의 내면화가 탈북자 남한사회적응에 미친 영향」.『한국정치외교사논총』25(2): 155－184.

최봉대. 2004.「탈북자 면접조사 방법」. 경남대학교 북한대학원,『북한연구방법론』, 306－334. 서울: 한울아카데미.

최승주·전우택·정우진. 2006a.「탈북자 종교 활동과 종교 성향」. 정병호·전우택·정진경 편,『웰컴 투 코리아 - 북조선 사람들의 남한살이』, 552－567. 서울: 한양대학교출판부.

최승주·전우택·정우진. 2006b. 「탈북자들의 종교 성향과 우울정도」. 정병호·전우택·정진경 편, 『웰컴 투 코리아 - 북조선 사람들의 남한살이』, 568-584. 서울: 한양대학교출판부.

카를 마르크스·프리드리히 엥겔스 공저, 이진우 역. 2002. 『공산당 선언』. 서울: 책세상.

Geertz, C. (1964). Ideology as a culture system. In D. E. Apter (Ed.), *Ideology and discourse* (pp. xx-xx). New York: Free Press.

Weber, M. (1922). *The sociology of religion*. Boston: Beacon Press.

12

북한이탈주민들을 대상으로 하는 성경 공부의 리더를 위한 가이드라인[1)]

Ⅰ. 탈북자들에 대한 존중과 이해가 가장 먼저 필요하다

탈북자들과 성경 공부를 하는 데 있어 가장 중요한 기본 사항은 남한 출신 성경 공부 리더(이하 리더로 칭함)가 탈북자들을 이해하고 있고 존중하고 있으며 큰 관심을 가지고 있다는 것을 탈북자들이 분명히 느끼게 하여 주어야 한다는 것이다. 그러한 이해와 존중은 구체적으로 다음과 같은 내용으로 구성될 수 있다.

1) 이 글은 앞의 장에서 이루어진 탈북 대학생들과의 성경 공부 경험을 토대로, 향후 교회에 출석하는 북한이탈주민 분들과의 성경 공부를 진행하려 할 때, 교회와 성경 공부 리더들이 어떤 점들을 고려하여야 할지를 가이드라인적인 성격으로 정리한 것이다. 이 글 역시 앞의 장과 마찬가지로 2007년에 작성된 것을 약간 수정·보완한 것이라서, 그 이후에 있었을 수 있는 다양한 변화들을 반영하지 못하고 있을 수 있다. 다만, 부분적으로라도 참조할 부분이 있으면 좋겠다는 생각에서 여기 싣는다. 그리고 꼭 성경 공부가 아니더라도, 북한이탈주민 분들과의 대화 시 고려할 사항으로서라도 읽어보시는 것 역시 의미 있으리라 생각한다.

1. 북한과 북한 사람들, 탈북자들에 대한 사전 지식과 이해가 있어야 한다

탈북자들이 낯선 성경 공부 리더를 처음 만나게 되었을 때 그들은 이 리더가 얼마나 성경 지식이 많은가, 신앙이 얼마나 성숙한가 등은 알 수도 없을 뿐 아니라 그것이 그들의 마음의 문을 여는 조건이 되지 못한다. 오히려 탈북자들은 그동안의 남한에서의 삶의 경험을 통하여 남한 사람들이 북한과 북한 사람들, 그리고 탈북자들에 대하여 얼마나 잘 모르고 있고 많은 오해를 가지고 있는지를 잘 알고 있으므로, 그 리더가 자신들을 얼마나 잘 알고 있고 이해할 수 있는 사람인가에 관심을 가지게 된다. 이들은 자신들의 상황과 입장, 자신들의 특성을 잘 이해해 주고 있다는 생각이 드는 리더에게 마음의 문을 연다. 그러므로 리더들은 사전에 북한과 북한 사람들, 그리고 탈북자들의 상황에 대한 많은 지식과 경험을 가지는 것이 필요로 한다. 이러한 사전 준비 없이 리더 역할을 하는 것은 많은 어려움을 만든다. 그러나 이러한 사전 지식은 탈북자들 앞에서 과시될 수는 없다. 아무리 리더가 북한에 대하여 많이 안다고 하더라도 그것은 매우 부분적인 지식밖에는 될 수 없기 때문이다. 그런데도 북한에 대하여 다른 남한 사람들 보다 조금 더 안다는 것을 가지고 이들 앞에서 북한에 대한 이야기를 함부로 과시하듯이 이야기하게 되면 탈북자들은 그것을 통하여 그 리더의 수준을 바로 평가할 수 있기 때문에 마음의 문을 더 닫게 된다. 성경 공부 시간의 다양한 대화들을 통하여 리더가 가지고 있는 북한에 대한 지식은 저절로 드러나게 된다. 그러므로 리더가 그런 이해나 지식을 과시하려고 나설 필요는 없는 것이다. 오히려 성경 공부 시간에 그들에게 북한에 대하여 리더가 모르는 것을 묻는 형식을 취하여 더 많이 북한에 대하여 배워 나간다는 모습을 가지는 것이 더 좋은 방법이라 할 수 있다.

2. 탈북자들에 대한 깊은 존중하는 마음이 있어야 한다

탈북자들은 남한에서 잘 살아 내기에는 아직 불충분한 지식과 경험을 가지고 있는 것이 사실이다. 그러나 그것이 인간적으로 이 사람들이 부족한 사람들이라는 것을 의미하는 것은 아니다. 오히려 어떤 의미에서 탈북자들은 리더들보다 훨씬 더 인간적으로 깊이를 가진 사람일 가능성이 많다. 무엇보다도 인생을 살면서 겪은 고통의 양에 있어서 탈북자들은 리더들을 압도하는 경우가 대부분이다. 요즈음은 아니지만, 과거 탈북자 중 상당수는 북한에서 극심한 가난과 기근을 겪은 사람들이었다. 가까운 가족과 친지들이 굶어 죽은 것을 눈으로 본 경험이 있는 경우도 많았다. 그리고 목숨을 걸고 두만강을 건너 중국에서 이루 말할 수 없는 열악한 위험 상황에서 목숨을 부지하기 위하여 필사적인 노력을 한 경험들이 있었다. 상당수는 북한 비밀경찰이나 중국의 공안에게 체포되어 북한에 강제송환되어 북한에서 심문을 받고 감옥에 수감되어 인간이 상상할 수 없는 고난의 기간을 보낸 사람들도 있었다. 가족들과 뿔뿔이 흩어져 생사를 모르면서 지내야 했던 기간들도 많이 있었고, 실제로 눈앞에서 가족의 죽음을 경험한 사람들도 있었다. 그리고 어떤 과정을 통하여 꿈꾸듯이 남한 사회로 들어 왔으나 남한에서는 직장을 구하지 못하기도 하고, 많은 시간의 노동을 하고도 제대로 생활비를 벌지 못하여 고통을 받은 경우도 많이 있다. 사기를 당하기도 하고 신체 질병으로 고통을 받은 사람들도 많이 있다. 즉 대부분의 경우, 객관적 측면에서 보았을 때 리더는 꿈도 꾸지 못한 고통의 시간들을 보낸 경험들을 많이 가지고 성경 공부 시간에 나온다는 것을 알고 인정할 필요가 있다는 것이다. 그러므로 이들에 대한 존중하는 마음을 가지는 것은 매우 중요한 의미를 가진다. 하나님 앞에서 모든 사람들이 소중하고 의미 있는 존재라는 추상적 차원에서가 아니라. 실제로도 이들은 더 많은 고통을 겪은 사람들로서 존중받아야 할 자격이 있다.

3. 이들의 종교와 성경에 대한 사전 지식에 대하여 이해하여야 한다

본 책의 앞 장에서도 언급된 바와 같이, 북한이라는 사회는 철저히 무신론적 사회이고 반(反)종교적 사회이다. 따라서 대부분의 탈북자들은 북한에서 종교나 성경에 대한 이야기를 전혀 들어보지도 못하였을 가능성이 높은 사람들이다. 만일 조금이라도 들은 내용이 있다면 늙은 사람들이나 믿는 비과학적 "미신"이라는 교육받았던 것일 수 있다. 따라서 이들이 처음 종교나 성경을 접하게 되었을 때 이들이 가지게 되는 '황당함'을 잘 이해하고 공감해 주어야 한다. 우선은 성경에서 등장하는 모든 단어들(사랑, 용서, 구원 등의 추상적 단어들부터 아담, 아브라함, 요셉, 다윗, 바울 등 사람들의 이름에 이르기까지)은 너무도 생소하며, 이해하기 힘든 것이라는 것을 알아주어야 한다. 그리고 그러한 종교와 성경에 대하여 탈북자들이 자신들의 기존 상식과 지식을 가지고 나름대로 진지하게 접근하려고 할 때 남한 사람들로서는 이해가 안 되는 아주 독특한 생각이나 질문들도 나올 수도 있다. 그런 것들을 잘 이해하여 주는 것이 필요한 것이다.

II. 질문을 마음껏 하도록 격려하여야 한다

1. 탈북자들이 교회에서 질문을 하다가 겪은 일들

탈북자들은 교회에서 질문을 하였던 자신들의 경험들에 대하여 다음과 같은 이야기들을 하였다.

"처음에는 교회에서 많은 질문을 했는데 이제는 포기했다. 이 세상에 내 의문에 대답할 사람이 없다고 생각했다. 성격상 나는 가짜로 믿을 수는 없다. 주일성수는 하지만 회개하기 위해 출석한다. 존경할 만하고 믿을 만한 목사님에게 질문하지만 내가 생각했던 한계를 벗어나지 못하기 때문에 이제는 답변 듣는 것을 포기했다. 그분은 성직자이기 때문에 무조건 창조주를 믿는다고 대답한다. 그리고 하나님이 불평등하다고 질문하면 하나님은 지금도 널 보고 계신다고 답변한다. 나는 그런 것을 받아들일 수 없었다."

"교회에서 성경통독반에 다녔다. 읽다가 궁금한 것이 있어 질문을 하면 목사님이나 교회 리더는 '그냥 믿어라'고 답변한다. 정확한 대답이나 원했던 답은 나오지 않고 '믿음이 약하다'라고 하면서 '교회에 나오라'고 한다. 이것이 반복되면서 신앙과 성경에 대한 흥미가 점점 줄어들었다"

"남한사람들은 모태신앙이라서 그런지 '그냥 믿는다'라고 생각하는 것 같다. 그러나 나는 그렇게 되지 않는다. 그래서 질문을 하게 된다."

"하나님을 아버지라고 할 때 나는 하나님의 자식이다. 아버지와 대화하고 싶어서 하나님을 알고 싶어 교회에서 질문하는데 나를 이상하게 본다."

"나는 4년간 교회를 다녔는데도 성경에 대하여 아는 것이 정말 없다. 교회가 너무 주입식인 것 같다. 무조건 믿고 싶지는 않다. 우리에게 맞는 성경을 공부하는 방법이 있으면 좋겠다."

"중국에 들어가 있는 동안 늘 마음이 불안하므로 기도하는 법도 배우고 성경도 읽었다. 그런데 누구도 나에게 성경에 대해 설명을 해 주지 않았다."

"교회에서 질문을 하면 교회는 좋아하지 않는다. 나를 바라보는 눈빛부터 달라진다. 나를 피하는 것 같다. 그래서 질문을 안 하게 된다."

예상 외로 앞 장에서 소개하였던 10회의 성경 공부를 통하여 탈북자들이 이야기 하였던 남한 교회에서 느낀 가장 큰 좌절감 중 하나는 교회에서 기독교와 신앙에 대한 자유로운 질문을 던질 수 없었다는 것이었다. 이들이 때로는 매우 기본적이고, 때로는 일반 남한 사람들이 생각하기에 상식을 벗어난 듯한 질문을 하였던 것은 이들이 기독교에 반대하기 위해서가 아니라 정말 그것이 궁금하고 알아야 자신들이 신앙의 문을 열고 들어갈 수 있다고 생각하기 때문이었다. 그런데 그것을 이해하고 인정하지 못하는 교회의 상황을 본 연구 참여자들은 이야기하였다. 더구나 북한에서는 주체사상에 대한 교육을 실시하면서 주체사상에 대한 내용, 타당성을 철저하게 다양한 방면에서 가르쳤기에, 절대 진리라 불리는 것은 그만큼의 설명과 객관적 타당성, 상식적 납득, 그리고 그에 대한 질문에 대한 정확한 답변이 있어야만 한다고 생각하게 되어 있다. 그런데 그런 북한에서의 나름대로의 합리적이고 정당하다고 생각하는 경험을 남한의 교회에서 하지 못한다는 점에 대하여 이들은 갈등을 느끼는 것이었다.

2. 교회에서 이러한 현상이 나타나는 이유들

남한 교회에서 이러한 현상이 나타나는 이유는 여러 가지가 있을 것이다. 그 중 몇 가지를 생각하면 다음과 같다.

첫째, 믿음은 믿음으로서만 나아갈 수 있다는 기독교의 기본적 전제를 너무 경직되게 이들에게 적용하고 있는 것이다. 신학적이고 신앙적 논쟁을 통하여 믿음에 나아가는 것이 아니므로, 일단 성경을 믿으라는 이야기를 하는 것이 교회의 일반적 특성일 수 있는 것이다.

둘째, 탈북자들은 아무래도 남한적 기준에서 보았을 때 일반적 상식과 남한 사회의 지식이 부족하므로 그들의 질문은 일반적으로 남한 사람 초신자들이 질문하는 내용과 달라서 그에 대한 대답을 어떻게 해 주어야 할지를 몰라 생기는 문제일 수도 있다.

셋째, 탈북자들이 질문을 하는 방식이나 어투에 있어 탈북자들에게 익숙하지 않은 교회 리더들은 그들의 태도를 공격적이라고 느껴 지나치게 방어적인 태도로 응답에 임할 수도 있다.

넷째, 교회가 기독교 변증에 대한 훈련이 되어 있지 않아, 탈북자들의 이런 질문에 실제로 어떻게 답을 하여야 할지를 잘 몰라 그러할 수도 있다.

따라서 탈북자 사역을 하는 한국 교회는 이런 점에서 좀 더 준비되고 훈련되어야 할 필요가 있다.

3. 신앙 질문에 있어 북한 사람들의 인지적 특성과의 연관성

실제로 탈북자들의 신앙적 질문들은 꼭 종교적 측면만을 가지는 것은 아니다. 그것은 북한 사람들의 인지적 특성과도 연관되는데, 그것을 한 탈북자 학생은 그것을 다음과 같이 설명하였다.

> "나는 내가 북한 출신 사람이라 종교에 대하여 더 의심이 많이 생긴다고 생각한다. 왜냐하면 북한사람들은 단순하기 때문이다. 그리고 북한 사람들이 단순한 이유는 북한 사회가 매우 단순한 사회이기 때문이라고 생각한다. 반면, 내가 보기에 남한 사람들은 복잡하고 다원적인 세상에서 살아왔기 때문에 사고방식도 매우 복잡하고 다원적이다. 그래서 어떤 이야기를 들어도 그것을 즉각적으로 옳고 그르다 따지지 않고 일단 다 받아들이려는 수용력이 더 큰 것 같다. 즉, 어떤 문제에 대하

여 정답이 없을 수도 있고, 또는 답이 여러 개일 수도 있다고 생각하는 것 같다. 그러나 북한사람은 북한에서 하나의 문제에 대하여 하나의 대답만이 존재한다는 교육을 받으며 실제로 그렇게 살아왔기 때문에 그런 남한 사람들의 생각과 태도를 이해하기가 어렵다. 하나의 질문에 대하여 두 개나 그 이상의 대답이 나오면 그 모든 것이 다 맞을 수도 있다는 생각을 하는 것이 아니라 그 중 하나만 맞고 나머지는 다 틀린 것이고 생각하는 것이다. 그래서 종교에 대한 질문을 할 때도 그것에 대한 분명한 대답을 듣기 원한다. 그런 대답을 듣지 못하면 그것을 진리라고 받아들일 수 없다고 생각하기 때문이다. 그런데 그런 질문을 던질 때, 그것에 대하여 우리가 납득할 수 있는 내용으로 설명하려 하지 않고 무조건 믿으라고 하기 때문에 우리는 그것이 질문에 대한 대답이라고 생각하지 않아서 어렵게 느끼게 되는 것이다."

일반적으로 남한 사람들은 교회에 처음 나가서도 일종의 눈치로 자신이 질문할 수 있는 것과 질문하지 말아야 하는 것을 구분한다. 그리고 지금 당장 그 답을 가지지 못하여도 점차 알아갈 수 있을 것이라고 생각한다. 때로는 모호한 답이 존재할 수도 있으며, 그것이 종교의 신비한 세계라고 인정하기도 한다. 그러나 탈북자들은 그렇지 않다. 그들은 자신들이 가지는 질문에 대한 답이 반드시 있는데, 교회에서 그것을 제대로 이야기 하지 못한다는 점에서 매우 답답해하면서 그것을 참지 못한다. 남한의 교회는 이런 탈북자들의 특성을 이해하고 그에 적합한 대응 방안을 찾아가야 한다.

III. 탈북자들의 신앙적 질문에 대하여 탈북자들에게 적합한 방식으로 대답하여야 한다

이러한 탈북자들의 특성을 고려 할 때, 그들이 던지는 질문에 대한 답을 할 때에 고려할 점들은 다음과 같은 것들이 있다.

1. 질문 자체를 중립적 태도에서 받아들여야 한다

실제로 탈북자들이 하는 어떤 질문도 그 질문 자체나 질문하는 행위에 대하여 나쁘게 평가하지 않아야 한다. 교회의 리더 입장에서 질문이 지나치게 당돌하다거나 무례하다거나 하는 그런 식의 인상을 먼저 가지게 되면, 정상적인 답변은 불가능해지기 때문이다. 일반적으로 탈북자들의 질문은 성경과 종교에 대한 사전 지식이 전혀 없는 상황에서 던져지는 솔직한 질문들이다. 그것을 긍정적으로 인정하는 것이 필요하다.

2. 질문에 대한 자세한 보충 설명을 하도록 한다

질문이 나왔을 때, 그 질문에 대한 성경적 대답을 즉각 내놓지 않고 좀 더 많은 이야기로 질문하도록 하는 것이 필요하다. 즉 질문하는 사람으로 하여금 그 질문을 왜 하였으며, 무엇이 정말 궁금한 것인가, 그 질문에 대한 질문자의 평소 생각이나 나름대로의 해답은 무엇이라고 생각하는가 등을 충분히 이야기하도록 하라는 것이다. 실제로 표면에 들어나는 질문은 빙산의 일각이다. 그 질문 밑에는 질문자의 많은 생각들과 경험, 의견이 놓여 있다. 그런 것을 인식하지 못하고 즉각적으로 질문에 대한 단편적 대답을 하는 것은 설사 그 대답이 성서적 측면에서 정답이라 할지라도 불충분하고 불완전할 수밖에 없다.

3. 성경구절을 이용한 즉각적이고 단선적인 대답을 하지 않아야 한다

일단 질문에 대한 충분한 설명을 탈북자가 하면, 그의 질문을 리더가 확실히 이해하였는가를 확인하는 것이 좋다. 즉 "지금 질문한 내용은 이런 내용이 맞지요?"라고 하면서 확인하는 것이다. 때로 탈북자들의 질문 의도와 응답자의 이해가 다를 수도 있기 때문이다. 그래서 질문의 내용이 이해가 되면 대답을 할 수 있다. 그런데 이때 그 대답은 성경 구절을 이용한 즉각적이고 단선적인 대답이 되지 않도록 하는 것이 필요하다. 성경은 특정한 사항들에 대하여 어떤 선언을 하고 있다. 그것은 사실이나, 많은 경우 탈북자들의 질문은 그런 선언적인 단순하고 간결한 답변으로 잘 이해가 되지 않는 것이 많다. 그러므로 최종 결론은 성경에 의한 선언적 답이 된다 할지라도, 그 과정에 많은 설명과 토론이 필요하다. 주변의 많은 지식과 성경적 배경을 같이 이야기하고 같이 의견을 나누고, 같이 고민하는 태도가 필요하다. 이 과정에서 '믿음' 자체를 강조하는 것은 탈북자들을 곤혹스럽게 만든다. 믿음이 없어서 그것을 해결하려고 질문하는 것인데, 믿어서 해결하라니 그게 잘 이해가 안 된다는 것이다. 많은 경우에는 북한에서 김일성 어록의 많은 이야기를 믿으라고 강요받았었기에 이런 점에서 더 갈등이 생길 수 있다.

4. 성경 공부 시간에 장황하게 설교하지 않아야 한다

성경적 사전 지식이 없는 탈북자들과 함께 성경 공부를 하다보면 아무래도 리더가 할 말이 많아지게 된다. 그러나 이것은 탈북자 성경 공부의 큰 함정이다. 몇 명을 앉혀 놓고 장황한 설교를 하는 식으로 성경 공부가 진행될 위험이 크게 되기 때문이다. 성경 공부의 성공은 리더의 설교에 달렸다기보다는 탈북자들이 얼마나 자신들의 이야기를 열어 놓고 하는가에 달려있다. 그런데 리더가 너무 많은 시간을 이야기 하게 되면, 탈북자들은 그 시간의 주인이 아닌, 손님이 되고, 그것은 그 시간에 대한 흥미와 주인의식을 없애 버리게 된다. 그러므로 바람직한 것은 리더의 발언이 최소화되는 것이다. 그리고 최대한 이야기 하더라도 리더의 발언 시간이 전체 성경 공부 시간의 1/3이 넘지 않도록 하는 것이 필요하다. 그러기 위해서 리더 자신이 매우 깊은 성경적 지식과 간략히 효과적으로 의사전달을 할 수 있는 능력을 갖추는 것이 필요하다 하겠다. 그리고 보조 리더를 두어 리더가 너무 많은 말을 하는 것을 제한하도록 하는 제도를 설치할 수도 있고, 성경 공부 전체를 녹음, 또는 녹화하여 나중에 다시 발언 시간과 내용을 확인해 보는 것도 매우 강력하고 효과적인 방법이 된다. 또한 한 번의 성경 공부 시간에 너무 많은 내용을 다루지 않으려는 노력이 있어야 할 것이다.

5. 적절한 부교재를 사용하는 것이 필요하다

만일 질문의 특성상 긴 설명을 해 주어야 하는 주제가 생겼다면, 그것을 성경 공부 시간에 리더의 발언으로 해결하려 하지 말고, 좋은 책을 소개하여 주고, 그것을 읽은 다음에 와서 다시 이야기 하자고 하는 것이 효과적이다. 일반적으로 탈북자들의 질문은 일반적 초신자들이 가지는 질문들과 유사한 것이 많아서, 그에 대한 좋은 변증 책자들이 효과적으로 사용될 수 있다. 필자의 성경 공부 팀에서도 많은 질문들은 그런 주제를 잘 다룬 책자들을 통하여 해결해 나간 것이 많았다. 다음에 관련 책을 읽고 와서 다시 토론을 하게 되면 기본적 문제에서 시작하여 더 깊이 진행되어 나갈 수 있게 된다.

6. 잘 모르는 문제에 대하여는 잘 모르겠다는 대답을 하여야 한다

성경 공부 인도자가 모든 것을 다 알 수는 없다. 더구나 매우 근본적 신앙의 문제에 대하여는 어느 신앙인이나 성서적 원칙 이외의 자신만의 확고한 정답을 대답을 할 수 없는 것이 많이 있다. 신앙은 더 성숙한 질문으로의 이행과정이지 최종 정답을 확고히 확보하는 것이 아닌 측면이 많기 때문이다. 따라서 성경을 통하여 확실히 이야기 해 줄 수 있는 것은 이야기 하나, 그럴 수 없는 문제는 리더도 지금 그 문제에 대하여는 이런 고민을 하고 있다는 솔직한 고백이 더 좋을 수 있다. 그러면서 리더도 과거에는 그 문제를 어떻게 보았는데, 지금은 어떻게 보는 것으로 그 주제에 대한 생각이 발전되어 가고 있다는 이야기 정도를 해 주는 것이 더 좋을 수 있다. 성경에서도 명확히 이야기 하지 않아, 기독교 전통으로만 해석하고 있는 성서상의 난제에 이르기까지 전부 다 확신에 찬 결론을 즉각 다 가져야 하는 것은 아니라는 것이다.

7. 함께 여행 다니는 기분으로 하는 성경 공부가 좋다

리더가 확신에 찬 어조로 강변하는 성경 공부를 탈북자들은 불편해 한다. 아무런 근거도 없는, 또는 잘못된 근거를 가지고 하는 믿음과 확신의 문제라면 북한에서도 많이 겪어 보았기 때문이다. 그들이 원하는 것은 솔직한 대화를 통한 진정한 탐구이다. 그것은 때로 긴 시간이 걸릴 수도 있으나 의미 있는 과정이다. 그런 의미에서 탈북자들과 가지는 성경 공부의 시간은 일종의 영적 여행을 같이 떠나는 식의 기분을 가지고, 천천히 같이 걸으며 대화하거나 생각하는 시간을 가지는 것이 좋은 것 같다. 그 과정에서 그렇게까지 확신에 찬 어조로 이야기를 안 해도 그 조용한 대화들은 듣는 사람들에게 더 큰 호소력을 가진 영혼의 울림을 만들어 낼 것이다.

IV. 인간관계를 만들 수 있는 별도의 추가 시간이 필요하다

모든 성경 공부에서와 마찬가지로, 성경 공부의 효과와 결과는 “무엇을? 어떻게?”보다는 “누가?”라는 요인에 좌우된다. 자신에 대하여 더 인간적인 관심을 가져주고 개인적 사안에 까지 같이 이야기 나눌 수 있는 인격적으로 친밀하고 신뢰할 수 있는 분과의 성경 공부에 더 큰 영향을 받는다는 것이다. 그런 의미에서 탈북자들과의 성경 공부는 성경 공부가 끝난 뒤의 식사나 다과 시간이 중요한 의미를 가진다. 그런 시간이 공식적으로 성경 공부를 하는 시간의 최소 1/2 정도가 될 수 있도록 시간 구성을 하는 것이 좋은 것 같다. 예를 들어 성경 공부 시간이 1시간이면, 같이 식사하는 시간은 30분 정도를 가지는 것이다.

남한도 마찬가지이지만, 북한에서는 일반적으로 공식적인 자리에서 하는 이야기와 비공식적인 자리에서 하는 이야기가 완전히 다르게 구성되는 특징을 가진다. 북한에서 공적인 자리에서는 교과서적 질문과 대답이 이루어져야 한다는 내적·외적 압력이 매우 강하기 때문이다. 그러므로 솔직한 이야기는 비공식적 자리에서 이루어지는 것이 북한 사람들에게는 아주 당연하고 자연스러운 일이다. 따라서 성경 공부 시간이 좀 더 공식적인 자리라면, 성경 공부 이후의 식사 시간 등이 비공식적인 자리로서의 솔직한 인간적 관계를 맺을 수 있는 시간이 될 것이다. 성경 공부에 정기적으로 참석하는 탈북자들은 좀 더 솔직하며, 자신의 마음속 이야기를 하는 것에 적극적일 가능성이 크다.

"남한에 나와 함께 들어왔던 어머니가 돌아가셨을 때, 다니던 교회에서 많은 분들이 와 주셨다. 한국에 아는 사람들이 아무도 없었는데, 교회에서 그렇게 와 주신 것이 너무도 고마웠다. 그것이 교회를 다니며 가장 좋았던 것 중 하나였다."

성경 공부 시간보다도 자신이 모친상을 당하였을 때 와 주었던 사람들과의 만남이 교회를 향하여 더 크게 마음을 열도록 만들어 주었던 것은 중요한 의미를 가진다. 그런 인간적인 만남이라고 느끼는 시간들이 가장 큰 힘을 발휘할 수 있다.

V. 탈북자들의 특징에 맞는 성경 공부 프로그램 운영이 필요할 수 있다

이 책의 앞의 장에서 제기된 탈북자들의 신앙적 질문은 많은 경우 남한 출신 초신자들이 던지는 질문과 일치하였다. 즉 이들이 북한 출신이라고 하여서 더 특별히 가지는 질문은 그다지 많지 않았다는 것이다. 그러나 일부 질문들과 그들의 발언은 그들이 북한 출신이기 때문에 좀 더 강조되고 있었으며, 그러한 내용들에 대한 고려가 성경 공부 과정에서 좀 더 있어야 할 것으로 보였다. 그런 점을 정리하면 다음과 같다.

1. 가난한 자들에 대한 이들의 관심이 잘 사용될 수 있는 프로그램이 필요하다

확실히 남한 사람들에 비하여, 탈북자들은 사회의 약자, 가난한 자들에 대한 관심을 많이 가지고 있었다. 이것은 자신들의 처지가 지금 남한에서 일종의 약자이고 가난한 자라는 의식에 의하여 나타난 현상일 수도 있으나, 북한에서 지속적으로 받은 공산주의적 평등사상과 가난한 자들에 대한 해방 등과 더 깊은 연관을 가지고 있는 것으로 보였다. 이들은 성경에서 가난한 자들을 위한 나눔과 희생을 가장 중요한 신앙적 덕목으로 보고 있었다. 따라서 이들에게 복음은 좀 더 이런 영역에서 접근을 시작하는 것이 효과적으로 보였다.

그런데 탈북자들을 통하여 볼 수 있는 특징 중 하나는 일반적으로 이들이 가난한 사람들에게 자신이 가진 것을 직접 나누어 주는 개인적 차원의 활동 경험은 북한에서 거의 가지지 못하였다는 것이다. 북한에서는 그런 가난한 자들에 대한 관심과 지원은 개인이 아닌, 당과 정부가 하는 일이라 생각한다. 각 개인의 책임은 자신이 직접 고통 받는 자들에게 도움을 주는 것이 아니라 그런 활동을 잘할 수 있는 국가, 정부를 만드는 일종의 시스템을 위한 정치 투쟁을 통하여서라고 보는 것이다. 그러므로 남한에 들어오자마자 즉각 가난한 자들에게 관심을 가지는 정부를 만들기 위한 정치 투쟁 등에 적극적으로 참여하는 학생들도 있었다. 그러나 얼마 후 몇 가지 이유로 그런 일에 회의를 느끼고 정치 단체를 탈퇴하였다는 이야기를 하였다. 그런 일들이 가진 한계를 나름대로 체험하였기 때문이었다.

실제로 성경에서 가난한 자들에 대한 관심과 자기의 것들을 나누어 주는 것을 강조하는 텍스트를 선정하여 성경 공부를 하는 것은 탈북자들에게 있어 매우 좋은 접촉점이 될 수 있는 측면이 있다. 동시에 탈북자들이 받는 여러 가지 도움들도 다른 신앙인들의 이런 개인적인 신앙적 행위라는 것을 이해하도록 하면서, 경제적으로 어렵지만, 탈북자들도 자신들보다 더 어려운 사람들을 위하여 자신들의 돈과 시간을 바쳐 구체적으로 섬길 수 있는 프로그램이 성경 공부와 함께 병행할 수 있도록 만들어 주는 것이 좋은 결과를 만들어 낼 수 있을 것으로 보였다.

2. 탈북자들 특유의 신앙적 문제와 연관된 부분을 잘 다루어야 한다

성경 공부에 참여한 탈북자들이 북한 출신이기 때문에 던지는 질문들이 세 가지 있었다.

첫째, "왜 하나님은 자신을 북한에 태어나게 하여서 그런 고통을 겪게 하였는가?"라는 질문이었다. 창조주이며 인간의 모든 삶을 주관하는 하나님의 이야기를 들으면서 이들은 그 하나님이 왜 자신을 남한이 아닌 북한에서 태어나게 하여 그 수많은 고통을 받게 하였었는지에 대한 질문을 던지는 것이었다. 결국 성경 공부를 하는 과정에서 어느 시점에서는 이러한 문제에 대한 이야기를 나누어야 한다는 것을 인식하는 것이 필요하다. 그런데 이 문제를 다룸에 있어 그들의 고통에 대한 공감 없이 너무 일방적으로 "하나님의 뜻"만을 강조하는 것은 대화의 단절을 만들 가능성이 크다. 하나님의 뜻은 신앙적으로 성숙하였을 때 언급할 수 있고, 이해할 수 있는 주제이기 때문이다. 이러한 질문과 토론에 있어 너무 성급한 결론에 도달하려는 시도를 피하는 것이 좋을 것 같다. 이것은 아주 큰 주제이며, 이것은 사실, 남한 사람들이 남한이 아닌 아프가니스탄이나 미국에 태어나지 않는 이유를 하나님 앞에 묻는 것과 마찬가지의 의미를 가지기 때문이다.

둘째, "북한을 사랑하면서도 사랑할 수 없는 마음, 증오하는 마음을 신앙적으로 어떻게 하여야 하는가?"라는 것이었다. 자신이 태어나 자란 곳이고 모든 친구와 친척들 그리고 가족들이 다 살아가고 있는 북한이라는 나라에 대한 소속감과 애정이 없을 수 없으나, 동시에 그 나라에서 너무 많은 고통을 받았고, 특히 탈출 후에 체포되어 다시 북한에서 감옥 생활 등을 하면서 너무도 잔인한 대우를 받은 기억들이 있어 북한에 대한 감정은 매우 양가감정적(ambivalent)인 것이 나타나고 있었다. 이것은 모든 인간에게 있을 수 있는 자기 소속 집단에 대한 감정이지만, 북한 출신들은 특히 더 심한 감정에 고통스러워하는 측면이 있었다. 그러므로 이런 감정을 신앙적으로 정리해 나갈 수 있도록 돕는 것이 필요로 하게 되었다.

셋째, 종교의 신비성에 대한 질문들이었다. 탈북자 중에는 지나치게 과학적 태도에 집착하여 종교에 다가가기 힘들어하는 사람들도 있으나, 반대로 기적과 신비의 세계에 완전히 매료되어 그것에 집착하는 양상을 보일 수 있는 사람들도 있다는 것을 고려하여야 한다. 북한에서의 교육 분위기가 철저히 반종교적이었고, 반미신적이었던 것은 사실이나, 동시에 한국의 전통적 민속 신앙적 분위기가 북한에서도 그대로 존재하고 있다. 그리고 나름대로 신앙적인 신비 체험을 해 본 경험이 있는 사람들은 즉각적으로 그런 신비주의적 신앙 세계에 몰두해 들어갈 가능성을 보이기도 하였다. 그러므로 그런 점에서 일종의 신앙적 균형, 즉 이성적으로 성경을 읽고 이해하고 분석하려는 태도와 신비적 체험 위주의 기도 생활 등의 균형을 가지도록 돕는 것이, 남한 출신 초신자들을 도울 때도 요구되는 것처럼, 탈북자들의 신앙을 돕는 데도 매우 중요하다.

이와 같은 주제들의 토론은 성경 공부 과정 중 어느 시점에서든 나올 가능성이 있다. 그때 이 주제만으로 너무 집중하여, 모든 것을 다 뒤로 미루는 것처럼 하는 것은 진행상 어려움을 가질 수 있다. 따라서 적절히 잘 다루면서, 어느 정도의 토론 후, 이 주제는 이 성경 공부 전체 프로그램이 종료될 때 다시 한 번 종합적으로 한 번 다루어 보자고 이야기하고, 그때까지 충분히 준비를 한 후, 그때 다루는 것이 좋을 것 같다.

3. 교회 출석이 가지는 사회적 이익과 영적 성숙이라는 두 축의 균형과 승화를 고려하여야 한다

> "중국에서 처음으로 성경을 읽게 되었다. 선교사에게 잘 보여야 한국에 갈 수 있겠다는 생각이 들어 그때는 기계적으로 적응하였으나 일단 한국에 들어와서는 교회에 다니지 않았다."

일반적으로 탈북자들이 처음 기독교를 접하게 되는 것은 탈북하여 중국에 있는 기간 중이다. 중국에서 살아남고 남한에 들어오기 위하여 교회의 도움이 절실하기 때문에 이들은 기독교에 적극적으로 접근하였던 경우들이 많다. 즉 영적인 이유에서 보다 물리적 객관적 도움을 받기 위한 생존 전략으로 교회에 간 것이었다. 이것은 매우 절박한 어려움 속에 있는 그들에게 매우 당연한 일이었다. 그리고 이들은 자신들이 도움을 받으면서도 아무런 대가를 지불할 수 없음에도 자신들을 돕는 교회 사람들에 대하여 나름대로 생각을 하고 판단을 한다. 자신들의 종교를 확산시키기 위한 전략적 행동이라고 해석하는 탈북자들도 일부 있으나, 많은 경우에는 "가난하고 힘없는 고통 받는 사람들을 돕는 종교"로서의 기독교에 대한 강한 인상을 가지게 되는 것이다.

남한 입국 후 이들은 교회에 나간다. 일부 교회에서는 탈북자들이 교회 주일 예배에 참석하거나 성경 공부 등에 참여하면 경제적 지원을 해주기도 하였다. 일부 탈북자들은 그런 것에 대한 기대를 가지고 교회에 나간 것도 사실이었다. 그러나 어떤 이유가 되었든, 이들이 교회에 나오게 되면서 이들은 중국에 이어 다시 영적인 세계의 이야기를 접하게 된다. 그것은 중요한 의미를 가지는 것이다. 그러나 실제로 이들에게 주는 경제적 지원이 일종의 지속적 미끼가 되어서는 안 될 것이다. 그것은 탈북자들을 비인격적으로 대우하는 것이 되기 때문이다. 교회가 주는 경제적 지원은 그들이 지금 경제적 고통 속에 있기 때문에 아무런 대가 없이 지원하는 것이 되어야 한다. 그런 의미에서 탈북자들에 대한 교회의 경제적 지원을 무조건 부정적으로만 볼 필요는 없다. 다만, 그것은 매우 신중하여야 하고, 훨씬 더 인격적이어야 하며, 신앙적이어야 한다. 시간이 지나감에 따라 탈북자들은 경제적 지원보다도 진정한 인격적 만남을 원하고 그것 때문에 교회를 나오게 된다. 그러므로 이 두 가지의 균형과 승화를 추구하는 것이 성숙하게 이루어져야 할 것이다.

4. 타인의 의견을 끝까지 듣고 논의할 수 있는 훈련을 시켜야 한다

탈북자들은 일반적으로 토론 문화에 익숙하다. 북한에서 워낙 많은 토론들을 하였기 때문이다. 그런데 그런 토론을 할 때, 자신의 잘못을 인정하고 타인의 주장을 받아들이는 것을 일종의 패배이고 굴욕이라고 느끼는 감정들을 남한 사람들보다 상대적으로 더 강하게 가지는 경향이 있다. 객관적인 근거가 있을 때에는 자신의 잘못을 빨리 인정하고 받아들이기도 하지만, 신앙이나 또는 남북한 문제와 같이 객관적 문제라기보다는 일종의 가치관적 문제가 개입된 토론에서는 여간해서는 자신의 주장을 굽히려 하지 않는다. 그 자체는 별 문제가 되지 않을 수 있다. 그러나 성경 공부의 원활한 진행과 이 시간을 통하여 배울 수 있는 내용들을 더 늘려가기 위하여 타인의 주장을 들을 때 중간에 가로막지 않고, 인내심을 가지고 끝까지 듣도록 격려하고, 논리적인 논의를 진행할 수 있도록 요구하는 훈련이 좀 더 필요할 수 있다. 그것이 이들에게 성경 공부로부터 얻는 중요한 도움이 될 수도 있다.

5. 공동체 체험을 할 수 있도록 돕는 것이 중요하다

이 책의 앞 장에서도 언급 되었듯이, 탈북자들은 그들의 북한 생활 경험과 탈북 과정에서의 체험으로 인하여 새로운 타인들에게 마음을 열고 하나의 공동체를 형성하는 일에 매우 소극적이다. 그런 그들의 태도는 성경 공부 집단 안에서도 그대로 재현될 때가 많이 있다. 탈북자들을 대상으로 하는 성경 공부가 진행되다 보면, 결국 성경 공부를 지도하는 남한 출신 리더가 주체가 되고 탈북자들은 매우 수동적이고 침묵하는 참여자가 되는 현상이 나타날 수 있다. 이것은 성경 공부팀이 탈북자들의 공동체로 형성되는 것을 늦추는 원인이 될 수 있다. 따라서 가급적 어느 정도 서로와 성경 공부에 익숙하게 되는 시점이 되면, 탈북자들이 스스로 자신들의 이야기를 할 수 있게 하고, 성경 공부의 주인이 되어 나름대로 준비하고 발표하고 토론하는 분위기가 되도록 도와주는 것이 필요하다. 그리하여 점차 다른 탈북자들의 '논리'가 아닌 '그 인간'에 대한 관심을 가지고 서로 사귈 수 있도록 지원하는 것이 필요하다. 이것은 참여자 전체가 동시에 시행하기는 어려울 것이다. 따라서 좀 더 쉽게 자신의 마음을 열 수 있는 사람부터 나서서 그런 시간을 가지도록 돕고, 그런 다른 탈북자들의 모습을 본 탈북자들이 하나씩 그런 분위기에 동참할 수 있도록 지원해 주는 것이 필요하다. 한 가지 방법은 늘 모이던 시간과 형식이 아닌, 별개의 시간에 야외로 나가거나, 영화를 같이 보러 가는 등의 시간을 만들어 소위 멤버십의 강화가 좀 더 쉽게 이루어질 수 있도록 하는 것이다. 공동체 체험은 탈북자 성경 공부에 있어 성경 지식의 증가보다도 훨씬 더 높은 목표가 되어야 한다.

VI. 성경 공부 리더에게 요구되는 특성

이 부분에 대하여는 본 연구의 앞부분에서 다룬 바 있다. 여기서는 그 부분을 간단히 요약하고 제언을 추가하고자 한다.

1. 원하는 지도자 상에 대한 이해

북한에서 탈북자들은 거의 신(神)에 가까운 "김일성의 이미지"를 교육 받아 왔다. 그 김일성은 북한에서 "완전한 지식과 지혜를 가진 백전백승의 승리자이고 불굴의 의지력을 가진 존재이고, 동시에 각 인민 하나하나를 위하여 마음을 써주고 그들의 고통에 밤잠을 자지 못하는 따뜻한 심성을 가진 사람"으로 그려졌다. 그것이 김일성이 스스로 의도적으로 만들어 선전해 온 이미지이고, 동시에 북한 인민들이 김일성이라는 "지도자"에게 기대하며 부여한 이미지이기도 하였다. 즉 북한 사람들이 생각하는 마땅히 어떠하여야 한다고 생각하는 지도자 특성을 김일성에게 투사한 것이었다. 그래서 어쩌면 탈북자들을 포함한 모든 북한 사람들은 그런 특성을 가진 리더를 계속 열망하고 있는 것인지도 모른다. (사실, 남한 사람들도 같다고 할 수 있을 것이다) 그런데 남한에 들어온 탈북자들은 남한 사회에서 살면서, 특히 다른 영역의 지도자들보다도 더, 종교 지도자들에게 그런 "김일성식 지도자상"을 더 강하게 기대하고 있는 측면이 있음을 볼 때가 있다. 필자가 참여하였던 성경 공부에서 탈북자들은 자신들이 생각하는 바람직한 교회 목사에 대한 이미지는 다음과 같았다. 성경에 대하여 해박하게 지식을 가지고 잘 설명해 주는 목사님이기에 앞서, 인격적으로 훌륭하시면서 자신들을 잘 이해해 주고, 자신들의 이야기를 귀담아 들어주는, 그리고 자신들이 좀 더 쉽게 접근할 수 있는 그런 목사님이라는 것이었다. 이런 그 분들의 기대를 잘 이해하는 것이, 이분들과의 관계를 만들고 발전시켜 나가는 데 도움이 될 것이다.

2. 종교 지도자가 고려하여야 할 부분들

북한에서 김일성, 김정일에 대한 매우 극단적인 우상화적 교육을 받았기에, 일반적으로 탈북자들이 가지는 지도자에 대한 태도는 이중적인 동시에 양극단적인 측면이 나타날 수 있다. 즉 한편으로는 그들이 실력적인 면에서나 인격적인 면에서 훌륭하다고 인식하는 지도자에게는, 마치 북한에서 그러하였던 것처럼, 매우 적극적인 호감을 표현하고 그를 흠모하며 따르려는 적극적 태도를 보이려 한다. 그러나 능력이나 인격이 부족하다고 판단되는 사람에게는 약간 지나칠 정도로 강경하게 반발하는 태도를 보일 수 있다. 사실 이런 일종의 흑백논리적 태도는 북한에서 철저히 요구되고 그에 따라 순응하여 체득한 측면도 있을 수 있다. 그러면서 교회에서 이들은 종교 지도자들에게 더 엄격한 그들 식의 "잣대"를 들이댈 수 있기에, 교회와 같은 종교 기관들의 사람들과 지도자들은 탈북자들이 진심으로 함께 지낼 수 있도록 능력과 인격적인 측면에서 좀 더 훌륭해지기 위한 노력을 할 필요가 있다. 그러나 이것이 어떤 가식적인 모습을 가지라는 것은 아니다. 오히려 그런 가식은 남한사람들 보다 더 예민하게 잘 파악하는 능력을 가지기도 한다. 따라서 솔직한 대화가 필요하며, 그런 북한이탈주민들의 기대에 부응하는 것이 힘들다고 이야기 할 수도 있으나, 인간적인 솔직함과 소탈함을 크게 중요시하기에, 이분들과의 대면 자체를 두려워하지 않는 것이 필요할 것이다.

이상과 같은 내용들을 제시하였지만, 이것이 다는 물론 아닐 것이다. 그들을 위한 진정한 기도를 통하여, 그야말로 성령께서 함께 하시는 성경 공부의 시간과 그 인간관계들이 되는 것이 가장 깊은 본질이 될 것이다.

교회에서 진심으로 그리고 적극적으로 마음껏 질문하는 북한이탈주민 초신자들과, 그것을 진지하게 경청하면서, 같이 그 답을 찾아보려고 애쓰는 그런 모습의 성경 공부 리더들의 모습들이 우리나라 교회에 더욱 가득 차기를 바란다.

APPENDIX

부록

부록 1 통일 관련 저서들의 저자 서문 모음

부록 2 통일 관련 저서들의 저자 글 및 논문 목록

부록 1

통일 관련 저서들의 저자 서문 모음

– 저자가 통일 관련하여 단독 저자 또는 대표편저자로 출간하였던 책들의 서문, 발간사, 저자후기 및 각 책에 들어간 저자의 원고 목록

1. 사람의 통일을 위하여(오름, 2000)
2. 탈북자와 통일 준비(연세대학교 출판부, 2003)
3. 사람의 통일, 땅의 통일(연세대학교 출판부, 2007)
4. 통일 실험, 그 7년(한울. 2010)
5. 통일에 대한 기독교적 성찰(새물결플러스, 2014)
6. 평화에 대한 기독교적 성찰(홍성사, 2016)
7. 용서와 화해에 대한 성찰(명인문화사, 2018)
8. 한반도 건강공동체 준비 1판(박영사, 2018)
9. 트라우마와 사회치유(역사비평사, 2019)
10. 평화와 반(反)평화 2판(박영사, 2021)
11. 한반도 건강공동체 2판(박영사, 2021)
12. 통일보건의료의 미래(박영사, 2023)

사람의 통일을 위하여

(오름, 2000)

저자: 전우택

서문

I. 첫 번째 "사람의 통일"

우리는 처음 그렇게 만났다. 1994년 12월의 어느 추운 날 오후. 서울교대 전철역 근처 지하 식당이었다. 우리는 같은 1961년생이었다. 같은 해에 나는 남한의 인천에서 태어났고 그는 북한의 평양에서 태어났다. 우리는 서로를 전혀 알 수 없는 상황에서 서로가 살고 있는 체제에 대한 철저한 적개심과 경계심을 가지도록 냉전적 교육을 받으며 각각 그렇게 자랐다. 그 후 나는 연세대학교 의과대학을 나와 정신과 수련을 받고 정신과 의사가 되었고 미국에 공부하러 갔다 온 후에 사회정신의학자로서 북한 연구를 하는 사람이 되었다. 그는 김일성종합대학을 나와 모스크바 대학에 유학을 갔다가 그 곳에서 망명 신청을 하였고 우여곡절 끝에 남한에 들어 왔다. 그리고 어느 북한 관련 단체의 주선으로 우리는 서로를 소개받게 되었다. 조심스러운 전화를 주고받았고, 약속을 하였으며, 그리고 처음으로 만나게 되었다. 그는 내가 마주 앉아 개인적으로 이야기를 나누었던 최초의 "북한 출신 사람"이었다. 그 날 우리는 많은 이야기를 나누었다. 그 이야기들이 어떤 것이었는지 이제는 기억나지 않는다. 다만 분명한 것은 그 만남 이후로 우리는 서로를 많이 이해하게 되었고 자주 만나게 되었다는 것이었다. 그는 우리 집에 와서 우리 집 아이들과 놀아 나의 두 아들이 매우 좋아하는 "삼촌"이 되었고 나도 그의 집을 찾아갔었다. 그와의 만남은 나에게 사회정신의학자로서 북한에 관한 연구를 시작하게 된 구체적인 계기가 되었다. 그리고 ... 7년의 세월이 지났다. 그와는 여러 가지 이유와 모습으로 늘 자주 만나며 지내왔다. 그동안 여러 분들의 도움을 받아 또 다른 많은 북한 출신 사람들을 만날 수 있었고, 연관된 많은 책들과 자료를 접하면서 통일 관련 연구를 할 수 있었다. 그러나 그 모든 활동과 경험 뒤에는 나에게 있었던 그 "첫 번째 만남"이 근본적인 영향을 끼치고 있었다. 다른 체제에서 자라나 이질화된 남북한 사람들이라 할지라도 함께 노력한다면 모든 것을 극복하고 결국은 "좋은 하나"가 될 수 있다는 생각. 그것은 저자에게 있어 첫 번째 "사람의 통일"이었다.

II. 이 책의 목적

이 책은 다음과 같은 목적으로 쓰여졌다.

첫째, "땅의 통일"에서 "사람의 통일"로, 통일을 바라보는 한국인들의 시각을 넓히기 위해서이다. 한반도에서의 통일은 크게 두 가지 종류가 있다고 생각한다. 하나는 땅의 통일이다. 그것은 갈라진 국토, 정치, 경제, 외교, 군사적 측면에서의 통일이다. 그것은 지금 우리에게 좀 더 가까이 다가오고 있는 듯하다. 그러나 그것이 통일의 전부가 아니다. 50년 이상 지속된 철저한 냉전적 대립 속에서의 분단은 남북한 사람들을 이제 매우 다른 이질적 사람들로 만들었다. 설령 땅의 통일이 이루어진다 하더라도 이러한 이질적 갈등을 조화롭게 극복하지 못하는 한 우리의 "땅의 통일"은 완성되는 것도 아니며, 실은 지속될 수도 없을 가능성이 있는 것이다. 그런 의미에서 남북한 사람들이 다시 하나가 되어 조화를 이루며 살아가게 될 수 있게 하는 것은 민족의 새로운 과제로 등장하고 있다. 이것을 이 책에서는 "사람의 통일"이라고 불렀다. 그리고 한국인들에게 이 사람의 통일에 대한 관심과 시각을 넓히기 위하여 이 책은 쓰여졌다.

둘째, 현재 탈북자들의 남한 사회 적응을 돕기 위하여 애쓰시고 있는 분들과 앞으로 남북한 사람들의 조화로운 통일 사회 적응을 위하여 준비하고 있는 분들을 구체적으로 돕기 위하여 이 책은 쓰여졌다. 이 책에서 자세히 다루어지고 있는바, 탈북자들은 통일 과정에 있어 매우 중요한 의미를 가지고 있는 사람들이다. 탈북자들이 남한 사회 적응에서 어떤 어려움을 가지며, 그것은 어떻게 해결해 갈 수 있는지를 이해하고 경험하는 것은 통일 이후 사람의 통일을 이루는 데 가장 중요한 예비 자료가 된다. 그런 의미에서 관련 국가 공무원으로, 탈북자 담당 경찰관으로, 시민단체나 교회 단체의 탈북자 지원 담당 간사나 자원봉사자 등으로 탈북자들의 남한 사회 적응을 구체적으로 돕는 분들이 좀 더 포괄적으로 탈북자들의 상황과 그들의 마음을 이해하고 효과적으로 활동하실 수 있도록 도움을 드리기 위하여 이 책은 쓰여졌다.

셋째, 앞으로 "사람의 통일"과 관련된 중요한 연구를 하게 될 젊은 연구자들을 위하여 이 책은 쓰여졌다. 저자가 처음 탈북자들에 대한 연구를 시작할 때만 해도 이런 주제는 매우 생소한 것이었고 국내 연구도 거의 없는 상황이었다. 그러나 이제는 이것에 관심을 가지고 연구하려는 젊은 연구자들이 많이 늘어가고 있다. 이 책은 그동안 연구된 결과들에 대한 보고라기보다는 앞으로 연구되어야만 하는 과제들에 대한 새로운 아이디어들의 제시와 제안이라고 할 수 있다. 사람의 통일이 완성되는 그날을 위해 노력할 능력 있고 열정 있는 연구자들에게 이 책이 작으나마 하나의 자극과 도전이 되기를 간절히 바란다.

Ⅳ. "사람의 통일"을 위하여

... 그는 나와 처음 만난 얼마 후 결혼을 하였고 이제 두 아이의 아버지가 되었다. 그를 "삼촌"이라고 불러대며 깔깔대던 나의 두 아들은 그 후에 좀 더 커서 "삼촌" 소리는 더 이상 하지 않게 되었다. 그러나 분명한 사실이 있다. 그것은 그와 나를 통하여 새로이 이 한반도에 태어난 새 새대들이 지금 자라나고 있다는 사실이다. 그리고 분명한 꿈도 있다. 더 이상 분단과 증오와 대립이 없는 한반도, 이질감으로 인하여 긴장과 오해와 슬픔이 없는 한반도, 그런 한반도에 우리의 아이들이 살아가게 되기를 바라는 꿈이 그것이다. 그 꿈이 이 책을 쓰게 하였다. 우리 아이들이 경험할, 그리고 경험하여야만 하는 그 "사람의 통일"을 소망하면서...

이 책에 실린 저자의 글

서문

1부. 사람의 통일을 위한 이론적 고찰

1장. 탈북자들의 남한사회 적응에 대한 심리적 정신의학적 이해

2장. 탈북자들의 남한사회 적응 : 문화적응을 중심으로

3장. 탈북 아동 청소년의 남한사회 적응

4장. 탈북자 정신건강 지원 프로그램 모델

5장. 탈북자 정신건강 치료 프로그램 운영방법

2부. 사람의 통일을 위한 외국 사례현장 연구

6장. 독일 통일 이후 그 심리적 갈등과 극복방안 : 구동독인들과의 면담기록을 중심으로

7장. 민족통합의 길을 찾아서 : 베트남에 있어 귀환자 처리 및 남북 갈등의 해결 모색

8장. 코소보 난민들의 심리적 정신건강적 어려움에 대한 질적 연구 및 한반도 상황에서의 적용

3부. 더 넓게 바라보는 사람의 통일

9장. 탈북자들의 남한사회 적응과 심리갈등에 대한 이해

10장. 사람의 통일을 위한 제언 : 남북한 사람들의 이질화 극복을 위한 사회정신의학적 제언

부록: 기독교적 관점에서 본 통일 : 통일의 광야에서

탈북자와 통일준비
(연세대학교 출판부, 2002)

저자: 민성길, 전우택, 윤덕룡

저자 후기

2002년 8월의 마지막 주간이었다. 저자는 이 책의 공동 저자인 민성길 교수님과 함께 일본에서 열린 제12차 세계정신의학회 학술대회에 참석하여 연제 발표를 하였었다. 그런데 학회 셋째 날, 저자의 관심을 끄는 발표가 하나 있었다. 그것은 한 젊은 팔레스타인 정신과 의사가 그곳에서의 자신의 활동에 대하여 이야기하는 것이었다. 팔레스타인에서는 어린아이들에서부터 젊은 여자들, 중년과 노년에 이르는 수천 명의 사람들이 거의 매일 같이 이스라엘에 항거하는 데모를 하고 돌팔매를 하다가 총상을 입어 부상당하거나 죽고, 체포당하여 고문당하고, 때로는 암살당한다는 상황을 그는 이야기하였다. 그리고 그 속에서 정신과 의사로서 하고 있는 자신의 일을 이야기하였다. 사실, 그 극단적으로 숨 막히게 복잡한 거대한 정치적 상황 속에서 한 명의 정신과 의사 개인으로 그가 할 수 있는 일이란 매우 작은 것일 수밖에 없었을 것이다. 그러나 그는 불안해하고, 우울해 하고, 정신적으로 큰 고통을 받고 있는 그 팔레스타인 사람들 곁에 '존재'하면서 그들을 위하여 일하고 있었다. 아랍의 악센트가 강하게 들어간 그의 발표하는 영어보다도, 그의 그런 '존재 자체'가 나에게는 매우 인상적이었다. 그의 발표를 들으면서 많은 질문이 내 머리 속에 떠올랐다. "내가 만일 저 팔레스타인에서 태어난 사람이었다면 어떠하였을까?", "내가 만일 저기 팔레스타인에서 정신과 의사로 살고 있었다면 나는 무슨 일을 하면서 어떻게 거기서 살고 있었을까?"

"정신과 의사가 어떻게 북한 연구를 다 하세요?"라는 질문을 받으며 지내 온지가 이제 10년이 다 되어 간다. 10년 전에는 그런 질문을 받았을 때 무어라 대답을 했었는지, 이제는 기억이 잘 나지 않는다. 그러나 지금 생각해 보면 아마 그 답은 계속 변해 오지 않았나 싶다. 그리고 이제는 이렇게 대답을 하여야 할 것 같다. "정신과 의사는 정신적으로 고통스러워하는 사람들을 돕는 것이 일이거든요. 그런데 북한 사람들은 전 세계적으로도 가장 정신적으로 고통을 받고 계신 분들 중 하나이고, 저는 한국인으로 태어나 정신과 의사가 되었으니, 그분들을 돕는 일을 하는 것이 필요할 것 같아서요. 그러다 보니 연구도 조금 하고, 그분들을 위한 활동도 조금 하게 되고..."

이 책은 1999년부터 2001년까지 3년의 기간 동안 학술진흥재단이 연세대학교 통일연구원에 연구소 중점지원사업으로 지원한 연구프로젝트의 한 부분으로 민성길 교수님과 저자, 그리고 윤덕룡 박사가 연구한 연구 결과들을 묶은 것이다. 각자가 따로 한 연구도 있고 함께 한 연구도 있다. 그동안 연구 결과들은 연세대학교 통일연구원에서 발행하는 '통일 연구' 등의 학술지를 통하여 발표하였는데, 이제 그 연구 기간이 다 끝나게 되고, 자료로 찾으시는 분들도 있고 하여, 그 연구 결과들을 하나로 묶는 것이 좋을 듯하여 몇 가지 미발표 자료들을 합하여 책으로 펴낸다.

… 중략 …

마침내 그 젊은 팔레스타인 정신과 의사의 발표가 끝났고 청중들은 조용한 박수를 쳐주었다. 팔레스타인 사람으로 태어나 그 땅에서 정신과 의사가 된 사람은 팔레스타인 사람들을 돕는 것이 운명일까? 그 위험한 땅에서 활동하다가 그 자신이 언젠가는 희생자가 될지도 모를 일인데도 그는 거기서 그렇게 일하고 있었다. 그러면서 어쩌면 비슷할지도 모른다는 생각하였다. 한국인으로 태어나 이 땅에서 정신과 의사가 된 사람은 그로서의 운명, 나 자신이 좀 더 원하는 표현이라면, '하나님의 부르심'이 있다고 생각되었다. 비록 늘 그런 부르심에 부족한 응답을 하고 있는 것에 부끄러움을 느끼지만.

나는 우리 민족이 정말로 '좋은 통일'을 '성공적'으로 하게 되기를 바란다. 비록 그렇게 되기에는 많은 장애물들이 있는 것이 사실이지만, 우리는 그것을 해 낼 수 있다고 믿는다. 이런 책을 정성껏 읽어 주시고 함께 고민하며 생각하시는 많은 분들이 이 땅에 있는 이상에는...

2002년 가을, 연세의대 교수실에서

공동저자 전우택

이 책에 실린 저자의 글

2장. 보호경찰관들의 탈북자 지원 경험 분석. (전우택, 윤덕룡, 민성길)

4장. 자원봉사자들의 탈북자 지원 경험 분석. (전우택, 윤덕룡, 강성록, 김형중, 민성길)

5장. 비정부기구(NGO)의 탈북자 지원 경험 분석 및 개선방향. (전우택, 강성록, 윤덕룡, 김형중, 민성길)

6장. 공무원들의 탈북자 지원 경험 분석

10장. 루마니아를 통하여 보는 공산 사회의 전환과 정신사회적 갈등 (전우택, 민성길)

저자 후기

사람의 통일, 땅의 통일
(연세대학교 출판부, 2007)

저자: 전우택

서문

두 개의 통일

지금 필자의 대학 연구실 책상 앞 벽면에는 축적 1:1,150,000의 커다란 〈조선행정구역도〉가 붙어있다. 북한의 교육도서출판사가 2000년 8월 30일 인쇄한 한반도 전역 지도이다. 이 지도가 필자에게 소중하게 느껴지는 이유는, 이것을 필자가 북한 방문 시 직접 사온 것이기 때문만은 아니다. 이 지도에는 남과 북을 나누는 군사분계선 표시가 없다. 그저 경기도와 강원도의 모습이 그대로 다 연결되어 있는, 분단되지 않은 한반도의 모습이 그려져 있기 때문이다. 필자가 하루에도 여러 차례 바라보곤 하는 이 지도에서 우리 한반도는 이미 "땅의 통일"을 이루고 있다.

그러나 분단 60년의 세월 속에서 남한 사람들과 북한 사람들은 철저히 이질화되어 왔다. 분단 시점 1945년을 기준으로 하여 본다면, 사실, 더 많이 변한 것은 남한 사람들일 것이다. 산업화와 현대화, 그리고 치열한 자본주의 체제하에서 남한 사람들은 분단 시점의 한국인들과는 완전히 다른 존재들로 그 의식과 생활양식이 바뀌었기 때문이다. 그러나 북한 사람들도 달라졌다. 어쩌면 1945년도의 한국인들과는 좀 더 비슷한 감정과 생활양식을 가지고 있을지는 몰라도, 주체사상이라고 하는 새로운 종교적 정치이데올로기와 철저히 집단화된 체제하에서 완전히 다른 의식을 가진 존재들이 되어 버렸기 때문이다. 이러한 남북한 사람들의 이질화는 한반도 통일에 있어 가장 실질적인 장벽이 되고 있다. 그것은 양측의 체제와 대량살상 무기보다도 더 높고 단단한 통일의 장애물인 것이다. 그러기에 이 이질화되어 있는 사람들의 의식을 하나로 합치는 "사람의 통일"은 "땅의 통일"을 이루는 데 있어 가장 큰 선결 과제이다. "사람의 통일"을 이루지 못한다면 "땅의 통일"은 불가능하며, 설사 일시적으로 "땅의 통일"이 이루어진다 할지라도, 첨예한 갈등 속에서 재분단의 과정을 가게 될 것이기 때문이다.

그 "사람의 통일"을 고민하고 공부한지 14년의 시간이 지나갔다. 조금씩, 정말 장님이 거대한 코끼리를 더듬듯, 그렇게 조심스레 생각하고 공부하고 연구하여 왔으나, 여전히 북한이라고 하는 사회와 북한 사람들은 필자에게 어렴풋이 보이는 그림자 같은 대상일 뿐이다. 그러나 그럼에도 불구하고 남북한 사이의 관계는 지난 14년 동안 엄청나게 변하여 왔다. 북한의 기근으로 인하여 남한의 대규모 물자 지원이 시작되었고, 남북 정상 회담이 있었으며, 두 번의 북핵 위기가 있었고, 남북 경제 교류가 이루어져 개성 공단이 돌아가기 시작하였다. 14년 전에는 한 해에 남한에 들어오는 탈북자의 숫자가 10명 미만이었는데, 이제는 한 해 2000명이 들어온다. 우리가 그것을 인정하든 안하든, 한반도 지하에는 지금 뜨거운 용암이 맞부딪치며 새로운 통일의 역사를 만들어 내려는 힘들이 모아지고 있다. 그것은 "사람의 통일"과 "땅의 통일", 그 두 개의 통일을 향한 거대한 힘들일 것이다.

… 중략 …

각 장의 소개

이 책은 총 4부, 15장으로 구성되어 있다. 각 장의 내용을 간단히 소개를 드리고자 한다.

1장 〈집단 기억 현상을 통하여 본 북한사회 이해〉는 미국 하버드 의과대학 연수기간 중에 썼던 논문이다. 당시 속하여 연구하고 있던 하버드 난민정신건강센터(Harvard Program in Refugee Trauma)에서는 난민들에 대한 이해를 시도하는 방안 중 하나로 난민들의 집단기억(Collective memory) 현상을 연구하고 있었다. 저자도 그 연구에 참가하면서 이 집단 기억 현상이 북한에 대한 이해를 하는 데 매우 중요한 통로가 될 수 있다는 생각을 하게 되었다. 그러면서 당시 다루던 집단기억 현상에 대한 많은 문헌들과 함께, 나치 독일의 현상을 공부하였고, 하버드 옌칭 도서관에서 복사하였던 북한 연보 자료들을 비교하면서 연구한 결과가 이 논문이다. 개인적으로 북한적 현상에 대한 이해를 정신의학적으로 시도하려고 노력하였던 논문이었기에 많은 애정이 가는 논문이다.

2장 〈북한 의료를 통하여 본 북한 이해〉는 아주남북한보건의료연구소의 연구비를 받아 수행하였던 연구이다. 이 논문 역시 미국 연수 중에 썼던 것이고, 앞에서 언급한 바와 같이 하버드 옌칭 도서관의 북한 연보들과 북한 보건의료 관련 자료들을 모두 복사하여 열심히 읽어가며 만든 자료였다. 이 논문은 북한 의학이나 의료에 대한 역사를 다룬 논문은 아니다. 그것은 정식으로 의학사를 전공하시는 분들이 더 엄격한 고증을 하면서 쓰실 내용이 될 것이다. 이 논문은 북한 사회와 사람을 공부하는 학자로서 북한의 의료 현상 속에서 볼 수 있는 북한 사회의 특성을 분석해 보려는 시도를 한 것이다. 이 논문이 다루는 기간이 1940년대부터 1960년까지인 것은, 북한의 보건의료 영역의 가장 대표적 학술지인 〈조선의학〉

을 옌칭 도서관에서 1960년대까지 것만 구할 수 있었기 때문이기도 하고, 또 1970년대 이후까지 다루려면 그 내용이 너무 방대해져서 본인의 능력과 시간을 넘어서는 일이라 느껴졌기 때문이었다. 그리고 북한의 입장에서 보아 그들의 건국 초기인 1940년대부터 1960년까지가 주체사상이라는 기형적 사상에 덜 물들은, 그나마 소위 순수한 사회주의적 사회 특징을 어느 정도 가지고 있었던 시기였고, 그 시기의 보건의료 문제가 그 시대의 정신과 분위기를 잘 반영하고 있기에 일단 그 시기까지로 기간을 제한하였었다. 그 이후의 북한 의료를 정리하고 싶은 생각도 있었으나 엄두를 못 내고 있었는데, 이화여대 북한학 협동과정에 있던 최선주 선생의 2005년 석사 논문 〈북한의 주체의학에 관한 연구 – 특징과 형성 및 전개과정을 중심으로〉을 지도하면서 1970년대 이후의 북한 의료에 대한 생각을 같이 더 해볼 수 있는 기회가 있었다. 필요로 하시는 분들은 그 논문을 참조하여 주시기 바란다.

… 중략 …

13장 〈북한 대량난민촌 발생시 난민들에 대한 정신의학적 측면 지원 방안 – 난민 및 난민구호요원들의 정신건강 지원을 중심으로〉는 아주남북한의료연구소의 연구비를 가지고 이루어진 연구이다. 필자는 유고내란 사태가 정점에 이르러 있던 1999년 초여름, 마케도니아에 설치된 코소보 난민촌에 들어가 난민들의 정신건강 연구를 수행한 적이 있었다. 그 당시의 경험들은 필자의 저서 〈사람의 통일을 위하여(2000)〉에서 〈코소보 난민들의 심리적, 정신건강적 어려움에 대한 질적 연구 및 한반도 상황에서의 적용〉(pp.252-286)이라는 제목의 논문으로 실려 있다. 필자는 그 당시 난민촌에서 지내면서 많은 생각을 하여야만 했었다. 물론 절대로 원하는 것은 아니지만, 만일 한반도에 긴급 상황이 벌어져서 대량 북한 난민이 발생한다면, 이 영역의 관련 학자로서 어떤 준비를 하고 있다가 어떤 활동을 하여야 하는가에 대하여 심각하게 생각하였다. 그래서 그때부터 그에 대한 구체적 자료들을 모으고 정리를 시작한 것의 결과가 본 논문이다. 논문의 주제에 따라, 이 내용은 필자의 창의적 연구라기보다는 이미 많은 경험들을 가지고 활동을 한 기구들이 발간한 자료들을 우리말로 정리하는 긴 작업의 연구였다. 이 작업을 하는 데 있어 많은 도움을 준 당시 연세의대 정신과 수련의였던 정승용 선생과 아주의대 정신과 수련의였던 이은이 선생에게 감사드린다. 그리고 주로 참조하고 번역하여야 하였던 많은 자료들이 유엔난민기구(UNHCR) 자료였는데, 이 자료를 한국어 자료로 바꾸는 것에 허락을 하여 주신 유엔난민기구 본부와 유엔난민기구 한국지부 관계자 여러분께 다시 한 번 깊이 감사드린다. 사실, 개인적으로는 이 13장이 한반도를 위하여 크게 사용되지 않게 되기를 바란다. 그리고 만일 사용된다 할지라도 한국의 젊은이들이 이 장을 공부하여 다른 나라의 고통 받는 난민촌에서 활동하기를 바란다. 아니 더 바라기는, 전 세계에 더 이상 난민들이 발생하지 않아, 이 13장이 아예 필요하지 않는 그런 세상이 되기를 바란다.

… 중략 …

감사의 마음

… 중략 …

마지막으로 은사 연세의대 정신과 민성길 교수님께 감사드린다. 필자가 정신의학 영역에서도 매우 생소한 영역이었던 사회정신의학 영역을 전공해 보겠다고 나섰을 때도, 그리고 그 중에서도 북한과 통일을 주제로 하겠다는 '소수 의견 중의 소수 의견'을 내었을 때도 민성길 교수님은 그 모든 것을 받아주시고 격려하여 주시고 가르침을 주셨다. 문장 하나 쓰는 것부터 모든 가르침을 민성길 교수님을 통하여 받았고, 늘 새로운 지적 호기심을 자극하여 주시면서 필자를 이끌어 주셨다. 그 이후 많은 탈북자 연구를 함께 수행할 수 있는 기쁨을 누리기도 하였다. 민성길 교수님의 격려와 도움이 없었다면, 필자는 아마도 지금 이런 연구 활동을 결코 할 수 없었을 것이라 생각하고 있다. 따라서 이 책도 없었을 것이다. 부족한 제자에게 늘 가르침과 사랑을 베풀어 주셨던 민성길 교수님께 부족한 이 책을 헌정하는 이유이다.

그 날을 꿈꾸며

"통일이 되어 남한 사람들과 북한 사람들이 함께 살게 된다면 아마 굉장할 것입네다."

이번 학기 매주 월요일 5시 30분. 필자가 연세대학교를 다니고 있는 탈북대학생들과 함께 모여 성경 공부를 하는 시간이다. 그동안 수많은 탈북자들과 다양한 형태로 만나 많은 대화들을 나누었으나, 이번 만남은 필자에게 또 다른 매우 특별한 체험이 되고 있다. 살아가던 평양에서 추방당한 경험을 가진 학생, 북한을 탈출하였다가 중국에서 체포되어 북한으로 송환되어 감옥에서 생활하였고 재탈출을 한 학생, 자신의 고등중학교 동창들은 지금 대부분 군대 생활을 하고 있어 전쟁이 난다면 그들을 다시 만나게 될지도 모른다는 이야기를 하는 학생, 남한에 들어와 암 수술을 받고 힘든 투병생활을 하는 학생, 하나하나 소중하게 느껴지는 이 총명한 학생들에게 나는 또 다른 북한과 북한 사람들, 그리고 남한과 남한 사람들의 이야기를 듣는다. 그리고 이 남한 땅에서 탈북 학생들이 적응하며 살아가는 그들의 외로움과 어려움을 듣는다. 이 젊은이들의 솔직한 고백과 이야기에 우리는 함께 눈물을 글썽이고, 함께 남과 북의 미래를 바라

본다. 정말로 한반도의 현실은 어둡고, "사람의 통일"은 분명 어려운 과제이다. 그러나 동시에 느끼는 것이 있다. 그 "사람의 통일"은 우리에게 '가능한 과제'라는 것이다. 이들과 함께 하는 성경 공부 시간은 그것을 필자에게 큰 소리로 전해주고 있다. 북한을 떠나 남한에 들어 온 이 젊은이들에게서 나는 새로운 희망을 본다. 정말, 통일이 되어, 평화로운 통일이 되어, 땅의 통일뿐만 아니라, 사람의 통일이 되어, 통일된 우리 조국이 전 세계에 새로운 통합과 평화의 메시지를 전하는 날이 오기를 바란다. 그런 일들을 위하여 지금도 곳곳에서 힘겹게 애쓰고 계신 모든 분들께 이 책이 아주 작은 도움이라도 드릴 수 있다면 좋겠다.

2007년 6월 25일
한반도에서 있었던 그 전쟁을 기억하며
연세의대 연구실에서
저자 전우택 올림

이 책에 실린 저자의 글

서문

1부: 북한 사람들의 이해

1장. 집단기억 현상을 통하여 본 북한 사회 이해

2장. 북한의료를 통하여 본 북한 이해: 1940년대부터 1960대를 중심으로

3장. 탈북자들을 통하여 본 북한 주민 의식 조사

4장. 북한주민들의 사회의식 및 김일성 부자에 대한 태도 조사

2부: 남한에 있는 북한 출신 사람들의 이해

5장. 북한이탈주민들의 남한 사회 적응에 관한 연구

6장 탈북자들의 주요 사회배경에 따른 적응과 자아정체성에 관한 연구

7장. 탈북자들의 남한사회 적응생활 실태조사 - 2001년도 553명의 탈북자들에 대한 조사를 중심으로

8장. 북한이탈주민들의 외상경험과 외상후 스트레스 장애와의 관계

9장. 새터민들의 정신건강에 대한 고찰과 제안

10장. 통일이 되면 남북한 사람들은 과연 함께 잘 살 수 있을까?

11장. 탈북자들을 통하여 보는 남북한 사람들의 통합 전망

12장. 남한 내 새터민 정착 지원을 위한 새로운 패러다임

3부. 대량 난민 발생 시 정신건강 지원 방책

13장. 북한 대량난민촌 발생 시 난민들에 대한 정신의학적 측면 지원 방안 – 난민 및 난민구호요원들의 정신건강 지원을

중심으로

부록: 난민지원 활동을 하고 있는 스탭들을 위한 기초적인 스트레스 관리법

4부: 통일과 기독신앙

14장. 탈북자들의 신앙경험과 교회의 통일준비

15장. 민족화해와 기독 신앙

통일 실험, 그 7년
(한울, 2010)

대표편저자: 전우택

공동저자: 유시은, 조영아, 김연희, 엄진섭, 민성길, 김현경, 김희진

서문

연구를 시작한 이유

북한에서 오신 북한이탈주민 분들을 만나고 통일을 위한 연구를 시작한 것은 1993년이었습니다. 그때부터 지금까지 북한이탈주민 관련 연구를 계속해오면서 가장 어려웠던 것 중 하나는 "우리가 정말 이분들에 대해 사실과 진실을 이야기하고 있는 것일까?" 하는 의문이었습니다. 그것은 크게 두 가지 의문으로 요약됩니다. 첫 번째는, 매번 연구비가 마련되고 많은 분들의 도움으로 연구기회가 주어졌다 할지라도, 그때그때 모을 수 있는 북한이탈주민 분들을 대상으로 조사하게 되어 결국 정확한 표본 추출이 어렵다는 것이 그 하나였습니다. 그리고 두 번째는, 결국은 매번 횡단면 연구를 한다는 것이었습니다. 즉, 연구시점에서의 상황은 밝힐 수 있었지만 이분들의 시간에 따른 변화를 정확히 이야기하는 것은 어려웠습니다. 매년 수백 명에서 수천 명이 남한으로 들어오고 있고 이분들은

남한에서 살아가면서 매년 아주 새로운 특성을 가지고 변화해갑니다. 그런데 우리의 연구 결과는 그 어느 것도 관련 활동을 하시는 분들께 정확한 그림을 제공해드리지 못한다는 한계를 느꼈던 것입니다.

그래서 시작하기로 한 것이 패널연구였습니다. 한 시점에 남한에 들어오신 북한이탈주민들을 공통된 집단으로 묶어, 일정한 기간을 가지고 이분들을 따라가며 이분들의 남한살이의 변화와 생각의 변화, 적응의 변화를 알아가자는 것이었습니다. 학자로서 이것은 당연히 원할 수밖에 없는 연구형식이었습니다. 시간의 변화라는 측면을 연구 결과에 불어넣어, 북한이탈주민들의 삶과 생각의 모습을 입체적이고도 좀 더 진실에 가깝게 이야기할 수 있겠다고 생각했기 때문입니다. 그리고 전체 북한이탈주민 분들을 대상으로 하는 연구는 아니더라도 2000년대에 입국했다는 가장 강력한 공통점, 즉 남한에서 보내는 시간의 공통점을 가진 분들을 추적연구한다는 데서 가지게 되는 표본추출의 문제를 어느 정도 해소할 수 있는 방법이 되기 때문이었습니다.

… 중략 …

통일을 꿈꾸는 모든 분들과 함께

본 패널연구 이후에 저희 연구팀은 2007년에 남한에 입국한 500명의 새로운 북한이탈주민들을 패널집단으로 하는 제2차 패널연구를 시작했습니다. 첫 패널 집단이 200명이라는 점에서 아쉬움을 가졌기에 그 숫자를 배 이상으로 늘린 것입니다. 그래서 제2차 패널연구의 첫 번째 조사연구가 2009년에 실시되었습니다. 저희 연구팀으로는 이것이 이미 두 번째 패널연구이지만 연구를 수행하면서 발생하게 되는 난제는 제1차 패널연구와 다르지 않습니다. 500분과 꾸준히 연락해 이분들이 연속적으로 조사에 참여하도록 하는 것이 어렵고(6개월에 한 번 연락을 드릴 때마다 100명 정도씩 연락이 두절되곤 합니다), 장기적으로 지원해줄 수 있는 연구비를 찾기가 여전히 어렵고, 연구팀 학자들이 지속적으로 건강히(?) 이 연구에 참여할 수 있는지가 불투명합니다. 그러나 이 책을 묶으면서 이 연구가 진정으로 의미 있는 연구였고 많은 분들에게 도움을 드릴 수 있다는 사실을 다시 확인하였기에, 저희는 저희의 부족한 힘을 계속 이어가려 합니다. 이 책을 보시는 여러분들의 관심과 참여를 부탁드립니다. 그리고 새로운 연구자들의 참여도 부탁드립니다.

이 패널연구를 처음 시작할 때 석사과정을 시작하신 분들이 이제는 모두 박사과정을 마치고 박사님도 되시고 교수님도 되었습니다. 세월이 가진 힘을, 그리고 세월이 가진 희망을 봅니다. 지금도 민족과 역사를 향한 책임감을 갖고 자라나는 많은 통일전문가들이 이 땅에 더 많이 있게 되어 '땅의 통일'을 넘어서는 진정한 '사람의 통일'을 이루게 되기를 기원합니다.

2010년 한국동란 60주년의 6월 하늘을 바라보며
연세의대 교수실에서
전우택

이 책에 실린 저자의 글

서문

1부: 통일 실험과 7년 간의 삶과 생각

1장. 북한이탈주민의 사회적응 7년 추적 연구 - 생활과 교육을 중심으로(전우택, 유시은, 엄진섭, 김희진)

2장. 북한이탈주민의 종교생활에 대한 7년 종단연구 (전우택, 유시은, 엄진섭)

3장. 북한이탈주민의 소득수준 변화에 영향을 미치는 요인 (유시은, 엄진섭, 윤덕룡, 전우택)

4장. 남한 내 북한이탈주민들의 의식 및 생활만족도 7년 패널 연구 (전우택, 유시은, 엄진섭)

2부: 남한살이, 상처를 넘어서

7장. 북한이탈주민의 남한에서의 삶의 질 - 3년 추적조사 (민성길, 전우택, 엄진섭, 유시은)

8장. 북한이탈주민의 외상 경험 이후 심리적 성장 (김현경, 엄진섭, 전우택)

9장. 북한이탈주민의 삶의 질이 외상 경험 이후 심리적 성장에 미치는 영향 (김현경, 전우택)

10장. 남한 내 북한이탈주민들의 의식 및 상활만족도 (전우택, 윤덕룡, 엄진섭)

통일에 대한 기독교적 성찰
(새물결플러스, 2014)

대표편저자: 전우택

공동저자: 김지철, 고재길, 심혜영, 오준근, 윤덕룡, 이문식, 이해완, 임성빈, 조동준

발간사

"기독교인으로서 하나님의 의가 이루어지도록 김정일을 죽여 달라고 하나님께 기도하여야 하나요? 아니면 원수를 사랑하라는 예수님의 말씀을 따라 김정일을 용서해 달라고 기도하여야 하나요?"

5년 전 어느 날 밤, 한 교회에서 북한에 대한 강의를 하고 난 후 받은 질문이다. 이 질문을 던진 분의 목소리는 너무도 진지하고 차분했다. 나는 잠시 숨을 가다듬어야 했다. 북한이라는 주제, 그리고 통일이라는 주제는 한국의 기독신앙인들에게 이리도 중대하면서도 혼란스러운 것이구나 하는 생각을 선명하게 하게 된 순간이었다.

그날 밤, 내가 무엇이라 대답하였었는지, 지금은 정확히 기억이 나지 않는다. 그러나 분명한 것은 통일과 북한에 대한 깊이 있게 기독교적으로 성찰하는 책이 정말 필요하구나 하는 생각을 했었다는 사실이다. 그리고 5년이 지난 지금, 비로소 그 책이 출간되었다.

이 책은 2013년 1년간 한반도평화연구원이 〈통일에 대한 기독교적

성찰〉이라는 주제를 가지고 세 차례의 공개포럼을 하면서 발표되고 함께 토의되었던 내용을 정리한 것이다. 바쁜 중에도 기독신앙인으로서 통일과 북한을 바라보는 시선과 생각이 어떠하여야 할지에 대해 훌륭한 강의를 해주시고 원고를 내어주신 저자분들께 깊이 감사드린다.

앞으로도 한반도평화연구원은 기독교 싱크탱크로서 통일과 북한, 그리고 평화에 대한 기독교적 성찰과 활동을 지속적으로 해 나갈 것이다. 통일을 위하여 기도하고 노력하는 모든 이 땅의 기독인들에게 한반도평화연구원의 활동이 소중한 신앙적 의미가 있기를 간절히 소망한다. 그리고 앞에 놓인 이 책이 앞으로 한국 교회의 청소년, 대학생, 청장년, 그리고 모든 성도들에게 깊이 읽고 함께 토론하며 통일에 대한 생각을 가다듬는 도구로서 사용되기를 간절히 소망한다.

2014년 10월
한반도평화연구원 원장
전우택

이 책에 실린 저자의 글

발간사
6장. 북한을 이해하는 여섯 가지 키워드와 기독교적 성찰

평화에 대한 기독교적 성찰
(홍성사, 2016)

대표편저자: 전우택

공동저자: 김병로, 김중호, 박원곤, 양혁승, 이상민, 이윤주,

이창호, 이해완, 임성빈, 정성철, 조동준

서문

그 남자의 대답

북아일랜드 해방군(IRA) 출신의 그 강인해 보이던 50대 후반 남자는 잠시 생각하기 위해 대화를 멈추었다. 북아일랜드를 영국의 통치로부터 해방시키기 위해, 10대부터 자신의 형과 함께 북아일랜드에 주둔하고 있던 영국군과 신교도 주민들을 향한 테러 준비 정보를 수집하는 일을 했고, 그러다 결국은 감옥에 수감되기도 하였던 사람이었다.

170만 명이 살던 북아일랜드에서는 1969년부터 1998년까지 30년 동안 신교도와 구교도 간의 지속적인 충돌로 3,600명이 폭탄이나 총으로 자행된 테러로 죽었고, 3만 명의 사람들이 심각한 부상을 당하였었다. 희생자의 70%는 20~30대였고, 희생자들의 직계 가족만도 10만 명이 넘어섰

다. 가장 큰 비극은 이들 희생자들이 대부분 민간인들이었고, 같은 마을의 이웃들에 의하여, 그리고 많은 경우, 자신들이 왜 테러의 대상이 되었는지도 잘 모르는 가운데, 그런 희생을 당하였다는 것이었다. 너무도 복잡한 역사적, 민족적, 정치적, 경제적 배경을 가지고 있던 이 상호 증오의 끝없는 보복은 1998년 4월, 평화협정을 통해 마침내 끝난다. 그로부터 17년의 세월이 흐른 2015년 1월, 북아일랜드의 평화와 사회치유 연구를 위해 런던데리를 방문하였던 필자는 그 남자를 만나 다음과 같은 질문을 하였었다. "어떻게 그런 긴 기간 동안의 극단적인 증오를 가지고도, 평화협정에 동의할 수 있었습니까? 그 이유가 무엇이었는지요?" 잠시 생각을 하던 그가 마침내 입을 열었다. 그 대답은 필자가 예상하던 것과는 다른 것이었다.

> "그냥... 우리의 아이들만은 ...더 이상 우리와 같은 그런 폭력적 삶을 살다가 또 희생을 당하면 안 되겠다는... 그런 생각 때문이었습니다."

그들은 알고 있었다. 그런 증오를 가지고 지속하고 있던 상호 보복은, 결국 북아일랜드인이 다 죽어야만 끝날 수 있다는 것을. 그래서 정말로 서로를 너무도 증오하였고, 정말로 평화협정을 맺기 싫었지만, 자신들의 어린 아이들이 이 땅에서 살아남고, 행복한 삶을 누리도록 하려면, 이제는 여기서 멈추어 서야 한다는 것을. 그것이 기적과 같은 1998년의 평화협정을 만든 이유였다. 1998년 당시, 미국 하버드 대학에 연구원으로 있던 필자는, 아일랜드계가 많이 사는 보스턴 지역의 대표적 신문 〈보스턴 글러브〉지 1면 전체에 너무도 큰 먹글씨로 "평화협정 체결"이라고 쓰여 있던 것을 선명하게 기억하고 있다.

하지만, 북아일랜드와 같은 평화의 소식은 인류에게는 매우 낯설고 정말로 드문 일에 속한다. 그런 평화의 결단은 인간에게 있어 거의 불가능에 가까운 일이기 때문이다. 인간 내면의 그 뿌리 깊은 원한, 증오심, 복수심은, 평화협정을 맺느니 차라리 적과 자신들을 포함한 전부가 다 함께 죽기를 원할 정도의 그런 어쩔 수 없는 존재임을 보여준다. 그러한 일들을 우리는 인류 역사 속에서, 오늘의 신문 속에서, 그리고 때로는 정말 가슴 아프게도, 우리의 교회와 가정 안에서도 보게 된다. 그것이 이 책을 기획하게 된 이유였다.

이 책은 2014년 1년 간, 한반도평화연구원이 '평화에 대한 기독교적 성찰' 이라는 주제로 네 차례 진행한 공개포럼에 발표된 원고를 묶은 것이다. 평화에 대한 총론적 생각에서부터, 개인과 가정, 한국 사회, 교회, 국제 사회 등, 우리 삶의 각 영역에서 이루어야 할 평화를 연구원의 연구위원으로 수고하고 계신 학자분들이 영역별로 준비하여 발표하고 토론하였던 그 시간들은 우리에게 매우 소중하고 의미 있는 시간이었다. 이 책을 읽는 분들에게도 평화에 대한 더 깊은 성찰의 기회가 있으시기를 기대한다.

인간의 평화 VS 하나님의 평화

그러나 인간의 그 뿌리 깊은, 아니, 어쩌면 인간의 DNA에 철저하게 '장착'되어 있는, 그런 반평화(反平和)의 태도는, 우리가 아무리 '평화에 대하여 성찰'해도 해결될 수 없을지 모른다. 사실, 그것은 죄로 말미암아 타락한 인간의 어쩔 수 없는 모습임을 성경은 이야기하고 있기 때문이다. 인간에 의하여 처음으로 태어났던 '인간 가인'이 자기의 동생 아벨을 잔인하게 쳐 죽임으로써 인류의 역사는 시작 된다(창세기 4장 8절). 그리고 가인의 6대손 라멕은 자신에게 약간의 해를 입힌 타인들을 잔인하게 보복하여 죽이는 자신의 행위를 거대한 자부심과 자랑을 가지고 노래한다(창세기 5장 23-24절). 평화가 원천적으로 인간에게 불가능한 것임을 성경의 시작은 이야기하고 있는 것이다. 그 이후의 인류 역사와 인간의 모습을 우리는 잘 알고 있다. 스스로는 절대로 평화를 이룰 수 없는 인간의 그 일그러진 모습을 사도 바울은 다음과 같이 묘사하였다.

> "여러분이 항상 자기 마음대로 살려고 할 때 여러분의 삶이 어떻게 될지는 아주 분명합니다. 사랑 없이 되풀이 되는 값싼 섹스, 악취를 풍기며 쌓이는 정신과 감정의 쓰레기, 과도하게 집착하지만 기쁨 없는 행복, 껍데기 우상들, 마술쇼 같은 종교, 편집증적 외로움, 살벌한 경쟁, 모든 것을 집어삼키지만 결코 만족할 줄 모르는 욕망, 잔인한 기질, 사랑할 줄도 모르고 사랑 받을 줄도 모르는 무력감, 찢겨진 가정과 찢어진 삶, 편협한 마음과 왜곡된 추구, 모든 이를 경쟁자로 여기는 악한 습관, 통제되지도 않고 통제할 수도 없는 중독, 이름뿐인 꼴사나운 공동체 등이 그것입니다. 더 열거할 수도 있지만 그만 하겠습니다."
>
> (유진 피터슨 역, 메시지 성경. 갈라디아서 5장 19-21절)

이런 인간이기에, 인간이 원하는 평화는, 사실, 인간의 힘으로는 얻기 불가능한 것일 것이다. 그것은 인간이 아닌, 하나님에 의해서만, 그리스도의 복음에 의해서만, 이루어질 수 있는 것이기 때문이다. 그것이 우리가 평화를 얻기 위하여 하나님을 바라보아야 하는 이유이고, 우리가 평화를 위하여 하나님께 기도하여야 하는 이유일 것이다. 이런 평화의 삶에 대하여 바울은 다시 다음과 같이 이야기했다.

> "그러나 우리가 하나님의 방법대로 살면 어떤 일이 일어날까요? 과수원의 과일이 풍성히 맺히는 것처럼, 하나님께서 우리의 삶에 여러 가지 선물 - 다른 사람에 대한 호의, 풍성한 삶, 고요함 같은 것들 - 을

풍성히 주실 것입니다. 또한 우리는 끝까지 견디는 마음과, 긍휼히 여기는 마음과, 사물과 사람들 속에 기본적인 거룩함이 스며들어 있다는 확신을 갖게 될 것입니다. 우리는 충성스럽게 헌신하고, 우리가 살아가는 방식을 강요하지 않으며, 우리의 에너지를 슬기롭게 모으고 관리할 수 있을 것입니다."

(유진 피터슨 역, 메시지 성경. 갈라디아서 5장 22-23절)

평화는 하나님 안에서만 이루어질 수 있는 것임을 고백하는 이들을 우리는 "그리스도인"이라 부른다. 예수의 복음이 자기 안에서 평화를 이룰 수 있도록 영접하고 그대로 평화롭게 사는 이를 우리는 "그리스도인"이라 부른다. 그리고 그 하나님의 평화가, 그 하나님의 나라가, 이 세상에서 이루어지도록 기도하고 그것을 위하여 조용히, 그러나 당당히 활동하는 사람을 우리는 "그리스도인"이라 부른다.

평화를 위한 합창

10년 전인 2007년, '통일을 위한 기독교 싱크탱크'로 한반도평화연구원이 창립되었다. 그리고 벌써 10년의 세월이 흘렀다. 부족하지만, 주어진 여건 하에서 한반도의 평화와 통일을 위하여 다양한 학문 분야의 기독 신앙을 가진 학자들이 모여 함께 기도하고, 토론하며, 포럼을 열고, 출판물들을 만들어 왔다. 한반도평화연구원의 전신인 남북나눔운동 연구위원회 시절부터 십 수 년 동안 함께 활동하였던 그 '젊었던' '기독 소장 학자'들은 이제 다 중년을 넘어 서고 있다. 그리고 다시 새로운 젊은 학자들과 석박사 대학원생들이 신앙과 학문적 열정, 그리고 평화와 통일을 향한 소망을 가지고 한반도평화연구원에 들어와 활동을 시작하고 있다. 그동안 여러 권의 책이 한반도평화연구원을 통하여 나왔지만, 이 책은 한반도평화연구원의 창립 10주년 기념 책자의 역할도 하게 되었다. 한반도평화연구원에서 먼저 나왔던 책 중 〈평화와 반(反)평화〉(2013년), 〈통일에 대한 기독교적 성찰〉(2014년)이 이 책의 주제와 맥을 같이 하고 있기에, 관심 있는 분들에게는 일독을 권한다. 이 책 내용의 발표와 토론을 위하여 수고하여 주셨던 모든 분들에게, 그리고 책이 나올 수 있도록 수고를 아끼지 않았던 한반도평화연구원의 손인배 팀장과 홍성사 분들에게도 깊은 감사를 드린다.

그 어디에도 평화의 소식이 없는 이 암울한 세계 속에서, 우리는 아기 예수의 탄생 속에 울리던 천사들의 합창을 듣는다. 그 작고 여린 갓난아기의 잠자는 얼굴 속에서 우리는 진정한 하나님의 평화를 만나는 것이다.

"지극히 높은 곳에서는 하나님께 영광이요
땅에서는 하나님이 기뻐하신 사람들 중에 평화로다"

2016년 성탄을 기다리며
저자들을 대신하여
한반도평화연구원 원장 전우택

이 책에 실린 저자의 글

서문
1장. 기독신앙과 평화

용서와 화해에 대한 성찰
(명인문화사, 2018)

대표편저자: 전우택

공동저자: 박명규, 김회권, 이해완, 심혜영, 박종운, 조정현, 김경숙

서문

서로 용서할 수 없는 남한과 북한

2018년 4월 27일, 남북한의 정상이 판문점에서 서로를 포옹하는 장면이 전 세계에 생중계되었다. 한반도에서 70년 동안이나 기다렸던 장면이었다. 그리고 그것은 우리 민족에게 많은 희망을 가지도록 하였다. 그러나 그것이 기쁨만을 준 것은 아니었다. 70년 간 한반도 내에 존재하였던 이념갈등과 그로 인하여 발생하였던 수많은 개인 간, 집단 간의 너무도 잔혹하였던 일들이 다시 사람들의 머릿속에 떠오르게 되었다. 그 상처와 증오, 그리고 상호 의심은 너무도 큰 것이었기에, 중간의 모든 과정, 어쩌면 그것을 "용서와 화해의 과정"이라 불러야 할지도 모르는 그런 과정을, 다 건너뛰고 남북 정상이 서로를 굳게 포옹한 것은 당혹스러운 일이기도 하였다. 포옹 한 번으로 그 문제의 해결 시도를 시작할 수 있는 것은 분명하지만, 포옹 한 번으로 그 모든 문제가 다 해결될 수는 없는 것도 분명한 일이었다. 그러기에는 남한과 북한은 각자의 입장에서 서로를 도

저히 용서할 수 없는 너무도 많은 이유들을 가지고 있기 때문이다.

남측 시각에서 북한을 용서하지 못할 이유는 너무도 많이 있다. 해방 후 북한을 기반으로 하였던 공산주의 집단들은 이념적인 이유를 내세워 잔혹하게 사람들을 핍박하고 죽였으며 재산을 강탈하였고 종교를 탄압하였다. 그리고는 소련과 중공의 지지를 이끌어 낸 후에 한반도 역사상 가장 처참하였던 6.25라는 민족 내 내전을 일으켜 수많은 군인들과 경찰들이 죽었고, 인민군에 의하여 수많은 민간인들이 학살당하고 북한으로 납북되어 그 생사를 알 수 없게 되었다. 그리고 수많은 고아들과 1,000만 명의 이산가족들이 발생하였다. 휴전 이후에도 김일성 일가의 전체주의적 독재체제를 구축하여 그들을 우상화하였고, 지구상 최악의 인권 상황을 가진 비참한 국가를 만들었다. 자신들의 정권 유지를 위하여 만든 주체사상이라는 종교화된 정치사상을 가지고 어릴 때부터 모든 주민들에게 세뇌교육을 시키면서 인간으로서의 가장 기본적인 존엄성과 자유를 모두 박탈하였다. 1989년과 1990년대 초, 소련과 동구권의 공산주의 국가가 다 붕괴되면서 더 나은 인간의 삶을 보장하는 국가들로 변화해 갔으나, 북한만은 그런 세계사적 흐름을 거부하고, 3대 세습이라는 공산주의 국가 역사상으로도 전대미문의 희비극을 만들어 내었다. 1990년대 중반 경제적 붕괴 시기, 즉 소위 고난의 행군 시기에, 수십만에서 수백만의 인민이 굶어 죽어갔으나, 북한 정권은 그것에 대하여 어떠한 적극적 조치도 취하지 않았고, 외국의 지원에 대하여도 매우 소극적 태도를 취하면서도 지도층 자신들은 아무런 고통도 없이 그 시기를 잘 보내었다. 그런 와중에 수많은 북한 인민들이 북한 탈출을 시도하였고, 북한 정권은 그들에 대한 잔혹한 대응을 취하여 수많은 사람들이 또 죽거나 감옥에서 큰 고통을 당하여야만 하였다. 1,000만 명이 되는 이산가족들이 서로를 방문하거나 서신을 주고받는 것은 고사하고, 생사확인조차 할 수 없도록 막았으며, 아주

제한적으로, 그것도 매우 정치적인 도구로서, 남북 이산가족 상봉을 이용하면서 인륜의 도의상 있을 수 없는 악을 저질렀다. 그리고는 김씨 왕조의 유지만을 위하여 북한 인민들의 경제적 어려움에도 불구하고 핵개발에 집착하여, 남한, 한반도, 그리고 전 세계를 핵전쟁의 위협 속으로 몰아갔다. 이런 정권, 이런 국가를 어떻게 용서할 수 있단 말인가?

그러나 북측 시각에서도 남한을 용서하지 못할 이유는 너무도 많이 있다. 우리가 보면 좀 놀랍고 당혹스러운 논리의 이야기가 될 수도 있지만, 적어도 그들의 시각과 입장에서 그 이유는 분명하다. 북한이 보기에, 해방이 되고 난 후, 남한에서는 친일파들이 청산되지 않았다. 그래서 일제시대 친일파들이 그대로 다시 남한의 권력과 돈을 가지고 남한 인민들을 지배하게 되었다. 이것은 민족 앞에서 영원히 씻을 수 없는 죄가 되었고, 남한이라는 사회 전체의 타락한 더러움을 보여주는 근본적이고 대표적인 모습이 되었다. 그러한 민족의 해방을 위하여 북한이 6.25를 일으켰을 때, 남한은 민족 내부의 문제로 이것을 해결하려 하지 않고, 한반도에 미군이라는 외세를 끌고 들어와 문제를 해결하려 하였다. 전쟁 시 미국의 폭격과 미군들의 만행은 북한 주민들에게 큰 고통을 주었다. 전쟁 중 죽은 사람들의 인구 대비 숫자로 보면 북한은 남한의 거의 3배에 가까운 사람들이 죽었다. 전쟁이 끝난 후에도 남한은 미군이 계속 남한에 주둔하도록 함으로써 미국의 식민지가 되었다. 그리고 그것이 한반도에 극단적인 군사적 긴장을 만들어 내었다. 이것 역시 도저히 용서할 수 없는 남한의 범죄다. 그에 따라 민족의 정통성과 국가를 지키기 위하여 북한은 부족한 재정적 상황 속에서도 지나치게 많은 군사비용을 써야만 하였고, 그로 인하여 북한의 전체 인민들은 경제적으로 큰 고통 속에서 살아야만 하였다. 갓난아기들까지 고통을 당하여야 하였던 그 어려움들은 고난의 행군 시기에 최고조에 달하여야 하였다. 이런 모든 문제를 일으킨 남한이건만,

남한은 비굴하게 미국에 붙어서 번 돈들로 인하여 북한보다 더 잘 살게 되었다는 그 사실을 근거로, 마치 자신들이 그동안 옳은 길을 걸어온 것의 증거라고 착각을 하고 매우 건방진 태도를 북한을 향해 가지고 있다. 그야말로 자본주의의 돈에 취해있는 것이다. 이런 정권, 이런 국가를 어떻게 용서할 수 있단 말인가?

이런 원한과 증오가 있는 두 개의 국가, 남한과 북한, 대한민국과 조선민주주의인민공화국이 지금 마주 바라보고 있다. 그러나 휴전 협정 후에도 70년 가까운 세월이 흘렀고, 또 다른 전쟁에 의하여 어느 한쪽이 다른 한쪽을 붕괴시키고 점령하여 한반도 통일을 이룰 수 있는 상황이 오기는 점점 더 어렵다는 것을 서로가 인정하여야 하는 시점에 도달하였다. 따라서 이제는 한반도에서 두 개 국가가 평화를 이루고, 공동의 번영과 발전, 국민들의 행복과 인류에 공헌하여야 할 길을 찾아 가는 것이 필요하게 되었다. 그런 관계가 지속되다가 언젠가 양 국민들의 열망 속에 합의 통일이 이루어질 수도 있겠지만, 그것은 그야말로 먼 훗날의 일로 생각하여야 할 것이다. 현실은 이제 서로가 함께 공존하면서 평화와 번영을 이루는 협력을 하는 것을 필요로 한다. 그러나 그러기에는 서로를 용서하고 화해할 수 없는 너무도 크고 아픈 역사와 경험과 생각이 존재한다. 이것이 지금 한반도의 딜레마적 상황이다.

이러한 "용서와 화해"라는 딜레마에 접근하기 위하여 이 책은 만들어졌다. 한반도의 평화와 통일을 생각하고 준비하는 기독교 싱크탱크인 한반도평화연구원(Korea Peace Institute; KPI)는 2017년 하반기부터 2018년 상반기까지 한반도에서의 용서와 화해를 주제로 총 3차례의 공개포럼을 시행하였다. 이 책은 그 공개 포럼에서 발표되었던 발제문들을 묶은 것이다. 발표 주제들은 매우 다양하였다. 한반도 차원에서의 용서와 화해에서부터, 해외 사례에서 다루어진 용서와 화해, 그리고 북한 내부에서 보고 듣고 경험하는 용서와 화해의 문제까지, 지금까지 용서와 화해를 다룬 그 어떤 책보다도 다양한 각도에서 이 주제를 다루었다고 생각한다. 이런 책이 한반도의 거대한 지각변동이 시작되고 있는 이 시점에 나오게 된 것을 다행스럽고 기쁘게 생각한다. 원고를 준비하여 주시고, 공개 포럼을 통하여 좋은 토론을 하여 주셨던 모든 저자 분들께 깊이 감사드린다. 그리고 이 책이 만들어 지기까지 수고하여 주신 한반도평화연구원의 이창현 국장님, 그리고 출판을 수락하여 주시고 책을 명인출판사에 깊이 감사드린다.

그러나 이제부터 생각하여야 하는 용서와 화해

그러나 용서와 화해라는 것은 너무도 어려운 주제이다. 우리는 가장 개인적이고 일상적인 삶의 경험 속에서부터, 한일 위안부 문제와 같은 민족 간, 국가 간 관계에 이르기까지, 그리고 정치경제적 차원에서 종교적 차원에 이르기까지, 용서와 화해에 대한 생각을 하면, 어떤 원칙이 어떤 사안에 어떻게 적용되어야 하는지 혼란스럽고, 희망적이었다가 바로 절망적이 되며, 가장 이성적으로 접근하여야 할 주제인 것 같다가도 한순간에 가장 감정적인 일이 되어 버리는 경험들을 한다. 그런 의미에서 용서는 "사실과 확신"의 주제이기보다, "고민과 회의"의 주제라고 하는 것이 더 정직한 말일 것이다. 이 책의 모든 글들도 마찬가지이다. 어떤 정답을 확신 속에서 이야기하기보다는, 발제자들의 깊은 고뇌가 곳곳에 배어 있다. 그러나 그럼에도 불구하고 이 책에서 이야기하는 용서는 몇 가지 생각으로 정리되는 측면을 가진다고 할 수 있다. 그것은 "적어도 용서는 이런 것은 아니다"라는 생각과 "적어도 용서는 이런 측면을 가진다"라고 말 할 수 있는 두 가지로 구분하여 정리할 수 있겠다.

“적어도 용서는 이런 것은 아니다”라고 말할 수 있는 내용은 다음과 같은 것이다.

첫째, 용서는 타인의 악에 대하여 침묵하며 눈감아 주고 참는 것이 아니다. 우리는 그런 것을 용서라고 부르지 않는다. 그리고 그런 식의 악에 대한 묵인과 용납은 실제적으로는 용서의 반대말이라 할 수 있다.

둘째, 용서는 두려움 속에서, 보복하는 것을 비굴하게 포기하는 것을 의미하지 않는다. 용서는 자신이 보복을 할 수 있는 내적, 또는 외적 힘을 가지고 있음에도 불구하고, 그 힘을 사용하지 않는 것을 의미한다. 그런 의미에서 용서는 강한 자의 것이다.

셋째, 용서는 분노가 완전히 없어진 상태를 의미하는 말이 아니다. 분노가 크거나 작게 있음에도 불구하고, 그 분노를 가슴에 안은 채 더 높은 목표를 위하여 자신을 절제하며 일어서는 어떤 것이다.

그러면서 “적어도 용서는 이런 측면을 가진다”라고 할 수 있는 것은 다음과 같다.

첫째, 용서는 자기 안의 악을 인정함으로써 타인의 악도 인정하는 측면을 가진다. 타인이 하였던 악한 행동 속에서 나타나는 그런 “악”이 사실은 자기 자신 속에도 존재하고 있다는 것을 인정하는 것이다. 그러기에 악을 행한 타인을 “인간도 아닌, 악의 화신”으로 규정하지 않는다. 그 역시 악의 영향권 아래 있는 “나와 같은 인간”이라고 본다. 그리고 마치 스스로 저지른 악에도 불구하고, 자신을 악의 화신이 아닌 “약한 인간”으로 용납하며 살아가듯이, 악을 행한 타인도 악의 화신이 아닌, “약한 인간”으로 봐주고 인정한다는 것이다. 그러기에, 자신의 악을 스스로 용납할 수 없는 사람들은 타인의 악도 용납하기가 어려워진다. 그런 의미에서 다양한 측면을 가진 인간으로서의 자신을 성찰할 줄 알고, 그것을 통하여 타인을 이해하고 바라볼 줄 아는 사람들만이 타인을 용서할 수 있는 힘을 가질 수 있다.

둘째, 용서는 자기 내부의 무너진 자존심과 신념을 다시 세움으로써 이루는 측면을 가진다. 플래니건(Bevery Flanigan)[1]은, 누군가에게 악행을 당하였을 때, 특히 가족처럼 친밀하였던 사람들로부터 상처를 입었을 경우, 세 가지 영역에서의 생각, 또는 신념 체계가 무너진다고 하였다 즉, ① 자신이 다른 사람의 행동을 예측할 수 있다고 생각하는 신념, 즉 타인에 대한 신념이 흔들린다. ② 피해자 자신이 스스로를 향하여 가지고 있는 생각들, 즉 자신의 판단력, 신앙, 재능, 그리고 가치에 대한 신념이 흔들리고 의심하게 된다. ③ 세상을 향한 생각과 신념체계들, 예를 들어 세상의 공정성, 논리와 질서, 예측성, 선, 하나님과 인간에 대한 관념 등에 대한 생각과 신념이 흔들리게 된다는 것이다. 이것을 정리한다면, 인간은 커다란 트라우마에 의하여 타인을 향한, 자신을 향한, 그리고 세상을 향한 생각과 신념이 손상되고 흔들리게 된다는 것이다. 그리고 이것은 피해자가 자존심을 잃게 하는 결과를 만들어 낸다. 더 이상 자신을 스스로 믿지도 못하게 되고, 자신을 중요하고 의미 있는 존재로 보지 못하게 된다는 것이다. 따라서 용서란, 그 무너진 자존심과 신념 체계를 다시 복원한 결과일 수도 있고, 또는 그것이 복원되는 과정이라고도 할 수 있다.

셋째, 용서란 악에 대한 응징을 넘어서서, 피해자와 가해자 사이에 깨어졌던 관계의 회복을 위하여 앞으로 나아가는 결단의 행위적 측면을 가지고 있다. 인간이 만들어 내는 악한 행위의 본질은 "인간 사이의 관계를 깨뜨리고 상처를 주는 것"이다. 따라서 그 악한 행위를 용서하고 화해를 한다는 것은 본질적으로 그 깨어진 인간관계를 다시 회복하는 것을 의미한다. 그런 의미에서 크로커(David A. Crocker)는 화해를 다음의 세 가

1) Beverly Flanigan. Forgiving the Unforgivable; Overcoming the Bitter Legacy of Intimate Wounds. New York; Macmillan, 1992. pp.27–28. 손운산. 용서와 치료. 서울, 이화여대출판부. 2008. pp.78–79에서 재인용

지 수준으로 구분하여 제시했다.2) ① 가장 낮은 수준의 화해는 단순히 공존하는 것을 인정하는 것이다. 이것은 적대자들 사이에서 더 이상의 물리적 상해나 살해가 없으며 평화 유지를 위한 법이 준수되는 상태를 말한다. ② 중간 단계 수준의 화해는, 비록 서로의 차이점과 갈등이 있지만, 적대자들 사이에 폭력만 없는 것이 아니라 상대를 공존하고 있는 인간으로 인정하고 서로 존중하는 것이다. 그래서 서로의 이야기를 듣고 이해하며 공동의 관심영역에 대하여 협력하는 것이다. ③ 가장 높은 수준의 화해는, 미래를 향한 비전을 공유하고, 서로를 용서하고, 서로의 치료와 회복을 위하여 함께 노력하는 것이다. 그렇게 함으로써 과거의 악행이 발생하기 전보다 더 높은 단계의 상호 관계가 만들어지는 것이다.

기독 신앙과 용서

성경은 우리에게 인간이 도달할 수 있는 최고 수준의 도덕적 기준을 제시한다. 구약 성경 레위기 19장 18절은 이렇게 기록되어 있다.

> "원수를 갚지 말며 동포를 원망하지 말며 네 이웃 사랑하기를 네 자신과 같이 사랑하라. 나는 여호와니라." (개역개정역)
>
> "Do not seek revenge or bear a grudge against one of your people, but love your neighbor as yourself. I am the Lord." (NIV)

이 성경 말씀을 다시 풀어서 생각한다면 다음과 같은 내용이 될 것 같다.

---

2) David A. Crocker. Truth Commission, Transitional Justice, and Civil Society. in Robert I. Rotenberg and Dennis Thompson (eds). Truth v. Justice : The Morality of Truth Commissions. 2000. p.108. 손은산. 위의 책, p.173에서 재인용.

"(비록 그것이 정의를 세우는 매우 정당한 일이라고 느껴진다 할지라도) 원수를 (네 손으로) 갚지 말라. (그가 비록 당연히 원망 받을 만한 행동을 하였다 할지라도) 너와 한 민족인 사람에 대한 원망의 마음도 가지지 마라. 그리고 마치 네가 너 자신을 (쉽게 용납하고) 사랑하는 것처럼, 너는 네 이웃을 (용납하고) 사랑하라. 그렇게 하여야 하는 이유는 내가 너의 주인이며 너의 하나님이기 때문이다." (저자 개인역)

인간이 정말 이렇게 살 수 있을까? 우리는 그것이 삶의 중요한 원리라는 것을 마음속으로 충분히 인정하지만, 정말로 그것을 실행하며 살아갈 수 있다고는 감히 말할 수가 없다. 그런데 이런 구약의 힘든 요구를 넘어서서 우리를 당혹의 극단에까지 몰고 가는 말씀이 성경에 나온다. 바로 신약 누가복음 6장 27절에 기록된 예수의 말씀이다.

"너희 원수를 사랑하며 너희를 미워하는 자를 선대하며." (개역개정)

"Love your enemies, do good to those who hate you." (NIV)

구약에서 요구되었던 인간 최고의 사랑의 수준을 넘어선 예수님의 이 말씀 앞에, 우리는 무어라 말을 하여야 할지 모른 채 침묵하게 된다. 다만 조금 더 생각한다면, 성경에서 '사랑'이라는 단어의 의미는 누군가와의 정서적 유대감을 나타낼 때보다도 "누군가의 유익을 구하다", "누군가를 돌보아 주다"라는 의미로 사용되는 경우가 더 많았다는 것을 볼 수 있다. 결국, 원수를 사랑하라는 이 말은 원수와 깊은 정서적 유대감, 낭만적인 애정 감정에 빠지라는 것을 의미하는 것은 아닐 것이다. 그보다는 그 원수인 인간을 돌보아 주고 그의 권익을 챙겨주는 일에 적극적으로 행동하라는 의미일 것이다. 그러나 아무리 그렇게 현실적인 재해석을 한다 할지라도, 이것이 정말 가능한 일일까? 누가복음 6장 27절에서 나오는 예수의 이 가르침은 다시 6장 37절의 이런 가르침으로 이어진다.

> "용서하라. 그리하면 너희가 용서를 받을 것이요." (개역개정)
>
> "Forgive, and you will be forgiven." (NIV)

원수를 사랑하라는 예수의 말씀은 원수를 용서하라는 말로 이어지는 것이다. 사실, 사랑한다는 것은 용서하는 것이고, 용서하는 것은 사랑을 이루는 것이 될 것이다. 성경에서 나오는 사랑의 이야기는 모두 용서의 이야기다. 하나님은 인간을 사랑하셨기 때문에 용서하신다. 그리고 인간은 그 용서를 통하여 하나님의 사랑을 체험한다. 그런 의미에서 예수 가르침의 핵심은 용서였다. 예수를 통하여 하나님은 인간을 용서하신다. 그리고 그런 용서를 받은 인간은 다른 인간을 용서할 수 있으며, 또 용서하여야만 한다는 것이다. 이런 예수의 가르침은 그가 제자들에게 가르치신 주기도문 속에서 다시 이렇게 표현된다. (마태복음 6장 12절)

> "우리가 우리에게 죄 지은 자를 사하여 준 것 같이 우리 죄를 사하여 주옵시고." (개역개정)
>
> "And forgive our debts, as we also have forgiven our debtors." (NIV)
>
> "아버지께 용서받은 우리가 다른 사람들을 용서하게 하소서." (유진 피터슨 역 메시지 성경)

이 구절은 하나님께서 우리의 죄를 용서하여 주시는 것과, 우리가 다른 사람을 용서하여 주는 것의 순서가 어떠하여야 하는지를 가르쳐 주는 구절은 아니다. 그래서 여러 성경 번역마다 그 순서를 표현하는 내용이 약간씩 다르게도 보인다. 그러나 본질은 하나이다. 하나님의 용서를 받는 것과 다른 사람의 죄를 용서해 주는 것은 동전의 양면과 같은 관계 속에 있다는 것이다. 주기도문에서 나오는 용서받을 자에 대한 표현이 한글로는 "죄지은 자"이지만, 영어 성경으로는 '빚 진자(debtor)'로 표시된 것도 주목할 만하다. 예수님은 이 용서의 문제를 다룸에 있어 빚진 자의 개념을 매우 자주 사용하셨기 때문이다(누가복음 7장 36–50절). 여기서는 베드로와 예수님이 용서에 대하여 함께 대화를 나눈 내용을 보기로 한다. (마태복음 18장 21–35절)

> 그때 베드로가 용기를 내어 물었다. "주님, 제게 상처를 주는 형제나 자매를 몇 번이나 용서해야 합니까? 일곱 번이면 되겠습니까?" 예수께서 대답하셨다. "일곱 번이라! 어림도 없다. 일곱 번을 일흔 번이라도 그렇게 하여라. 하나님의 나라는 종들의 빚을 청산하기로 한 어떤 왕과 같다. 정산이 시작되자, 빚이 십 억 원이나 되는 한 종이 왕 앞에 불려왔다. 그는 빚을 갚을 수 없었으므로, 왕은 그 사람과 처자식과 살림을 몽땅 노예시장에 경매로 내다 팔라고 명했다. 그 가련한 사람은 왕의 발 앞에 엎드려 애원했다. '조금만 시간을 주시면 다 갚겠습니다' 애걸하는 그 모습이 딱했던 왕은, 빚을 탕감하고 그를 풀어 주었다. 그 종이 밖으로 나가자마자, 자기에게 십만 원을 빚진 동료 종과 마주쳤다. 그는 동료의 멱살을 잡고는 '당장 갚으라!'고 닦달했다. 그 가련한 사람은 엎드려 애원했다. '조금만 시간을 주면 다 갚겠네' 그러나 그는 끄떡도 하지 않았다. 그는 동료를 잡아다가, 빚을 갚을 때까지 감옥에 가두었다. 이 모든 일을 지켜본 다른 종들이 이를 괘씸히 여겨 왕에게 낱낱이 아뢰었다. 왕은 그 사람을 불러서 말했다. '이 악한 종아! 네가 나에게 자비를 구하기에 나는 네 빚을 전부 탕감해 주었다. 그러면 너도 자비를 구하는 네 동료 종에게 자비를 베풀어야 마땅하지 않느냐?' 왕은 불같이 노하여, 그가 빚을 다 갚을 때까지 그를 엄하게 다루었다. 너희 각 사람이 자비를 구하는 사람을 조건 없이 용서하지 않으면, 하늘에 계신 내 아버지께서도 너희 각 사람에게 똑같이 하실 것이다."
> (유진 피터슨 역. 메시지 성경)

인간은 왜 타인을 용서하여야 하는가? 물론 여기에는 여러 가지 이유를 이야기할 수 있다. 그러나 기독교적인 가장 근본적 대답은 이것이다. 억울한 일을 당한 피해자 너희도, 사실은 누군가에게 억울한 일을 행한 가해자였다는 것이다. 그리고 가해자로서 용서를 받은 자가 되었기에, 너희에게 죄지은 가해자들을 용서할 힘과 책임을 가지게 되었다는 것이다. 정말로 10억 원의 빚을 탕감 받은 사람은 그 기쁨과 흥분에 휩쓸리어, 자신에게 10만 원 빚진 사람과 그 10만 원 돈은 보이지도 않았을 것이다. 그것이 정상인 것이라는 것이다. 그리고 그래야 한다는 것이다. 그러기에 신앙적으로 예수를 만난다는 것, 그분의 용서를 받는 자가 된다는 것은, 너무도 거대한 일이 된다. 용서와 화해. 이것은 인간으로서는 불가능한 일이다. 그러나 "용서 받은 자"이기에 "용서할 수 있는 자"가 된다는 것이 신비한 신앙적 고백이 된다.

서로 결코 용서할 수 없는 이유들을 너무도 많이 가지고 있는 남한과 북한이다. 이들이 서로를 용서하고 화해의 길로 나갈 수 있을까? 경제적 이익의 공유만을 목적으로 모든 과거의 증오와 원한을 덮고 용서할 수 있을까? 그것이 그렇게 간단하지 않으리라는 것을 우리는 안다. 그러나 그럼에도 불구하고, 그 증오와 원한을 극복할 수 있어야만, 그야말로 역사의 새로운 장을 펼칠 수 있을 것이기에, 우리 민족이 진정으로 "용서하고 화해할 수 있는 그 힘"을 가질 수 있게 되기를 소망한다. 그러기 위해서는, 먼저 용서와 화해를 보여줄 수 있는 사람들이 필요로 된다. 그들을 통하여 역사는 앞으로 전진 할 것이기 때문이다. 이런 용서와 화해에 대한 성찰이, 이 책을 통하여 작게라도 의미 있게 시작되기를 소망한다.

2018년 8월
저자를 대표하여
전우택

이 책에 실린 저자의 글

서문

2장. 남아프리카공화국에서 만나 용서와 화해: 진실화해위원회 활동을 중심으로

한반도 건강공동체 준비
(1판, 박영사, 2018)

대표편저자: 전우택

공동저자: 김민아, 김석주, 김석향, 김소윤, 김신곤, 김영훈, 김재송, 김희숙, 박상민, 배그린, 서원석, 신나미, 신현영, 윤석준, 이재훈, 이혜원, 전진용, 정형선, 추상희, 하신, 황나미

서문 - 민족의 치유를 향하여

이 책의 제목이 가진 의미

일제의 식민지하에서 큰 고통을 겪어야만 했던 우리 민족에게, 해방을 향한 꿈은 남북의 구분이 없었습니다. 그러나 해방과 동시에 시작된 남북의 분단은 6.25라는 민족 역사상 최악의 전쟁과 그 이후의 군사적 대치 상태를 겪으면서 우리 민족 전체의 신체와 정신에 엄청난 상처를 만들었습니다. 극단적인 상호 증오와 상호 의심은 한반도에서 "땅의 분단"보다도 더 심각하고 깊은 "사람의 분단"을 만들어 내었습니다. 서로에 대한 극도의 이질감, 결코 함께할 수 없다는 그 생각이 통일의 가장 큰 장벽이 된 채, 거의 80년의 세월이 흘렀습니다.

그런데 결코 변하지 않을 것으로만 보였던 한반도 상황에 이제 미세

한 변화가 감지되기 시작하였습니다. 앞으로 갈 길은 여전히 멀고, 그 와중에 또 어떤 우여곡절이 발생할지도 아직은 잘 모릅니다. 그러나 이런 미세한 변화라도, 그 변화를 의미 있게 받아들이고, 이 작은 불꽃을 잘 키워내어, 한반도에 평화와 상생을 만들어 가는 일은 우리 시대가 지금 가진 가장 큰 과제라고 생각합니다.

그런 의미에서, 보건의료는 매우 특별한 의미를 가집니다. 남과 북이 정치적, 이념적 측면을 굳이 내세우지 않아도, 인간에게 가장 소중한 생명과 건강을 함께 다룰 수 있기 때문입니다. 자신과 자식들의 생명과 건강을 지키기 위하여 함께 일하게 되는 사람들보다 더 큰 상호신뢰를 가지게 되는 사람들이 또 어디 있겠습니까? 그런 의미에서 분단된 남과 북을 다시 하나로 만들어 가는 일에 있어 보건의료는 그 어떤 영역보다 강력하고 중요한 의미를 가집니다.

이런 생각을 하는 가운데 만들어진 책이 이 책입니다. 이 책은 다음과 같은 세 가지의 용어적 생각을 기반으로 만들어졌고 그것이 제목에 반영되었습니다.

첫째, "통일"이라는 용어가 아닌 "한반도 공동체"라는 용어를 사용하였습니다. 통일이라는 단어는 분단의 궁극적 극복 방법으로서 매우 중요한 단어인 것은 사실입니다. 그러나 동시에, 둘을 억지로라도 하나로 만든다는 무언가 공격적이고 강압적인 느낌을 주는 측면도 있습니다. 그러나 "한반도 공동체"라는 용어는 다릅니다. 굳이 두 개를 하나로 만들지 않아도, 서로를 인정하고 협력하여, 각자가 더 나은 사회를 만들 수 있도록 공동 노력한다는 의미가 더 크기 때문입니다. 그런 일들이 꾸준히 이루어져, 정말 서로가 기쁜 마음으로 최종적 "통일"에 합의하면 그것도 좋고, 설사 그런 일이 바로 이루어지지 않는다 할지라도 얼마든지 괜찮은 그런 여유 있고 평화적인 관계를 상정하고 이 책은 만들어졌습니다.

둘째, "한반도 건강공동체"라는 용어를 사용하였습니다. 한반도 공동체는 향후 여러 영역에서 만들어져 나가야 할 것입니다. 한반도 경제공동체, 한반도 문화공동체, 한반도 교육공동체, 한반도 정치공동체, 한반도 복지공동체 등이 그것입니다. 그런데 그 중 가장 핵심적이고도 선도적인 성격을 가지는 것이 한반도 건강공동체의 형성입니다. 이것은 가장 먼저 시작할 수도 있으면서, 가장 큰 심리적, 사회적 파급 효과를 가지고 한반도 공동체를 형성하여 나가는 통로가 될 것이기 때문입니다.

셋째, "한반도 건강공동체 준비"라는 용어를 사용하였습니다. 그리고 이것은 이 책의 제목이기도 합니다. 이 책은 과거와 현재의 북한 보건의료 상황을 소개하는 내용을 별로 담지 않았습니다. 그것은 이미 나와 있는 좋은 자료들이 많이 있기에, 그런 자료들을 이용하실 것을 추천 드립니다. 이 책은 그보다도, 우리나라가 미래에 북한과의 보건의료 협력을 하기 위하여 지금부터 어떤 생각을 하고, 어떤 준비를 구체적으로 하여야 할지를 주로 담았습니다. 그래서 이 책이 남과 북의 보건의료전문가들과 남과 북의 젊은 학생들에게 한반도의 과거와 현재가 아닌, 미래를 위하여 꼼꼼히 읽힐 수 있는 책이 되기를 기대합니다.

이 책의 다음 번 판들을 향한 세 가지 소망

이번에 이 책은 1판으로서 지금의 모습으로 세상에 나왔지만, 이 책의 저자들은 이 책의 개정판들에서는 다음과 같은 세 가지의 소망을 가지고 있습니다.

첫째, 통일보건의료학회가 한반도 건강공동체 준비를 위하여 더욱 노력하게 되기를 소망합니다. 2014년 10월, 통일보건의료학회가 출범하였습니다. 의학, 치의학, 간호학, 약학, 보건학 등 모든 보건의료 영역에서 통일 및 북한 관련 연구, 교육 및 다양한 현장 활동을 하신 분들이 모여

정보와 아이디어를 나누고, 새로운 자극과 격려를 서로에게 받으며, 그동안 매년 2회의 춘·추계 학술대회를 하여 왔고, 이 영역에 계신 분들의 연결을 위하여 "통일보건의료 Who's Who"를 발간하였으며, 새로운 연구들을 격려하는 연구비를 지원하여 왔습니다. 이 책은 그동안 통일보건의료학회에서 활동하시는 분들이 중심이 되어, 그동안 학회가 하였던 성찰과 고민을 담은 것입니다. 앞으로도 통일보건의료학회가 이러한 일에 더욱 충실한 역할을 해 나가기를 소망합니다.

둘째, 앞으로 새로운 분들의 참여를 소망합니다. 지금 우리나라에는 이 책의 저자분들 외에도 탁월한 능력으로 활발한 관련 활동을 하고 계신 많은 분들이 계십니다. 다음 번 책들이 만들어질 때는 그런 모든 분들이 더 많이 참여하여, 더 중요하고도 의미 있는 자료가 만들어지기를 소망합니다. 남북관계가 진전될수록, 한반도 건강공동체를 준비하기 위하여는 더 세밀하고 더 다양한 준비 사항들이 있게 될 것이고, 그것은 더욱 많은 전문가들과 신진 학자들, 학생들의 기여가 필요로 됩니다. 한반도 건강공동체 형성이라는 이 거대한 목표를 위하여 더욱 많은 분들이 함께 하여 주시기를 소망합니다.

셋째, 북한 보건의료 전문가들의 참여를 소망합니다. 이번에 이 책은 남한의 보건의료 전문가들에 의하여 집필되었습니다. 그러나 앞으로 한반도 건강공동체 준비 작업을 하여야 하는 가장 중요한 파트너는 바로 북한의 보건의료인임을 저희는 잘 알고 있습니다. 그리고 남북의 보건의료 전문가들이 함께 일을 하는 데 있어 가장 중요한 것은 각자 가지고 있는 가치관과 시각, 문제 해결 방식 등을 서로에게 조화시키려는 진지하고 성실한 노력이 될 것입니다. 보건의료 영역에서 그런 일들이 가장 먼저, 그리고 모범적으로 이루어져, 타 영역에서의 공동 활동들에 좋은 예가 되기를 바랍니다. 그리고 앞으로는 그 작업을 함께 해나갈 북한 보건의료 전문가들의 원고가 함께 실리는 그런 책들이 만들어지기를 소망합니다. 그리하여서 남과 북의 학생들이 함께 그 책들을 가지고 공부할 수 있는 날이 올 것을 꿈꾸어 봅니다.

바쁘신 가운데서도 원고를 집필하여 주신 20여 분의 모든 저자분들에게 감사드립니다. 그리고 이 책에 추천사를 써 주시며 격려하여 주신 존경하는 모든 분들에게도 깊은 감사를 드립니다. 또한 책 출간에 대한 재정적 후원에 참여하여 주신 남북보건의료교육재단에도 깊이 감사드립니다. 마지막으로, 많은 저자들을 가진 책을 만들 때 필요로 되는 그 복잡하고 어려운 수고를 묵묵히 담당하여 주셨던 통일보건의료학회의 최지원 간사와 출판을 맡아 주신 박영사에도 깊이 감사드립니다.

한반도 건강공동체 형성이란 치유

민족의 분단은 이 땅 대부분의 지역에서 엄청난 양의 총알들이 날아다니게 하였고, 엄청난 양의 폭탄을 떨어지게 하였습니다. 그리고 그에 의하여 그야말로 강처럼 피가 산하를 흐르면서, 민족의 가슴 속에 엄청난 상처와 트라우마를 남겼습니다. 한반도 공동체의 형성, 그리고 궁극적으로 이루어지기를 바라는 통일은, 바로 그런 상처, 그런 트라우마를 치유하는 일입니다. 개인적이고, 집단적이고, 그리고 공간적인 이 상처를 치유하는 일이 바로 보건의료의 가장 직접적이고 일차적인 역할일 것입니다. 이 책이 앞으로 한반도와 그 땅위에 사는 모든 사람들의 상처를 치유하는 일에 작은 기여라도 하기를 바라면서 이만 줄입니다.

남과 북이 모두 몹시도 더운 2018년 8월
저자들을 대표하여
전우택 올림

이 책에 실린 저자의 글

서문

1장. 한반도 건강공동체 형성을 위한 보건의료 준비

트라우마와 사회치유
(역사비평사, 2019)

대표편저자: 전우택, 박명림

공동저자: 임정택, 신보경, 최성경, 손인배, 강효인

서문 – 한국 사회의 치유를 위하여

> "제 어머님은 신교도 측의 테러로 비참하게 돌아가셨습니다. 그 이후 구교도인 제가 당한 아픔은 세상 그 누구보다 크다고 생각하며 살았습니다. 그러던 어느 날, 우리 구교도 측의 테러로 가족을 잃은 신교도들의 아픔을 보았습니다. 그리고 그들의 아픔이 나의 아픔보다 결코 작지 않음을 알게 되었습니다..... 그 뒤부터 여기서 일하게 되었습니다."

2015년 1월 7일, 북아일랜드의 도시 런던데리(Londonderry)에는 낮은 구름 사이로 가는 빗줄기가 내리고 있었다. 북아일랜드 사태에서 트라우마를 받은 사람들을 돕는 정신건강 지원 NGO인 Cunamh의 사무실은 무척 어두웠다. 그러나 우리에게 자기 이야기를 조용히 들려주던 그 구교도 여성 간사의 목소리는 어둡지 않았다. 아니, 그 어둠 속에서 그녀의 목소리는 분명 아주 깊은 빛을 발하고 있었다.

천 년 이상의 역사 속에서 이어진 신교도와 구교도의 갈등, 그리고 20세기 들어 30여 년간 서로 죽고 죽이며 트라우마를 만들어온 북아일랜드 사회에서, 치유는 어떻게 이루어질 수 있을까? 같은 마을에서 함께 살아가던 누군가에 의해 언제라도 죽을 수 있다는 증오와 의심과 저주의 사회는 1998년 평화협정이 맺어진 뒤에도 여전히 극히 조심스럽고 극히 조용했다. 그러나 그 가운데서도 과거의 상처들을 그대로 두어서는 안 된다고 믿는 사람들은 끊임없이 움직였다. 그들 대부분은 개인적인 깊은 상처와 트라우마를 가지고 있는 사람들이었다. 이 책의 1부는 우리 연구팀이 북아일랜드를 찾아가 그들을 만나고, 듣고, 보고, 읽은 자료들을 정리한 것이다.

2부는 킬링필드라는 인류 역사상 최악의 참사를 겪은 캄보디아를 찾아가, 역시 사람들을 만나고, 듣고, 보고, 읽은 자료를 정리한 것이다. 1976년부터 1979년까지 짧은 기간 동안 200만 명 이상이 가장 잔혹한 방법으로 죽어가야 했던 트라우마는 결코 쉽게 지워질 수 없었다. 그 일 이후 다시 이어진 20년간의 내전이 끝나고 나서야 캄보디아 사람들은 비로소 어딘가에서 죽었을 가족들의 이야기를 조심스레 꺼낼 수 있었다. 그러나 정식 재판이 열리기까지는 다시 10년의 세월을 또 기다려야 했다. 그 사이에 희생자도, 희생자의 가족도, 가해자도 차례로 늙고 병들어 죽어갔다. 인류에게 정의란 정말 존재하는 것인가? 인간은 도대체 어떻게 해야 이런 악을 막을 수 있는가? 캄보디아에 머무는 기간 내내 이 질문은 머릿속을 계속 맴돌았다.

한 아이가 있었다. 그 아이는 자기 이름도, 태어난 해도 몰랐다. 다섯 살쯤 되었을 무렵 부모가 모두 크메르 루즈 군인에게 죽음을 당했기 때문이다. 아이는 다른 고아들과 함께 크메르 루즈 군에게 끌려가 키워졌고, 10살 무렵 크메르 루즈 소년병이 되었다. 대인지뢰 매설이 그 아이들의 역할이었다. 어린 아이들의 작은 몸과 손이 밀림 깊은 곳까지 들어가 대인지뢰를 설치하기에 쓸모가 있기 때문이었다. 3년이 지나자 아이는 대인

지뢰에 관한 한 거의 전문가가 되었다. 수없이 많은 대인지뢰를 어떤 때는 한 달에 수천 개 씩 매설했다. 세월이 흘러 마침내 내전이 끝났을 때 아이는 여전히 살아 있었고, 스물다섯 살 정도의 청년이 되어 있었다.

그러나 내전이 끝났어도 캄보디아의 비극은 끝난 게 아니었다. 캄보디아 땅 구석구석에 뿌려진 약 600만 개의 대인지뢰와 불발탄들이 문제였다. 밭이나 논, 밀림에서 일하던 사람들이 대인지뢰가 터져 발을 절단해야 했고, 지뢰를 장난감인 줄 알고 가지고 놀던 아이들은 폭발사고로 손과 발, 눈을 잃어야 했다. 청년은 누구보다 대인지뢰를 잘 알았다. 지형만 봐도 어디쯤 묻혀 있을지 감이 왔고, 지뢰를 해체하여 폭발을 막는 일도 익숙했다. 그는 맨손에 삽만 들고 혼자서 여러 마을을 돌아다니며 자신이 뿌렸을지도 모를 지뢰를 제거하기 시작했다. 세월이 흐르면서 그에 대한 소문이 조금씩 번져 나갔다. 그의 뜻에 공감하여 함께 일하고자 찾아오는 사람들도 꽤 늘어났다. 그는 대인지뢰 사고로 고아가 된 아이들을 입양해 함께 살기 시작했다. 그런 아이들이 20명 가까이 되었다. 국제기구 사람들이 와서 보더니 국제 기준에 맞추어 안전한 방식으로 해야 한다면서 지뢰 제거 장비들을 지원해주었다. 그는 그때까지도 공식적인 자기 이름을 가지고 있지 못하였다. 어느 날 일본 취재진이 그를 취재하면서 '아키라(Aki Ra)'라는 일본식 이름을 지어준 뒤, 그것이 그의 정식 이름이 되었다.

2016년 2월 6일, 우리 연구팀은 캄보디아 씨엠립(Siem Reap) 시골의 매우 작고 허름한 1층짜리 지뢰박물관을 방문했다. 위 이야기는 그곳 안내판에서 읽은 것이다. 가기 전에는 시원치 않은 지뢰나 옛날 무기들 몇 개 전시해놓고 호기심 많은 관광객들을 불러 모으는 허술한 사설 박물관 정도를 상상했다. 막상 가보니 사설 박물관은 맞았다. 하지만 거기에는 장삿속이 아니라 자신의 땅에서 일어난 비극에 맞서 고군분투하는 한 젊은이의 강인한 정신이 담겨 있었다. 지뢰박물관은 그 활동의 치열한 기록을 소박하게 전시한 공간이었다.

아키라는 태어나서 한 번도 제대로 된 교육을 받아본 적 없는 청년이었지만, 지역 유지나 정부의 재정적 도움도 구하지 않은 채 대인지뢰가 만들어낸 비극에 맞서는 것을 자신의 사명으로 받아들였다. 그의 활동은 세계의 주목을 받았고, 2010년 미국 CNN이 선정한 '올해의 영웅 10인' 중 한 명이 되었다. 2012년에는 우리나라 만해대상 제16회 수상자로 선정되기도 했다. 미안하고 부끄럽게도 나는 그런 사실들을 모른 채 그곳에 갔었다. 지뢰박물관 기념품 코너 앞에는 다부진 체구와 강한 눈빛이 선명한 아키라의 큰 사진이 걸려 있었다. 그곳에서 지뢰 반대 운동 후원을 위한 티셔츠를 세 벌 샀다. 그에 대한 사과와 감사, 그리고 존경의 마음을 담은 작은 행동이었다. 한 국가와 사회가 겪은 거대한 트라우마는 어떻게 치유할 수 있는가? 그것은 얼마나 많은 전문가들과 정부의 노력, 국제사회의 관심과 지원을 필요로 하는가? 청년 아키라는 그 질문에 대답하고 있었다. 핵심은 거대한 국가 예산이나 국제적 관심, 전문가 집단이 아니라고. 핵심은 사람들의 고통을 함께 느끼는 단 한 사람의 관심과 구체적인 행동이라고. 사진 속 아키라 눈빛은 나에게 말하고 있었다.

이 책은 2014~2016년의 2년간, 연세대학교 미래선도연구 프로젝트로 수행한 '사회치유 해외 사례 연구—북아일랜드, 캄보디아를 중심으로'의 결과이다. 이는 2014년, 그보다 앞서 있었던 연구 프로젝트 '사회치유 국내 사례 연구—제주4·3, 광주 5·18, 전태일 분신, 위안부 할머니 사례를 중심으로'(연구책임자 전우택)의 후속 연구로 이루어진 것이었다. 국내 사례를 연구하면서 한국 사회가 과거의 트라우마에 대해 적절한 사회치유적 활동을 하지 못했다는 것을 새삼 확인한 연구진은, 해외 사례를 통해 무언가 새로운 통찰을 얻을 수 있기를 기대하며 이 연구에 뛰어들었다.

그러나 막상 이 연구에 나서자, 우리는 스스로가 거대한 바다 앞에 선 작은 아이들 같다는 느낌을 받았다. 해외 사례들 역시 우리나라의 트라우마들과 마찬가지로 너무나 거대한 일들이었고, 그것에 대해 무언가 말을 한다는 것은 너무도 어려웠다. 그럼에도 불구하고 이 연구가 진행될 수 있었던 것은, 상처받은 사회를 치유해보려고 헌신하는 이름 없는 많은 활동가들과 연구자들이 그 땅에 있었기 때문이었다. 북아일랜드의 연구는 트리니티대학의 존스톤 맥매스터(Johnston Mcmaster) 교수의 도움을 크게 받았다. 한평생 북아일랜드의 평화와 치유를 위해 헌신해 온 맥매스터 교수는 세계 어디에나 있는 갈등과 슬픔, 그리고 치유의 경험을 나누는 것이 또 다른 어딘가에서 흐르고 있을 눈물을 씻어줄 수 있는 방법이라고 믿는 것 같았다. 캄보디아에서 만났던 많은 활동가들과 학자들도 마찬가지였다. 그들은 캄보디아의 낙후된 경제사회적 조건 속에서 상처받은 이들을 돕기 위해 최선을 다하고 있었다. 그리고 자신들의 경험을 우리에게 아낌없이 전달해주려고 노력했다. 그들의 도움과 가르침을 통해 이 책의 원고들이 만들어졌다. 그럼에도 여전히 너무나 부족한 수준의 연구이지만, 한국에서 트라우마 치유 활동과 연구는 이제 첫 걸음을 내딛은 상황이다. 앞으로 우리 땅의 젊은 학자들과 활동가들이 더욱 훌륭한 연구와 활동을 이루어 나가기를 기대한다.

이 책의 연구는 다학제로 이루어졌다. 인문예술적 측면은 임정택(연세대 독어독문과)·조주관(연세대 노어노문과)이, 사회과학적 측면은 박명림(연세대 지역학협동과정)이, 정신의학적·사회심리적 측면은 전우택(연세대 의대 의학교육학교실/정신건강의학교실)이 담당했다. 다양한 학제의 학자들이 팀을 이루어 연구하고 토론하는 것은 우리 모두에게 큰 기쁨이자 자극이었다. 또한 대학원생 최성경, 신보경, 손인배, 강효인은 공동 연구자들보다 더 큰 열정으로 연구에 참여해 주었다. 이 책에 실린 원고들은 한반도평화연구원과 연세대학교 '평화와 인간치유센터'가 공동 주최한 4차례 공개 포럼에서 발표되었고, 그때마다 좋은 토론이 이루어져 원고의 완성도를 높일 수 있었다. 포럼의 토론자들에게 깊이 감사드린다. 또한 좋은 책으로 묶어주신 역사비평사에도 감사의 마음을 전한다.

'사회적 트라우마에 대한 사회치유'는 우리 연구팀이 계속 진행하고 있는 연구 주제이다. 2016년에 진행된 '사회치유-제주4·3 사례를 중심으로'(연구책임자 전우택) 역시 이 주제 연구의 일환이었다. 일제 강점기와 해방 전후, 6·25와 그 이후의 냉전적 대립 등, 역사의 큰 혼란 속에서 한국인들은 이루 말할 수 없는 갈등과 상처를 국가와 민족, 각 지역과 마을 안에서, 그리고 한 가족 안에서 겪어야만 했다. 그 일을 겪은 세대는 자신들의 아픈 이야기들을 다음 세대에게 제대로 다 들려주지도 못한 채 차례로 수명을 다하고 있다. 그러나 상처는 그렇게 사라지지 않는다. 제대로 치료되지 않은 상처들은 점점 더 우리 사회를 병들게 하고 있다. 남북의 끝없는 증오와 대치, 사회갈등을 합리적으로 해결하지 못하는 모습, OECD 국가 중 가장 높은 자살률 등이 그 선명한 증거이다. 그래서 그 깊은 상처는 반드시 치유되어야 한다. 이것은 트라우마와 인간, 용서와 화해에 대한 성찰로 이어질 것이다. '연세대학교 인간평화와 치유연구센터'와 '연세대학교 의과대학 인문사회의학교실'은 향후 이러한 연구를 지속적으로 수행해 나갈 예정이며, 그 결과물을 '인간평화와 사회치유 총서'로 발간해 나갈 예정이다. 이 책은 그 총서의 첫 번째 책이 된다.

일련의 연구와 활동을 통하여, 우리의 아픔은 타인들의 아픔과 같은 크기, 같은 모양을 가지고 있음을 알 수 있었다. 그리고 한반도의 지뢰는 우리의 산하(山河)에만 뿌려져 있는 게 아니라 한국인들 가슴과 가슴 속에 수없이 흩뿌려져 있음을 알게 되었다. 다음 세대 아이들은 이 지뢰에 의해 생기는 제2, 제3의 상처로부터 자유로울 수 있도록, 조심스레 그 지뢰들을 제거해 나가는 손길이 한반도에 가득하기를 기대한다. 그런 모습을 이 갈등 많은 세계에 보여줄 수 있을 때, 우리는 한국인임을 진정 자랑스러워 할 수 있을 것이다.

2019년 3월
저자들을 대표하여 전우택

이 책에 실린 저자의 글

서문 : 한국사회의 치유를 위하여

1부 : 북아일랜드에서 배우다
3장. 평화협정 과정에서의 다섯 가지 지혜
4장. 평화협정 이후의 과제. 과거 기억 다루기
6장. 스토리텔링과 치유
7장. 사회치유 활동에 대한 성찰

2부 : 캄보디아에서 배우다
3장. 캄보디아 비극의 원인
4장. 킬링필드가 만든 트라우마와 사회치유 노력
6장. ECCC 재판의 사회치유적 역할

3부 : 기억, 용서, 화해, 그리고 치유
2장. 치유의 마지막 여정, 용서와 화해

평화와 반(反)평화
(개정증보판, 박영사, 2021)

대표편저자: 전우택

공동저자: 김선욱, 김회권, 박정수, 서경석, 심혜영, 이국운, 이해완

서문

2016년 9월. 필자는 요르단 제라쉬의 전통시장 낡은 건물 2층, 좁고 허름한 창고방 속에 앉아 있었다. 다른 용도로 쓰이고 있다가 난민 임시 진료소로 급히 지정된 그 건물 속에서도 가장 작은 방이 정신과 진료실로 배정되었다. 정신과 의사인 필자와 통역을 맡을, 그 해 요르단 간호대학을 막 졸업한 아흘람(아랍어로 "꿈"이라는 뜻의 이름이었다)이 앉을 작은 의자가 들어오고 그 앞에 아주 조그만 책상이 하나 들어오자, 환자가 앉을 수 있는 의자 하나 놓기에도 빡빡한 그런 진료실이 드디어 마련되었다. 이미 건물 앞에는 시리아 난민들 백여 명이 앉아 내과, 소아과, 산부인과, 외과 등의 진료를 받으려 기다리고 있었다. 그리고 그 뒤로 난민들이 계속 밀려들어오고 있었다. 그렇게 첫 진료가 시작되었다.

필자가 볼 수 있는 유일한 것은 43세 여인의 두 눈뿐이었다. 검은 색 부르카가 온몸과 얼굴을 다 덮고 있었다. 그러나 그 눈에서는 눈물이 쉬지 않고 흐르고 있었다. 그것이 모든 것을 말해 주었다. 3년 전, 6명의 자

녀와 함께 부부가 시리아를 탈출하여 요르단에 난민이 되어 들어왔다고 하였다. 그러나 얼마 후 남편은 다른 여자와 도망을 가버렸다. 여섯 자녀를 데리고 살아남아야 했던 것은 오롯이 그녀의 몫이었다. 캐나다에 난민 이주 신청을 하였고 2년의 기다림 끝에 마침내 허가가 나왔다. 그러나 21살 난 맏아들이 문제였다. 허가를 기다리던 2년 사이에 20살이 넘어버렸기 때문에, 규정상 이 아들에게만은 캐나다 이주 허가가 나지 않았던 것이다. 이 아들만 놔두고 떠날 수는 없었기에, 결국 모든 가족이 다시 요르단에 남기로 하였다. 극한적 가난 속에 하루하루가 힘겹게 지나가고 있었다. 그녀는 아홉 살 난 다섯째 아들아이를 진료실에 같이 데리고 왔다. 시리아 고향 마을에 비행기 폭격이 있었을 때, 아이는 너무도 놀라 극단적으로 과호흡을 하다가 의식을 잃고 쓰러졌었다고 하였다. 그리고 나서부터 아이는 늘 불안해하였고, 아예 식사를 하려 들지 않았다고 하였다. 사탕이나 초콜릿 같은 것 정도를 먹는 것에만 집착하고 있다고 하는 그 아이가 큰 눈망울로 필자를 빤히 쳐다보고 있었다.

난민촌 정신과 진료실에서 만나는 이야기는 끝이 없었다. 시리아에서 포격 속에 무너지는 집 밖으로 뛰쳐나온 이후, 다시는 엄마와 떨어지지 않으려는 분리불안(separation anxiety)을 보이는 딸아이를 억지로라도 학교에 보내려 하는 일에 지칠 대로 지쳐있는 젊은 엄마, 음식 냄비를 불 위에 올려놓고, 멍한 상태에서 그것을 기억 못한 채 다른 곳으로 갔다가 불을 낼 뻔했던 일이 반복되면서 심한 건망증을 호소하는 54세 여자, 난민으로 들어 온 이후 아무것도 할 일이 없어 그저 시간만 보내고 있다가 어느 순간 점점 화가 나기 시작하면 미친 듯이 소리를 계속 질러대는 32세 남자와, 그런 남편을 옆에서 바라보며 너무도 무서워하는 가냘픈 24세의 부인 등. 눈앞에서 펼쳐지는 이 모든 이야기들은 정신과 의사인 필자를 한없이 왜소하게 만들었다. 그것은 짧은 진료 기간과 제한된 약 때문이 아니었다.

이들이 겪고 있는 그 고통의 무게가 너무도 거대하였기 때문이었다.[1)]

인간의 삶을 그 뿌리부터 흔들면서 모든 것을 무너뜨리고 있는 이 반(反)평화적 상황 속에서, 평화에 대한 생각은 관념과 개념의 문제가 아닌, 현실 속의 절박한 문제였다. 그리고 그것은 시리아 난민촌에서만의 상황이 아니었다. 여전히 내전 중인 남수단과 예맨에서, 민주화 투쟁 과정 속에 있는 동유럽과 중남미, 아프리카 여러 나라에서, 미국과 중국의 군사적 대치가 더 치열해지고 있는 남중국해와 대만 해협에서, 그리고 그 어디보다도 더 안보적, 사회적, 이념적 갈등과 긴장이 높은 우리가 살고 있는 이 한반도에서, 우리는 '평화'를 '보통명사'가 아닌, 마치 어느 딴 행성 속 현상인 것 같은 '특수 고유명사'로 생각하게 되었다. 사람들은 평화를 이야기하지만, 평화에 대하여 냉소적이다. 인간은 궁극적으로 평화를 만들어 내지 못할 것이라는 그런 확신 아닌 확신이, 우리 사회와 우리 마음속을 섬령하고 있다. 평화를 이야기할수록 반(反)평화적 상태가 되는 그런 모순과 딜레마가 우리를 휘감고 있는 것이다. 그것이 이 책을 만들어야 한다고 생각한 이유였다.

… 중략 …

제라쉬의 그 구석진 방에서 바짝 마른 큰 눈망울로 필자를 빤히 쳐다보고 있던 그 아홉 살짜리 아이는 이제 15세의 사춘기 남자 소년이 되어 있을 것이다. 그동안 시리아 사태는 전혀 해결의 기미를 보이지 못하였기 때문에, 아마도 여전히 힘들어하고 있을 엄마와 가족들과 함께 제라쉬에 살고 있을 것이다. 지금쯤의 나이가 되면서, 자신과 자신의 가족, 민족, 국가가 놓인 상황에 대한 어떤 생각을 주입받기도 하고, 또 스스로 어

1) 이상의 시리아 난민 진료 이야기는 필자가 쓴 〈요르단 이야기〉(한국누가회. 누가들의 세계. 2017년 봄호. pp.46－49)에서 재인용한 것이다.

떤 생각을 시작하기도 하게 되었을 것이다. 그 소년이 평화에 대한 깊은 확신을 가지고 당당히 평화를 위한 활동을 할 수 있게 커가기를 바란다. 가장 큰 반(反)평화의 공간 속에서 자라났기에, 오히려 그 누구보다도 더 평화를 깊이 생각하고 결심 속의 행동을 할 수 있는 조건도 가졌다고 보기 때문이다. 이 책이 그런 소년들과 함께 나누어지는 책이 되기를 소망한다.

2021년 1월

이 땅에 새로운 평화가 시작되기를 기원하면서

저자들을 대표하여

전우택 드림

이 책에 실린 저자의 글

6장. 인간의 공격성과 한반도의 평화

12장. 평화를 만드는 사람들의 일곱 가지 특징

한반도 건강공동체 준비
(2판. 박영사. 2021년)

대표편저자: 전우택

공동저자: 강민아, 고상원, 김석주, 김석향, 김소윤, 김영훈, 김재송, 김지은, 김진용, 김희숙, 민하주, 박상민, 박용범, 박철휘, 배그린, 백유상, 서원석, 신나미, 신보경, 신현영, 오영주, 윤석준, 이동현, 이소희, 이수경, 이재훈, 이정임, 이혜원, 전진용, 정형선, 최지원, 추상희, 하신, 함석찬, 황나미

서문

2018년 8월에 1판이 출간된 후 만 3년 만에 2판이 나오게 되었다. 일반적 관례에 비하면 짧은 기간 만에 2판이 나온 셈이다. 이렇게 된 이유는 다음과 같다.

첫째, 새로운 학문 및 전문 영역의 학자들이 통일보건의료학회에 속속 동참하시게 되면서, 1판에서 다루지 못한 학문 및 전문 영역들에서 한반도 건강공동체 준비를 이야기할 수 있게 되었기 때문이다. 고려의학이라는 이름으로 북한에서 매우 중시되고 있는 한의학(14장. 백유상), 북한의 열악한 식량 사정 등과 연관된 영양학(18장, 이수경), 북한과 공동 관심을 가지고 활동을 할 수 있는 가능성이 높은 보완대체의학(통합의학)(19장, 김진용 등) 등의 학문 분야들과 신장내과학(10장, 박철휘)과 같은 전문 영역

이 2판에서 새로이 더해지게 되었다. 이에 따라 보건의료 분야의 더 다양한 부분들을 이번 2판에서는 포괄적으로 다룰 수 있게 되었다.

둘째, 통일보건의료 부분에서 새롭게 주목되는 중요한 이슈들이 있게 되어 그것을 다루는 것이 필요하게 되었기 때문이다. 북한의 핵무기로 인한 UN 제재 등 국제 대북 제재가 지속되면서, 보건의료 영역에서도 UN의 대북 지원과 제재 등에 대한 더 정확하고 전문적인 지식이 필요하게 되었고(20장, 오영주, 강민아), 북한과의 공동 연구 활동 등 더 진전된 형태로서의 남북협력 방식에 대한 주목이 늘어나면서 그에 대한 내용을 다룰 필요가 있게 되었으며(21장, 박상민), 남북보건의료 협력의 미래를 위하여 법적인 측면을 더 정밀하게 들여다볼 필요가 있게 되었고(22장, 김소윤, 신형영 등), 이 책의 제목이자 1판에서 소개하며 다루었던 '한반도 건강공동체'라는 개념의 좀 더 포괄적 이해가 필요하게 되었다(6장, 신보경). 그것들을 다루는 내용이 2판에 새로 추가되면서 책이 훨씬 더 다채롭고 깊어지게 되었다.

셋째, 1판이 출간되었던 2018년 8월은 평창 동계올림픽(2월 9일~25일)에 이어 판문점 남북 정상회담(4월 27일), 싱가포르 북미 정상회담(6월 12일) 이 잇달아 열리던, 남북관계가 가장 활성화되어 있던 시점이었다. 그러나 그 후 하노이 북미정상회담(2019년 2월 27~28일)을 기점으로 하여 급속히 냉각되기 시작한 남북, 북미 관계는, 개성 남북공동연락사무소의 폭파(2020년 6월 16일)가 상징적으로 보여 주었듯이, 매우 어려운 시기를 가지게 되었다. 거기다가 2020년 초부터 불어 닥친 전 세계적 COVID19 사태에 북한이 강력한 국경 봉쇄로 대응하면서, 남북의 모든 교류는 완전히 멈추어 서게 되었다. 짧은 3년의 기간이었음에도 불구하고 한반도의 상황은 이렇게 극과 극을 달려온 것이었다. 그러나 남북 관계와 교류가 얼어붙어 있어 보이는 기간이, 사실은 "한반도 건강공동체 준비"를 위하여는 매우 중요한 시기이다. 활발한 활동 기간 동안에는 바빠서 도저히 할 수 없는, 깊은 성찰과 더 치밀한 점검을 할 수 있는 시기가 바로 이 시기이기 때문이다. 이것은 마치 깊은 겨울 동안 나무들이 더 단단해지면서 앞으로 푸르른 봄과 여름을 준비하는 것과 같은 이치일 것이다. 따라서 2판에서는 과거 이루어진 대북 보건의료 활동을 성찰해 보고, 향후 언젠가 다시 활발하게 이루어져 나갈 때의 원칙을 사전에 점검해 보는 글이 추가되었다(28장, 전우택, 박용범).

위와 같은 세 가지 이유로 1판이 나온 후 3년 만에 2판이 나오게 되었다. 1판은 〈세종 도서 학술부문〉으로 선정되는 영광과 기쁨도 누렸다. 그러나 그보다 더 큰 기쁨은 이 책을 통하여 많은 연구자들이 연구의 아이디어를 얻었고, 관련 정책 입안자들이 생각을 정리할 수 있었으며, 무엇보다도 미래 한반도 건강공동체 준비의 주역이 될 학부 학생들과 대학원 학생들에게 통일과 남북관계, 한반도 공동체와 한반도 건강공동체에 대한 새로운 안목과 꿈을 줄 수 있었다는 것이었다. 그러기에 1판 공동저자로 나서 주셨던 22분의 모든 분들에게 감사드린다. 이 분들께서는 2판을 위하여 본인들의 1판 집필 부분들을 다시 꼼꼼히 수정·보완하여 주시는 수고를 다시 한 번 하여 주셨다. 그리고 이번 2판에서는 15분의 저자들이 새로 참여하시어 새로운 내용들을 집필하여 주셨다. 총 37분의 저자들이 함께한 이번 2판이 이루어지도록 힘을 모아 주신 모든 저자분들에게 다시 한번 깊이 감사드린다. 특히 새로운 신진학자들과 대학원생들이 저술에 함께 참여하면서, 이 책이 미래를 향하여 더 나아갈 것임을 분명하게 보여 준 것도 이번 2판이 가지게 된 새로운 힘이라고 생각한다.

1판 서문에서는 이 책의 앞날과 연관하여 세 가지 소망을 이야기한 바 있었다. 첫째, 향후 이 책의 개정판들이 통일보건의료학회를 통하여 지속적으로 만들어지기를 바라는 소망이었다. 이것은 학회가 매년 춘·추계 학술대회를 성공적으로 개최하여 왔으며, 이번에 2판까지도 출간하게 됨으로써 이루어졌다고 할 수 있다. 둘째, 새로운 학자들의 참여로 더 세밀하고 다양한 영역을 다룰 수 있기를 소망하였는데, 이것도 2판에서 훌륭히 이루어졌다. 셋째, 북한 보건의료 전문가들의 참여를 소망하였었다. 이것은 그동안의 남북관계 어려움과 COVID19 상황에 따라 이루지 못한 소망이 되었다. 그러나 다음 3판이 출간될 때는 북한 보건의료 전문가들과 함께 이 책이 만들어질 수 있기를 소망한다. 한반도 건강공동체란 사람의 생명과 건강을 위한 공동의 틀이기에, 결국 이 일은 언젠가는 진행되어 나갈 수밖에 없는 것이고, 그러면서 남과 북의 전문가들은 함께 공동의 활동을 하게 될 것임을 우리는 믿는다.

COVID-19는 결국 어느 시점에서 자연소멸될 것이다. 그러나 COVID-19보다 더 전염력과 치사율이 높은 바이러스와 세균들이 인류에게 지속적으로 위협이 될 것이다. 지구 온난화에 따른 기후 변화와 생태계의 파괴는 결국 신종 전염병이 창궐하게 되는 가장 강력한 원인이자 환경이 될 것이기 때문이다. 그런 의미에서 COVID-19는 인류 역사상 가끔씩 있어 왔던 유행병 정도가 아닌, 앞으로 다가올 거대한 지구적 위험의 전령사라 할 수 있다. 이것을 인류가 대응하여야 하고, 무엇보다 남과 북이 함께 대응하여야 한다. 언어, 역사, 문화를 공유하고 있고 가장 인접한 국가로 위치하고 있는 남과 북이, 이 어려운 과제를 함께 슬기롭게 극복해 나갈 수 있기를 간절히 소망한다. 이것은 이제 우리 민족에게 선택 사항이 아닌, 절박한 필수 사항이다. 이번 〈한반도 건강공동체 준비 2판〉이 남과 북의 모든 보건의료인들과 학생들, 그리고 나아가 모든 남북의 사람들에게 한반도에 대한 새로운 사고 패러다임을 제시할 수 있기를 기대한다.

남과 북이 여전히 몹시도 더운 2021년 8월

저자들을 대표하여

전우택 올림

이 책에 실린 저자의 글

통일보건의료의 미래
[박영사, 2023]

대표편저자: 전우택

공동저자: 김경숙, 김소윤, 김옥심, 김재송, 박용범, 손은선, 손인배,
심보경, 이영준, 이재훈, 이정임, 정진현, 최원규, 추상희

서문

"90년대 (북한에서) 파라티푸스 돌 때 콜레라도 돌았어요. 그때 집 없는 사람을 우리 엄마가 6개월 거둬주었어요. 집이 없어서 애 엄마하고 애 셋이 한밤중에 우리 집에 왔거든요. 그런데 내쫓지도 못하고... (우리) 엄마가 마음이 좋으니까... 그런데 그 엄마하고 아이들이 ... 콜레라에 걸려가지고... 어느 날 설사를 하는데 쌀뜬물을 쏟는 것처럼 (대변을) 쏟는 거예요. 그러니까 장판이 다 벗겨지고... 그래서 비닐을 깔고 마루에... 그리고 병원을 가자하였는데, (병원에 갈려면) 걸어서 20분 정도 걸리니까... 기운이 없어서 가지를 못하는 거예요. 그런데 우리도 못 먹고 굶주리니까 우리도 기운이 없는 거예요. 그래 못 데려갔어요... 그 다음날 새벽에 (그 사람들이) 미동이 없는 거예요. 보니까 죽은 거예요. 그렇다고 해서 울어줄 사람도 없고... 그러나 사람이 죽은 걸 알려야 되잖아요. 동사무소에 알렸더니 관도 없는데... 그냥 꽃제비들 (죽으면 안치하는) 병원에 가져다가 사체실에 넣으라는 거예요. 그랬더니 (우리)

엄마가 그렇게는 못한다. 애들도 있고... (죽은 여자의) 남편도 있고... 남편은 이미 전에 죽어서... 그런데 병원에 가서 사체실에 갔더니 시신을 밟고 안쪽으로 갔어야 했어요. 그랬더니 진물이 막 있으니까 물이 줄줄 흐르는 거예요. 그런데 그걸 넣어 놓았는데, 엄마가 맘이 안 좋으니까, (죽은 아이들의) 그 고모가 있었는데... 관이라도 해서 묻어줘야 할 거 아니냐 (그랬어요) ... 그게 96년이었어요. 겨우 널을 얻어서 관을 만들고... (그 여자) 남편 있는 데다 묻어줬었어요."

한 사회가 붕괴되었을 때, 그래서 그 사회 안에서 어떤 보건의료적 활동도 제 기능을 하지 못하게 되었을 때, 사람들은 어떤 고통 속에 있게 되고, 어떤 죽음을 맞이해야 하였는지를 그 탈북자분은 조용히 이야기해 주었다.

"우리 큰 애가 90년도 생인데... 제가 집에서 출산을 했는데... 저희 아이가 밤낮으로 계속 우는 거예요. 그때 친정집에서 출산을 했는데, (저희) 엄마가 애가 너무 우니까 어디 가서 병원 의사를 데려다가 물어보니까 약이 없어요. 그런데 애가 '바람이 들어서' 그렇다는 거예요. 그래서 일단 애가 바람이 든 걸 뽑아야 되는데 약이 없는 거예요. 그래서 엄마가 어디어디 알아보고 해서... 그것도 동네 다른 사람들의 말을 듣고 쑥을 절구에 다 쪄서 비닐 장막에 쭉 깔거든요. 그리고 거기다가 아이를 감쌌거든요, 그랬더니 아이가 바람이 싹 빠져가지고, 그렇게 했더니 아이가 제 정상으로 해서... 그 다음부턴 울지 않았던 경험이 있었고..."

이 이야기가 고려시대 이야기인지 아니면 조선시대 이야기인지 구분이 안 되는, 민간요법들에 의지해 살아가야 하는 사람들의 이야기도 이어졌다.

"저는 89년도 그때 이유 없이 계속 머리가 아팠거든요. 머리가 아픈데, 일단은 열도 나기는 하지만 아무리 약을 먹어도 낫지 않고... 누워서 계속 벽에다 머리를 찧었거든요. 우리가 평소 가는 진료소는 리(里) 진료소가 아니라 공장에 있는 진료소이거든요. 그래서 거기 의사가 왕진을 왔다가 침도 놓고, 처방을 해도 낫지 않으니까 일단 시(市) 병원으로 의뢰서를 해주더라구요. 그래서 시 병원에 입원을 했는데, 내가 입원한 호실에는 다 나와 비슷한 사람들이 입원을 했더라구요. 그런데 그냥 거기서(는) 일반적으로 간단한 주사나 놓고 하는데, 회복, 완치가 되는 게 없거든요. 그런데 우리 호실 환자 중에 그 남편이 그 시병원에(서 일하는) 그런 부인이 입원을 했는데... 그때 그 부인은, 소련의 벌목 가는 사람들이 내다파는 약이 있었는데 시가가 850원을 했거든요. 그때 쌀 1kg 5원인가 할 당시에 약이 그러면 대단한 가격이었거든요. 그 약 이름이 제가 기억이 안 나는데... (그 부인은 그 약을 구입하여) 그걸 혈관투여를 했거든요. 포도당에 희석을 해가지고... 그런데 그분이 그걸 맞고 금방 회복해서 나간 거예요(퇴원한 거예요). 그래서 (저의) 엄마가 면회를 왔는데... '엄마 저기 있던 여자는 그 주사를 맞고 나갔다' 이렇게 했더니... 우리 엄마가 바로 (나가서) 세 통을 사온 거예요. 그래서 저도 그 세 통을 맞고 그냥 바로 그 자리로 낫더라니까요. 그래서 그때 그렇게 퇴원한 적이 있어요. 그런데 그때도 90년대 전이었는데... 그때도 개인이 좋은 약을 써야만이 빨리 회복할 수 있었어요. 병원 약으로는 낫는 게 쉽지 않았어요."

어느 사회나 그러하듯이, 질병은 단순히 생물학적인 현상만이 아니었다. 그 생물학적인 현상을 둘러싼 보이지 않는 경제적 구조들과 정치역학, 그리고 크고 작은 특권들과 돈의 움직임이라는 사회적 현상이 생물학적 현상과 함께 있었다. 무상의료라는 것을 가장 중요한 사회적 덕목으로 자랑스럽게 선전하던 북한에서도, 그 안의 인민들은 그와는 전혀 다른 생존법칙을 따라야 했다.

이 책의 1부(1~2장)는 탈북한 북한주민들(1장)과 북한의사들(2장)이 실제로 북한에서 체험하였던 자신들의 이야기를 정리한 것이다. 그동안 나와 있던 북한 보건의료 관련 자료들이 주로 북한과 국제기구에서 출간된 '정책과 숫자 중심의 문건들'을 토대로 만들어졌던 것이라면, 본 내용들은 실제 그 안에서 살았고 활동했던 사람들의 경험을 정리하고 분석하였다는 점에서, 기존 자료들과 상호보완적인 역할을 할 수 있을 것이라 생각한다. 이 글들은 본 연구팀이 2021년에 〈통일과 나눔〉 재단으로부터 지원을 받아 수행한 "북한 의료인 출신 북한이탈주민 및 일반 북한이탈주민을 통하여 보는 북한주민들의 건강의식과 건강행동 연구"의 결과물이다. 이 연구를 통하여 남한에 들어와 계시는 탈북민 중 북한에서 의료인으로 활동하셨던 19명(의사 6명, 치과의사 3명, 약사 3명, 간호사 7명), 그리고 비의료인 출신 탈북민 20명과의 면담이 이루어졌다. 이 서문의 앞에 소개된 이야기들도 그 때 비의료인 출신 탈북민들이 하셨던 말 중 일부분을 옮긴 것이다.

2부(3~8장)는 연세의료원 통일보건의료센터에 소속된 연구자들이 향후 통일보건의료 영역에서 이루어져 나가야 하는 다양한 과제들을 의학, 치의학, 보건학, 간호학, 약학 분야에서 연구한 내용들을 묶은 것이다. 특히 소아과 전문의로서 연세의료원 의료선교센터에 계시는 최원규 박사님이 의료선교적 차원에서의 통일보건의료 과제를 써 주신 것에 깊이 감사드린다.

3부(9~10장) 내용 중 10장은 전 세계 및 남한과 북한이 모두 코로나-19 앞에서 큰 고통을 당하고 있었던 2022년에 〈통일과 나눔〉 지원을 받아 진행된 "팬데믹 시대의 남북보건의료협력과 통합방안" 연구의 결과물이다. 이 연구를 통하여 실제로 북한에서의 코로나-19 상황 전개 및 북한의 그에 대한 대응, 그리고 향후 북한과 남한, 국제사회와의 협력 방안을 정리하였다. 백신에 대한 국제 지원을 거절한 가운데 2022년 코로나-19의 유행기간을 지나갔던 북한이었다. 바이러스의 낮은 치사율 때문에, 일단은 어느 정도 가볍게 그 기간이 지나갔지만, 향후 언제든지 세계적 팬데믹은 다시 있을 수 있고, 향후 치사율이 높은 바이러스가 유행할 경우, 북한은 감염과 그 대응에 있어 매우 취약할 수 있기에, 이 연구 내용이 향후 북한과의 보건의료 협력에 있어 의미 있는 역할을 할 수 있기를 기대한다. 9장은 남북 관계가 극도로 경색되어 있는 현 시점에서, 코로나-19 팬데믹과 같은 완전히 다른 차원의 한반도 위기가 남북관계에 새로운 변화를 줄 수 있는 전환점이 될 수 있는지에 대한 검토를 한 내용이다.

4부(1~13장)는 연세의료원 통일보건의료센터가 2019년과 2020년 두 해 동안 〈통일과 나눔〉 재단의 지원을 받아 수행한 "탈북민 정착지원 실무자 역량 강화 및 소진대응 프로그램"의 결과물이다. 이 프로그램은 남한에 들어와 있는 탈북자들의 남한 사회 정착을 지원하는 활동을 하고 계신 분들을 지원하는, 즉 "Help for Helper program"이라는 뜻에서 "H2 program"이라 명명하였었다. 탈북민들의 남한 사회 정착 지원을 하고 계신 활동가들 중 북한출신 10명, 남한 출신 10명을 선발하여, 이분들이 가지고 계신 공통의 어려움을 함께 이야기할 수 있는 기회를 드리고, 모두가 겪고 있는 탈진에서 벗어날 수 있는 전문적인 훈련도 받도록 해 드리며, 그분들끼리의 네트워크를 만들어 추후에도 서로가 서로를 도울 수 있도록 하는 프로그램이었다. 2019년 프로그램은 아직 코로나-19가 발생하기 전에 운영되었기에 오프라인 현장 프로그램으로 운영되었고, 2020년 프로그램은 코로나-19로 인하여, 온라인 프로그램으로 구성하여 운영하였다. 이 결과물이 향후 탈북민들의 남한 사회 정착 지원을 하고 계신 분들과 그 관련 기관들에 의미 있는 참고 자료가 되기를 기대한다.

… 중략 …

지난 10년간의 통일보건의료센터 활동을 통하여 이룩한 가장 큰 수확은 '사람'이었다. 한국 보건의료의 한 축을 담당하고 있는 연세의료원 안에 통일을 바라보고 준비하고자 하는 교수, 직원, 대학원생, 학부 학생들이 새로이 많이 만들어진 것이다. 앞으로 이분들의 활동을 통하여 우리나라와 세계가 준비하여야 하는 '통일보건의료의 미래'가 더 튼튼히 구축되기를 기대한다. 연세의료원 통일보건의료센터가 설립된 2014년과 같은 해에, 통일보건의료학회가 창립되었었고, 지난 10년 간 이 영역에서의 중심적 역할을 하여 왔다. 학회를 통하여 함께 활동하시고 연구하신 분들 덕분에 이 책의 많은 내용들이 아이디어를 얻을 수 있었고, 노력할 수 있었다. 그것에 감사드린다. 이 책의 대부분 저자들은 통일보건의료학회에서 출간하여 현재 중요한 교과서적 기능을 하고 있는 〈한반도 건강공동체 준비〉(개정판, 2021)의 저자들로도 참여하였었다. 이번에 새로 출간되는 이 책은 학회에서 나온 책과 그 내용면에서 중복되지 않으면서도 상호보완될 수 있도록 구성되어 있다. 학부 학생들과 대학원생들, 그리고 전문 연구자들에게 이 책들이 교육과 연구, 그리고 현장 활동에서 의미 있게 사용될 수 있기를 기대한다.

북한의 날씨가 추워져도, 더워져도, 가뭄이 들어도, 홍수가 나도, 기근이 심하다는 말을 들어도, 어떤 전염병이 돈다는 말을 들어도, 북한 인민들을 생각하면 늘 마음이 아프다. 그 어린 아이들과 청소년들, 여성들과 노인들, 그리고 청년들과 장년들을 생각하면 마음이 아프다. 인간으로서의 삶이 갖추어야 할 조건과 목적에서, 지금 남과 북은 큰 차이를 가지고 있다. 그것에 마음이 아프다. 보건의료라고 하는 것이, 한반도에서 그 아픔을 치유해 나가는 의미 있는 도구가 되기를 소망한다.

2023년 8월
통일과 치유를 소망하며
저자를 대표하여 전우택 씀

이 책에 실린 저자의 글

서문

2장. 탈북 북한의사 6인의 북한 보건의료 현장 이야기

9장. COVID-19와 한반도의 평화: COVID-19는 한반도에서 게임 체인저가 될 수 있는가?

부록
2

통일 관련 저서들의 저자 글 및 논문 목록

– 저자가 공동저자로 참여하였던 책들에 들어간 저자가 원고 목록 및 출간되었던 책들에 수록되지 않은 논문 리스트

Ⅰ. 저자가 공동 저자로 참여하였던 책 목록

1. 이영선, 전우택 편. 탈북자의 삶 - 문제와 대책(오름, 1996)
2. 정병호, 전우택, 정진경. 웰컴투 코리아 - 북조선 사람들의 남한살이(한양대학교출판부, 2006)
3. 김선욱 외. 평화와 반평화(프리칭 아카데미, 2013)
4. 윤영관 편. 독일통합과 한국(사회평론아카데미. 2019)
5. 김영훈 외. 한반도 보건의료, 생명을 살리는 담대한 도(박영사. 2024)

Ⅱ. 출간되었던 책들에 수록되지 않은 논문 리스트

1. 영문 저널
2. 국문 저널

Ⅰ. 저자가 공동저자로 참여하였던 책들에 실린 저자의 글 목록

1. 이영선, 전우택 편. 탈북자의 삶 - 문제와 대책(오름, 1996)

1장. 탈북자의 삶 - 문제와 대책(이영선, 전우택)

2장. 탈북자의 심리와 적응상의 문제(전우택, 민성길)

2. 정병호, 전우택, 정진경. 웰컴투 코리아 - 북조선 사람들의 남한살이(한양대학교 출판부, 2006)

4부: 성인(성인) - 3년이 만들어 낸 무늬

20장. 생활과 교육(유시은, 전우택, 홍창형, 조영아, 엄진섭)

21장. 의식과 생활만족도(전우택, 유시은, 조영아, 엄진섭, 서승원, 홍창형)

23장. 남한에서의 삶의 질(민성길, 전우택, 김동기)

24장. 우울 예측 요인(조영아, 전우택, 유시은, 엄진섭)

25장. 외상후 스트레스 장애(홍창형, 유시은, 조영아, 엄진섭, 구현지, 서승원, 안은미, 민성길, 전우택)

26장. 건강 상태 및 의료 이용 만족도 분석(김경철, 전우택, 정우진)

27장. 종교활동과 종교성향(최승주, 전우택, 정우진)

28장. 종교성향과 우울정도(최승주, 전우택, 정우진)

29장. 탈북 여성들(조영아, 전우택, 구현지)

3. 평화와 반평화 1판(프리칭 아카데미. 2013)

5장. 인간의 공격성과 한반도의 평화

4. 윤영관 편. 독일통합과 한국(사회평론아카데미. 2019)

4부: 사회, 교육, 심리적 통합

3장. 통일에서 심리적 통합으로 : 독일의 경험과 한반도에서의 과제

5. 김영훈 외. 한반도 보건의료, 생명을 살리는 담대한 도전 (박영사. 2024)

4장. 평화학과 보건의 융합

II. 과거 출간된 책들에 수록되지 않은 통일 관련 저자 논문 목록

1. 영문 저널

I Re Lee, Hae Won Lee, Hanna Jung, Songyi Han, Shinki An, Woo-Teak Jeon (교신저자) (2025) Research trends in pediatric diseases in North Korea: a scoping review of North Korean medical journals, 2006-2019. Archives of Public Health. 2025;83:no.1

Hae Won Kim, Woo-Taek Jeon (교신저자) (2020) Research output on mental health problems in North Korea between 2006 and 2017: A bibliographic analysis of North Korean medical journal articles. Asian Journal of Psychiatry, 2020;53:102228.

Bo Kyung Shin , Woo-Taek Jeon (교신저자) (2019) National Health Priorities under the Kim Jong un regime in Democratic People's Republic of Korea (DPRK), 2012-2018. BMJ global health, 2019;4:e001518

Woo-Taek Jeon (교신저자), Jin-Sup Eom, Sung Kil Min. (2013) A 7-Year Follow-Up Study on the Mental Health of North Korean Defectors in South Korea. Journal of Traumatic Stress. 2013;26(1):158-164

Woo-Teak Jeon (단독저자) (2012) Understanding the society and people of North Korea based on North Korean defectors' testimonies. World Cultural Psychiatry Research Review, 2012;7(1):29-31

Shi Eun Yu, Jin Sup Eom, Woo-Teak Jeon (교신저자) (2012) The factors affecting the development of national identity as South Korean in North Korean refugees living in South Korea. Psychiatry Investigation, 2012; 9(3):209-216

Chang-Ho Lee, Sung-Kil Min, Woo-Taek Jeon (공동저자), Mika Kigawa, Michiya Sugawara. (2009) Mental health and quality of life of North Korean defectors living in Japan. Asian Journal of Psychiatry, 2009;2(3):95-99

Shi-Eun Yu, Woo-Teak Jeon (교신저자) (2008) Mental Health of North Korean Refugees in Protective Facilities in China. Psychiatry Investigation, 2008;5(2):70-77

Woo-Taek Jeon (교신저자), Chang Hyung Hong, Chang Ho Lee, Dong Kee Kim, Mooyoung Han, SungKil Min. Correlation between traumatic events and posttraumatic stress disorder among North Korean defectors in South Korea. Journal of Traumatic Stress, 2005;18(2):147-154

Woo-Taek Jeon (단독저자) (2000) Issues and Problems of Adaptation of North Korean Defectors to South Korean Society: An In-depth Interview Study with 32 Defectors. Yonsei Medical Journal, 2000;41(3):362-371

2. 국문 저널

유전원, 전우택 (교신저자) (2025) 북한의 정신질환 관련 용어 사용 분석: 김정은 시대 「로동신문」 기사 분석을 중심으로. 현대북한연구, 2025;28(1):49-90

유전원, 전우택 (교신저자) (2024) 북한 정신의학에서 사용되는 정신의학 진단분류체계. 신경정신의학. 2024;63(1):7-31

신보경, 이영준, 김경숙, 손인배, 전우택 (공동저자) (2023) 남북한 출신 북한이탈주민 정착지원자의 역량 강화 및 소진대응을 위한교육프로그램 개발 및 적용. 인문사회 21, 2023;14(3):163-178

신보경, 손인배, 전우택 (공동저자) (2022) 고난의 행군 시기 전후의 북한 의료인과 주민들의 보건의료 경험 분석과 시사점. 입법과 정책, 2022;14(2):289-318

김현아, 전우택, (공동저자) 도지완, 유시은 (2017) 북한이탈주민 지원 인력의 소진 요인과 극복방안에 관한 연구. 통일정책연구, 2017;26(2):267-292

유시은, 오경자, 정안숙, 전우택 (공동저자) (2012) 북한이탈주민의 의식 변화에 대한 질적 연구 - 남한 입국 3년 된 북한이탈주민들을 대상으로. 통일연구, 2012;16(2): 67-120

전우택 (대표저자) 유시은, 이연우 (2011) 북한이탈주민의 국가정체성 형성과 유형: 근거 이론에 의한 분석. 통일정책연구, 2011;20(2):1-35

김연희, 전우택 (공동저자), 조영아 (2010) 북한이탈주민 정신건강 문제 유병율과 영향요인: 2007년 입국자 중심으로. 통일정책연구, 2010;19(2):141-174

조영아, 전우택 (공동저자), 민성길 (2004) 남한 내 북한 이탈 주민의 자아방어기제 연

구. 신경정신의학, 2004;43(3):345-353

조영아, 전우택 (공동저자) (2004) 북한 출신 대학생들의 대학생활 적응에 대한 질적 연구 한국상담심리학회, 2004;16(1):167-186

전우택 (단독저자) (2003) 탈북자들을 통하여 본 북한주민 의식조사. 신경정신의학, 2003;42(5):631-643

전우택 (단독저자) (2003) 고문에 대한 정신의학적 고찰. 신경정신의학, 2003;42(4):434-444

전우택 (단독저자) (1999) 북한 청소년들의 생활과 발달에 대한 연구. 신경정신의학. 1999;38(5):1047-1062

전우택 (단독저자) (1997) 난민들의 정신건강과 생활 적응에 관한 고찰 및 한반도 통일 과정에서의 전망과 대책. 신경정신의학. 1997;36(1):3-18

전우택 (단독저자) (1997) 탈북자들의 남한 사회 적응에 관한 연구. 신경정신의학 1997;36(1):145-161

전우택 (단독저자) (1997) 탈북자들의 주요 사회 배경에 따른 적응과 자아정체성에 관한 연구 통일연구, 1997;1(2):109-167

전우택 (단독저자) (1996) 신흥종교집단에 들어가는 과정에 대한 정신의학적 고찰. 신경정신의학 1996;35(2):249-259

전우택 (단독저자) (1995) 통일 후 예상되는 북한 주민들의 통일 사회 적응에 대한 연구. 통일원 95 북한 및 통일 연구 논문집 V - 통일 대비 관련 분야, 1995;5(1):1-65

전우택 (단독저자) (1994) 신흥종교집단에 대한 정신의학적 이해. 정신병리학, 1994;3(1):23-33

저자소개

전우택

저자 전우택은 현재 연세대학교 의과대학 의학교육학교실 교수 겸 정신건강의학교실, 인문사회의학교실의 겸무교수로 재직 중이다. 1985년 연세의대를 졸업하였고 1989년 정신건강의학 전문의 자격, 1994년 연세대학교에서 의사박사학위(정신의학)를 취득하였다. 1994년부터 연세의대 정신건강의학과에서 교수 활동을 시작하였고, 1997년부터 1999년까지 미국 Harvard 의과대학 사회의학과(Department of Social Medicine)와 Harvard 난민 프로그램(Harvard Program of Refugee)에서 fellow로 활동하였다. 정신과 영역에서는 주로 사회정신의학 영역에서 연구를 하여 탈북자, 북한, 통일, 사회적 트라우마 등에 대한 연구들을 하였다. 한반도평화연구원 원장, 통일보건의료학회 이사장, 대통령 직속 통일준비위원회 민간위원, 통일부 통일미래기획위원회 위원, 한국자살예방협회 이사장, 한국의학교육학회 회장 등을 역임한 바 있다. 통일 관련 대표저서로는 <사람의 통일을 위하여>(단독, 2000), <사람의 통일, 땅의 통일>(단독, 2007), <웰컴 투 코리아>(공동저자, 2006), <통일 실험, 그 7년>(대표편저자, 2010), <통일에 대한 기독교적 성찰>(대표편저자, 2015), <평화에 대한 기독교적 성찰>(대표편저자, 2016), <트라우마와 사회치유>(대표편저자, 2019), <한반도 건강공동체 준비>(대표편저자, 2019, 2021), <평화와 반(反)평화>(대표편저자, 2021), <통일보건의료의 미래>(대표편저자, 2023) 등이 있다. 의학교육 관련 대표저서로는 <사회의학 연구방법론>(단독, 1999), <의료의 문화사회학>(대표편저자, 2002), <의학적 상상력의 힘>(대표편저자, 2010), <인문사회의학>(대표편저자, 2010), <의학교육의 미래>(2판, 단독, 2024) 등이 있다. 또한 기독교 관련 저서로 <의교선교학>(대표편저자, 2004), <땅 끝의 아침>(대표편저자, 2007), <정신의학과 기독교>(대표편저자, 2020), <신앙에게 신앙을 묻다>(단독, 2025) 등이 있다.

통일은 치유다

초판발행 2025년 12월 1일

지은이 전우택
펴낸이 노 현

편 집 전채린
기획/마케팅 장규식
표지디자인 이영경
제 작 고철민·김원표

펴낸곳 ㈜ 피와이메이트
서울특별시 금천구 가산디지털2로 53, 210호(가산동, 한라시그마밸리)
등록 2014. 2. 12. 제2018-000080호
전 화 02)733-6771
f a x 02)736-4818
e-mail pys@pybook.co.kr
homepage www.pybook.co.kr
ISBN 979-11-7279-190-2 93180

정 가 23,000원

박영스토리는 박영사와 함께하는 브랜드입니다.